Peter Godman
Die geheime Inquisition

Peter Godman

Die geheime Inquisition

Aus den verbotenen Archiven
des Vatikans

Aus dem Englischen
von Monika Noll und
Ulrich Enderwitz

List

Der List Verlag ist ein Unternehmen der
Econ Ullstein List Verlag GmbH & Co. KG

ISBN 3-471-79418-2

© 2001 by Peter Godman
© der deutschen Ausgabe 2001
by Econ Ullstein List Verlag
GmbH & Co. KG, München
Alle Rechte vorbehalten. Printed in Germany
Gesetzt aus der Sabon bei
Franzis print & media GmbH, München
Druck und Bindung: Pustet, Regensburg

Alexandro Cifres
inquisitorum inquisitori

INHALT

Wer einen Menschen tödtet,
der tödtet ein vernünftiges Wesen, ein Ebenbild Gottes,
Derjenige aber, der ein gutes Buch vernichtet,
tödtet die Vernunft selbst,
tödtet Gottes Ebenbild, so zu sagen, im Keime.
John Milton, *Areopagitica*

Zensor, *der* – Beamter gewisser Regierungen,
dessen Aufgabe es ist, geniale Werke zu unterdrücken.
In Rom war der Zensor ein Inspektor der öffentlichen
Moral; die öffentliche Moral moderner Nationen verträgt
jedoch keinerlei Inspektion.

Inquisition, *die* – Kirchlicher Gerichtshof,
dessen Aufgabe darin besteht, Irrtümer zu bekämpfen,
indem er die Anzahl und das Wohlbefinden
der Irrenden verringert.
Ambrose Bierce, *Des Teufels Wörterbuch*

Einleitung

Ein fragendes Hochziehen der Augenbrauen, ein ironisches Lächeln, ein Achselzucken, gefolgt von einem entschiedenen: »Nein!« Dies brachte mich auf die Spur der Römischen Inquisition und des Index verbotener Bücher; und wenn ich hier berichte, wie ich noch vor der offiziellen Öffnung im Januar 1998 Zutritt zu ihren geheimen Archiven bekam, so in der Absicht, es Freunden, Kollegen, Studenten und Fremden, die mich auf Zugfahrten fragten, nie wieder erzählen zu müssen.

September 1996: das Büro des Präfekten in der Vatikanischen Bibliothek. Der Präfekt war der irische Pater Leonard Boyle, ein Handschriften-Experte von seltenem Rang mit einem noch selteneren Sinn für Humor. Ich suchte nach einem im 16. Jahrhundert von der Indexkongregation angefertigten Zensurbericht über die Werke Machiavellis. Ich wusste, was eine Kongregation war (und ist): eine Abteilung in der Bürokratie der römischen Kurie. Ich wusste auch, dass die Kirche während der Gegenreformation versuchte, die Verbreitung »ketzerischer« Schriften einzudämmen, und deshalb Verzeichnisse der mit dem Bann belegten Autoren und Bücher herausbrachte, nach deren Vorgaben die Indexkongregation gemeinsam mit der Römischen Inquisition handeln und die sie immer wieder auf den neuesten Stand bringen musste. Aber mehr wusste ich nicht.

Da ich von der Arbeitsweise der römischen Bücherzensur keine Ahnung hatte, wandte ich mich an Leonard Boyle. Er half mir weiter. Nein, der Zensurbericht über Machiavelli sei

11

nicht in der Vatikanischen Bibliothek, erklärte er mit Entschiedenheit. Sollte er noch existieren, so müsste er sich entweder im Archiv der Römischen Inquisition oder in dem des Index befinden. »Und«, so fügte mein scharfsichtiger Freund hinzu, »wenn man dich dort sieht, wird man dich niemals hereinlassen.«

Bis zum September 1996 wusste ich nicht, dass Inquisition und Index über Archive verfügen. Ich hatte auch nicht die leiseste Vorstellung davon, wo man sie finden könnte. »Du gehst über den Petersplatz«, sagte Leonard Boyle, »auf der linken Seite steht der Palast.« Der gute *padre* lachte in sich hinein und tätschelte halb ermutigend, halb skeptisch meinen Arm. Ich holte tief Luft, verließ die Vatikanische Bibliothek und versuchte, beim Überqueren des Platzes einen gebührend ironischen Blick auf die Inschrift an der Fassade des Petersdoms zu werfen, die in bescheidener Form daran erinnert, wie großzügig sich Papst Paul V. (1605–1621) gegenüber dem Apostelfürsten gezeigt hat. Aber es gelang mir nicht. Ich war zu aufgeregt. Ein paar Meter von mir entfernt lag das Archiv der Römischen Inquisition mit seinen verbotenen Schätzen, zu denen selbst berühmte Gelehrte und hohe kirchliche Würdenträger in neuerer Zeit keinen Zutritt erhalten hatten. Würde ich in diese Bastion der Orthodoxie eindringen können? Oder würde ich an den eisernen Toren von der Schweizergarde abgewiesen werden?

Schweizergarde und eiserne Tore sind nicht die einzigen Hindernisse, die den Zugang zur geheimen Welt der Römischen Inquisition versperren. Undurchdringlicher sind die gedanklichen Barrieren, die es fast unmöglich machen, sich ihr unvoreingenommen zu nähern. Schon der Name Heiliges Offizium, Sanctum Officium – wie die Römische Inquisition auch hieß, bevor sie 1965 in Kongregation für die Glaubenslehre umbenannt wurde –, ruft nach wie vor den Gedanken an eine Schreckenskammer wach. Ist denn nicht allgemein bekannt, was man in ihren Gefängnissen zu erwarten – oder zu befürchten – hatte? Waren sie nicht in winzige Verliese unterteilt, in denen niemand aufrecht stehen konnte? Waren sie nicht ausgestattet mit Streckbänken, die die Glieder der Verhörten in entgegengesetzte Richtungen dehnten? Gab es dort nicht eiserne Ringe oder Handschuhe, die Kopf, Hände und Füße eines Gefangenen so zusammenzogen, dass sie einen Kreis bildeten, und dabei die Finger so fest zusammenpressten, dass unter der Pein die Gelenke knackten? Sahen so nicht die berüchtigten Grausamkeiten aus, die Ketzer in dem (zu Unrecht so genannten) Heiligen Offizium erduldeten? Nein, lautet die Antwort. Diese schaurigen Einzelheiten stammen aus einer Schilderung dessen, was englische Katholiken zu erwarten hatten, die unter Königin Elisabeth I. im Londoner Tower eingekerkert wurden.

Nichtsdestotrotz übt die Römische Inquisition einen mächtigen Einfluss auf die kollektive Fantasie aus. Diese aber ist sich vermutlich nicht bewusst, dass ihr Bild von der Institution, die sie so gerne hasst, nichts anderes ist als das Resultat lang anhaltender Religionskriege, die auch heute noch nicht beendet sind. Die Protestanten der Reformation sahen im Papst den Antichrist und in Rom die Hure Babylon. Für die Katholiken der Gegenreformation waren die »Lutheraner« Diener des Teufels, die im Schoß der heiligen Mutter Kirche Zwietracht säten. Im Zuge dieser vom 16. bis ins 19. Jahrhundert und darüber hinaus reichenden Kämpfe wurde die Römische Inquisition zum Symbol für alles, was am Katholizismus nach Ansicht seiner Gegner falsch ist. Als reaktionäre und unmoralische, als willkürliche und ungerechte Institution steht das Heilige Offizium bis heute im Zentrum des antiklerikalen Vorurteils.

Da zählt wenig, dass weltliche Richter sich über weite Strecken der neuzeitlichen europäischen Geschichte kaum besser verhielten und ihren Kollegen in der Römischen Inquisition in nichts nachstanden. Noch immer werden die – bald gefürchteten, bald verspotteten – Hüter der Rechtgläubigkeit von jenen verurteilt, die mit den Zielen und Praktiken des Heiligen Offiziums nicht vertraut sind, seinen Mythos schlicht übernehmen und mit entstellenden Verallgemeinerungen die

Legende über diese Institution weiterverbreiten. Ein typisches Beispiel dafür ist die Formulierung »Die Inquisition« – die so überhaupt keinen Sinn ergibt. Sinnlos ist sie deshalb, weil die 1542 gegründete Römische Inquisition weder identisch ist mit ihren mittelalterlichen Vorgängerinnen, die im 13. Jahrhundert aktiv, aber im 16. gar nicht mehr existent waren, noch mit ihrer älteren Schwester in Spanien, die seit 1478–1483 weitgehend unabhängig von Rom unter dem Einfluss der spanischen Krone operierte.

Doch selbst jene, die zwischen den einzelnen Organisationen zu unterscheiden wissen, haben »die Inquisition« schlechthin, gleichgültig, ob die römische oder die spanische, als Wurzel allen Übels verurteilt. Hier ein Beispiel:

> »Warum gab es in Spanien keine Industrie? Wegen der Inquisition. Warum sind die Spanier faul? Wegen der Inquisition. Warum gibt es in Spanien Stierkämpfe? Wegen der Inquisition. Warum machen die Spanier eine Siesta? Wegen der Inquisition.«

Diese provozierenden Sätze schrieb nicht irgendein Spinner, sondern ein berühmter spanischer Gelehrter des 19. Jahrhunderts, Marcellino Menendez y Pelayo, in seinem Buch *La Ciencia española* (1876). Die Institution, die in Goya ihren größten Satiriker auf dem Gebiet der Malerei und in Bayle und Voltaire ihre schärfsten philosophischen Kritiker fand, hat unendlich viele Anfeindungen hinter sich und eine geringe Aussicht auf leidenschaftslose Diskussion vor sich. Noch im Jahre 1996 schien das Heilige Offizium, der vermeintliche düstere Herkunftsort all jener Gespenster, die in der katholischen Kirche die Korridore der Macht heimsuchen, sich in Argwohn gegen den Außenstehenden zu hüllen. Deshalb war es kaum zu vermeiden, dass ich einen erregenden Schauder verspürte, als ich an einem strahlenden Herbstmorgen den Palast der Römischen Inquisition betrat.

◆‑I‑◆

Der ursprüngliche Palast der Römischen Inquisition in der Via di Ripetta wurde nach dem Tod des verhassten Papstes Paul IV. am 18. August 1559 gestürmt und das Archiv verwüstet. Der Schutzpatron des Heiligen Offiziums, Papst Pius V. (1566–1572), ersetzte den alten Standort durch einen neuen am Campo Santo. Um die Bedeutung zu unterstreichen, die er als ehemaliger Inquisitor dieser Organisation beimaß, gab Pius dem Umbau des von ihm erworbenen Palastes Vorrang vor den Arbeiten am Petersdom. Eingeweiht im Jahre 1569, wird dieses Gebäude des Heiligen Offiziums noch heute von der Kongregation für die Glaubenslehre genutzt.

Es ist ein prachtvoller, imposanter und überhaupt nicht finsterer Bau, der durch einen Innenhof, den man im Herbst 1996 gerade renovierte, noch schöner wird. Innerlich bebend näherte ich mich der Schweizergarde und erklärte auf Deutsch, warum ich Eintritt begehrte. Mit einem undurchsichtigen militärischen Gruß winkte man mich durch. Ein älterer *monsignore*, der im Hof spazieren ging, zeigte mir höflich den Weg zu den Amtsräumen des Kardinal-Präfekten im ersten Stockwerk. Dort wiesen mich nicht weniger als vier unbeschäftigte Aufsichtspersonen in ein Vorzimmer, wo ich, wie man mir sagte, nicht lange würde warten müssen – und so saß ich nun auf einem Sofa, betrachtete die Porträts des strahlenden Johannes Paul II. und des verschmitzt lächelnden Kardinals Joseph Ratzinger und dachte, dass es in der Inquisition ganz vergnügt zuzugehen schien.

Hier und da heißt es, Joseph Kardinal Ratzinger, Präfekt der Glaubenskongregation, habe eine dem Großinquisitor vergleichbare Stellung inne, aber diese Ansicht weist er zurück. Jahre vor dem Beginn meiner eigenen Lehrtätigkeit in Tübingen war er dort Professor für Theologie. Kollegen, die ihn gekannt haben, beschreiben ihn als charmanten und bescheidenen Herrn, die deutsche Presse schildert ihn als strengen Zuchtmeister. Ich kannte ihn nicht persönlich, sondern hatte nur seine Schriften gelesen. Und darauf wollte ich mich, wenn es nötig wäre, berufen: auf Forschung, Gelehrsamkeit und Wahrheitssuche, denn ich bin weder Katholik noch verstehe ich die Mysterien des christlichen Glaubens. Wenn ich um

Zutritt zu den Archiven bat, so einzig deshalb, weil ich ein historisches Problem zu lösen wünschte. Was ich nicht wusste, als ich nervös im Vorzimmer saß: Es war gar nicht nötig, mich darauf zu berufen. Die Tür stand schon weit offen.

Durch sie trat der Sekretär des Kardinals, Monsignor Joseph Clemens, ein effizienter Deutscher. (Dies schreibt ein Neuseeländer.) Er hörte sich meine Bitte an und sagte dann: »Sie brauchen ein Empfehlungsschreiben Ihres Bischofs.« »Ich habe keinen Bischof«, erwiderte ich, »und ich bin nur für sechsunddreißig Stunden in Rom.« (Eine schroffe Antwort, aber meine Worte kamen in der Hitze des Gefechts und entsprachen der Wahrheit.) »Gut«, sagte Monsignor Clemens, »schreiben Sie einen Brief an den Kardinal, in dem Sie Ihr Interesse darlegen. Und seien Sie morgen früh um neun Uhr fünfundvierzig wieder hier.« In dieser Nacht tat ich kein Auge zu.

Am nächsten Morgen um neun Uhr fünfzehn saß ich erneut im Büro des Präfekten der Vatikanischen Bibliothek. Je aufgeregter ich wurde, desto mehr amüsierte sich Leonard Boyle: Vor ihm saß ein – wie er es nannte – »nicht praktizierender Atheist«, der um Einlass in das *secretum secretorum* der römischen Kirche bat, ein Nobody ohne Bischof und mit mehr Neugierde als Kompetenz, der an die Gelehrsamkeit eines berühmten Kardinals appellierte. Welche Aussichten bestanden für einen Neuseeländer, der auf dem Rückflug nach Deutschland hereinschneite, Zutritt zu den Archiven der Römischen Inquisition und des Index verbotener Bücher zu bekommen? Da ich Boyles Skepsis spürte und seine Liebenswürdigkeit kannte, sagte ich zu ihm: »*Pater, prega per noi*« (»Vater, bete für uns«). Mit einem gutmütigen Nicken begleitete er mich zur Tür.

Als ich hinausging, klingelte das Telefon. Über das nun folgende Gespräch informierte mich später mein zweifelnder Freund. »Kennen Sie Peter Godman«, fragte Kardinal Ratzingers Sekretär, »und ist er vertrauenswürdig?« »Ja«, antwortete Leonard Boyle (so jedenfalls behauptet er), »ich kenne Peter Godman, und er ist nicht vertrauenswürdig.« Obgleich diese Auskunft, hätte er sie tatsächlich gegeben, zutreffend gewesen wäre, begrüßte mich Monsignor Clemens herzlich, als ich im Heiligen Offizium eintraf: »Der Zensurbericht über Machiavelli ist hier. Sie können ihn einsehen. Ich schicke Ihnen den Archivar.« Nur mit Mühe gelang es mir, einen Freudenjauchzer zu unterdrücken.

Als ich auf den Archivar wartete, stellte ich mir einen modernen Inquisitor vor: gebeugt unter der Last der Jahre und der Pflichten, kahlköpfig, bebrillt, im hochgeschlossenen düsterschwarzen Gewand. Dann stand vor mir ein temperamentvoller Spanier. Der jugendliche, dynamische und elegante Monsignor Alejandro Cifres sah aus wie eine kirchliche Ausgabe von Robert de Niro. Damit hatte ich nicht gerechnet. Doch die Frage, die er stellte, hatte ich vorausgesehen und meine Antwort darauf parat. »Sind Sie Katholik?« »Nein«, erwiderte ich, »aber ich meine auch, dass die Frage in einem wissenschaftlichen Kontext nicht legitim ist.« Die zu Beginn herzliche Atmosphäre kühlte ab. »Doch weil Sie fragen«, setzte ich hinzu, »will ich Ihnen sagen, dass ich kein gläubiger Christ bin und dass meine religiöse Erziehung denkbar schlecht war; erzogen wurde ich als Presbyterianer.« Er glukste vor Heiterkeit. In diesem Moment wurden wir Freunde.

Er führte mich über eine enge und staubige Treppe hinunter in einen kleinen Leseraum, der aussah, als habe er nie das Tageslicht gesehen. Dicke Bände, angefüllt mit der Gelehrsamkeit des 17. Jahrhunderts, drängten sich neben modernen Taschenbüchern über Sexualerziehung für Katholiken, Befreiungstheologie und den Primat des Papstes. Das Archiv, so erläuterte Alejandro Cifres, enthält nicht nur historische Schriften, sondern auch Unterlagen zur aktuellen Tätigkeit der Kongregation. Auf meiner Suche nach einem Zensurbericht aus dem 16. Jahrhundert bemerkte ich im Korridor Ordner, auf denen (in Latein) geschrieben stand: »Bücherzensur 1968, 1971, 1992.«

Die römischen Archive sind ein lebendiger Organismus. Sie schlagen eine Brücke zwischen der früheren Tätigkeit von Inquisition und Index und der heutigen Arbeit der Glaubenskongregation. Darin liegt einer der Gründe, warum sie eine solche Faszination ausüben. Über Jahrhunderte hinweg dokumentieren sie die Kontinuität des Denkens, Handelns und Vorgehens in einer der zentralen und mächtigsten Einrichtungen der katholischen Kirche. Die Inquisition, seit 1588 unter dem Namen Oberstes Glaubenstribunal bekannt, hatte Vorrang vor allen übrigen Organisationen der römischen Kurie. Heute verantwortlich für Fragen der Lehre und der Disziplin, kontrollierte *La Suprema* während der Gegenreformation in Italien nahezu alle Einzelheiten des religiösen, sozialen und geistigen Lebens. Statt zu fragen »Worauf bezogen sich die Machtbefugnisse der Inquisition?«, sollte man lieber die Frage stellen: »Worauf bezogen sie sich nicht?« Deshalb erhielt man bei der offiziellen Öffnung des Archivs im Januar 1998 Zugang zu einer Fülle an Unterlagen über Fragen, die Rom bis heute als grundlegend für seine Mission erachtet.

»Nein, nein«, haben Kritiker eingewendet, »die Quellen sind gesäubert, die Bücher frisiert worden.« In der Tat ging vieles verloren – zum Beispiel als der römische Pöbel nach dem Tod Pauls IV. das Heilige Offizium verwüstete oder als 1817 Tausende von Prozessakten zerstört beziehungsweise als Altmaterial an Papierfabrikanten verkauft wurden, weil der Heilige Stuhl nicht imstande war, die Kosten für ihren Rücktransport nach Rom aufzubringen, nachdem 1810 auf Befehl Napoleons viele Bücher und Manuskripte aus dem Vatikan geraubt und nach Paris geschafft worden waren. Doch die Ansicht, die Archive der Inquisition und des Index seien uninteressant, langweilig oder schlicht eine Mogelpackung, entbehrt jeder Begründung. Siebenundzwanzig Räume mit etwa viereinhalbtausend Dokumentenbänden, die sich über mehr als sechshundert Meter aneinander reihen, strafen derlei unsachgemäße Behauptungen Lügen. Und die Qualität der Quellen steht hinter ihrer Quantität nicht zurück; das stellt man fest, sobald man lernt, wo man nachschauen muss.

Letzteres ist keine leichte Aufgabe. Es gibt keinen Katalog, kein Bestandsverzeichnis im modernen Sinne. Noch bis vor wenigen Jahren war das Archiv nicht nur für Wissenschaftler, sondern selbst für Mitglieder des Heiligen Offiziums geschlossen. Warum die bis dahin so abgeschottete Hochburg der Orthodoxie 1998 ihre Tore öffnete, darüber ist viel spekuliert worden. Die Neuorientierung verdankt sich vor allem drei Faktoren: einem Brief, in dem der Historiker Carlo Ginzburg 1979 an den Papst appellierte, im Interesse der Forschung Zutritt zu den Archiven zu gewähren; ferner dem von Kardinal Joseph Ratzinger verfolgten Kurs, denn da er selbst zu den führenden Gelehrten gehört, brachte er in dieser Frage ein aufgeklärteres Denken mit als manche seiner Vorgänger; und schließlich der Ernennung von Alejandro Cifres zum Archivar, denn seine Tatkraft und sein Scharfblick haben entscheidend zur Öffnung beigetragen.

In den Jahren zuvor hing eine Zulassung zu den Archiven der Inquisition und des Index weitgehend vom Ermessen oder vom Zufall ab: nicht weil die Kongregation ausschließlich Verfechter der katholischen Sache hineinlassen wollte, sondern aus dem ganz praktischen Grund, dass der winzige Lesesaal und das spärliche Personal nicht in der Lage waren, die zahlreichen Interessenten aufzunehmen. Während dieser Übergangszeit gewährte man einigen wenigen kompetenten Forschern Zutritt – und dem Autor dieses Buches, der über Inquisition und Index nahezu nichts wusste.

In meine unbeholfenen Hände drückte Alejandro Cifres eine dicke Foliohandschrift, eine Zensur Niccolò Machiavellis. Was mich verblüffte, war weniger der Versuch, die *Istorie Fiorentine* (dt. *Historien von Florenz*) dieses Autors zu »korrigieren«, als vielmehr das, was man ausgelassen hatte. Wo blieben *Il principe* (dt. *Der Fürst*), die *Discorsi (Erörterungen)* und das literarische Werk? Wie kam es, dass man in einem seiner Bücher die anstößigen Passagen gestrichen oder verändert, es (so der Terminus technicus der Kongregation) »expurgiert«, »gereinigt«, hatte, während man die übrigen ignorierte? Als ich das Manuskript durchblätterte und mich in die verschiedenen Zensurberichte vertiefte, schweiften meine Gedanken immer wieder ab: weg von den Expurgationen, die vor mir lagen, und hin zu Mentalität und Charakter derer, die sie hervorgebracht hatten. Ich fragte mich: »Wer waren diese Männer?«

Einige Zensoren hatten ihren Namen unter ihre Arbeit gesetzt, andere blieben anonym. Alle hatten den Text auf seine Irrtümer hin gelesen. Aber der eine hatte sich auf jeden Fehler gestürzt, der andere war über viele hinweggeglitten. Diese Gutachter hatten ganz unterschiedlich gearbeitet: manche nachsichtig, manche unerbittlich. Sie waren keiner einheitlichen Methode gefolgt und schienen sich wenig daraus zu machen, was ihre Kollegen beabsichtigten. Es war, als betrachte man eine Mannschaft, in der jeder sein eigenes Spiel spielt, ohne sich um die Übrigen zu kümmern. Da plötzlich dämmerte mir das Selbstverständliche wie ein Lichtschimmer in der Finsternis meines Unwissens. Ich begriff, dass die Zensur vielerlei Formen annehmen kann; dass sich dieses komplexe Phänomen mit der schlichten Idee der Repression nicht angemessen begreifen lässt; und dass in einer Kultur, die die von der Obrigkeit verdammten Bücher bereitwillig verbrennt, die Reinigung des Textes – die ihn zwar verstümmelt, aber nicht zerstört – vielleicht gar als Zeichen der Gunst, der »liberalen« Politik gelten muss. Und so bat ich darum, noch mehr sehen zu dürfen.

Ich verschob meine Weiterreise nach Deutschland und blieb in Rom; während der Vormittage im Archiv traktierte ich Alejandro Cifres mit meinen Bitten um weitere Manuskripte, und während der Nachmittage in der Vatikanischen Bibliothek piesackte ich Leonard Boyle mit meinen Berichten über das Entdeckte. Oft hat man mich gefragt, welche Auflagen das Heilige Offizium mir damals und später bei meiner Forschungsarbeit machte oder ob man versuchte, sie zu »kontrollieren«. Die Kontrollen und Auflagen, die es in diesen Archiven gibt, gelten für alle Wissenschaftler, die hier arbeiten. Die Dokumente der Indexkongregation (bis zu ihrer Auflösung im Jahre 1917) können ohne Ausnahme eingesehen werden. Die Quellen der Römischen Inquisition sind zugänglich bis zum Ende des Pontifikats von Leo XIII. (20. Juli 1903); aber auch die Bitte um Unterlagen aus der Amtszeit von Pius X. (1903–1914) kann Erfolg haben.

All dies unterliegt keinem starren Schema. Eine Ausnahme von der Regel, die den Forschern die erwähnten zeitlichen Grenzen setzt, hat man beim Autor dieses Buches gemacht.

Deshalb bekommt der Leser hier Einblick in die Zensur des berühmten Schriftstellers Graham Greene: Wie das Heilige Offizium mit ihm verfahren ist, wird mit Hilfe von Unterlagen aus der Zeit des Kalten Krieges – zum ersten Mal – rekonstruiert.

Die Dokumente aus der Zeit vor dem 20. Jahrhundert gestatten uns überdies einen Blick auf wichtige Probleme der Geistes- und Kulturgeschichte. Wie reagierten zum Beispiel die Glaubenstribunale der katholischen Kirche auf Denker wie Descartes, Leibniz und Hume? Wie verhielt sich Rom gegenüber führenden Persönlichkeiten der Aufklärung wie etwa Montesquieu, Gibbon und Voltaire? In den folgenden Kapiteln werde ich versuchen, Antworten auf diese Fragen zu geben, denn im Quellenmaterial der Archive spielen sie eine große Rolle. Damit wähle ich eine andere Perspektive als diejenige, die uns zur Gewohnheit geworden war, bevor die geheimen Dokumente zugänglich gemacht wurden. Im Folgenden geht es zum Beispiel mehr um Schriftsteller als um Hexen (dieses abgedroschene Thema der Inquisitionsforschung), einfach deshalb, weil die Zentralbehörden sehr viel weniger an Hexenkunst und Zauberei glaubten als ihre Untergebenen in den Kirchenprovinzen.

Die Provinzen bleiben in diesem Buch eher am Rande; ebenso all jene Fragen, die in den aus Gewissensgründen unter Verschluss gehaltenen Quellen thematisiert werden. So genannte *graviora delicta* zum Beispiel – Fälle, die die Moral des Klerus und die Disziplin der Sakramente betreffen – sind tabu. Innerhalb dieser Grenzen aber haben alle Wissenschaftler ungeachtet ihrer Konfession, Weltanschauung oder Nationalität Zugang zu den Dokumenten, wenn sie einen begründeten Antrag stellen. Während der ganzen Zeit, die ich in den Archiven verbrachte (und das waren alle Werktage eines Kalenderjahres), habe ich keinerlei Einmischung und viel Hilfsbereitschaft erlebt. Die einzige Verfolgung, deren Zeuge ich im Heiligen Offizium wurde, war die Verfolgung seines Archivars durch mich.

Die Zeit in den römischen Archiven fliegt vorüber wie ein Gelehrtentraum. Es ist faszinierend, eine Handschrift in Händen zu halten, die jahrhundertelang niemand gesehen hat. Noch größer ist die Faszination, wenn das Dokument, das man vor sich hat, bis vor kurzem als streng geheim galt. Noch immer ist die Arbeitsweise des Heiligen Offiziums und der Indexkongregation von einem Schleier des Geheimnisses umgeben, und es ist ein lustvolles Gefühl, ihn zu durchdringen. Die Illusion freilich, jedes Problem müsse sich im Handstreich lösen lassen, verfliegt schnell, denn die Quellen der römischen Archive stammen von Organisationen, die zwar berühmt-berüchtigt, aber kaum begriffen sind. Um die in ihnen aufgeworfenen Probleme zu verstehen, müssen wir erkennen, dass die Heilige Römische und Allgemeine Inquisition – trotz dieses Namens – ihre Grenzen hatte, und uns klarmachen, dass sie sich gar nicht vornehmlich mit der großen (protestantischen oder katholischen) Welt, sondern mit ihrer unmittelbaren Umgebung befasste. Das Heilige Offizium konzentrierte sich auf Italien. Innerhalb Italiens ist es vor allem Rom, die »Hauptstadt der Welt«, in die das Archiv Einblick gewährt: das Rom der Inquisitoren und Zensoren, die seit 1542 im *secretum secretorum* ihrer Kirche arbeiteten. Von außen gesehen wirkten sie immer unnahbar und unergründlich. Stets haben *sie* das Verhör geführt. Nun können *wir sie* verhören, von innen her, auf Grundlage ihrer eigenen Dokumente. Aber welche Fragen sollen wir stellen?

Wie haben Inquisitoren und Zensoren gedacht? Wie sahen ihre Vorstellungen, Motive, Methoden aus? Ist es möglich, sich in die Köpfe dieser schattenhaften Gestalten hineinzuversetzen? Ist es machbar oder legitim, die Inquisition und den Index in einem neuen Licht zu betrachten – nicht nur vom Standpunkt des Opfers aus, sondern auch von der Warte des Richters? Solche Fragen zielen auf die Mentalität. Das vorliegende Buch befasst sich mit Glaubensüberzeugungen, Denkformen, Arbeitsweisen. Hier geht es nicht in erster Linie um die Darstellung von Organisationen – einerseits weil in Rom bergeweise unsortiertes Material liegt und es zurzeit unmöglich ist, eine erschöpfende Geschichte des Heiligen Offiziums und der Indexkongregation zu schreiben, andererseits weil Institutionen mich weniger interessieren als Individuen.

Wir haben es hier mit Männern zu tun (Frauen waren als Hüter der Rechtgläubigkeit nicht zugelassen), über die fast nichts bekannt ist. Von außen gesehen wirken die Organisationen, in deren Diensten sie standen, meist statisch und repressiv, wie monolithische Blöcke. Bekräftigt wird dieser Eindruck durch die ausnahmslos schlechte Presse, die Inquisitoren und Zensoren haben. Hat die Geschichte nicht bewiesen, dass sie auf der falschen Seite standen? Auf der richtigen standen ihre Opfer, die zuerst einen ungerechten Prozess und dann ein erbarmungsloses Urteil bekamen. So haben Schwarz und Weiß sich stets zu einem düsteren Bild vereint, das durch keinerlei differenzierte Grautöne belebt wurde. Nicht zuletzt deshalb gibt es viele Bücher über diejenigen, die vom Heiligen Offizium verfolgt oder vom Index zensiert wurden, und weit weniger über die, die verfolgten und zensierten. Aber Mitgefühl mit den Opfern ist nicht das einzige Motiv für die einseitige Sicht der Dinge. Ein weiteres ist Unwissenheit: Vor der Öffnung der Archive war es nicht möglich, den Richter zu verstehen.

Ein Richter im römischen Machtzentrum hatte die Aufgabe, Kontrolle auszuüben. Als 1542 das Heilige Offizium gegründet wurde, stand die katholische Kirche nicht nur unter dem Beschuss der Protestanten, sondern musste feststellen, dass auch unter den eigenen Schäfchen abweichende Meinungen auftauchten. Diese Abweichungen nannte man Irrglauben, Häresie, eine Todsünde des Geistes. Verbreitet wurde dieses den Verstand infizierende »Krebsgeschwür« über das hoch ansteckende Medium des gedruckten Buches. Obgleich die neumodische Technik in der Kirche die Alarmglocken schrillen ließ, sah sie zugleich deren Vorteile: Durch die Nutzung der Druckerpresse für die katholische Sache und durch Reduktion oder Beseitigung der schädlichen Druckerzeugnisse versuchte Rom, dem Ansturm der Häretiker zu widerstehen und seine verirrten Schäfchen auf den Weg der Wahrheit zurückzuführen. Eben deshalb waren Römische Inquisition und Indexkongregation so interessiert an der Bücherzensur.

Wenn der Richter Zensur ausübte – die Lektüre bestimmter Werke verbot oder Geschriebenes unterdrückte und veränderte –, brachte er ex negativo seine Vorstellungen über Wahrheit, Autorität und Macht zum Ausdruck. *Wie* er es tat, ist häufig dargelegt worden. In den vergangenen Jahren sind vorzügliche Analysen der Indizes verbotener Bücher erschienen, doch *warum* der Richter sein Urteil fällte, blieb Sache der Spekulation. Man weiß wenig über seine Denkweise und noch weniger über seine Motivation. Die Zensur wird in aller Regel vom Standpunkt des Autors oder des Lesers aus betrachtet. Wie viele Unschuldige wurden verfolgt, weil sie Bücher besaßen, die die Kirche mit dem Bann belegt hatte! Wie viele unglückselige Autoren mussten mit ansehen, wie ihre Werke auf den Index gesetzt wurden! Und da man alle von der Römischen Inquisition Angeklagten als ihre Opfer darstellt, neigt man zur Glorifizierung derjenigen, die die kirchliche Kontrolle von Autoren und Lesern anzugreifen oder zu umgehen suchten. Vielleicht ist das gerechtfertigt. Aber bestimmt ist es nicht alles. Die Archive in Rom werfen andere, selten gestellte und nie beantwortete Fragen auf.

Welchen Einfluss übte die Zensur auf all jene aus, die sie in die Tat umsetzen mussten? Welche Folgen hatte es an der Spitze der katholischen Kirche, wenn der Index respektiert und kein verbotenes Buch gelesen wurde? Was bedeutete es über die Jahrhunderte hinweg, wenn die römische Elite sich gegen die europäischen Denkbewegungen abschottete und sie gleichwohl zu beherrschen suchte? Wenn die Glaubenshüter nicht gerade den Scheiterhaufen anzündeten oder das Radiermesser schärften, was lasen oder schrieben sie dann zum eigenen Nutzen oder Vergnügen? Waren sie (wie die Lehrbücher mitteilen) nichts als Augen und Ohren von Big Brothers Großmutter? Oder können Inquisitoren als Intellektuelle und Zensoren als Angehörige der schreibenden Zunft gelten? Um dies beantworten zu können, müssen wir uns mit einer anderen Frage befassen, die zwar einfacher, aber nicht weniger eindringlich ist: »*Wer* waren diese Inquisitoren und Zensoren?«

Sie waren weder proto-totalitäre Machthaber noch verbohrte Fanatiker, sondern Menschen mit all ihren menschlichen Schwächen. Sie improvisierten, stümperhaft und mit wenig Erfolg, und taten so ihr Bestes – so gut sie es eben verstanden. Und wenn sie es bisweilen weniger gut verstanden, so vielleicht deshalb, weil kaum einer so sehr zu Fehlern tendiert wie der, der sich als Hüter einer absoluten Wahrheit betrachtet. Denn wer soll die Wächter bewachen? Inquisitoren und Zensoren, deren Vorgesetzte auch nicht kompetenter waren als sie selbst, sollen in diesem Buch einmal anders gesehen werden: bei ihrem Irrlauf durch ein Labyrinth, in dessen trügerischen Kurven sie mit ihresgleichen zusammenstießen. Was sie sahen, war ihnen oft gar nicht lieb. Weder Päpste noch Kardinäle noch Heilige blieben vom Argwohn verschont, und Argwohn spaltet. Wenn eine Kultur sich selbst zum Gegenstand nimmt, vertiefen sich die Spaltungen. Genau das aber versuchte Rom mit Hilfe der Inquisition und des Index, und dass es sein Ziel nicht erreichte, war Glück und Unglück zugleich. Zugleich deshalb, weil das, was ich schildern werde, nicht bloß eine Tragödie der Unterdrückung, sondern auch eine Komödie der Irrtümer ist. Man lese es mit offenem Sinn.

25

Vorspiel auf dem Scheiterhaufen

Von der Römischen Inquisition als »unbußfertiger, verstockter, hartnäckiger Ketzer« verurteilt, nachdem sowohl die Calvinisten in Genf als auch die Lutheraner in Helmstedt ihn exkommuniziert hatten, wurde der zweiundfünfzigjährige abtrünnige Mönch, der Wanderphilosoph und angebliche Spion Giordano Bruno nackt ausgezogen und auf dem römischen Campo dei Fiori am Donnerstag, dem 17. Februar 1600, bei lebendigem Leibe auf dem Scheiterhaufen verbrannt. Noch am selben Tag schilderte der zum Katholizismus übergetretene Deutsche Caspar Schoppe seinen Tod zu Nutz und Frommen eines protestantischen Freundes mit den folgenden lebhaften Worten:

> »Heute ... sah ich mit eigenen Augen, wie Giordano Bruno, als Ketzer überführt, auf dem Campo dei Fiori vor dem Theater des Pompeius öffentlich verbrannt wurde ... Wärest Du zu diesem Zeitpunkt in Rom gewesen, Du hättest von vielen Italienern zu hören bekommen, da sei ein Lutheraner verbrannt worden, und das hätte Dich in der Ansicht bestärkt, dass wir [Katholiken] grausam sind. Doch musst Du wissen ... dass unsere italienischen Freunde nicht fähig sind, Ketzer voneinander zu scheiden oder zwischen ihnen zu unterscheiden. Sie meinen, alles Ketzerische müsse lutherisch sein. Möge Gott sie in dieser Unbedarftheit belassen und sie davor bewahren, jemals den Unterschied zwischen einem Irrglauben und einem anderen zu erkennen! Sonst,

fürchte ich, werden sie dieses Wissen und Erkenntnisvermögen für teuer erkauft halten. Höre von mir die Wahrheit ... Nicht ein einziger Lutheraner oder Calvinist muss in Rom um sein Leben fürchten – es sei denn, sein Rückfall [in die alten Irrtümer] hat sich zum öffentlichen Ärgernis ausgewachsen.

Nach dem Willen des Papstes sollen alle Lutheraner freien Zutritt zur heiligen Stadt haben und von den Kardinälen und Prälaten der Kurie freundlich und menschlich behandelt werden ... Selbst ich hätte wohl den allgemeinen Gerüchten, dass Bruno als Lutheraner verbrannt wurde, Glauben geschenkt, wäre ich nicht dabei gewesen, als im Heiligen Offizium das Urteil gegen ihn gefällt wurde, und hätte ich dort nicht begriffen, zu welcher Art der Ketzerei er sich bekannte.

Geboren ist Bruno in Nola im Königreich Neapel. Er war Dominikanermönch; vor achtzehn Jahren bekam er zum ersten Mal Zweifel an der [Lehre von der] Transsubstantiation ... und leugnete sie rundweg ab. Dann, mit einem Mal, äußerte er auch Zweifel an der Jungfräulichkeit der heiligen Maria, floh nach Genf und blieb dort zwei Jahre, aber da er sich in diesem Zeitraum dem Calvinismus (der auf direktestem Wege zum Atheismus führt) nicht anschließen mochte, wurde er ausgewiesen. Von dort ging er nach Lyon, dann nach Toulouse und dann nach Paris, wo er eine außerordentliche Lehrverpflichtung übernahm, da er feststellte, dass die ordentlichen Professoren gezwungen wurden, die Messe zu besuchen.

Später ging Bruno nach London und veröffentlichte dort sein Buch *Der Triumph der Bestie* – das heißt des Papstes ... Hierauf ging er nach Wittenberg, wo er (wenn ich nicht irre) ein öffentliches Glaubensbekenntnis ablegte, zog dann nach Prag und publizierte dort *Über die Unermesslichkeit und Unendlichkeit, Über die Unzählbarkeit* ... und *Über Schatten und Ideen*. In diesen Büchern behauptet Bruno grässlich widersinnige Vorstellungen: dass es unzählige Welten gibt; dass die Seele von Körper zu Körper oder in eine andere Welt hinüber wandert; dass eine einzige Seele zwei Körpern zugleich Gestalt verleihen kann; dass die Magie nützlich und zulässig ist; dass der Heilige Geist nichts anderes ist als die Weltseele; ... dass die Welt seit Ewigkeit existiert; dass Moses seine Wunder mit Hilfe der Magie vollbrachte, in der er besser bewandert war als die übrigen Ägypter; dass er sich seine Gesetze selbst ausdachte; dass die Heilige Schrift eine Täuschung ist; dass Teufel heilbringende Taten tun können; dass nur die Juden von Adam und Eva abstammen, die übrigen Menschen dagegen von zwei Wesen, die Gott am Vortag erschaffen hat; dass Christus nicht Gott ist, sondern ein meisterhafter Zauberer, der die Leute an der Nase herumführte und deshalb zu Recht gehängt wurde ... nicht gekreuzigt; dass Propheten und Apostel gottlos waren und einige von ihnen als Zauberer gehängt wurden. Ich würde gar kein Ende finden, wenn ich alle Hirngespinste wiedergeben sollte, die Bruno in seinen Büchern und in persona behauptete. Mit einem Wort, er war ein unerschütterlicher Verfechter all dessen, was heidnische Philosophen und alte oder neue Häretiker vorgebracht haben.

Von Prag aus ging er nach Braunschweig und Helmstedt, und dort bekannte er sich zeitweilig zu ihrem Glauben. Dann zog er nach Frankfurt, wo er ein Buch veröffentlichte, und schließlich fiel er in Venedig in die Hände der Inquisition. Nach geraumer Zeit wurde er von dort nach Rom verbracht, vom Heiligen Offizium der Inquisition vielfach verhört und von ihren hervorragendsten Theologen verdammt. Dennoch bekam er vierzig Tage Bedenkzeit, in denen er abwechselnd seinen Widerruf in Aussicht stellte, seine nichtswürdigen Ansichten verteidigte und einen weiteren Aufschub von vierzig Tagen forderte. Aber im Grunde führte er den Papst und die Inquisition nur an der Nase herum.

Fast zwei Jahre nach seiner Verhaftung durch die Inquisition, am 9. Februar, wurde Bruno im Palast des Großinquisitors und in Gegenwart der erlauchtesten Kardinal-Inquisitoren ... der theologischen Berater und des römischen Stadtoberhaupts, das die weltliche Justiz repräsentierte, in den Gerichtssaal geführt, wo er niederknien und den Urteilsspruch anhören musste. Er ging so: Erst wurde von seinem Leben, seinen Studien und seiner Lehre berichtet und darauf hingewiesen, mit welcher Fürsorglichkeit die Inquisition versucht hatte, ihm seinen Irrweg aufzuzeigen und ihn brüderlich zu ermahnen. Geschildert wurde, wie hartnäckig und gottlos Bruno gewesen war, dann wurde ihm seine Stellung als Geistlicher aberkannt, woraufhin man ihn exkommunizierte und dem weltlichen Arm zur Bestrafung übergab mit der Bitte, die Strafe möge so gnädig ausfallen wie möglich und ohne Blutvergießen vonstatten gehen.

Während der ganzen Zeit erwiderte Bruno kein Wort, nur einmal sagte er in drohendem Ton: ›Vielleicht habt ihr, die ihr dies Urteil fällt, mehr Grund zur Angst als ich, der ich es hinnehmen muss.‹ So wurde er von den Männern des Stadtoberhaupts ins Gefängnis gebracht, wo man ihn noch acht Tage lang festhielt, für den Fall, dass er seine Irrtümer widerrufen wollte; aber ohne Erfolg. Und deshalb wurde er heute auf den Scheiterhaufen geschickt. Als ihm vor dem Tod das Bild des Gekreuzigten hingehalten wurde, wies er es mit bitterer Verachtung zurück. Er ging in den glühenden Flammen elendiglich zugrunde und war vielleicht kurz davor, auf die Welten zu verzichten, die er erdacht hatte. Und so werden gotteslästerliche und gottlose Menschen für gewöhnlich von den Römern behandelt.«

Am Tage von Giordano Brunos Tod fand die Römische Inquisition in Caspar Schoppe einen eigenartigen Verteidiger. Da er wusste, wie viel Anstoß das Heilige Offizium erregte, zugleich aber darauf bedacht war, das Papsttum bei der Verhinderung eines Bündnisses zwischen lutherischen und calvinistischen Staaten zu unterstützen, und Unbehagen empfand, weil die Hinrichtung in das Heilige Jahr 1600 fiel, versuchte er Bruno als jemanden darzustellen, der sich sowohl vom katholischen als auch vom lutherischen Glauben abgewandt hatte und gegen beide Krieg führte.

»Lutheraner«, so behauptet Schoppe, sei eine vom unwissenden Volk in Italien, das den einen Protestanten nicht vom andern unterscheiden könne, benutzte Pauschalbezeichnung. Die Römische Inquisition wisse es besser. Mit ihrem Sachverstand und ihrer Nachsicht sei sie imstande, den Unterschied zwischen Ketzern anzugeben. Lutheraner hätten keinen Grund, das Heilige Offizium zu fürchten – obgleich, so fügt Schoppe im selben Brief hinzu, Luthers Verbrechen so grauenhaft sind, dass er eigentlich den Tod auf dem Scheiterhaufen verdient hätte! Der Scheiterhaufen sei das einzige Heilmittel für jemanden, der so verderbt und irregeleitet ist, dass er die Göttlichkeit Christi in Frage stellt und die Jungfräulichkeit Seiner Mutter in Zweifel zieht. Daraus folgt: Bruno ist ein Feind aller Christen (unabhängig von ihrem Bekenntnis oder Glauben) und damit ein Häretiker im vollsten Sinne.

Was war damals nach Ansicht eines Kardinal-Inquisitors Häresie im vollsten Sinn? Von einem von ihnen – Ludovico Madruzzo, in dessen Palast er wohnte – bezog Caspar Schoppe die lange Liste der »widersinnigen Vorstellungen«, die er Bruno in seinem offenen Brief zuschreibt. Das am 17. Februar 1600 verlesene Urteil kam ohne eine solche Fülle bio-bibliografischer Details aus. All diese Einzelheiten trug Schoppe selber zusammen, um Giordano Bruno als absoluten Außenseiter darzustellen. Er hatte die »brüderlichen Ermahnungen« in den Wind geschlagen, die Gelegenheit zum Widerruf zurückgewiesen und verstockt und einsam an seinen Irrtümern festgehalten.

Dies war Brunos Hauptdelikt: nicht dass er in religiöse und sittliche Irrtümer verfallen war, sondern dass er in ihnen verharrte. Die beharrliche Weigerung, seine vom Obersten Glaubenstribunal definierten Verfehlungen einzusehen, kam für das Letztere einem Nein zur Autorität der Kirche gleich. Weil Bruno in seinen letzten Worten – »Vielleicht habt ihr, die ihr dies Urteil fällt, mehr Grund zur Angst als ich, der ich es hinnehmen muss« – die eigene Autorität geltend machte, bewies er, dass er ein eigensinniger Ketzer war, der sich nach Ansicht der Inquisitoren und ihres Bundesgenossen Schoppe selbst zum Scheiterhaufen verdammt hatte.

Für sie war der Scheiterhaufen nicht nur ein Symbol der Macht, sondern auch eines der Niederlage. Da sie mit ihrem

Versuch, Brunos Seele zu retten, gescheitert waren, blieb ihnen nichts, als seinen Leib den Flammen zu übergeben, die zu entzünden man – mit der frommen Bitte um Nachsicht und Vermeidung von Blutvergießen – der weltlichen Gerichtsbarkeit überließ. Wohl wissend, dass diese Bitte ignoriert würde, behaupteten manche Inquisitoren, das Heilige Offizium tue den Ketzern mit der Hinrichtung letztlich einen Gefallen, da sie sonst nur immer mehr Verbrechen begehen würden. Begrenztes Leiden im Diesseits erspare Giordano Bruno und seinesgleichen die endlosen Qualen im Jenseits.

Diese Ansicht vertrat damals, im 16. Jahrhundert, Robert Bellarmin (1542–1621), jener Kardinal-Inquisitor, der über Bruno zu Gericht saß und im 20. Jahrhundert heilig gesprochen und zum Doctor ecclesiae, zum Kirchenlehrer, ernannt wurde. Keine der kirchlichen Behörden würde sich Bellarmins Ansicht heute noch anschließen, nachdem Papst Johannes Paul II. und hohe Würdenträger der römischen Kurie sich am 12. März 2000 öffentlich dafür entschuldigt haben, dass »selbst Männer der Kirche im Namen der Glaubens- und Sittenlehre mitunter Wege gegangen sind, die nicht im Einklang mit den Evangelien stehen«. Die Zeiten haben sich geändert, und in den Jahrhunderten, die zwischen den beiden Heiligen Jahren 1600 und 2000 liegen, ist Giordano Bruno zum Helden des Antiklerikalismus geworden.

Er hat Bruno heroisiert und die Römische Inquisition dämonisiert. Unter dem Einfluss dieser starren Symmetrie schienen wir alle durch die aus der Vergangenheit stammenden Stereotype und Gemeinplätze dazu verdammt, Gefangene der alten Vorurteile zu bleiben. Können wir nun, nach der Öffnung der römischen Archive, jene geistigen Fesseln abwerfen? Können wir ungehindert erkennen, dass Mitgefühl für die Opfer des Heiligen Offiziums – jenes Mitgefühl, das die überlieferte Geschichte der Institution beherrscht und ihr Bild schwarz eingefärbt hat – uns nicht von der Aufgabe entbindet, die Richter zu verstehen?

Solche Fragen aber werfen noch ganz andere, ebenso schonungslose wie heikle Fragen auf. Wie konnten Christen, die sich zu einer Religion der Liebe bekannten, Anweisung geben, dass Menschen, die ihren Glauben nicht teilten, unter unaussprechlichen Qualen in den Flammen zugrunde gehen und dieselben Flammen, die unbußfertige Denker verzehrten, auch ihre Werke vernichten sollten? Warum geriet Rom, dieser Hort der Hochkultur, dermaßen in Konflikt mit den neuen Strömungen in Literatur und Theologie, Wissenschaft und Gelehrtenwelt, dass es seinen Widerwillen nur in Indizes verbotener Bücher zum Ausdruck bringen konnte? Mit welchen Begründungen kamen Inquisitoren und Zensoren zu ihrem Verdikt? Wir wollen versuchen, diese Fragen entschlossen anzugehen und uns in die Köpfe der Richter hineinzuversetzen, die im Jahre 1600 den »unbußfertigen, verstockten, hartnäckigen Ketzer« Giordano Bruno auf den Scheiterhaufen schickten.

I.

Der Ketzer und der Inquisitor

»Herr über sein Leben und seinen Körper ist der Mensch nur, soweit es das Gesetz erlaubt.« Dies schrieb Francisco Peña (1540–1612), Berater am Heiligen Offizium, glühender Anhänger der Inquisition und Autor eines Berichts über Giordano Brunos Prozess (1596), in seinem Kommentar zu einem mittelalterlichen Handbuch für Inquisitoren, das er im Jahre 1578 auf den neuesten Stand brachte.

Auf den neuesten Stand? Wie sollte sich eine Institution, die uns heute als extrem rückwärtsgewandt gilt, modernisieren lassen? Machte sie nicht »die Verwaltung der Strafjustiz auf Jahrhunderte hinaus zu einem blutigen Hohne«? Als Synonym für Strenge, als Inbegriff der Verfolgung lässt sich die Römische Inquisition nach landläufiger Auffassung doch weder modernisieren noch rehabilitieren. Hören wir in Peñas Satz nicht schon das Rasseln der Daumenschrauben, das Quietschen der Folterbank? Wissen wir nicht im Voraus, was wir von einem Menschen erwarten müssen, der sein Leben im Dienst einer so abscheulichen Organisation verbrachte? Vielleicht. Oder vielleicht auch nicht.

Wer war Francisco Peña? Was war das für ein Mann, der – noch nach dem Anbruch der Neuzeit, im strahlend neuen Licht der Renaissance und des Humanismus – seine Lebenskraft der Herausgabe und Annotierung eines obskuren mittelalterlichen Handbuchs für Inquisitoren widmete? Geboren war er in Spanien, das eine erfolgreiche, mehr dem König als dem Papst verantwortliche Inquisition aufzuweisen hatte, zwei Jahre bevor in Rom 1542 das Heilige Offizium gegründet wurde, und als kaum Zwanzigjähriger hatte er bereits ein Werk über die Ketzerei geschrieben. Unveröffentlicht, ungelesen und damit praktisch unbekannt, geben seine in den Jugendjahren niedergelegten Gedanken zu diesem Thema, das ihn ein Leben lang beschäftigen sollte, Einblick in die Herausbildung einer für einen Inquisitor typischen Geistesverfassung.

Drastische Details – das Abhacken von Ohren und Gliedmaßen, der Geruch des von der Peitsche geschundenen Fleisches, der Gestank verbrannter Leiber auf dem Scheiterhaufen – zogen die Fantasie des jungen Peña in ihren Bann. In den Stunden der Entspannung, die ihm das Universitätsstudium in Valencia und Bologna ließ, dachte er über die Strafen nach, die das römische und das kanonische Recht für Häretiker vorsah. Wie richtig war es doch, dass Kaiser Justinian (oder das mit seinem Namen verbundene Strafgesetzbuch) bestimmt hatte, all jenen, die sich erdreisteten, verbotene Bücher anzufassen, sollten die Finger abgehackt werden! Die Antike war eine Fundgrube für Maßnahmen, mit denen man gegen Gottlose und Dissidenten vorgehen konnte. Auch das Mittelalter, in dem die Inquisition ihren Anfang nahm, hatte sich hervorgetan. Und wenn Peña in Gedanken die menschliche Geschichte seit Christi Geburt Revue passieren ließ, sah er sie als Kampf zwischen den Mächten des Guten und des Bösen. Beides auseinanderzuhalten erschien ihm kein Problem. Gut und Böse, Wahrheit und Irrtum wurden seit eh und je durch die katholische Kirche geschieden. Diese heilige Mutter, die nie irrte und sich nie veränderte, war immer da, um ihre Kinder zu belehren und zu strafen. Als Mittel dazu diente ihr das Recht.

Das Recht schlug eine Brücke über die Jahrhunderte hinweg. Zweihundert Jahre Inquisitionsgeschichte – von 1376, als der Generalinquisitor von Aragon, Nicolás Eymerich, sein dickleibiges *Directorium Inquisitorum (Handbuch für Inquisitoren)* schrieb, bis 1578, als Peñas überarbeitete Ausgabe des Werkes erstmals erschien – werden in diesem Versuch, den alten Ratgeber auf den neuesten Stand zu bringen, als Kontinuum sichtbar. Ursprünglich gedacht als Anleitung zu allen praktischen und theoretischen Problemen, die die Inquisitoren vor Ort zu bewältigen hatten, befasste sich Eymerichs Werk mit Themen, die Jahrhunderte nach seiner Entstehung immer noch aktuell waren, und überdies gab es kein anderes Buch, das es an Umfang und Reichweite mit ihm hätte aufnehmen können. Für Peña war daher in dem mittelalterlichen Handbuch nicht etwa totes Wissen abgelegt; vielmehr entsprang ihm eine lebendige Lehre, die mit neuerer Erfahrung aufgefrischt werden konnte.

Erfahrung und kritischer Verstand rieten dem Herausgeber, sich nicht auf einen Text zu verlassen, der durch so viele Hände gegangen war. Entstellungen hatten sich eingeschlichen, und es war schwer zu rekonstruieren, was Eymerich selbst geschrieben hatte. So arbeitete Francisco Peña schließlich ganz in der Manier jener Humanisten, deren Methoden die Inquisition nur mit Argwohn betrachtete. Überall in Italien spürte er Handschriften mit Eymerichs Text auf. Er verglich die Lesarten miteinander, beseitigte Fehler und stellte die Originalfassung wieder her, während er zugleich in seinen Anmerkungen festhielt, welche Veränderungen Theorie und Praxis der Inquisition im Laufe der Zeit durchgemacht hatten. Peñas Arbeit war von Erfolg gekrönt, und dem ersten Band fügte er einen weiteren hinzu, in dem er alle Erklärungen, die die Päpste vom 12. bis ins 16. Jahrhundert zum Heiligen Offizium abgegeben hatten, zusammentrug. Dieses Werk, das er später durch einen Anhang über den Autoritätsanspruch solcher Quellen ergänzte, verschafft einen lebendigen Eindruck vom damaligen Gelehrten im Dienst der Römischen Inquisition.

Die zog ihre eigenen Vorteile aus Peñas Bemühungen: Vorteile für die unmittelbare Praxis, aber auch für die Öffentlichkeitsarbeit. Die neuen Vorgaben zu Prozessführung und Informationsbeschaffung lieferten dem Inquisitor eine Richtschnur für seine Arbeit, während die Sammlung päpstlicher Erklärungen und der Anhang ihm zeigten, dass die Behörde, für die er arbeitete, keine 1542 aus dem Nichts geschaffene Missgeburt war, sondern ein ehrwürdiges, von einer langen Reihe von Päpsten sanktioniertes und getragenes Organ der Kirche. Peñas Neuausgabe ist also mehr als ein aufpoliertes Handbuch; sie steht für den ersten Versuch des Heiligen Offiziums, seine Vorgeschichte bekannt zu machen und der Elite des 16. Jahrhunderts seine Legitimität vor Augen zu führen. Zwar gab es bereits einige theologische und juristische Vorstöße in dieselbe Richtung, aber kein Werk war so ehrgeizig wie dieses monumentale Opus. Es war eine Antwort an alle, die (nicht nur im Lager der Protestanten) die Autorität des Inquisitors in Frage stellten – allerdings keine Antwort auf die Frage, *welcher* Inquisitor eigentlich die Publikation eines solchen Buches wünschte und *warum*. Werfen wir daher einen Blick hinter die Kulissen, einen Blick auf Denkweise, Zeit und Milieu, in deren Rahmen Peñas Pläne Gestalt annahmen.

✦╼✚╾✦

Antworten auf die Fragen nach dem Wer, Warum und Wann sind, wenn es um die Römische Inquisition geht, nicht einfach bei der Hand. Um sie zu finden, müssen wir auf gedruckte und ungedruckte Quellen zurückgreifen, die mehr als vierhundert Jahre alt sind. Geschrieben wurden die meisten in Latein, der damals internationalen Sprache von Wissenschaft und Kirche. Zur Zeit ihrer Entstehung im 16. Jahrhundert waren sie der großen Mehrheit der Bevölkerung ebenso unzugänglich, wie sie es heute wieder geworden sind. Als Peña seine kommentierte Neuausgabe herausbrachte, verriet er keines der Geheimnisse der Römischen Inquisition an die Öffentlichkeit, denn sie war außerstande, sein Werk zu lesen. Das Buch wendete sich an eine Elite.

Diese geschlossene, exklusive Elite muss man vor Augen haben, wenn man die Denkweise der Römischen Inquisition begreifen will. Sie verstand sich als Hüterin der Wahrheit, der von ihren Mitgliedern gedeuteten Wahrheit. Priester und Mönche – Dominikaner oder Franziskaner, Jesuiten oder andere – waren ausnahmslos überzeugt, den Laien weit überlegen zu sein. Die Laien mussten von ihnen angeleitet, geführt und korrigiert werden, und zwar nicht allein in religiösen Fragen. Die weltlichen Schäflein im Schoß der römischen Kirche durften es keinesfalls halten wie protestantische Ketzer und selbst die Bibel lesen. Fehldeutungen der Heiligen Schrift galten als Wurzel aller Ketzerei, auch für den Richter von Galileo Galilei, den Kardinal-Inquisitor Robert Bellarmin. Ja, er ging sogar noch weiter. »Glaubensfreiheit«, schrieb dieser Heilige und Doktor der Kirche, »ist nichts anderes als die Freiheit zu irren.«

Vermeiden ließen sich Irrtümer durch strikten Gehorsam gegenüber einer Elite, die nicht nur in der Inquisition, sondern auch in der Kongregation für den Index verbotener Bücher tätig war und dort zu Bellarmins Lebzeiten italienische Bibelübersetzungen mit dem Bann belegte. Die Bibel, dieses subversive Buch, wurde damals auch von »Einfältigen und Ungebildeten« (*simplices et idiotae*) gelesen, und sie zu schützen war Aufgabe des Heiligen Offiziums. Die Inquisition bewahrte die Gläubigen vor Irrtümern, indem sie ihnen verbot, das Wort Gottes in der Volkssprache zu lesen, und es nur in dem ihnen unverständlichen Latein verbreitete. Daraus wiederum folgte, in einem zirkelförmigen Schluss von umwerfender Logik, dass sie einen Priester brauchten.

Eifersüchtig wachte die Geistlichkeit über ihr Bibelmonopol und hatte nicht die Absicht, es aus der Hand zu geben. Der folgende heftige Auftritt gibt einen Eindruck von der Haltung, die hinter diesen Restriktionen stand. Als der venezianische Gesandte 1607 in einer Audienz bei Papst Paul V. (1605–1621) für die vom Interdikt betroffenen Theologen seiner Stadt mit dem Argument eintrat, sie hätten in ihren Predigten nicht Rom angegriffen, sondern nur die Heilige Schrift erläutert, geriet der Pontifex Maximus außer sich vor Zorn und schrie den Gesandten an: »Merkt Ihr denn nicht, welchen Schaden diese Lektüre der Bibel der katholischen Religion zufügt?«

Während des ersten Jahrhunderts der Römischen Inquisition galt die katholische Religion ihren Wächtern in der Hochburg der Rechtgläubigkeit als belagerte Festung. Und kaum einer von ihnen war so wachsam, so unerbittlich wie Francisco Peña – nicht zuletzt weil er in einer fremden Umgebung beweisen musste, dass er den mitgebrachten Referenzen gerecht wurde. Peña war weder Italiener, noch gehörte er einem der beiden Orden – den Dominikanern und Franziskanern – an, aus denen im Mittelalter die Inquisitoren rekrutiert wurden und die während der Gründungsjahre des Heiligen Offiziums den Ton angaben; er war Laienpriester, Jurist und Gelehrter. Kurz, ein Intellektueller.

Die Römische Inquisition hat Intellektuelle nicht nur verfolgt. Sie bot ihnen auch eine Heimstatt. Das Heilige Offizium hatte Verwendung für vielerlei Charaktere. Zu den eindrucksvollsten und interessantesten gehörte im letzten Viertel des 16. und im ersten des 17. Jahrhunderts Francisco Peña. Arrogant und angriffslustig, war er ein Mann, der nicht an falscher Bescheidenheit litt. Und sofern er echte Bescheidenheit besaß, hinderte sie ihn nicht, seine Meinung kundzutun, die er sich im Studium des kanonischen und des weltlichen Rechts gebildet hatte. Dieses Studium verschaffte ihm Zutritt zur Römischen Inquisition. Im Heiligen Offizium brauchte man juristische und theologische Experten; sie gaben in jedem Prozess vor dem Urteil eine Stellungnahme ab, an die sich ihre Vorgesetzten, die Kardinal-Inquisitoren, auch meistens hielten.

Die von der Römischen Inquisition durchgeführten Prozesse wegen Ketzerei und ähnlicher Vergehen kamen, gemessen an damaligen Maßstäben, keineswegs »einem blutigen Hohne« auf die »Verwaltung der Strafjustiz« gleich. Viele Beschuldigte erschienen, wenn sie die Wahl hatten, lieber vor dem Heiligen Offizium als vor einem weltlichen Gericht, denn die Rechtsprechung der Inquisition sicherte ihnen einen Rechtsbeistand zu. Hatte der Angeklagte nicht die Mittel dafür, zahlte das Heilige Offizium. Anonyme Denunziationen wurden in der Regel zurückgewiesen und alle anderen, dem Inquisitor persönlich vorgetragenen Anzeigen genauestens überprüft.

Diese Überprüfung galt nicht bloß Denunzianten und Zeugen. Ein wachsames Auge hatte man auch auf die Inquisitoren selbst. Sie operierten von Klöstern in den italienischen Städten und Dörfern aus und stützten sich dabei auf ein Netz von Informanten, Gefolgsleuten und Gehilfen, ihre so genannte »Familie«. Sie bot beflissen ihre Hilfe an, denn die Arbeit für das Heilige Offizium brachte Privilegien mit sich, darunter Steuererlasse und das Recht, Waffen zu tragen. Ein solches

System war offensichtlich anfällig für Missbrauch aller Art. Materielle Vorteile, persönliche Feindschaften und schlichte Gehässigkeit konnten, wie die Kardinal-Inquisitoren in Rom wussten, zur Denunziation von Unschuldigen führen. Weil sie damit rechnen mussten, dass ihren Vertretern in den Provinzen Fehler unterliefen, hielten sie sie unter strenger Beobachtung. Irrtümer konnten den Verlust des Amtes zur Folge haben, und Amtsmissbrauch wurde mit einer Strafe belegt, die schlimmer war als die Verliese des Vatikans: mit der Verurteilung zu den als »Hölle auf Erden« gefürchteten päpstlichen Galeeren, an deren Rudern auch abgesetzte Inquisitoren saßen.

✦✝✦

Was die Behörden in Rom mit dieser allseitigen Kontrolle sichern wollten, war ein korrektes und einheitliches prozessrechtliches Verfahren. In den Gefängnissen des Heiligen Offiziums hatten die Angeklagten Anspruch auf ein Bett, zweimal pro Woche neue Bettwäsche sowie Verpflegung. Die Kardinal-Inquisitoren waren gehalten, die Häftlinge jeden Monat einmal zu besuchen, und aus den Quellen geht hervor, dass sie es auch getan haben. Bei einem dieser Besuche im Winter 1589 beklagte sich der unter Spionage- und Verratsverdacht festgehaltene Engländer Edward Grately über die Kälte in seiner Zelle. Vorschriftsgemäß schaffte man Brennholz herbei – nicht um Grately zu verbrennen, sondern um den Raum zu heizen. Im Prozess wurde er für schuldig befunden und zu »lebenslanger Haft« verurteilt, was nach damaliger Inquisitionspraxis eine Haftzeit von drei Jahren bedeutete, wenn der Verurteilte Reue zeigte.

Gab es irgendwo im Europa der frühen Neuzeit ein Gericht, das einen überführten Verräter und Spion mit einem solchen Urteil davonkommen ließ? Erhängen, Foltern und Vierteilen – damit hatten diejenigen, die in die Hände weltlicher Richter fielen, wohl eher zu rechnen. Viele Richter im Norden Europas verfolgten mit fanatischem Eifer Hexen, deren lächerliches Getue das Heilige Offizium eher mit kühler Skepsis betrachtete. Auf diesen Zeitvertreib der Provinzen sah man in Rom verächtlich herab. Magie, Hexerei und Aberglaube wurden immer wieder vor das Oberste Tribunal gebracht, aber in keinem Fall waren die Kardinäle überzeugt, dass die Krankheit schwerwiegend und eine strenge Kur vonnöten sei.

Streng verfuhr die Römische Inquisition mit dem Klerus. Nach dem Willen der streitbaren Kirche durfte keines ihrer Mitglieder aus der Reihe tanzen. Um im Krieg gegen die Ketzer für Disziplin unter ihren Soldaten und für Ordnung unter den Laien zu sorgen, brauchte sie eine starke Führung. Und diese Führung garantierte damals ein überragender Mann, mit dem Francisco Peña jahrzehntelang zusammenarbeitete. Es war Giulio Antonio Santori (1532–1602), Kardinal und Großinquisitor. Aus der großen Privatbibliothek, die ihm gehörte, entlieh Peña mehrere der Handschriften, die er in seiner Eymerich-Ausgabe zitierte. Aber in Santoris erstaunlicher Laufbahn bildete die Bibliophilie nur einen Teilaspekt.

Fast vierzig Jahre lang war er Spiritus rector des Heiligen Offiziums. Seine Tagebücher und die Quellen in den römischen Archiven geben einen Eindruck von seiner manischen Energie und seinem unbeugsamen Charakter. Für diesen allgegenwärtigen und Furcht erregenden Großinquisitor war der Prozess gegen einen Bauern ebenso interessant wie das Tyrannisieren von Päpsten ergötzlich. Sämtliche damaligen Päpste umarmten ihn nach ihrer Wahl, nannten ihn Vater und luden ihn ein, zu jeder Tages- und Nachtzeit zu ihnen zu kommen – was höchst unvorsichtig war, denn Giulio Antonio Santori kam tatsächlich.

Santori bewegte sich ungezwungen in den gewundenen Korridoren der Macht. Er hatte bereits erstaunliche Erfahrungen hinter sich: Wegen angeblicher Teilnahme an einem gescheiterten Giftmordanschlag auf Papst Pius IV. (1559–1565) hatte man ihn angeklagt und vor Gericht gestellt. Pius' Vorgänger Paul IV. (1555–1559) war die treibende Kraft hinter der Gründung des Heiligen Offiziums gewesen. Dessen rechte Hand und späterer Nachfolger, der Ehrfurcht gebietende Pius V. (1566–1572), zitierte Santori nach Rom. Andere wären bebend vor Angst angetreten. Dieser Angeklagte nicht. Zielstrebig und unumwunden verteidigte er sich – und überzeugte damit Pius V. so sehr, dass dieser ihn zum Berater jener Organisation machte, die ihn wegen Ketzerei verfolgt hatte.

Nachdem sein Name rein gewaschen und sein Glück gemacht war, blickte der vermeintliche Giftmischer nicht mehr zurück. Er wurde zum Erzbischof, dann zum Kardinal ernannt und fasste sogar Höheres ins Auge. Damals war mehreren Päpsten – von Paul IV. über Pius V. bis zu Sixtus V. (1585–1590) und Gregor XIV. (1590–1591) – aus der günstigen Startposition im Heiligen Offizium der Sprung auf den päpstlichen Stuhl gelungen, und denselben Sprung hätte Giulio Antonio Santori gern auch getan. Dies also war die »graue Eminenz«, der Mann, der mit aller Macht die Ziele der Organisation, an deren Spitze er stand, höher stecken, ihr Ansehen mehren und ihre Durchschlagskraft steigern wollte. Dies war der Gönner von Francisco Peña.

Peña und Santori verband ein gemeinsames Interesse; es galt, eine Karriere aufzubauen, Einfluss zu gewinnen. Als der Spanier die Stufenleiter der juristischen Hierarchie in Rom emporzuklettern begann, half ihm die behandschuhte Hand des Großinquisitors von einer Sprosse zur nächsten. Beide Männer hatten ein waches Gespür dafür, an welchen Punkten ihre Kultur des Argwohns Machtausübung versprach; beide wussten zwischen Schein und Wirklichkeit zu unterscheiden.

Santori war Anfang zwanzig, als Giampietro Carafa unter dem Namen Paul IV. den Stuhl Petri bestieg. Dieser Mann misstraute sogar (oder vor allem) seinen Kollegen; als Carafa noch Kardinal war, verkündete er in einem Konklave, welches den Engländer Reginald Pole für die Papstwahl favorisierte, das Heilige Offizium habe Ermittlungen gegen ihn eingeleitet. Dass derselbe Inquisitor einige Jahre später denselben Anwärter auf die Tiara als Heiligen bezeichnete, half diesem gar nichts: Pole hatte keinerlei Aussichten mehr. Die Sache sorgte damals für großes Aufsehen; jahrhundertelang blieb das Interesse an ihr lebendig; und als die römischen Archive geöffnet wurden, suchten Forscher nach der Akte dieses Papstes, der nie Papst war.

Da sie nichts finden konnten, zogen sie den Schluss, sie sei entweder verloren gegangen oder beiseite geschafft worden. Offenbar zog niemand in Erwägung, dass diese Akte vielleicht nur in der Vorstellung des hitzköpfigen Paul IV. existiert haben könnte.

Lange vor seiner Wahl zum Papst hatte Paul IV. den Argwohn zum Programm erhoben, und das Heilige Offizium setzte dieses Programm in Machtausübung um. Selbst ein Kardinal-Inquisitor und Diplomat von internationalem Ruf wie Giovanni Morone konnte während Pauls Pontifikat ins Gefängnis gesperrt und wegen Ketzerei vor Gericht gestellt werden; und Pius V. führte nach Santoris Ansicht diese Politik nur fort. Unter solchen Umständen fühlte sich niemand mehr sicher. Misstrauen war normal, Überwachung an der Tagesordnung. Von den nominellen Herrschern, die sich im Amt des Stellvertreters Christi in rascher Folge ablösten, konnte man weder Schutz noch Stetigkeit erwarten. Stabilität suchte man daher in der Römischen Inquisition. Dort fanden junge aufstrebende Männer wie Peña ihre Aufstiegschancen. Er legte ein Lippenbekenntnis zum Papsttum ab und schrieb in einem Buch, dass der Monarch, der auf dem Stuhl Petri sitze, Anspruch darauf habe, über die ganze Welt zu herrschen; sein wahres Gesicht aber zeigte er, als er in einem Geheimbericht an Santori den Satz formulierte: »Im Vorzimmer des Papstes fand ich folgende verbotene Bücher …«

Bücher, verbotene ebenso wie erlaubte, waren Francisco Peñas Obsession. Gierig verschlang er sie, unablässig schrieb er eigene und gab die Werke anderer heraus. Autoren, die Handbücher zur Inquisition verfasst hatten, interessierten ihn besonders. Peña veröffentlichte nicht nur Eymerichs Handbuch, sondern auch eine »stilvolle und nützliche« Abhandlung über Ketzerei aus dem 15. Jahrhundert; er widmete sie 1581 einem hohen Beamten des Heiligen Offiziums, »dem ich, wie ich wohl weiß, alles verdanke«.

Auf jeder Stufe in der Hierarchie der Römischen Inquisition

besaß Peña seine Kontakte; bezeugt sind sie durch Widmungen in den Büchern. Ehrgeiz mag ein Beweggrund für sein Interesse an dieser Institution gewesen sein, doch das Schicksal des Heiligen Offiziums lag ihm wirklich am Herzen. Auf die Frage »Warum?«, scheint die Antwort ganz selbstverständlich und die Sache sonnenklar: Ein Inquisitor ist ein Inquisitor. Aber der Satz erklärt gar nichts, und in Peñas Fall trifft er nicht einmal zu.

Trotz seiner engen Verbindungen zum Heiligen Offizium war Peña doch nie als Inquisitor im Wortsinn tätig. Die meiste Zeit arbeitete er als Richter, dann als Dekan an der Römischen Rota, dem höchsten Gericht des Kirchenstaats. Erst mit über sechzig Jahren wurde Peña in aller Form zum Berater der Römischen Inquisition ernannt, der er bereits weniger förmlich jahrzehntelang gedient hatte. Von Jugend an spielte er in Gedanken die Rolle des Inquisitors, ohne je Anstalten zu machen, selbst das Amt zu übernehmen, für das er so reichlich qualifiziert war.

Machte es ihm einfach mehr Spaß, in Rom zu bleiben, mit Santori zusammen Intrigen zu spinnen und hinter den Päpsten herzuspionieren? Oder schlug ihm die Tatsache, dass er weder Dominikaner noch Franziskaner war, von vornherein zum Nachteil aus? Wenn ja, dann hat er es wohl nie verspürt, denn im Heiligen Offizium hatte er sich eine ihm gemäße Funktion geschaffen. Denker fanden dort eine Heimstatt, und Ketzerei war das Thema, das sich wie ein roter Faden durch sein Denken zog.

Nichts konnte einem Intellektuellen mit Peñas Anschauungen wichtiger, nichts faszinierender oder fürchterlicher erscheinen. Häresie war das abscheulichste aller Verbrechen, das mit den grässlichsten Strafen geahndet werden musste. Das Problem der Bestrafung faszinierte Peña schon, als er noch jung und unbekümmert war – ein Interesse, das verständlich wird, wenn wir uns in seine frühzeitig durch das Studium des römischen Rechts angestachelte Fantasie hineinversetzen. Sehen wir uns zum Beispiel die römischen Gesetze gegen Verräter an. *Maiestas laesa* – Majestätsverbrechen –, so hieß die Straftat, mit der die Inquisition die Häresie gleichsetzte. Doch in den

Augen des Heiligen Offiziums war Letztere viel schlimmer als jeder nur denkbare Verrat an einem weltlichen Herrscher. Ketzerei war nichts weniger als der Verrat an Gott. Man begreift daher, dass und warum jemand wie Peña, mit so viel Sachkenntnis und so viel Neigung zu Extremen, einen derart kompromisslosen Gedanken verlockend finden konnte. Wenn Verrat am römischen Kaiser schon bedeutete, dass der Straftäter hingerichtet, sein Haus dem Erdboden gleichgemacht und sein Vermögen konfisziert wurde, während seine Nachkommen Ehre und Rechte verloren (weder ein Testament machen noch ein Erbe antreten durften), dann war es doch nur legitim, wenn die Kirche mit denselben Maßnahmen gegen Verräter vorging, die sich in innerster Seele vom wahren Glauben abkehrten und Jesus Christus verleugneten! Hatte Augustinus den Glaubenszwang nicht mit den Worten des Apostels (Lukas 14, 23: »nötige sie hereinzukommen«) begründet? Hatte das Christentum nicht seit dem Mittelalter das Gebot »Liebe und tu, was du willst« als Lizenz zum Töten aufgefasst?

Und das war noch nicht alles. Das juristische Nachdenken über Ketzerei warf peinliche Probleme auf. Manche von ihnen gab es bereits im Mittelalter, das Peña eingehend studiert hatte. Was zum Beispiel würde geschehen, wenn der Papst der Ketzerei verfiele und die gesamte Kirche seinen falschen Lehren folgte? Eine verblüffende Antwort hatten die Kirchenjuristen im 12. und 13. Jahrhundert gegeben. Unter solchen Umständen, so ihre Empfehlung, sei die gesamte Kirche als ketzerisch zu betrachten. Wahrlich ein logischer Schluss – aber er warf die weitere, grundsätzliche Frage auf, *wer* denn hier der Betrachter sein soll. Das Mittelalter fand zwar keine Lösung, aber sie ergab sich im Zuge der Gegenreformation, mit der Entstehung einer omnipräsenten, omnikompetenten Institution in Rom. Von nun an bestimmte das dortige Heilige Offizium – in aller Strenge und ohne Rücksicht auf die Person –, wer Häretiker war und wer nicht. Der von der Macht faszinierte Peña hatte gleich mehrere Motive für seine Anhänglichkeit an die Römische Inquisition.

Der Theorie nach lag alle Entscheidungsbefugnis beim Papst, aber Peña wusste, über welche Vollmachten der Großinquisitor in praxi verfügte. Santori ließ keine Gelegenheit aus, um die Krakenarme seiner Organisation weiter auszustrecken. Auch wenn die reale Ausübung des Supremats nicht ganz das war, was sie in Rom zu sein schien, hing doch hier und anderswo alles von der Effizienz des Heiligen Offiziums ab. Da dieses Institut nicht bloß mit dem Papsttum, sondern mit allen – auch noch den geringsten – Ketzern in den Städten und Dörfern Italiens zu tun hatte, konnte es nicht wirklich effizient sein, solange seine Methoden vor Ort noch uneinheitlich waren. Beim Studium und bei der Herausgabe der Inquisitionshandbücher hatte Peña alarmierende Diskrepanzen entdeckt. Die Ratgeber widersprachen sich; manches ließen sie im Vagen, um anderes kümmerten sie sich überhaupt nicht. Dieser traurige Zustand war des Obersten Glaubenstribunals unwürdig. Die revidierte Fassung von Eymerichs Handbuch war ein ansehnliches Stück Arbeit, aber sie erwies sich als unzureichend angesichts der vielen, täglich neu hinzukommenden Probleme. Man brauchte ein tauglicheres Handbuch, und so machte sich Francisco Peña an die Niederschrift eines eigenen Ratgebers mit dem Titel *Praxis inquisitorum (Praktischer Leitfaden für Inquisitoren)*.

Ratgeber für die inquisitorische Praxis, Abhandlungen über das Verbrechen der Ketzerei und Traktate über das Heilige Offizium, die oftmals von seinen Beamten selbst verfasst waren, fanden im Rom der Gegenreformation rasche Verbreitung. Alle Autoren brachten Erfahrung mit, manche auch Einfluss und einer ein extravagantes Leben: Prospero Farinacci, führender Jurist und Star der vornehmen Gesellschaft, war zugleich ein stadtbekannter Homosexueller. Wenn er nicht gerade mit der Verfolgung von Ketzern beschäftigt oder in freundschaftliches Geplauder mit Kardinälen vertieft war, schrieb er an einem gigantischen Werk über Theorie und Praxis der Strafjustiz und frönte seiner Vorliebe für hübsche Knaben. Angeklagt wegen »Sodomie« – die er stets härter bestraft hatte als die meisten seiner Kollegen vom Heiligen Offizium –, musste er vor Papst Clemens VIII. (1592–1605) erscheinen. »Euer Mehl mag gut sein«, bemerkte der geistreiche Pontifex in Anspielung auf Farinaccis Familiennamen, der vom italienischen Wort für Mehl abgeleitet ist, »aber Euer Mehlsack ist schmutzig.«

Farinacci war nicht der einzige Homosexuelle, den Papst und Römische Inquisition mit Nachsicht behandelten. Homosexuelle (vor allem Geistliche), die ihre Vergehen beichteten und sich der Gnade des Heiligen Offiziums anvertrauten, erhielten meistens Vergebung. Solche Sünden des Fleisches konnten die Hüter des Glaubens milde behandeln, denn was sie vor allem interessierte, war das Eingeständnis der Schuld und die Sühne. Erkennen, Verstehen und Bereuen: das waren ihre Hauptziele in den Ketzerprozessen. Ketzer war nicht derjenige, der sich gegen die Sitten- oder Glaubenslehre vergangen hatte, sondern der, der an seinem Vergehen festhielt. Verstocktheit (lateinisch *pertinacia*) hieß das Verbrechen, das einen auf den Scheiterhaufen bringen konnte. Dieser Sünde des Willens und des Geistes musste man auf die Spur kommen, und zwar mit Methoden, die dem Inquisitor ein überaus streng geregeltes Prozedere abverlangten und die Peña in dem geplanten *Leitfaden* bereitstellen wollte. Sein unbeachtetes, aber aufschlussreiches Werk war motiviert von dem Bestreben, die unterschiedlichen Vorgehensweisen, die sich, ohne dass Rom eingriff, in den Provinzen herausgebildet hatten, zu vereinheitlichen.

Die Vereinheitlichung hatte einen Namen; sie hieß »der Stil des Heiligen Offiziums«. Was das bedeutete, zeigt folgender Satz aus einem Band, in dem die 1635 von der Römischen Inquisition erlassenen Dekrete zusammengestellt waren: »Das Foltern von Zeugen zu Zwecken der Wahrheitsfindung widerspricht *dem Stil des Heiligen Offiziums*.« Inquisitoren, die sich nicht an einen solchen Erlass hielten, konnten selbst vor Gericht gestellt werden. Von ihnen wurde erwartet, dass sie – grundsätzlich und im Einzelnen – die Instruktionen befolgten, die die Kardinäle an der Spitze ihrer Organisation vorgaben. In Zweifelsfällen durfte der Inquisitor vor Ort nicht handeln, ohne den Rat seiner römischen Vorgesetzten einzuholen. So entstand bei den Beamten des Heiligen Offiziums eine gemeinsame Zielvorstellung, die durch pausenlos auf sie niederprasselnde Direktiven aus der Zentrale befördert, gesteuert und verändert wurde.

Zentralisierung war das Ziel, aber Improvisation blieb ein Hauptmerkmal der Römischen Inquisition. Die Feststellung, das Heilige Offizium sei starr und unbeweglich gewesen, ist eine Phrase und eine falsche dazu. Seine Vertreter lernten durch Erfahrung und von Fall zu Fall, stellten neue Regeln auf, wo immer sie fehlten, und entwickelten nach und nach ihren immer raffinierteren »Stil«. Wie alle Urheber dieses Stils, die für die Römische Inquisition arbeiteten, war sich auch Peña bewusst, dass seine Richtlinien vorläufig und an den Augenblick gebunden waren und durch ein Dekret von heute oder einen Prozess von morgen verändert werden konnten. Das mag erklären, warum er seinen *Leitfaden* nie vollendet hat, warum dieser jahrelang als Manuskript von Hand zu Hand ging und erst nach seinem Tod veröffentlicht wurde. Wie eine Welle im permanenten Strom der Inquisitionstätigkeit hielt dieses Buch nicht mehr als eine momentane Dünung fest – ehe das Ganze weiterwogte.

Wir wollen versuchen, uns in die Situation im ersten Jahrzehnt des 17. Jahrhunderts hineinzuversetzen. Wir sind der Inquisitor. Peñas Werk liegt griffbereit. Seine Anweisungen haben wir uns eingeprägt und werden uns daran halten. Da wir wissen, dass sie nicht alles umfassen und nicht auf jeden Einzelfall zutreffen, werden wir auf eigenes Können rekurrieren müssen. Es gibt Raum für Eigeninitiative. Dennoch müssen wir jeden Schritt genau bedenken. Vorsichtig, aber entschlossen blicken wir auf das Kruzifix an der Wand und beten für die gefährdeten Seelen – die eigene eingeschlossen. Und während uns diese Gedanken durch den Kopf gehen, wird der Angeklagte in den Gerichtssaal gebracht.

Vielleicht ist er verängstigt, vielleicht steht er unter Schock oder zittert. Er hat allen Grund dazu. Niemand, den die Inquisition vor Gericht stellte, wusste, was der Richter dachte. Wir wissen es, denn wir haben unsere theologische Ausbildung im Kopf. Beim Studium der Kirchenväter konnten wir lernen, wie man Häretiker erkennt. Sie sind doppelzüngig; sie begreifen schnell und haben es darauf abgesehen, uns zu täuschen. Wir müssen Acht geben, wenn sie auf unsere Fragen ausweichend oder zweideutig antworten, denn Gerissenheit ist ein Zeichen der Schuld. Lassen wir uns nicht von scheinbarer Frömmigkeit in die Falle locken. Frömmigkeit ist verdächtig. Denn Ketzer geben sich harmlos wie die Täubchen, aber sie sind schlau wie die Schlangen und versuchen, uns etwas vorzumachen, indem sie sich verhalten wie Rechtgläubige; hinter diesem Verhalten erkennen wir die Machenschaften des Teufels. Satan ist listig. Allen Erklärungen, die vor uns im Gerichtssaal gemacht werden, müssen wir mit Skepsis begegnen und sie anhand der Zeugenaussagen überprüfen. Unser Grundsatz heißt Zweifel, unsere Haltung ist Misstrauen. Unser Ziel ist, dass die Angeklagten sich selbst belasten. Um sie dazu zu bringen, gilt es, sie in eine ungünstige Lage zu manövrieren. Deshalb beugen wir uns vor, blicken sie scharf an und stellen mit ruhiger Stimme die Frage, die jeder Inquisitor zu Beginn eines jeden Prozesses stellt: »Weißt du, warum du hier bist?«

Was der Angeklagte nicht wusste (und nicht wissen konnte), war, dass er kaum Chancen hatte, als Individuum betrachtet zu werden. In seiner Ausbildung hatte der Inquisitor gelernt, in Grundtypen zu denken. Der Ketzer galt seinem Richter schlicht als Antipode des Christen, also als Diener des Teufels. Und da Satan seit unvordenklichen Zeiten am Werk war, ließen sich seine Lakaien nach zeitlosen Kategorien in immer gleiche Sekten einteilen.

Man stelle sich zum Beispiel vor, im Jahre 1605 stünde ein Bauer unter der Anklage des »Arianismus«. Arius war ein Häretiker, den das Konzil von Nicäa (325) verdammt hatte, weil er lehrte, Jesus Christus sei ein göttliches, von Gott geschaffenes Wesen, habe aber weder teil an Seiner Substanz noch gehöre er zur Dreifaltigkeit. Fast dreizehn Jahrhunderte später, im Jahre 1605, war die Chance, dass ein bäuerlicher Provinzler von dieser Glaubenslehre gehört hatte, minimal und die Wahrscheinlichkeit, dass er (sofern er gewollt hätte) darüber etwas hätte lesen können, praktisch gleich null. Der Inquisitor weiß das, aber er hält sich an seine Typologie. Für ihn ist sie so unentbehrlich wie das Fernglas für den General. Sie versetzt ihn in die Lage, schon aus weiter Ferne den Truppenaufmarsch auf dem Schlachtfeld von Gut und Böse auszumachen. Hier eine Division Arianer, dort ein Zug Pelagianer! Sie wechseln die Stellung, suchen Deckung und verteidigen sich mit Ablenkungsmanövern.

Alles ohne Erfolg! Der Inquisitor weiß, dass jeder neue Schachzug zu einem alten Spiel gehört. Die neuen Ketzerlehren haben alte Namen. Mit seinen Kategorien setzt er eine lange Ermittlungstradition fort. So weiß er, dass jeder Verdächtige einen Komplizen, jede Sekte ein Oberhaupt hat. Oberhäupter von Ketzersekten bekommen den schönen Namen Häresiarchen. Einer der schlimmsten war Pelagius (um 419), der Gegenspieler von Augustinus. Wenn die Kollegen im Heiligen Offizium einen Geistlichen mit zweifelhaften Ansichten über die Gnade Gottes und den freien Willen der Menschen als »Pelagianer« bezeichnen, befördern sie ihn damit nicht zurück ins 4. Jahrhundert, sondern meinen einen überzeitlichen Typus des Irrtums.

Überzeitliche Kategorien sind nützlich, zumal für Theologen. Aber zum Feingefühl für besondere Umstände oder Situationen verhelfen sie nicht gerade. Wer in solchen Kategorien denkt, den Blick starr auf reine, unveränderliche Wahrheiten gerichtet, achtet nur selten auf das chaotische und konfuse Erleben der einzelnen Menschen. Das muss nicht unbedingt heißen, dass er böse Absichten hegt; aber so fühlt er sich sicher, wenn er im bequemen Sessel der Autorität sitzt. Diese Sicherheit äußert sich in Schweigsamkeit. Was der Inquisitor *nicht* sagt, ist oftmals wichtiger, als was er äußert. Er spart mit Worten und mehr noch mit Argumenten. Argumentieren, Debattieren, Überzeugenwollen: all dies ist untypisch für das Vorgehen des Heiligen Offiziums. Vom Richterstuhl blickt der

Inquisitor mit einer Mischung aus Selbstvertrauen und Argwohn auf die Angeklagten im Gerichtssaal herab. Wenn sie meinen, sie wüssten, warum sie hier sind, dann sind sie wohl im Irrtum.

Der Angeklagte steht mit leeren Händen da. Der Inquisitor hingegen besitzt Peñas *Leitfaden*. Hat er alles im Gedächtnis gespeichert? Nichts ist wahrscheinlicher als das. Er profitiert von der reichen Tradition von eigens für den Klerus ersonnenen Gedächtnistechniken. Man denke etwa an die Handbücher für Beichtväter, in denen sämtliche vorstellbaren Grundtypen der Sünde klassifiziert und beschrieben sind. Manche wurden schließlich so kompliziert, dass man im späten Mittelalter beschloss, sie mit Hilfe von Diagrammen zu »vereinfachen«. Zu diesen grafischen Darstellungen gehörten auch die so genannten »Sündenbäume«, die aussehen wie Ahnentafeln des menschlichen Verbrechens. Es kam vor, dass solche »Bäume« 87 Äste und 261 Zweige mit 783 Unterarten der Sünde hatten. Dies alles hat der Inquisitor auswendig gelernt. Für ihn ist Peñas *Praktischer Leitfaden* ein Kinderspiel.

Das vorzügliche Gedächtnis des Inquisitors enthält neben anderem auch das Bild des ersten und größten seiner Vorgänger – das Bild Gottes. Als Er Adam und Eva im Garten Eden verhörte, ermahnte Er sie, ihre Verfehlung einzugestehen und sich nicht mit der Schlange herauszureden. Hier und jetzt im Gerichtssaal erkennt man, dass die Genesis Wort für Wort wahr ist. Die Schlange ist überall. Man spürt sie im ausweichenden Blick des Angeklagten, in seinem schlurfenden Schritt, in seinem angsterfüllten Keuchen und seinem furchtsamen Hüsteln. Um den teuflischen Machenschaften, mit denen der Inquisitor konfrontiert wird, zu begegnen, ist jedes Mittel recht und durch den Zweck geheiligt, was nicht heißt, dass er skrupellos sein muss oder dass er gottgleich ist. Aber eine gewisse Ähnlichkeit mit Ihm hat er schon, denn als Priester ist er wie ein Vater, und als Inquisitor übernimmt er die Doppelrolle von Ankläger und Richter.

Alle Rollen auf der Bühne der Inquisition gleichzeitig zu spielen ist nicht leicht. Der Richter und Ankläger entspricht nicht dem Porträt, das seine Feinde von ihm malen; er ist kein blutrünstiger Schlachter oder grausamer Folterer, sondern ein Mann mit der Mission, die Wahrheit herauszufinden. Die Wahrheit ist einzigartig und einfach, und die Kirche verkündet sie. Seine Aufgabe besteht darin, Herz und Geist derer auszuforschen, die ihre verbrecherischen Geheimnisse zu verbergen suchen; er muss sie dazu bringen, zu beichten und zu bereuen. Physische Gewalt setzt er nicht gegen sie ein – oder nur als allerletztes Mittel. Deshalb kämpft der Inquisitor erst einmal mit anderen Waffen, und deren schärfste ist das Wort.

Wenn der Inquisitor spricht, sagt er nichts spontan. In einer Schule, die weitaus gründlicher ist als Peñas *Leitfaden*, hat er gelernt, seine Worte abzuwägen. Das Handbuch setzt voraus, dass der Geistliche ähnliche Situationen kennt und erlebt hat, in denen er als Richter das Gewissen prüfen musste. Von allen Glaubenstribunalen, die das Christentum seit Jahrhunderten betrieb, war keines so gründlich oder so effektiv wie der Beichtstuhl.

Seit dem vierten Laterankonzil von 1215 hatten alle Katholiken die Pflicht, mindestens einmal im Jahr zur Beichte zu gehen. In zahlreichen einschlägigen Büchern waren sämtliche Gewissensfragen, die den Geistlichen im Beichtstuhl begegnen konnten, abgehandelt worden. Nach diesen »Casus«, den Fällen der Gewissensprüfung, benannte man die »Kasuistik«, die im Jahre 1605 einen neuen Grad der Spitzfindigkeit erreicht hatte. Für den Inquisitor ist die Kasuistik ein funkelndes Schwert, mit dem er gegen die Ketzerei kämpft. Die Protestanten dagegen betrachten sie eher mit Skepsis. Sie nennen seine Geheimwaffe die »Kunst zu lügen«.

Sehen wir uns diese »Kunst zu lügen« vom Standpunkt eines Protestanten, zum Beispiel eines Justizbeamten im Elisabethanischen England, an. Seine Königin wurde von Papst Pius V. als »zügellose Ketzerin« exkommuniziert, seinem Land drohte eine Invasion, die, wäre sie erfolgreich gewesen, nicht nur Fremdherrschaft, sondern auch den Einzug der Inquisition in England gebracht hätte. Hinter der spanischen Armada steht für ihn der Antichrist aus Rom. Der römische Pontifex hat sein Ränkespiel noch nicht aufgegeben. Immer noch schickt er seine Agenten, die mit den englischen Katholiken Kontakt halten und andere bekehren sollen. Einer dieser Agenten, der festgenommen wurde, als er von einem Schiff, das ihn über den Kanal gebracht hatte, an Land gehen wollte, steht nun vor dem Justizbeamten. Der Beamte vermutet, dass es sich um einen Priester handelt, und fragt, ob das zutrifft. Antwortet er mit Nein, glaubt man ihm nicht. Er wird ins Gefängnis gesperrt und gefoltert. Erst nachdem Körper und Geist dieses getarnten Jesuiten gebrochen sind, kommt heraus, dass er beim Leugnen gedacht hatte: »Nein, ich bin kein Priester Jupiters.«

Ein solcher Kunstgriff wurde in den Handbüchern der Kasuistik »reservatio mentalis« genannt. Wenn eine Falschaussage in Gedanken mit einem Vorbehalt oder einer näheren Bestimmung versehen wurde, konnte sie als wahre Aussage gelten. Der Priester hatte also nicht »gelogen«; die Wahrheit des Gesagten hing nicht nur vom Gesagten selber ab. Über Wahrheit und Unwahrheit entschied auch das beim Reden Gedachte. Der Sinn einer Äußerung änderte sich je nach dem gedanklichen Kontext, in dem sie gemacht wurde. »Nein« konnte mithin auch »Ja« bedeuten.

Die der Sprache innewohnende Mehrdeutigkeit ermöglichte es den Kasuisten der Gegenreformation, eine subtile und gefährliche Kunst heranzubilden, die so genannte »Äquivokation« (Doppelsinn), welche die Protestanten begreiflicherweise als »Lüge« bezeichneten. Doch die katholischen Kasuisten wollten nicht eigentlich lügen, sofern lügen eine Falschaussage mit dem Ziel der Täuschung meint. Sie wussten sehr wohl, dass die Wahrheit zu sagen moralisch von hohem Wert und gesellschaftlich von Nutzen ist. Äquivokation und Reservatio mentalis ließen sie nur unter ganz bestimmten Umständen gelten. Einer davon war die Notwendigkeit, Geheimnisse zu wahren, deren Verrat der Sache der Orthodoxie schaden würde. In der Abgeschiedenheit eines Inquisitionsgerichts, vor einem

Richter, der in der Kasuistik ausgebildet war, hatte diese Praxis weitreichende Folgen, für den Ankläger ebenso wie für den Angeklagten. Die ganze Geisteshaltung des Inquisitors – die Typen, Stereotypen und Kategorien, in denen er dachte – war darauf gerichtet, in den Worten des Angeklagten nach Doppelsinn zu suchen und ihn, wenn er ihn fand, aufs Schärfste zu verurteilen. Für ihn selbst als Ankläger galt das Umgekehrte. Äquivokation, Reservatio mentalis, Zweideutigkeit, Unaufrichtigkeit: all das waren legitime Waffen im Wortkampf gegen die Häresie. Als Experte für Implizites und Unausgesprochenes, als Kapazität auf dem Gebiet des Halb- und Ungesagten, ist der Inquisitor in einer Position der Stärke – aus der heraus er die Vernehmung beginnt.

Der Ort des Geschehens ist »privat«, aber die Anklage ist »öffentlich«. Vor dem Gerichtssaal stehen Wachen. Im Saal, an der Seite der Inquisitors, sitzt ein Notar, der seine Fragen und die Antworten des Angeklagten protokolliert. Zwischen beiden sind keine Schranken oder sollten keine sein. Die einzigen Schranken, die es gibt, dienen dem Ausschluss der Außenwelt. Hier im Gerichtssaal werden die Angeklagten mit ihrem Gewissen konfrontiert. Hier interessiert nur das, was tief im Innern des Herzens, des Bewusstseins und des Willens vor sich geht. Doch die Überzeugungen und Verhaltensweisen, die zur Anklage geführt haben, besitzen auch eine öffentliche Dimension. Was die Angeklagten getan, gesagt oder gedacht haben, gilt als Verbrechen gegen die von der Kirche vertretene und durchgesetzte göttliche Ordnung.

Die ersten Schritte gegen die vor dem Richter stehende Person haben für gewöhnlich weder die Kirche im Allgemeinen noch der Inquisitor im Besonderen unternommen. Ein Inquisitionsverfahren wird häufig mit sehr viel weniger greifbaren Mitteln in Gang gebracht. Alles beginnt mit Gerüchten und Klatsch. Und je mehr der Verdacht den Angeklagten wie eine unsichtbare Wolke umgibt – auch wenn er es selbst gar nicht merkt –, desto mehr wird er zum unheilvollen Makel. Diesen

Makel nennt man auf Lateinisch *fama*. Es ist die *fama* – der üble Leumund, die Nachrede –, die den Beschuldigten vor Gericht bringt.

Bevor jemand vor Gericht gestellt werden kann, muss eine Denunziation vorliegen. Denunzianten sollen, so wissen wir aus Peñas *Leitfaden*, ermutigt werden. Denunzieren ist eine öffentliche Pflicht, und um die Menschen zu dieser Pflichterfüllung vor einem Inquisitor oder einem Bischof zu bewegen, hat das kanonische Recht daraus ein Muss gemacht. Alle guten Katholiken müssen Ketzer oder solche, die der Ketzerei verdächtig sind, anzeigen; auf Unterlassung steht Exkommunikation.

Wie eine Denunziation gemacht werden muss, hat der Autor des *Leitfadens* ausführlich dargelegt. In seinen Briefen rät Paulus den Christen, Ketzer zunächst zu ermahnen – »einmal und abermals«, »als einen Bruder« –, dann zu meiden und aus der Gemeinde zu verstoßen (Titus 3, 10; 2. Thessaloniker, 3, 15). Nicht so die Römische Inquisition. Nach Ansicht ihrer Mitarbeiter geht der Apostel zu weit in der Bruderliebe. Unter keinen Umständen, so Peña, soll der Verdächtige gewarnt werden, bevor die Denunziation direkt beim Heiligen Offizium eingeht. Ketzer, so lehrt uns das Handbuch, sind gerissen und arglistig. Sie wechseln die Farbe wie ein Chamäleon, sie täuschen Reue vor, während sie insgeheim weiter sündigen. Deshalb darf nichts dem unerfahrenen Denunzianten überlassen bleiben, und alles muß von Anfang an durch die Hände des Inquisitors gehen. Und selbst wenn er aus Peñas *Leitfaden* nichts über das Wesen von Ketzern erfährt, was er nicht schon wüsste, so ist es doch beruhigend, darin das Prozedere dargelegt und seine Amtsgewalt bestätigt zu sehen.

Gestützt wurde die Amtsgewalt des Inquisitors durch strikte Geheimhaltung. Mangel an Verschwiegenheit konnte seiner Arbeit und seiner Stellung schwer schaden. Seit Paul IV. 1559 die Beichtväter in den Dienst des Heiligen Offiziums gestellt hatte, riss der Strom der Denunzianten, die »aus freien

Stücken« vor seinen Vertretern erschienen, nicht ab; manche kamen, um zu wiederholen, was sie im Beichtstuhl gesagt hatten, andere (besonders Frauen), um über Geistliche zu berichten, die sie dort sexuell belästigt hatten. Die Aufgabe des Inquisitors war heikel. Was er bei einer Denunziation hörte, konnte zur Anklage gegen einen Angehörigen des Klerus führen. Und wenn die Information, die er erhalten hatte, in einem Ketzerprozess verwendet werden sollte, so war, wie er sehr wohl wusste, schon die bloße Tatsache der Anschuldigung für den Verdächtigen ein Schandmal.

Erforderlich ist daher, so rät Peña in seinem *Leitfaden*, Behutsamkeit – große Behutsamkeit – im Verein mit tiefster Verschwiegenheit. Keine Denunziation darf angenommen, keine Anklage erhoben werden, wenn nicht Zeit und Ort des Verbrechens genau angegeben werden können. Die gebührende, vorschriftsmäßige Form muss eingehalten werden; Peña gibt daher ein Musterbeispiel der Aussage, die der Denunziant vor einem Inquisitor oder Bischof beeiden muss. Wer jemanden angezeigt hat, muss nach Prüfung seiner Glaubwürdigkeit und seiner Referenzen vor Racheakten geschützt werden. Häretiker und Dissidenten dürfen niemand anderen desselben Vergehens bezichtigen. Erst wenn die Aufrichtigkeit eines Denunzianten gesichert ist, kann die Ermittlung und, falls nötig, die Strafverfolgung aufgenommen werden.

Ein Verhör konnte viele Formen annehmen. Jedes war auf eine bestimmte Kategorie von Verdächtigen zugeschnitten. Peña zählt Beispiele für Fragen auf, die im Zuge der Ermittlung gestellt werden sollen, und diese Beispiele verraten deutlich, welche Verhaltensweisen das Heilige Offizium für verdächtig hielt. Wurde ein Zauberer oder Wahrsager dabei beobachtet, wie er neben einem Baum, einer Quelle oder einem Stein eine Kerze aufstellte? Hat jemand Speisen oder einen Zaubertrank zu sich genommen, in der Hoffnung, ein Gottesurteil zu beeinflussen? Haben Frauen am Webstuhl etwas – irgendetwas – Unziemliches gesagt? Wurde ein Schaf- oder ein Schweinehirt bei dem Versuch beobachtet, seine Tiere mit teuflischen Gesängen vor einer Seuche zu schützen? Die Vernehmungen sind so endlos wie die Lasterhaftigkeit des Menschen.

All den Schmutz, in dem Ketzer sich suhlen, muss der Inquisitor durchsuchen, denn er ist nicht bloß der Hüter des Gewissens, sondern auch der Aufpasser im Schweinestall.

Diese Untersuchung von Fehlverhalten ist zwar eine schmutzige Sache, ausgeglichen wird das jedoch durch ihre Korrektheit. Es gibt (bei Peña freilich nicht näher bezeichnete) Dinge, mit denen der Inquisitor sich nicht befassen darf, und es gibt Personen – wie etwa Bauern, Analphabeten oder Menschen mit übermäßig starken Gewissensbissen –, die er mit väterlicher Freundlichkeit zu behandeln hat. Sie dürfen nicht den Eindruck bekommen, dass man sie zur Denunziation drängt. Man muss in wohlwollendem Ton mit ihnen sprechen und, wenn sie eingesehen haben, dass der Vater Inquisitor ein Lehrer ist, dem sie vertrauen können, sie dazu bringen, dass sie alles auspacken – was er dann verwerten kann.

Im Eifer des Gefechts will der Denunziant vielleicht einen Rückzieher machen. Daran muss der Inquisitor ihn hindern. Alles sollte schriftlich festgehalten werden. Das Geschriebene muss dem Denunzianten laut vorgelesen, in Gegenwart eines Notars unterzeichnet und mit dem Eid besiegelt werden, über alles Stillschweigen zu bewahren. Die beeidete Aussage gilt dann als aus freien Stücken gemacht, denn es gibt ja einen unanfechtbaren Beweis: Steht an der gestrichelten Linie nicht etwa der Name oder das Namenszeichen? Anonymität wird nicht geduldet – außer in Ausnahmefällen, in denen die gelieferten Informationen erschöpfend und die Zeugen namentlich genannt sind. Auch über die Anfertigung der Verhörsformulare braucht sich der Inquisitor nicht den Kopf zu zerbrechen. Peña ist wieder so freundlich, ihm Musterbeispiele zu liefern. Die in den Provinzen tätigen Beamten des Obersten Glaubenstribunals können sich in solchen Dingen auf Rom verlassen.

Eine entscheidende Rolle in allen Geheimdiensten spielt die Bürokratie, aber der Inquisitor ist weit mehr als ein Bürokrat der Seelengeheimnisse. Er begnügt sich nicht damit, Akten zu wälzen und seine Aussagen einzuholen. Er ist auch nicht schon zufrieden, wenn er hieb- und stichfeste Schuldbeweise gefunden hat. Die Fragen nach dem Wie, Wann und Wo sind für ihn nur Mittel zum Zweck. Der Zweck heißt *Warum*. Bei der Befragung der Denunzianten scheint er Geduld und Verständnis an den Tag zu legen; seine Absichten bekommen sie allerdings erst dann ansatzweise zu fassen, wenn er sie nach ihrer Motivation fragt. »*Warum* bist du hier?«, forscht er. »Hegst du Hass gegen den Angeklagten? Oder gibt es da im Hintergrund vielleicht eine Geldgeschichte, eine Liebesaffäre?« Erst jetzt schwant dem Denunzianten, dass die gegen andere erhobenen Anschuldigungen auf ihn selbst zurückfallen können. Inquisitoren sind bis ins Kleinste gerecht – das heißt, sie verdächtigen jeden, auch ihre Informanten.

Der nächste Schritt ist die Vernehmung der Zeugen. Anders als die Denunzianten dürfen diese ihre Aussage nicht schriftlich machen. Der Inquisitor will ihnen lieber persönlich gegenüberstehen. Mit seiner Furcht einflößenden Erscheinung kann er freilich nicht überall gleichzeitig sein, und der pedantische Peña widmet sich in allen Einzelheiten der Frage, was zu tun sei, wenn Personen aus abgelegenen Gegenden gegen Verdächtige aussagen wollen. Die Nachrichtenübermittlung der frühen Neuzeit war mit Problemen verbunden, die wir im Zeitalter hochmoderner Technologien leicht unterschätzen. Der heutige Polizist ist motorisiert, der damalige Inquisitor hatte nur ein Pferd. Ließ er sich auf diese Weise in ein abgelegenes Dorf bringen, so durfte er dem Beschuldigten – bis zu einer festgelegten und bescheidenen Summe – die Kosten der Reise aufbürden. Die Vergütung der Inquisitorentätigkeit fiel nicht gerade üppig aus, trotz seiner vielfältigen Aufgaben. Zu ihnen gehörte auch die Kontrolle der – in- und ausländischen – Reisenden; ferner die Beschlagnahme heimlich eingeführter verbotener Bücher, die Überwachung der Juden und gelegentlich die Schlichtung von Familienstreitigkeiten. Viele Dominikaner- oder Franziskanerklöster, in denen die Gefangenen festgehalten wurden, klagten über Kosten und Störungen, die mit der Anwesenheit von Verdächtigen verbunden waren, und beide Orden bestanden wiederholt darauf, dass die Inquisitoren unter den Ordensbrüdern nicht von den Pflichten des Gemeinschaftslebens freigestellt werden dürften.

Das Leben eines Inquisitors ist arbeitsreich und nervenaufreibend: Wenn er nicht gerade in die Kochtöpfe des Hospizes schauen muss, in dem die Reisenden einkehren (die Kontrolle der Verpflegung von Fremden gehört auch zu seinen Aufgaben), sind Zeugen zu vernehmen. Kein Wunder also, dass er in manchen Fällen die Vorschriften großzügig auslegen muss. Zum Beispiel im Fall des Dorfkaplans, der eine Dorfschönheit nötigen wollte, mit ihm ins Bett zu gehen. Sie könnte die Erlaubnis erhalten, ihre Denunziation schriftlich einzureichen. Aber wenn sie weder lesen noch schreiben kann? Kein Problem. Jemand anders setzt ihre Aussage auf und schickt sie an den Inquisitor. Ausnahmen gelten ferner für Nonnen und adlige Frauen. Sie dürfen ein Gerichtsverfahren auf dem Wege über ihren Beichtvater beantragen. Wie das geschehen soll, wenn ihr Beichtvater Frauen sexuell belästigt, ist eine Frage, auf die Peñas *Leitfaden* keine Antwort gibt. Auch in diesem Fall ist Improvisation erforderlich – immer eingedenk der Höflichkeit, die der Inquisitor dem schönen Geschlecht schuldet.

Das schöne Geschlecht ist, wie er weiß, voller Bosheit. Man denke nur an Eva mit dem Apfel der Sünde, besser noch: an das glorreiche Verhalten des Kardinals Giulio Antonio Santori, der als junger Inquisitor in Neapel an der Tür seines Gerichtssaals selbst gedichtete lateinische Verse anbrachte, die Folgendes verkündeten:

>»Keinen Schritt weiter, Frau! Giulio hört dich draußen an.
>Kein Weib darf die Schwelle meines Gerichts übertreten!«

Man vergesse ferner nicht, welches glänzende Beispiel der Kardinal-Inquisitor Robert Bellarmin gegeben hat: Er weigerte sich, Frauen die Beichte abzunehmen, mit der Begründung, man wisse nie, was sie einem da erzählen würden. Man muss Distanz halten, und nur ganz bestimmte Frauen (oder Männer) darf man mit offenen Armen empfangen: die *sponte comparentes*, jene Schuldbeladenen, die aus eigenem Antrieb zum Inquisitor kommen, ihre Verfehlungen eingestehen und um Gnade bitten.

Diese Gnade werden sie finden, sagt Peñas *Leitfaden*. Nach den im römischen Archiv vorhandenen Quellen zu urteilen, traf der Satz zu. Nicht nur italienische Sünder, sondern auch Fremde aus fernen Lasterhöhlen (wie etwa der protestantischen Stadt Tübingen) klopften an die Tore der Römischen Inquisition und baten um Einlass, damit sie beichten konnten. Zu den Verfehlungen, die sie vortrugen, gehörte auch, dass sie Eltern hatten, die Ketzer waren. Nach dem Inquisitionsrecht ging die Sünde des Vaters auf den Sohn über. Aber das war kein starres Gesetz. Kinder von Häretikern, die ihren Geburtsmakel eingestanden, erhielten ausnahmslos die Absolution.

Für *sponte comparentes* hatte das Heilige Offizium eine Schwäche. Man versprach ihnen mildere Behandlung, und wenn sie ihre Sünden heimlich begangen hatten, sollte auch ihre Bestrafung geheim bleiben. Dieses Vorgehen bedeutete keineswegs weniger Wachsamkeit von Seiten des Inquisitors. Auch hier musste er nachprüfen. Fand er heraus, dass der Geständige denunziert worden war, dann galt sein Geständnis nicht als freiwillig, sondern als Zeichen der Falschheit, die eine umso härtere Strafe verdiente.

Einer der Gründe, warum das Heilige Offizium denjenigen, die sich freiwillig stellten, einen so warmen Empfang bereitete, war die Tatsache, dass sie womöglich Mittäter nannten. Mittäter, die ebenso schuldig, aber weniger bereit waren, ihre Fehltritte einzugestehen, konnten dem Inquisitor ins Netz gehen, wenn er alle, die Namen preisgaben, mit einem Straferlass köderte. Nichts interessierte die Vertreter der Verschwörungstheorie im Heiligen Offizium mehr als dies, und nichts – oder fast nichts – konnte sie davon überzeugen, dass der Ketzer ein Einzeltäter war. Wo einer ist, sind bald zwei, drei, vier oder fünfzig ... Antwortete der Beklagte zu Beginn seines Prozesses auf die Frage, ob er wisse, warum er hier sei, mit Nein, so musste die Frage folgen, ob er Ketzer oder der Ketzerei Verdächtige gekannt habe oder noch kenne oder von ihnen gehört habe.

In diesem Punkt wurden Beschuldigte, Denunzianten und *sponte comparentes* gleich behandelt. »*Wer* sind die anderen?«, fragten die Hüter der einen und einzigen Wahrheit. Vielzahl war etwas Unheimliches – die vielen Formen des Bösen, die vielen Teufelsdiener, die vielen verdeckten Agenten im Dienste Satans. Für jede Vernehmung war eine Reihe von Fragen vorgesehen, die helfen sollten, das Netz der Komplizen aufzudecken. Stets mussten Schuldige und Unschuldige folgende Fragen wie eine Litanei des Argwohns über sich ergehen lassen: »Kanntest du oder kennst du XY? Warum? Wo? Wann?«, »Was hat XY für Ansichten über die katholische Religion?«, »Hat er jemals etwas getan oder gesagt, das irgendwie nach Ketzerei aussah?«, »In wessen Gegenwart hat XY das getan oder gesagt?«, »Wie oft?«, »Wenn XY einen verdächtigen Satz äußerte, hat er ihn als Scherz gemeint? Oder war es ein Versprecher, eine zufällige Nebenbemerkung? Kann er betrunken gewesen sein?« Und während dieses Kreuzfeuer von Fragen die Angeklagten zu einer Sprachlosigkeit verdammte, die nur durch die vom Inquisitor geforderten Antworten unterbrochen wurde, wurden sie ermahnt, die ungeschminkte Wahrheit zu sagen. Viele taten es, so gut sie eben noch konnten; denn als die Schatten um sie herum dichter wurden, erkannten sie im Dunkel die Geister ihrer Denunzianten.

»Hauptziel des Prozesses und der Urteilsvollstreckung ist nicht, die Seele des Beschuldigten zu retten, sondern für das öffentliche Wohl zu sorgen und andere abzuschrecken«, schrieb Peña in seinem Kommentar zu Eymerichs *Handbuch für Inquisitoren*. Sein *Praktischer Leitfaden* gibt Auskunft über eine der wichtigsten Methoden, mit der allen, die vor dem Heiligen Offizium erschienen, Angst eingejagt wurde. Das Rattern der Daumenschrauben, das Quietschen der Folterbank – all diese unheimlichen Geschichten von der Grausamkeit der Inquisition treten zuletzt in den Hintergrund, wenn man sie mit der kruden Realität solcher Methoden vergleicht. Hier geht es nicht darum, den Einsatz der physischen Folter zu relativieren (davon später noch). Die Römische Inquisition hat sie eingesetzt, aber nur unter bestimmten Umständen und nicht in jedem Fall. Jeder dagegen wurde einer psychischen Folter unterzogen, die man Verhör nennt. Verhöre, die auf Angst basieren, sind – so wird man einwenden – ein typisches Kennzeichen jedes Polizeistaats. Als allgemeine Feststellung trifft das zu; dabei darf jedoch nicht übersehen werden, dass das Besondere an den Methoden der Römischen Inquisition in der Jagd nach Selbstanzeigen bestand.

Die physische Folter war grausam genug, aber doch nie mehr als ein Teilaspekt des Prozesses; psychische Folter hingegen, die von der Angst vor dem Verhör und seinen Folgen ausging, war ein für die Inquisition unverzichtbares Prozedere. Es ist unmöglich (und wird unmöglich bleiben) festzustellen, wie viele der *sponte comparentes* wirklich aus eigenem Antrieb kamen oder ganz und gar aufrichtig waren, aber es besteht Grund, an ihrer Motivation zu zweifeln, denn ihr Handeln war von der Furcht bestimmt, dass sie, falls sie nicht selbst ein Geständnis ablegten, denunziert werden würden. Legten sie dann ihr Geständnis ab, so wurden sie einer Vernehmung unterzogen, die sie (oft mit Erfolg) zur Denunziation anderer bewegen sollte. Deshalb finden wir in den römischen Archiven Aussagen von Freunden gegen Freunde, Mitteilungen von Ehefrauen über ihre Männer, Anschuldigungen von Nachbarn gegen Nachbarn. Und deshalb gibt es vielleicht auch zu viele Bücher über die Helden des Antiklerikalismus (wie etwa Giordano Bruno oder Galileo Galilei), mit Sicherheit aber zu wenige über die Durchschnittsmänner und -frauen, die in einem Labyrinth von Verdächtigungen gefangen saßen, in dem Selbstanklage und Verrat anderer zur Tugend, ja zur Verpflichtung oder Notwendigkeit wurden. Natürlich belastet sich der Inquisitor mit derlei Gedanken nicht, sondern denkt ganz anders. Er sieht diese Menschen nicht als Opfer, er ist schließlich kein Ungeheuer. Seine Aufgabe besteht nur darin, diejenigen, die vom Glauben abgewichen sind, vor sich selbst zu schützen.

»Man geht immer sicher«, so heißt es in Peñas *Leitfaden*, »wenn man ein Verhör mit einem Zeichen des Wohlwollens beginnt.« Ein freundliches Wort kann nie schaden. Zuerst das freundliche Wort über die Nachsicht des Heiligen Offiziums gegenüber jenen, die von sich aus seinen Mitarbeitern vertrauen, dann ein weniger freundliches Wort über die harte Strafe, die den Lügner erwartet. Von Augustinus hat der Inquisitor gelernt, dass alle Menschen per definitionem Lügner sind. Lügen liegt im Wesen der Sprache. Die Sprache lässt sich missbrauchen. Nach seiner Auffassung ist dieser Missbrauch ein Verbrechen – ausgenommen im Fall der Kasuistik, wenn er mit Hilfe von Äquivokation und Reservatio mentalis die Angeklagten überlistet. Sie müssen erkennen, wie wahr die Lehre des Thomas von Aquin beziehungsweise des Aristoteles ist, nach der die Wörter der Sprache nichts anderes sind als die Zeichen des Geistes. Es widerspricht ihrem Wesen und ihrem Geist, wenn sie in den Dienst der Lüge gezwungen werden. Die Sprache ist dazu da, Gedanken zu offenbaren, nicht zu verbergen.

Der Gedanke, von einem Angeklagten überlistet zu werden, lässt den Inquisitor nicht los, weshalb er in seinen Verhören mit einer gegen Lügen gerichteten Rhetorik arbeitet. Dieser Terminus technicus für alle sprachlichen Kunstgriffe, mit denen man andere überredet oder beeinflusst, trifft besonders auf den vorliegenden Zusammenhang zu, denn Peña rät den Inquisitoren in seinem *Leitfaden*, die Meister der römischen Rhetorik, Cicero und Quintilian, zu lesen und sich bei ihnen Anregungen für ihre Fragetechnik zu holen. Hier ein paar Beispiele: »Was ist dein Beruf oder Gewerbe?«, »Bist du reich, arm oder Schuldner?«, »Wie hast du deine Kindheit verbracht?«, »Wo hast du gelernt, und wer waren deine Lehrer?«, »Welche Bücher hast du gelesen?« Dieses unbarmherzige Kreuzfeuer von Fragen nach Leben und Gepflogenheiten des Beschuldigten kommt immer zuerst; erst dann folgen Nachfragen, die seinen Glaubensüberzeugungen oder seiner Religionsausübung, seinen Freunden und Feinden gelten. Ziel ist es, seine Aussagen in einen Kontext zu stellen.

Sorgfältig beurteilte der Inquisitor den Kontext jedes einzelnen Lebens – die sozialen, ökonomischen und kulturellen Verhältnisse jedes Menschen, der vor ihn trat. Insofern war er nicht bloß Hüter transzendenter Wahrheiten, sondern zugleich ein Analytiker des Besonderen, allerdings nur bis zu einem gewissen Grade. Das Besondere, das Detail, das Einzelne interessierten ihn nur, wenn er mit ihrer Hilfe feststellen konnte, wie weit der Angeklagte begriff, welche Folgen das von ihm Gesagte hatte. Sobald es ausgesprochen oder aufgeschrieben war, wurde es aus dem Zusammenhang des Verhörs gelöst und an anderen Kriterien gemessen.

Diese waren juristischer und theologischer Art. Die Inquisitoren in Rom und den Provinzen brauchten die Hilfe von Theologen und Juristen, um festzulegen, ob eine Aussage ketzerisch sei. Eine solche Aussage wurde als »These« (*propositio*) bezeichnet – als Lehrmeinung, die der Angeklagte vertreten hatte oder zu vertreten schien. »Christus ist nach dem Tod nicht zur Hölle niedergefahren«, diese These zum Beispiel wurde von der Römischen Inquisition 1605 als ketzerisch betrachtet. Aber Ketzerei gab es in verschiedenen Abstufungen, die mit ebenso volltönenden wie ungenauen Worten bezeichnet wurden: »verletzend für fromme Ohren«, »übel klingend«, »Ärgernis erregend«, »irreführend«, »an Ketzerei grenzend«, »fast ketzerisch« und schließlich dann – wie man spürt, geradezu erleichtert – »ketzerisch im strikten Sinn«.

Auf dieser Klaviatur der Ketzerei spielten, vom *Piano* einer irreführenden bis zum *Fortissimo* einer verdammungswürdigen These, die so genannten Konsultoren, die Berater. In mehreren italienischen Städten – vor allem in Venedig – berieten sie, Laien im Verein mit Geistlichen, den Inquisitor. Ihr Ratschlag galt als Sachverständigenurteil und wurde in der Regel befolgt. Aber ihr Sachverstand richtete sich nur auf die infrage stehenden Sätze, nicht auf den Menschen, der sie geäußert hatte. Das hatte Nachteile. Denn außerhalb des Kontextes, in dem sie gemacht wird, kann jede Aussage einen Sinn annehmen, der nichts mehr mit der Intention des Sprechers oder Schreibers zu tun hat. Jahrhundertelang war deshalb von den Beschuldigten in einem Inquisitionsverfahren immer die gleiche Klage zu hören: »Ihr habt nicht verstanden, was ich meine.«

Es kann keinen Zweifel daran geben, dass der Inquisitor zu verstehen wünschte, was der Angeklagte mit dem Gesagten oder Geschriebenen meinte. Was ihn dennoch daran hinderte, war die von ihm verfolgte Methode. Das Heilige Offizium machte einen strengen Gebrauch von der Rhetorik; sie sollte während der Verhöre, die jede Äußerung mit einem Kontext versahen, die Lügen aufdecken. Dann aber wurde ausschließlich untersucht, in welchem Maße die aus allem herausgezogenen Sätze Wahrheit oder Unwahrheit enthielten. Die Berater taten ihr Bestes, soweit das ihnen vorliegende Material es zuließ. Sie waren nicht dazu da, den einzelnen Menschen zu verdammen, sondern den Irrtum zu definieren; auch ihre analytischen Techniken waren nicht inhuman. In praxi aber kümmerten sie sich wenig darum, unter welchen Umständen Menschen den Eindruck machen können, als irrten sie.

Der Irrtum durfte nur von Mitarbeitern des Heiligen Offiziums definiert werden. In dem Stadium, in dem die Äußerungen des Beschuldigten analysiert wurden, hatte dieser nichts mehr zu sagen. Wenn mit den allgemeinen Fragen im ersten Stadium des Verhörs kein Durchbruch erzielt wurde, sollte der Inquisitor, so rät Peña, zu einem zweiten Stadium mit detaillierteren und nachdrücklicheren Fragen übergehen. Hier ein Beispiel aus dem Jahr 1605:

»Hast du darüber nachgedacht, warum du hier im Gefängnis bist? Hast du eine Ahnung, warum man dich beim Heiligen Offizium angezeigt haben könnte?«
Keine Antwort oder eine ungenügende.
»Hast du jemals vom Paradies, vom Fegefeuer und von der Hölle gehört?«
Der Angeklagte antwortet mit Ja.
»Was glaubst du über das Fegefeuer?«
Fast jeder gibt an diesem Punkt des Verhörs dieselbe Antwort:
»Ich glaube, was die heilige Mutter Kirche glaubt.«

Was der Angeklagte mit fast hundertprozentiger Sicherheit nicht wusste, war, dass im Jahre 1605 die heilige Mutter Kirche zum Dogma vom Fegefeuer noch gar nichts Endgültiges festgelegt hatte. In den Quellen der römischen Archive wimmelt es von solchen offenen Fragen. Zu Beginn des 17. Jahrhunderts fand eine lebhafte Debatte über die mögliche Auffassung vom Fegefeuer statt. (Eine Folterkammer, die nicht ganz so schrecklich ist wie die Hölle? Oder ein Wartestand der ihrer Läuterung harrenden Seele?) Die Fachtheologen der Römischen Inquisition waren zerstritten, und wenn der Inquisitor seinen Vorgesetzten die oben genannte Antwort auf die Frage vorlegte, goss er damit nur noch zusätzlich Öl in die Flammen der hitzigen Kontroverse.

Vom Machtzentrum in Rom her gesehen, ist das ein ganz entscheidendes Problem. Uns zeigt es, dass die Inquisition alles andere war als ein monolithischer Block, der sicher und bestimmt die orthodoxe Lehre durchzusetzen verstand; dass sie vielmehr noch immer dabei war, in der ständigen Diskussion unter den eigenen Mitgliedern die Glaubenssätze herauszuarbeiten. Im Jahre 1605 war das Heilige Offizium zugleich Diskussionsforum und Tribunal, und als seine oberste theologische Autorität galt Robert Bellarmin, Autor der berühmten *Disputationes de controversiis christianae fidei, adversus huius temporis haereticos (Erörterungen der Streitfragen des christlichen Glaubens, wider die Ketzer dieser Zeit).* Diese umfassende Darstellung der katholischen Glaubenslehre hatte die Protestanten in Harnisch gebracht. In Deutschland und Ungarn waren »Anti-Bellarmin«-Kollegien gegründet worden, um die Lehre des Kardinals zu widerlegen. In den Londoner Pubs bestellte man sein Bier in einem Glas, das man »ein Bellarmin« nannte – aber nicht, um auf seine Gesundheit anzustoßen. Der »weiseste Tor der Christenheit« – der großspurige König Jakob I. von England (und Jakob VI. von Schottland) – schrieb wenig später eine erbitterte und wirre Polemik gegen den führenden katholischen Theologen in Rom. Gehasst von seinen vielen Feinden unter den »Lutheranern«, im katholischen Lager dagegen mit Lob überhäuft, befasste sich Bellarmin in den *Erörterungen* auch mit dem Dogma des Fegefeuers, aber selbst er, als theologische Autorität, stieß mit seinen Ansichten im Heiligen Offizium nicht auf generelle Zustimmung. Zu seinen Opponenten gehörte Francisco Peña, Autor jenes *Leitfadens*, mit dem der Inquisitor zu arbeiten pflegte.

Man mache sich das damalige Problem klar: Wenn schon *sie*, die römischen Sachverständigen, in der Lehre vom Fegefeuer zerstritten waren, wie sollten dann ihre Vertreter in den Provinzen festlegen können, welche Ansichten als orthodox zu gelten hatten und welche nicht? Mehr noch, wenn weder die Inquisitoren noch ihre Vorgesetzten bislang zu einer befriedigenden Definition gelangt waren, wie sollte man da erwarten, dass der Angeklagte, der vermutlich keine theologische Ausbildung besaß wie sie, einen Fehler vermeiden konnte? Und wenn er irrte, welche Schlüsse mussten daraus gezogen werden? Dass er ebenso verdächtig war wie Kardinal Bellarmin oder so unsicher wie Doktor Peña? Denn Peña gab zwar die Frage vor, aber eine Antwort hatte er nicht zu bieten. Er ließ den Inquisitor schlichtweg im Stich.

Bevor die römischen Archive geöffnet wurden, hat man die Bedeutung der Handbücher für Inquisitoren in der Regel nie hinterfragt. Zwar behauptete niemand, sie seien erschöpfend oder endgültig, aber sie schienen das Beste zu sein, was man hatte. Leider war selbst das Beste als Leitfaden für ein Inquisitionsverfahren ganz und gar unzureichend. Vereinzelt wurden Versuche gemacht, die Theorie des Heiligen Offiziums mit seiner Praxis zu vergleichen. Das mag verständlich gewesen sein, solange die Hochburg der Orthodoxie ihre Tore fest geschlossen hielt. Heute haben wir Zutritt zu ihr; und nun ist es an der Zeit, das Bild von einer Institution, die oft als monolithischer Block beschrieben wird, zu korrigieren.

Ungelöste Probleme, eine schwankende Politik, Improvisation und Streit unter den Mitarbeitern – all das kennzeichnete jene Römische Inquisition, von der die Lehrbücher sagen, es habe Einigkeit in ihren Reihen geherrscht, sie sei zielstrebig in ihrem Fanatismus und unnachgiebig in ihrem Wunsch nach Unterdrückung alles Abweichenden gewesen. Diese Auffassung verwechselt die Rhetorik mit der Wirklichkeit. Ob das, was die Organisation tat, gut oder schlecht war, steht hier nicht zur Debatte. Es geht nur darum, dass Big Brother's Großmutter höchst menschliche Züge trug. Als Institution mit Widersprüchen, Spaltungen und Ungewissheiten konnte das Heilige Offizium keineswegs immer – nicht einmal in Grundfragen der Glaubenslehre – das Machtwort sprechen. Seine Positionen entwickelten sich in praktischer Erfahrung und in der Diskussion. Gebremst wurden seine autoritären Bestrebungen nicht nur von seinem unverkennbaren Wunsch nach Korrektheit, sondern von seinem beträchtlichen Hang zur Konfusion. Die totalitären Regime der jüngeren Vergangenheit, mit denen die Römische Inquisition häufig, aber irreführenderweise, verglichen wird, verfügten über die Mittel, mit denen man eine Ideologie festlegen und Disziplin aufzwingen kann; die verunsicherten Geistlichen im Dienst des Heiligen Offiziums haben diese Mittel nie besessen. Die Priester, die da Polizisten spielten, waren – bei allem Eifer und bei aller Hingabe – nicht aus dem Stoff, aus dem totalitäre Bürokraten gemacht sind. In den römischen Archiven lässt sich nachlesen, dass die Inquisitoren in den Provinzen genauso herumstümperten wie ihre Vorgesetzten in Rom.

Die in Rom aufbewahrten Briefe, die die vor Ort Arbeitenden an die Kardinäle des Heiligen Offiziums schickten, enthalten regelmäßig wiederkehrende, verzweifelte Klagen wie etwa diese: »Vor drei Monaten schrieb ich Eurer Eminenz, und noch immer habe ich keine Antwort.« Oder: »Ich weiß nicht, wie ich in diesem Fall vorgehen soll, und meine letzten beiden Bitten um Instruktionen blieben ohne Antwort.« Oder: »Der Angeklagte ist seit neun Monaten inhaftiert, aber die Vorschriften des Heiligen Offiziums verbieten mir weiterzumachen, ehe ich nicht Nachricht von Eurer Eminenz habe.« Unbilliges Verhalten gegenüber den Beschuldigten? Ohne Frage. Aber auch Ineffizienz auf Seiten der Ankläger. Schon der normale kleine Inquisitor führte ein rastloses Leben, doch das eines Kardinals im Heiligen Offizium war noch viel hektischer. Allein am Obersten Glaubenstribunal fiel – unabhängig von seinen religiösen und politischen Verpflichtungen oder seinen sozialen, kulturellen und ökonomischen Interessen – im Jahre 1605 wöchentlich so viel Arbeit an, dass selbst jene, die nicht an göttliche Eingriffe glauben, fast zu der Überzeugung gelangen könnten, die Römische Inquisition sei mehr oder weniger vom Heiligen Geist in Gang gehalten worden.

Denn es lag sicher nicht am effizienten Einsatz menschlicher Arbeitskraft, dass diese Institution – die aus den Fugen zu gehen drohte, weil so viele unentschiedene Fälle, die sie sich durch eine unklare Auffassung von ihrem Mandat einhandelte, auf ihr lasteten – überhaupt Bestand haben konnte. Zu den unbesungenen Opfern des Heiligen Offiziums gehörten seine eigenen Mitarbeiter. Obgleich sie ihren zermürbenden Aufgaben gar nicht gewachsen waren, hielten sie aus Überzeugung durch. Und wenn uns diese Überzeugung heute dubios vorkommt, dann muss ganz klar sein, dass wir ein moralisches, kein historisches Urteil fällen. Das Letztere hat nur Gewicht, wenn es sich auf Quellenmaterial stützen kann. Was davon in den römischen Archiven zu finden ist, gibt uns nicht das Recht, die Römische Inquisition des 16. und 17. Jahrhunderts mit den totalitären Systemen des 20. gleichzusetzen. Liest man die ängstlichen Hilferufe der vom Heiligen Offizium im Stich gelassenen lokalen Inquisitoren und schaut sich die nicht enden wollenden und oftmals ohne Beschluss ausgehenden Sitzungen des Obersten Glaubenstribunals an, dann fragt man sich wohl, ob auch nur einer der dort Beschäftigten (ausgenommen vielleicht Giulio Antonio Santori) eine Stellung in totalitären Geheimdiensten lange hätte innehaben können.

✦ⵛ✦

Mit der Aufgabe betraut, einer Kette von Anschuldigungen nachzugehen, die so vielfältig, so nebulös und so kompliziert waren wie der Argwohn selbst; rechenschaftspflichtig gegenüber Vorgesetzten, die seine Arbeit zwar mit wachsamem Auge kontrollierten, aber durch andere Pflichten abgelenkt waren, wenn er ihren Beistand brauchte; gebeugt unter der Last sei-

70

nes Amtes und seines Gewissens – so fand der pflichtbewusste Inquisitor Zuflucht bei den Regeln, die ihm zur Verfügung standen. Ganz wie andere Autoren, die über das Thema schrieben, war Peña beim Ketzerprozess entschiedener in Fragen der Form und des Verfahrens als in der Sache selbst. Dem Inquisitor empfahl er, an den Beschuldigten zu denken: ihn nicht nur mindestens zweimal vor der Anklageerhebung im Gefängnis zu verwarnen, sondern auch in Betracht zu ziehen, dass es Menschen gibt, die ohne böse Absicht oder Hintergedanken nur deshalb kein Geständnis ablegen, weil sie sich nicht an die Sünden erinnern, deretwegen sie denunziert worden sind.

Denunzianten blieben ebenso anonym wie Zeugen, was oft als eine der Ungerechtigkeiten des Inquisitionsverfahrens beklagt worden ist. Dabei wird vergessen, dass zahlreiche Handbücher, darunter auch Peñas *Leitfaden*, ausdrücklich festlegen, man müsse, wenn der Angeklagte ahnt, wer gegen ihn ausgesagt hat, und beweisen kann, dass der Betreffende aus Feindseligkeit gehandelt hat, dies als etwas gelten lassen, was entscheidend zu seinen Gunsten spricht. Zeugen betrachtete der Inquisitor mit gehörigem Argwohn – als potenzielle Lügner, die dazu neigen, ihre Geschichte ganz nach Belieben bald auf diese, bald auf jene Weise zu erzählen. Taten sie das nach zweimaliger Prüfung ihrer Aussage, so konnten sie gefoltert werden, »um die Wahrheit festzustellen«. Im Fall des Angeklagten hingegen mussten erdrückende Beweise vorliegen, ehe als »zusätzlicher Prüfstein« die Folter angeordnet werden konnte. Der Verdächtige, so Peña, sollte besser geschützt sein als der heimtückische Zeuge; und dies blieb so lange die maßgebliche Ansicht, bis sich dreißig Jahre später das Heilige Offizium, im Bestreben, den Einsatz der Folter zu begrenzen, neue Regeln gab.

Mit Angeklagten, heißt es in Peñas *Leitfaden*, muss man verständnisvoll umgehen. Verständnis im Sinne von Einfühlung oder Mitgefühl ist nun nicht gerade das, was einem Inquisitor normalerweise nachgesagt wird oder womit wir bei dem energischen Francisco Peña rechnen würden. Hören wir also einmal, was er seinen Kollegen rät:

»Behandele den Angeklagten während der Vernehmung mit Rücksicht. *Die Glaubensrichter müssen daran denken, dass auch sie Menschen sind, die, wäre nicht Gott ihnen gnädig, dieselben Irrtümer begehen könnten ...* Damit die Beschuldigten ganz genau und in Ruhe verfolgen können, was mit ihnen passiert, wenn sie vor Gericht erscheinen und befragt werden, gib ihnen die Möglichkeit, Platz zu nehmen, selbst wenn sie von niedriger oder gemeiner Herkunft sind ... *Kein Inquisitor darf den Versuch machen, ihnen die Worte in den Mund zu legen. Kein Inquisitor darf Versprechungen oder Drohungen äußern in der Hoffnung, damit ein Geständnis zu erhalten. Du darfst nicht nur die Beweismittel aufzählen, die den Angeklagten belasten, sondern musst auch die erwähnen, die für ihn sprechen ...* Unterbrich einen Beschuldigten nie, wenn er seine Version der Wahrheit vorträgt, auch wenn es spät ist und du längst zu Bett gehen wolltest ... Denk daran, dass es während eines Verhörs oft zu Gefühlsausbrüchen kommen kann. Der Angeklagte kann zu weinen anfangen, auf die Knie fallen, die Hände ringen, um Gnade betteln. Achte auf alle Reaktionen und halte sie schriftlich fest. *Sie müssen zu seinen Gunsten verwendet werden ... Der Angeklagte muss deine Fragen verstehen können.* Du stellst sie auf Lateinisch. Kann er kein Latein, so müssen sie übersetzt werden, und versteht er kein Italienisch, so muss ein Dolmetscher hinzugezogen werden ...«

Wie sollen wir diese vertraulichen Ratschläge eines anerkannten Experten an die Inquisitoren deuten? Als bloßes Lippenbekenntnis zu den christlichen Idealen, das ein scheinheiliger Zyniker ablegt? Oder als wirkliche Regeln und Gefühle des Anstands, die wir bei einem Mitarbeiter dieser Institution vorfinden, weil sie bei aller scheinbaren Selbstgewissheit wusste, dass »Folter etwas Unzuverlässiges und Gefährliches« ist – wie der von Peña häufig zitierte antike Rechtsgelehrte Ulpian es formuliert hatte. In der Römischen Inquisition wurde die Folter nicht als Hauptmittel der Wahrheitsfindung, sondern nur als zusätzliches Instrument der Wahrheitsprüfung eingesetzt. Und wenn ein Geständnis durch Widerstand gegen die Folter nicht außer Kraft gesetzt werden konnte, so einfach deshalb, weil sie nur als allerletzte Möglichkeit galt. Sie diente dazu, Beweise ans Licht zu bringen, die, wie der Inquisitor argwöhnte, zurückgehalten wurden.

Zurückhalten von Beweismitteln durch Verweigern der Auskunft im Verhör ist denn auch das erste Vergehen, das Peña als einen Grund für die Folter nennt. Weitere Gründe waren ausweichende Antworten, bloßes Abstreiten, nicht zur Sache gehörige Bemerkungen, Vortäuschen von Geisteskrankheit oder Teufelsbesessenheit. Was man von den Angeklagten erwartete, war Aufrichtigkeit und Klarheit, und wenn sie diese Erwartung nicht erfüllten, mussten sie mit einer Behandlung rechnen, wie sie ein junger deutscher Reisender erlebte, als er Ende des 16. Jahrhunderts vom Inquisitor von Siena verhört wurde.

Der Inquisitor begann mit seinen Standardfragen: »Wie heißt du? Woher kommst du?« – »Was geht Euch das an?«, erwiderte der junge Mann mit teutonischem Taktgefühl. »Hast du jemals etwas Ketzerisches gehört oder gesagt?«, fragte der Inquisitor beharrlich weiter. »Was versteht Ihr unter ketzerisch?«, war die scharfsinnige Antwort. »Hast du Gefährten hier – Freunde oder Komplizen?«, fuhr der Inquisitor ganz nach den Regeln fort. Auf einen Verdächtigen, der sie missachtete, war er nicht vorbereitet. »Das müsst Ihr selbst herausfinden«, gab der widerspenstige Deutsche barsch zurück, »Ihr seid der Inquisitor, nicht ich.«

Man kann dem Inquisitor vielleicht nachsehen, wenn er diesen großspurigen Protestanten aufreizend findet. Der Fremde antwortet weder mit der geduckten Unterwürfigkeit noch mit der listigen Unaufrichtigkeit, an die er beim Verhör von Italienern gewöhnt ist. Schlimmer noch, er stellt die Spielregeln in Frage. Der Inquisitor hat es hier nicht nur mit einem trotzigen Verdächtigen, sondern mit einem Zusammenstoß der Kulturen zu tun. Der Deutsche scheint weder aus dem Adel noch aus der Geistlichkeit oder den freien Berufen oder dem Ritterstand zu kommen. Ausschließen kann man auch, dass es sich um eine Schwangere oder ein Kind unter vierzehn Jahren handelt. Man darf ihn also der Folter unterziehen, und genau das tut, leicht aufgebracht wie er ist, der Inquisitor als Nächstes.

Nun heißt es zehn Stunden warten, um sicher zu sein, dass der Deutsche nichts im Magen hat. Übelkeit und Erbrechen sind bei der Befragung unter der Folter auszuschließen. Dann führen Gefängniswärter ihn in einen Raum, wo sie ihn nackt ausziehen und Mund, Zunge sowie alle übrigen Körperöffnungen untersuchen. Untersucht wird gründlich, weil der Inquisitor weiß, dass Verdächtige oft Talismane, Amulette und sogar Betäubungsmittel am Körper tragen, um den Schmerz abzuwehren. Dem Angeklagten werden die Arme auf den Rücken gebunden; dann wird er mit einem Flaschenzug hochgezogen, bis er frei über dem Fußboden hängt. Nachdem man Gewichte an seinen Füßen befestigt hat, lässt man ihn plötzlich herabfallen, um ihn mit einem Ruck wieder hochzuziehen, bevor er den Boden berührt hat. Wenn er zitternd dort hängt, stellt der Inquisitor seine Fragen.

Er stellt sie in Anwesenheit eines Notars, der das Ganze protokolliert, sowie eines Bischofs oder seines Vertreters. Die Gefängniswärter haben den Raum verlassen, denn die grinsenden Sadisten im Dienst der Inquisition (wie sie die einschlägigen Werke der niederen Kunst verunzieren) haben so wenig mit der Realität zu tun wie die Daumenschrauben und Folterbänke der Legende mit dem tatsächlich verwendeten Seil (*la corda*). In der Regel wird das Seil eine halbe Stunde lang eingesetzt, aber die Folter kann auch schon mal länger dauern. Im Fall unseres Deutschen dauerte sie fast eine Stunde. Ohne jeden Erfolg. Der Inquisitor zog eine Niete. Der Deutsche sagte nichts aus und konnte auch vierundzwanzig Stunden später nicht aufgefordert werden, sein Geständnis zu unterschreiben (was diesem den Vorschriften zufolge überhaupt erst Gültigkeit verlieh), weil er keines abgelegt hatte. Hier gab der Inquisitor auf und ließ seinen Gefangenen frei. Gingen ihm ohnehin schon bittere Gedanken über den Starrsinn der Ketzer durch den Kopf, so wurden sie noch bitterer, wenn er daran dachte, mit wie viel Recht Ulpian die Folter als »etwas Unzuverlässiges und Gefährliches« bezeichnet hatte.

Viele, die das Bedürfnis hatten, die Römische Inquisition gegen ihre Kritiker zu verteidigen, haben darauf hingewiesen, dass sie die Folter nur begrenzt und unter Einhaltung strenger Regeln eingesetzt, dass sie weniger grausam gequält hat als die weltliche Justiz mit ihren barbarischen Marterwerkzeugen. Diese Argumente haben ihre Berechtigung. Zugleich aber gehen sie an der Sache vorbei. Solange es – in einer Zeit, die die Folter verabscheut – um das moralische Problem geht, kann das Urteil über die Römische Inquisition nur negativ ausfallen, nicht anders als das generelle Urteil über das weltliche oder kirchliche Rechtssystem im Europa der letzten fünfhundert Jahre. Außerhalb der Kirche wurde die Folter angewendet, weil sie ein halbes Jahrtausend lang fester Bestandteil der Gerichtsverfahren war, und das Heilige Offizium tat dasselbe, nur in geringerem Ausmaß. Vielleicht finden wir Letzteres besonders erbärmlich, weil die Täter Geistliche waren, die eine Religion der Liebe verkündeten. Aber wir müssen uns klarmachen, wie sehr wir hier von ihnen erwarten, dass sie sich über die Kultur ihrer Zeit erheben – was von uns schließlich nur wenige fertig bringen, wenn es überhaupt jemand schafft. Wollen wir den Richter spielen und ohne Rücksicht auf Zeit, Ort oder nähere Umstände unser vernichtendes Urteil fällen, so ist die Konsequenz ganz einfach. Aber es gibt eine weitere und ebenso einfache Konsequenz: Wenn wir uns damit begnügen, die Vergangenheit zu verurteilen, verurteilen wir uns selbst dazu, sie nicht zu begreifen.

Um die Methoden, Verfahrensweisen und Denkformen des Heiligen Offiziums zu verstehen, muss man die Folter weder verzeihen noch sie relativieren. Gefordert ist etwas viel Schwierigeres: sich mit Hilfe der Fantasie und der historischen Fakten an die Stelle des Inquisitors zu setzen. Wie dieser wohl wusste, bedeutete der Euphemismus, einen Ketzer »dem weltlichen Arme« zu übergeben, dessen Hinrichtung. Ihm war klar, dass er mit einer Rechtsfiktion arbeitete, dass er am Kirchenrecht, welches dem Geistlichen das Blutvergießen verbietet, vorbei handelte. Auch wenn Nichtgeistliche einen Ketzer auf den Scheiterhaufen schickten und das Feuer unter ihm anzündeten, war es doch die Kirche, die im übertragenen Sinn das

Holz zusammentrug und in die Flammen blies. Wenn das Heilige Offizium auf den Marktplätzen die Feuer entfachte, schickte es ein Signal aus, das einer Kriegsfanfare gleichkam. Der Krieg gegen die Häresie war für die Römische Inquisition keine bloße Metapher. Wenn sie Krieg sagte, meinte sie das wortwörtlich.

Paul IV., der fanatische Begründer des Heiligen Offiziums, versicherte im Gespräch mit dem Gesandten Venedigs, er würde wenn nötig auch den eigenen Vater auf den Scheiterhaufen schicken. Damit brachte der Papst eine Denkhaltung zum Ausdruck, die sowohl die frühe Geschichte als auch die spätere Entwicklung der Römischen Inquisition prägte. Für Paul IV. galt der Grundsatz: Im Kampf für das, was man als Wahrheit betrachtet, gegen das, was man als aufrührerische Abfallbewegung ansieht, heiligt der Zweck die Mittel. Freilich teilte nicht einmal die von ihm selbst gegründete Organisation eine derart starre Kompromisslosigkeit. Gedacht als Vorhut des Papstes im Kampf gegen die Ketzerei, bewahrte sich die Römische Inquisition ein gewisses Rechtsempfinden. Zum Beispiel wurde, trotz des von diesem Stellvertreter Christi ausgeübten Drucks, sein Hauptverdächtiger, Kardinal Giovanni Morone, nicht im Schnellverfahren abgeurteilt. Er bekam einen einigermaßen ordentlichen Prozess, weil jedem Beschuldigten seine Rechte zustanden. Und wenn diese Rechte uns heute wie eine jämmerliche Karikatur dessen vorkommen, was Rechtsprechung sein sollte, so müssen wir uns klarmachen, dass es an den weltlichen Gerichten der Frühen Neuzeit nicht einmal solche Rechte gab; hier konnte ein mutmaßlicher Verräter angeklagt und verurteilt werden, wie es dem Herrscher gerade einfiel.

Das Inquisitionsverfahren war unvollkommen, ungerecht und bisweilen ebenso brutal wie die anderen damaligen Rechtssysteme, aber es bewahrte ein Gespür für die Würde des Angeklagten und für Unzulänglichkeiten des eigenen Prozedere. Dazu gehörte auch die Folter. Auch wenn die Mitarbeiter des Heiligen Offiziums wie ihre Zeitgenossen die Folter für ein legitimes Mittel der Wahrheitsfindung hielten, wussten sie zugleich, dass diese Praxis fehlbar und mangelhaft war. Nichts spricht dafür, dass sie die Folter mit kalter Selbstgewissheit oder blutrünstiger Lust anwendeten. Im Eifer des Gefechts und in einer von Argwohn durchdrungenen Kultur bewahrten sie sich eine gewisse Rationalität. Es war ein bemerkenswerter Zug dieser Männer, die bei aller Neigung zur Frauenfeindlichkeit dort, wo andere nur Hexen gewahrten, irregeleitete Frauen sahen, die Hilfe brauchten.

»Denk daran«, heißt es in Peñas *Leitfaden* im Anschluss an die Erörterung der Folter, »dass du irren kannst. Denk an den angstgepeinigten Angeklagten.« Diese Rücksicht auf den Beschuldigten hatte praktische Konsequenzen in dem für die Inquisition charakteristischen System allseitiger Kontrolle, das dem Beklagten die ihm zustehenden Rechte sichern sollte. Sie reichten vom Schutz für Minderjährige bis zur Überprüfung falscher Zeugenaussagen und sind bei Peña in einer Reihe von Rechtsvorschriften festgehalten. Im Legalismus brachte der Inquisitor ein humanes Denken zum Ausdruck. So human dieser Strafrechtspedant freilich denken mochte, weil er um die eigene Fehlbarkeit wusste, er war gebunden durch einen Verhaltenskodex, der ihn verpflichtete, die Wahrheit zu suchen.

Diese Suche war mit vielen Hindernissen konfrontiert, und zwar nicht nur denen, die Häretiker ihr in den Weg legten. Auch die Kirche bereitete dem Inquisitor Schwierigkeiten. Eine der größten Hürden war die Jurisdiktion, denn auch der Bischof der Diözese, in der er tätig war, besaß das Recht, Anklage wegen Ketzerei zu erheben. Wer hier den Vortritt hatte, ist eine Frage, die Peña am Schluss seines *Leitfadens* behandelt, und zwar mit dem Ziel, einerseits dem Episkopat den nötigen Respekt zu zollen, andererseits dem Inquisitor seine Machtstellung zu sichern. Doch Kompetenzstreitigkeiten gab es immer, vor und nach Peñas Handbuch; und Kooperation wurde umso schwieriger, je umfassender, aber zugleich amorpher, verzweigter und unbestimmter das Verbrechen der Ketzerei wurde.

Als Papst Paul V. im Jahre 1606 erklärte, es sei ketzerisch, wenn eine weltliche Regierung die absolute Souveränität über ihre Untertanen beanspruche, wenn sie ihm das Recht abspreche, Könige abzusetzen, oder wenn sie seine Autorität in all jenen weltlichen Dingen bestreite, die auch nur kleinste Auswirkungen auf den geistlichen Bereich haben, hätte man wohl schwerlich einen einzigen Punkt im Bereich der Politik gefunden, der nicht als heterodox zu verdammen gewesen wäre. Als Robert Bellarmin schrieb, Katholiken hätten zu glauben, dass die Dogmen der Kirche immer unverändert geblieben waren, formulierte er eine Behauptung, die jeder Grundlage entbehrte; denn die Anschauungen, die Paul V. als ketzerisch ächtete, waren von Rom im gesamten Jahrtausend zuvor nie radikaler verdammt worden. Unter Ketzerei verstand der Papst schlechthin alles, was von seinen Ansichten über die weltliche Macht des Papsttums abwich. Diese Ansichten wurden weder von sämtlichen Vorgängern noch von sämtlichen Nachfolgern Pauls V. geteilt. Ketzerei war keineswegs, wie die Römische Inquisition mitunter behauptete, etwas Feststehendes, das sich aus überzeitlichen Wahrheiten ableitete. Sie konnte ebenso variabel, veränderbar und ungenau sein wie die sich wandelnden politischen Verhältnisse.

Politische Häresie – über die Peña in seinem *Leitfaden* kein Wort verliert – bereitete Rom zunehmend Sorgen. Seine Richter und Zensoren machten sich Gedanken über das Image des Papsttums. Am Amt des Stellvertreters Christi hing die Zukunft der Kirche. Diese Zukunft war nur gesichert, wenn das Papsttum respektiert wurde – was andererseits hieß, dass die Flecken und Makel auf dem Bild der historischen Päpste weggewaschen werden mussten. Unorthodoxe Schriften mussten unterdrückt, fragwürdige entfernt werden. So machte sich der stets aufmerksame, stets wachsame Francisco Peña nun in aller Eile daran zu beweisen, dass er päpstlicher war als die Päpste.

II.

Die Hand des Zensors

Die Päpste, so hatte Peña in seiner Neuausgabe von Eymerichs Handbuch gezeigt, waren Begründer und Förderer der Römischen Inquisition. Aber die Päpste gehörten auch zu ihren Opfern. Eine der Waffen, die die Mitarbeiter des Heiligen Offiziums gegen die Inhaber des höchsten kirchlichen Amtes einsetzten, war die Zensur – und eingesetzt wurde sie nicht nur vom Heiligen Offizium. Im Jahre 1571 nämlich wurde ein zusätzliches und noch unzuverlässigeres Zensurinstitut geschaffen: die Kongregation für den Index verbotener Bücher.

Das gedruckte Buch, erfunden im 15. Jahrhundert, war im 16. für Rom ebenso erschreckend wie faszinierend. Die kirchliche Obrigkeit sah in der Druckerpresse Gefahr und Chance zugleich. Gelänge es der Kirche, die neue Technologie für ihre Zwecke einzuspannen, ließe sich die Botschaft des Katholizismus auch unter dem großen Publikum verbreiten, das sich nun auf die Produkte dieses Mediums stürzte. Leider brachten die neuen Leser bunt gemischte Neigungen und grenzenlose Begeisterungsfähigkeit mit. Aus protestantischen Ländern wurden damals ketzerische und anrüchige Publikationen nach Italien importiert. Um die Ausbreitung des Krebsgeschwürs zu verhindern, musste ein Cordon sanitaire angelegt werden. Die Gläubigen brauchten Anleitung und Belehrung darüber, was erlaubt und was tabu war.

Einer der beiden Päpste, die Santori sich zu Helden und Vorbildern erkor, hatte die Grenzen der Toleranz strikt festgelegt. Nach der Wahl Pius' V. im Jahre 1566 jubelte ein Anhänger des Großinquisitors in einem Brief an ihn: »Gott hat uns Paul IV. wiedergegeben!« Paul IV., faktischer Begründer der Römischen Inquisition und ihr unerbittlichster Vertreter, war der festen Überzeugung, abweichendes Denken müsse unterdrückt werden. Das Werkzeug, mit dem er in der Welt des Geistes jede Opposition zu zerschlagen und Irrtümer auszurotten gedachte, war der von der Römischen Inquisition erstellte Index verbotener Bücher, der 1559 erstmals erschien.

Der Römische Index war nur einer von mehreren Indizes, die in den Jahren zuvor in ganz Europa Schlag auf Schlag erschienen waren. Allein in Paris wurden zwischen 1544 und 1556 sechs Indizes publiziert; drei in Löwen (zwischen 1546 und 1558); zwei in Venedig (1549 und 1554). Die portugiesische Inquisition brachte zwei heraus (1547 und 1551) und die spanische drei weitere zwischen 1551 und 1559. Die Hauptstadt der katholischen Christenheit lag, was den Versuch anging, den Buchmarkt zu kontrollieren, weit hinter den anderen Religionszentren zurück, und als Rom 1557 erstmals mithalten wollte, scheiterte es kläglich. Der zwei Jahre später erschienene Index verbotener Bücher übertraf an Strenge freilich alle übrigen. Sämtliche von Häretikern geschriebenen Werke wurden geächtet, selbst wenn sie sich gar nicht mit religiösen Fragen befassten; ebenso alle Schriften von Kirchenvätern oder anderen Katholiken, die irgendein Ketzer mit Anmerkungen oder Kommentaren versehen hatte; ferner jedes Buch aus den vorangegangenen vierzig Jahren (gleichgültig zu welchem Thema), in dem Autor und Drucker nicht namentlich genannt und Ort beziehungsweise Jahr der Veröffentlichung nicht aufgeführt waren; dazu sämtliche Werke über Astrologie, Hellseherei und Magie; und schließlich alle in eine Volkssprache übersetzten Bibeln und Neuen Testamente, es sei denn, sie trugen das Imprimatur der Inquisition.

Mehr als tausend Werke und Autoren waren vom Bannspruch betroffen. Was bei der Lektüre dieses schärfsten, aber chaotischsten Index verbotener Bücher, den Rom jemals veröffentlicht hat, sofort ins Auge fällt, ist die Diskrepanz zwischen seiner Ungenauigkeit und seinem Ziel, die gesamte Buchproduktion zu kontrollieren – nicht nur die vergangene und gegenwärtige, sondern auch die zukünftige. Drakonisch und doch unrealistisch, galt dieser Versuch eines Rundumschlags innerhalb der Kirche denn auch als undurchführbar.

Werke verdächtiger Autoren, wie etwa des Humanisten Erasmus (1466–1536), waren mit dem Bann belegt worden, obgleich sie zu Lehrzwecken gebraucht wurden, und niemand bot einen Ersatz für sie an. Pauschale Verbote führten mit ihren ungenauen Formulierungen dazu, dass orthodoxe und verdächtige Autoren durcheinander geworfen und nützliche oder unverzichtbare Bücher aus katholischen Bibliotheken entfernt wurden. Papst Pius IV. setzte sich für eine »Abschwächung« des Index von 1559 ein, und auf dem Konzil von Trient (1562) wurde das Thema in eher gemäßigtem Ton diskutiert. Aber selbst dort regierte der Geist des Argwohns, den Paul IV. zusammen mit seinen Bundesgenossen in die Welt gesetzt hatte: Sogar die Konzilsväter wurden denunziert. Einer der Eiferer berichtete in Rom, sie läsen, da sie ja verbotene Bücher anschauen dürften, nur noch diese!

In dieser Darstellung der Tridentiner Konzilsväter als heimliche Ketzer, die während der Konzilssitzungen unterm Pult in lutherischen Schriften schmökerten, ist einiges von dem Misstrauen und viel von dem Widersinn zu spüren, durch die das geistige Klima, in dem die Indizes von den römischen Behörden erstellt wurden, geprägt war. Auch der zweite, 1564 erschienene (»Tridentinische«) Index, in dem die »erste Klasse« verbotener Bücher und Autoren in die »Hölle« totaler Ächtung verbannt wurde, während die zweite für das »Fegefeuer« stand, in dem einige Schriften zugelassen waren, sofern sie »vom Irrtum gereinigt« wurden, zeugte nicht gerade von Logik. Erasmus zum Beispiel war in beiden (!) Klassen aufgeführt, weil »Hardliner« und »Liberale« in der Kirche sich nicht einig waren, was mit ihm geschehen sollte. Und die diesem Monument der Verwirrung vorangestellten allgemeinen Regeln boten keinerlei konkrete Orientierung: Rom wusste nur, *dass* es Ordnung schaffen wollte – aber *wie*, dafür hatte es kaum Kriterien.

Inmitten dieses Durcheinanders fuhr die Römische Inquisition fort, Werke zu zensieren und den Autoren Fesseln anzulegen. Zugleich versuchte sie, eine (hauptsächlich, aber nicht ausschließlich) aus dem Klerus rekrutierte Elite zu schaffen, der die Lektüre verbotener Bücher erlaubt sein sollte. Studiert werden durften sie freilich nur »im Geheimen und ohne öffentliches Aufsehen« von besonders bevorrechteten Personen, die die in ihrem Besitz befindlichen geächteten Schriften selbst »reinigen« mussten. Das Ergebnis ihrer klandestinen Arbeit musste in Rom vorgelegt werden. Und da das Heilige Offizium an alles dachte, gab es auch Vorschriften für unterwegs. Befand sich ein Lesebefugter auf Reisen, musste er dem örtlichen Bischof Bericht über die Bücher erstatten, die er im Gepäck trug. Kam er unterwegs zu Tode, waren die verbotenen Bücher zu konfiszieren und an die Römische Inquisition zu schicken – in deren Archiv sich nicht der geringste Beweis dafür findet, dass diese Anweisungen befolgt wurden. Dennoch werfen sie ein Schlaglicht auf die Vorstellung, die das Heilige Offizium vom idealen Leser hatte: Er war ein Zensor aus freien Stücken, der die Reinigung der im Gepäck oder in der untersten Schreibtischschublade verborgenen Bücher in aller Heimlichkeit erledigte.

Kein Wunder, dass derlei Strategien ungeeignet waren, die Flut der ketzerischen Publikationen einzudämmen, die jedes Jahr aus den Druckerpressen der Protestanten quoll. Um der Ausbreitung subversiver Literatur Einhalt zu gebieten, suchte das Papsttum Hilfe bei den Bischöfen, aber auch denen gelang es nicht, sie zu verhindern. Spätestens im Jahre 1570 sah Pius V. ein, dass er, allein gestützt auf die Römische Inquisition und den italienischen Episkopat, sein Ziel in Sachen Zensur nicht erreichen konnte. Immer noch kamen aus einflussreichen Kirchenkreisen Beschwerden über die allzu große Strenge der beiden 1559 und 1564 erschienenen Indizes, von denen keiner aufgehoben worden war, obgleich sie einander widersprachen. Auch bestand keinerlei Einigkeit in der Frage, welche Bücher wie gereinigt werden sollten, obgleich die Entscheidung über unzählige geächtete Werke, die anerkanntermaßen nur kleinere Mängel hatten und für die Arbeit der Gelehrten und der Akademiker gebraucht wurden, noch nicht gefallen war. Rom saß in einer Zwickmühle, die es sich durch die eigene Ineffizienz geschaffen hatte.

Einerseits Härte und der Drang zu kontrollieren, wenn nötig auch mit Verboten. Andererseits Realismus, der der Einsicht entsprang, dass die Fortschritte auf dem Gebiet der freien Künste und der Wissenschaft als nützlich in die zeitgenössische Gesellschaft integriert werden mussten. Der Katholizismus, der seinen Verfechtern in der Bastion der Rechtgläubigkeit als belagerte Zitadelle erschienen sein mag, war keine von der Umwelt abgeschnittene Insel. Daher fingen Papst Pius V. und sein Nachfolger Gregor XIII. (1572–1585) an, über das Problem nachzudenken, was zur schlimmsten aller Lösungen führte: einem weiteren bürokratischen Apparat.

Diesen Apparat, der die Probleme, statt sie zu lösen, noch verschärfte, nannte man die Kongregation für den Index verbotener Bücher. Worin bestand nun aber die Aufgabe der neu gebildeten Institution, wenn Rom im Jahre 1571 bereits drei Zensurorgane besaß? Der Papst, das Heilige Offizium und der Meister des Heiligen Palastes (Magister Sacri Palatii, ein Beamter der Kurie, der aus dem Orden der Dominikaner kam und traditionell für die Bücherzensur in Rom zuständig war) – alle drei hatten damals einander überschneidende Kompetenzen auf dem großen und schlecht abgegrenzten Gebiet der Zensur. Es war nicht leicht zu sagen, wer wofür die Verantwortung trug.

Wenn wir Schwierigkeiten haben, die damalige Situation zu begreifen, sollte uns dies nicht bekümmern. Auch Rom begriff sie nicht. Die katholische Kirche besaß viele gute Eigenschaften, aber klares organisatorisches Denken gehörte, jedenfalls zur Zeit der Gegenreformation, nicht dazu. Die Kirchenbehörden versuchten zwar, als tatkräftig Handelnde aufzutreten, in Wirklichkeit aber blieben sie untätig. Auf keinen Zeitpunkt in jener entscheidenden Epoche, in der die Orthodoxie alle Kräfte aufbot, um gegen die Bedrohung durch die Ketzerei vorzugehen, trifft die Legende vom Proto-Totalitarismus so wenig zu wie auf das dritte Viertel des 16. Jahrhunderts, als der Zensurapparat um die Indexkongregation erweitert wurde.

Aufgabe der Kongregation war es, einen neuen Index zu erstellen, um die Indizes von 1559 und 1564 zu aktualisieren. Im Rahmen ihres groß angelegten, aber vage bleibenden Auftrags bildete dies den Schwerpunkt; andere Pflichten – selbst diejenigen, die ihre Arbeit so prägten und ihre Zeit so beanspruchten wie die Reinigung der Bücher – rangierten an zweiter Stelle. Daher könnte man die Kongregation durchaus als reaktionär bezeichnen, in dem Sinn nämlich, dass sie in aller Regel nicht selbst die Initiative ergriff, sondern auf das, was publiziert worden war oder (seltener) gerade publiziert werden sollte, lediglich reagierte. Diese Reaktion war häufig planlos, fast immer verspätet und nicht selten überhastet. Schon nach wenigen Jahren wurden innerhalb der mit Arbeit überlasteten Organisation die ersten Klagen laut. »Was die Kirche braucht«, schrieb ein zermürbter Zensor, »ist ein Druckstopp, damit wir endlich die Flut von Publikationen aufarbeiten können.«

Zu den Gründen für das Hinterherhinken und die damit verbundene Schlamperei gehörte auch, dass die Mitarbeiter der Indexkongregation nicht bezahlt wurden. Anders als die Römische Inquisition, die ihre Existenz und Arbeit durch ein Stiftungsvermögen sicherte, sollten die Zensoren für den Index unentgeltlich tätig sein. Zu Beginn der siebziger Jahre des 16. Jahrhunderts waren die meisten Ordensbrüder, aber auch die Weltgeistlichen, die in den späten achtziger Jahren mitsamt den ihnen assistierenden katholischen Laien zur Indexkongregation stießen, erhielten kein Gehalt. Das Amt eines Zensors galt als besondere Ehrung, und die Berufung in die Reihen derer, die einen neuen Katalog verbotener Bücher zusammenstellen oder andere Bücher reinigen sollten, war zumeist einer Empfehlung, geschicktem Drahtziehen oder schlicht dem Glück zu verdanken. Die Arbeit indessen stellte eine Belastung dar, denn fast alle Mitglieder der Kongregation hatten noch andere Aufgaben. Im Rom der Gegenreformation war der Posten des Zensors eine Teilzeitarbeit. Ohne einen Stab von fest angestellten Fachleuten, wie sie das Heilige Offizium besaß, ließ sich Effizienz nur schwer oder überhaupt nicht erreichen, und das Ergebnis war Chaos.

Freilich lag es nicht allein am Geld- und Kräftemangel, wenn die Indexkongregation sich von Beginn an in einem Labyrinth bewegte, nicht zuletzt fehlte es an einer einheitlichen Linie. Die Organisation verfing sich in den Widersprüchen zwischen dem – pauschal verdammenden, in Einzelfragen aber unbrauchbaren – Index von 1559 und dem gemäßigteren, allerdings um nichts weniger mangelhaften Index von 1564. Was man tun sollte, war eine Frage der Interpretation. Die Richtlinien dafür hatte das Tridentiner Konzil ausgearbeitet. Aber die Konzilsväter hatten sich weder grundsätzlich zur Zensur geäußert noch einen Indexentwurf vorgelegt, und nie war es innerhalb der Kirche zu einer Einigung darüber gekommen, wie ihre Interpretationen zu interpretieren seien.

In dieser verwirrenden Situation hatte der kirchliche Oberhirte das letzte Wort. Das Problem war nur, dass die Amtszeit der Päpste meist kurz ausfiel. Und selbst wenn sie länger dauerte wie im Fall Gregors XIII., der immerhin dreizehn Jahre lang auf dem Heiligen Stuhl saß, konnte jede Entscheidung, die der Stellvertreter Christi getroffen hatte, von seinem Nachfolger wieder umgeworfen werden – was in der Indexkongregation zu Verunsicherung und Nervosität führte. Und dies ist einer der Hauptgründe, weswegen es in der Hochburg der Orthodoxie kein einheitliches Konzept der Unterdrückung gab: Selbst auf dem sensiblen, zentralen und komplexen Gebiet der Zensur wusste Rom nicht eigentlich, was es wollte. Beim Nachdenken über die Indizes von 1559 und 1564 kamen die Zensoren zu ganz verschiedenen Schlüssen: Die einen forderten hartes Durchgreifen, die anderen plädierten für sanfteres Vorgehen. Aber keine Seite konnte sicher sein, dass der von ihr favorisierte Kurs dem Willen des Papstes entsprach.

So wurden einige der berühmtesten italienischen und europäischen Autoren von der Indexkongregation und dem Papst unterschiedlich bewertet. Man nehme nur den Fall des

»verabscheuungswürdigen Ketzers« Niccolò Machiavelli (1467–1527), dessen Name und Werk sowohl 1559 als auch 1564 geächtet worden waren. Vergessen wird immer wieder, dass Machiavelli nicht bloß sein aufrührerisches Buch *Der Fürst*, sondern auch die *Historien von Florenz* verfasst hatte; sie waren von Papst Clemens VII. (1523–1534) in Auftrag gegeben und mit seiner Genehmigung gedruckt worden.

Machiavellis Familie sprang ein und bot eine Lösung an, die Zeugnis vom damaligen Zeitgeist ablegt. Um die Werke des Autors vor der Verdammung zu bewahren, schlugen seine Enkel vor, sie einer »Reinigung« zu unterziehen. Sie nahmen Kontakt mit der Indexkongregation auf und legten ihr die Ergebnisse ihrer Arbeit vor. Die Kongregation aber begnügte sich nicht mit dem, was nach Ansicht der Familie aus den Schriften des umstrittenen Autors gestrichen werden sollte, sondern fertigte selbst einen Zensurbericht über die *Historien von Florenz* an. Das Resultat war positiv, das heißt die Kardinäle der Indexkongregation kamen überein, dass das Werk nach Entfernung oder Umformulierung der anstößigen Passagen erneut publiziert werden könnte – allerdings nicht unter Machiavellis Namen. Diese Unterscheidung zwischen Werk und Autor war (wie wir sehen werden) grundlegend für die römische Zensur, die eine Person ächten und zugleich die Nützlichkeit ihrer Schriften anerkennen konnte. Doch Machiavellis Enkel wiesen die Auflage zurück, und in ihrer Ratlosigkeit übergab die Kongregation die Sache an Papst Gregor XIII., der 1579 die Verurteilung von Person und Werk durch die Kirche nachdrücklich bekräftigte.

Papst und Kongregation arbeiteten hier gegeneinander. Die Zensoren hatten sich für einen »liberalen«, der Papst für einen harten Kurs entschieden. Keine der beiden Seiten wusste, was die andere dachte – bis es zu spät und das einzige Ergebnis der zur Reinigung des Buches aufgewendeten Mühen ein pauschaler Bannspruch war. So endeten viele Versuche der Kongregation, die Autoren vom Stigma eines Verbotes zu »befreien«, letztlich damit, dass sie wieder dort stand, wo sie angefangen hatte, und ihre Mitarbeiter durch die wiederholten Ablehnungsbescheide zunehmend demoralisiert waren.

Die von der ersten Generation römischer Zensoren zwischen 1571 und 1584 geleistete Arbeit ist geprägt von einer Mischung aus Selbstvertrauen und Ignoranz. Oft neigten sie zu alarmierender Strenge, und wenn sie einmal größere Nachsicht übten, war das Ergebnis ihrer von keiner Sachkenntnis angekränkelten Großzügigkeit nicht weniger beunruhigend. Die meisten dieser Männer hatten wohlbehütet in der römischen Kurie oder in einem Mönchsorden gelebt. Sie waren nicht einfach borniert, sie hielten sich lediglich an die Vorgaben der Bücherindizes – das heißt sie wussten, dass Martin Luther ein Häretiker war, ohne je eine seiner Schriften gelesen zu haben. Daher reagierten sie in ihrer Zensur des viel gelesenen deutschen katholischen Theologen Johannes Wild mit Begeisterung. »Exzellent!«, hieß es bei einem für die Indexkongregation arbeitenden Zensor. »Bewundernswert!«, schrieb ein anderer, nachdem er einen Passus zitiert hatte, den er für eine perfekte rechtgläubige Aussage hielt. Was keiner von diesen im Kokon der römischen Kurie gefangenen Männern erkannte: die Worte, die sie da lobend hervorhoben, stammten von keinem Geringeren als Martin Luther.

⟶✟⟵

Die unwissentliche Billigung von Häresiarchen ging einher mit wissentlicher Verunglimpfung orthodoxer Autoren. Da es den Zensoren an gemeinsamen, von höherer Stelle vorgegebenen Kriterien mangelte, blieb es jedem Einzelnen selbst überlassen, welche aufzustellen, wie unbekümmert oder eigenwillig er auch immer sein mochte. Einige nutzten das weidlich aus. So gab es Eiferer, die mit harter Zensur um jeden Preis ihre Rechtgläubigkeit unter Beweis stellen wollten und deshalb überragende Gelehrte der Ketzerei bezichtigten, weil ihre lateinischen Bibelzitate nicht der Vulgata, sondern ihrer eigenen Übersetzung aus dem Griechischen entstammten.

Dieses Beispiel steht für eine Auffassung, die in der ersten Generation der für die Indexkongregation arbeitenden Zensoren vorherrschte. Wenn sie Übersetzungen aus dem griechischen Original der Heiligen Schrift ablehnten, so deshalb, weil sie den Verdacht des Individualismus weckten. Individualismus war suspekt, denn die Kirche drängte auf Einheitlichkeit. Nirgendwo war diese so wichtig wie beim Zitieren der Bibel. Daher bestanden die Zensoren vehement und unerbittlich darauf, dass »jeder, der nicht nach der Vulgata zitiert, wie ein Ketzer handelt«.

Freilich: Als »Ketzer« bezeichnet werden hier alle, die nicht genau so denken wie jene Mitglieder der Indexkongregation, denen entfallen war, dass das Konzil von Trient die Unzulänglichkeit des überlieferten Vulgatatextes erkannt und eine Überarbeitung durch Bibelgelehrte empfohlen hatte. Damals, als der Zensor seinen oben zitierten kritischen Satz schrieb, war diese Überarbeitung noch nicht beendet. Die katholische Kirche hatte gegenüber ihren Mitgliedern eingeräumt, dass auf die im Umlauf befindlichen Fassungen der Vulgata, die man jahrhundertelang benutzt hatte, kein Verlass mehr war. Ein Gelehrter, der seine eigene Übersetzung aus dem Griechischen anfertigte, handelte also nicht unbedingt nach dem Buchstaben, jedoch ganz im Geist der Tridentiner Bibeldekrete. Aber was bedeutete schon die Autorität eines allgemeinen Kirchenkonzils verglichen mit der Strenge – oder dem Gutdünken – eines Zensors und Pedanten?

Wenn so viele Zensoren Pedanten waren, dann deshalb, weil ihre Tätigkeit der Arbeit von Philologen ähnelte. Sie bastelten an Texten herum. Einige davon hatten Kirchenväter verfasst, aber kein Respekt vor Augustinus, keine Hochachtung für Thomas von Aquin hinderte diese hemmungslosen »Verbesserer«, Absätze, die ihr Feingefühl verletzten, mit der Feder durchzustreichen oder andere Passagen zu entfernen. Offizielles Ziel war es, die frühchristliche Tradition von den gefährlichen Zusätzen der Protestanten zu »säubern«. Der weniger offizielle Auftrag lautete, alles zu entfernen, was zu »Fehldeutungen« Anlass geben könnte. Daher wurden Schriften von Augustinus, die sich in Wittenberg oder Genf großer Beliebtheit erfreuten, als »krypto-lutherisch« verdammt und Schriften des Thomas von Aquin, die die Calvinisten verehrten, für »gefälscht« erklärt. Die Zensur entwickelte eine Eigendynamik, und Roms Mitarbeiter duldeten selbst bei einem Doktor der Kirche nichts, was Wasser auf die Mühlen der Protestanten sein konnte.

Von den protestantischen »Ketzereien« hatten viele Hüter des rechten Glaubens nur eine äußerst nebelhafte Vorstellung – wie Caspar Schoppe ganz zutreffend feststellt (siehe *Vorspiel auf dem Scheiterhaufen*). Nicht nur hatten sie nichts von Luther gelesen, sie konnten auch kein Wort Deutsch. Das freilich bewegte sie keineswegs, sich Rat bei den deutschsprachigen Geistlichen in Rom zu holen – schließlich gab es doch einen viel einfacheren Weg: in den Katalogen der Frankfurter Buchmesse zu blättern. Diese Zensoren waren fest davon überzeugt, dass ein deutscher Autor, dessen Name dort auftauchte, ein Häretiker war. Niemals in der langen Geschichte der Messe sind so begeisterte Lobeshymnen auf ihre Kataloge gesungen worden wie jene, die die Indexkongregation im 16. Jahrhundert verfasste.

Hier lag ja die Lösung aller Rätsel! Ein deutscher Autor hat ein neues Werk über Theologie, Geschichte oder ein verwandtes Thema geschrieben? Kein Problem, wenn der Zensor es nicht gelesen hat: Das Buch muss geächtet werden! Niemals kam diesen vor Begeisterung für ihre Arbeit schäumenden Männern in den Sinn, was für eine Farce es war, auf einen von Protestanten verfassten Katalog zurückzugreifen, um einen katholischen Kanon verdächtiger Schriften herauszubringen. Nichts taten sie lieber, als die in Frankfurt erstellten Listen eine nach der anderen aufzuzählen und davon zu träumen, was für einen wunderbaren Index man aus ihrem Inhalt machen könnte. In der Hoffnung, den Weg zur Kontrolle des Buchmarkts erheblich abkürzen zu können, schickten sie einen der ihren in geheimer Mission nach Deutschland. Dieser Spion war nicht gerade ein Genie: »Ich habe ein Problem«, schrieb er an seine Auftraggeber in Rom, »die Bücher hier sind ketzerisch, aber entweder sind sie auf Deutsch geschrieben, sodass ich sie nicht lesen kann, oder sie stehen auf dem Index, sodass ich sie nicht lesen darf.« Er wurde zum Bischof ernannt und damit unauffällig aus der Kongregation entlassen, die weiterhin in gebührender Entfernung über den Frankfurter Katalogen brütete.

◆‡◆

In Rom bildeten begriffliche Verwirrung und chaotische Verfahrensweise ein Paar. Die Indexkongregation unternahm mehrere Versuche, sich zu organisieren, von denen keiner Erfolg hatte. Dem kleinen, unkoordinierten und durch häufiges Krankfeiern noch dezimierten Mitarbeiterstab gelang es nicht, regelmäßige Sitzungen abzuhalten. Der Rhythmus, in dem das Heilige Offizium zusammentrat – mindestens dreimal pro Woche, jahrein, jahraus –, stand in scharfem Kontrast zur Trägheit der Indexkongregation. Oft fehlten bei den Sitzungen, auf denen die katholische Kirche die Welt der Gelehrten und Literaten zensieren sollte, sogar die eigenen Kardinäle. Ganze Jahre vergingen ohne eine einzige Zusammenkunft, und schließlich – am Ende der Amtszeit Gregors XIII. im Jahre 1585 – war die Indexkongregation so gut wie tot.

Im Jahre 1587 versuchte Sixtus V. der verblichenen Kongregation neues Leben einzuhauchen. Er ernannte neue Mitglieder und teilte sie in Sondergruppen auf. Nach dem Willen des Pontifex Maximus sollte ein neuer und soliderer Index aufgestellt werden. Genug des Hinauszögerns! Aber kaum hatten die Zensoren ihre Arbeit begonnen, da mischte sich Sixtus in jede Kleinigkeit ein, und es kam zum Konflikt zwischen dem Papst und der Kongregation, die in seinen Diensten stand. Nach Sixtus' Tod im Jahre 1590 wurde der Index, der seinen Namen trug, von ebender Organisation aus dem Verkehr gezogen, die ihn vollenden sollte. Zwar nahm sie die Arbeit daran wieder auf und setzte sie bis 1596 fort, wobei es häufige Meinungsverschiedenheiten mit Clemens VIII. (1592–1602) gab, doch die endgültige Form des Dokuments, das bestimmen sollte, welche Bücher und Autoren verboten oder zulässig waren, wurde von der Römischen Inquisition festgelegt. In Zensurfragen gab es – ebenso wie in anderen Punkten – keinerlei Zweifel, wer die oberste Machtstellung innehatte: nämlich weder der Papst noch die Indexkongregation, sondern das Oberste Glaubenstribunal.

→∤←

Die beherrschende Figur am Obersten Tribunal war der Großinquisitor Giulio Antonio Santori. Santori wusste ebenso gut wie die Päpste, denen er diente und die er tyrannisierte, dass es in der Zeit der Gegenreformation nicht ausreichte, wenn die Kirche die Werke von Protestanten mit dem Bann belegte. Rom musste auch orthodoxen Ersatz für sie schaffen, und so kam es zu einem Aufleben intellektueller Tätigkeit.

Neue Ausgaben des kanonischen Rechts, neue Übersetzungen der griechisch schreibenden christlichen Autoren, die Werke des Thomas von Aquin, des Augustinus und Bonaventura, gereinigt von den »lutherischen Irrtümern« und nunmehr ungefährlich für katholische Leser: für diese und andere Vorhaben brauchte man sachkundige Mitarbeiter. Einige von ihnen fanden ein ruhiges Plätzchen in der Bibliothek und/oder der Druckerei des Vatikans und arbeiteten zugleich als »Teilzeitberater« für die Indexkongregation und die Römische Inquisition. Deren Oberhaupt teilte ihre Begeisterung für Gelehrsamkeit. Jahrelang versuchte Santori, ein neues Römisches Rituale zusammenzustellen. Er begnügte sich nicht mit der Beschreibung der Zeremonien oder der Auflistung der zu den jeweiligen Anlässen des Kirchenjahrs passenden Gebete, sondern begann ein gigantisches Sammelwerk, das seine Bildung bezeugen sollte, faktisch aber seine Kräfte überstieg. Hierfür brauchte Santori Helfer, und er fand sie in Sachverständigen wie Robert Bellarmin und Francisco Peña. Als Mitarbeiter des Kardinals an solchen Projekten wurden sie zu Mitgliedern seiner weit verzweigten »Familie«. So konnte das Netz der Günstlingswirtschaft sogar mittellosen Gelehrten Arbeit und sozialen Rang verschaffen.

Die Nachfrage nach juristischen und theologischen Experten kam von höherer Stelle. Ein Kardinal-Inquisitor wie Santori mochte ein Mann sein, dessen Talente vor allem auf dem Gebiet der Verwaltung, der Religion oder der Politik lagen;

91

aber der Versuch der Kirche, die Protestanten auf dem internationalen Schlachtfeld der Bildung zu schlagen, zwang ihn, sich für die Gelehrtenwelt zu interessieren, selbst wenn er nicht in erster Linie Gelehrter war. In populärwissenschaftlichen Werken gelten Römische Inquisition und Indexkongregation als antiintellektuell, ein Bild, das in mancher Hinsicht das Gegenteil der Wahrheit verbreitet. Denn im Widerspruch zu dem, was die Lehrbücher sagen, waren Denker einerseits und Inquisitoren oder Zensoren andererseits keine Gegenspieler, sondern Doppelgänger.

Fest entschlossen, die Flut der subversiven Publikationen einzudämmen, verbrachten Intellektuelle wie Robert Bellarmin und Francisco Peña, die selbst mit der Abfassung von Büchern im Interesse der katholischen Sache beschäftigt waren, auch noch Stunden in der Römischen Inquisition und der Indexkongregation, wo sie die Werke anderer verboten oder einer »Reinigung« unterzogen. Im Rom der Gegenreformation waren der verdächtige Autor und sein Richter oftmals ein und dieselbe Person.

In der geschlossenen und engen Welt der Kurie zensierte man sich wechselseitig. Wenn niemand über jeden Verdacht erhaben war, dann konnten auch die Hüter der Orthodoxie nicht vom Argwohn ausgenommen werden. Ein radikaler Vertreter dieser Theorie war Francisco Peña, dessen Strenge weder durch Zeit noch durch Erfahrung gemildert wurde. Angebote, in seinem Herkunftsland Spanien Bischof zu werden, lehnte er ab, weil er in Rom, dem Zentrum der Macht und der Günstlingswirtschaft, bleiben wollte. Dort stieg er zwar bis zum hohen juristischen Rang eines Dekans an der Römischen Rota auf, erreichte jedoch nie sein ehrgeiziges Ziel, Kardinal zu werden. Im Bewusstsein seiner Begabungen, aber enttäuscht von seiner Laufbahn, stand er am Rande und musste zuschauen, wie seinen Kollegen, etwa Robert Bellarmin und Pompeo Arrigoni, der Purpur verliehen wurde.

Wie Peña war auch Arrigoni Richter an der Römischen Rota

gewesen, aber anders als jener besaß er diplomatisches Geschick. Peña dagegen – herrisch und polemisch, wie er war – wütete weiter und sprach ohne Rücksicht auf Personen aus, was er dachte. Manche zogen seinen besonderen Zorn auf sich, vor allem die Mitglieder der Gesellschaft Jesu, die Jesuiten. »Eure Majestät kann sich auf die Meinung von Monsignor Peña verlassen«, schrieb der spanische Gesandte an König Philipp II., »außer wenn es um die Jesuiten geht, gegen die er tiefen Groll hegt.« Peñas Groll galt besonders dem führenden jesuitischen Theologen im Rom der Gegenreformation: Robert Bellarmin, seinem Kollegen in der Kongregation für den Index verbotener Bücher.

Ein Buch, das nach Peñas Ansicht von der Kongregation hätte verboten werden müssen, waren Bellarmins *Erörterungen der Streitfragen des christlichen Glaubens, wider die Ketzer dieser Zeit.* In der katholischen Welt galt dieses Werk als Monument der Rechtgläubigkeit, aber Peña betrachtete es mit Argwohn, weil darin die Namen der attackierten Ketzer und ihre Meinungen bekannt gemacht wurden. Dass sein Gedankengang einen Zirkel beschrieb, entging dem unbarmherzigen Zensor, und er wich erst dann von seinem harten Kurs ab, als er selbst zensiert wurde.

Im Jahre 1595, kurz nach einem missglückten Attentat auf König Heinrich IV. von Frankreich, schrieb Peña ein Werk zur Rechtfertigung des Tyrannenmords. Er war ein Gegner des Monarchen, der angeblich gesagt hatte, Paris sei eine Messe wert, und brachte nun Argumente gegen Heinrichs Bitte um Aussöhnung mit der katholischen Kirche vor. Als dieses Pamphlet des Autors und Herausgebers von Inquisitionshandbüchern den Kardinälen des Heiligen Offiziums zur Zensur vorgelegt wurde, verurteilten sie es als ketzerisches Werk. »Ich habe ihn persönlich gewarnt«, sagte einer der Zensoren des Zensors dazu. Ohne Erfolg.

Während der Amtszeit Clemens' VIII. stagnierte Francisco Peñas beruflicher Aufstieg. Obgleich nur wenige Intellektuelle im Rom der Gegenreformation so entschieden wie er Anspruch auf eine Karriere als Glaubenshüter erhoben, stellte keiner so nachdrücklich wie er die Frage, wer eigentlich die Wächter bewachen solle. Als er sah, wie Robert Bellarmin die Kardinalswürde erhielt und zum Spiritus rector des Heiligen Offiziums wurde, schäumte er vor Wut. Seinen Augenblick sah er gekommen, als Paul V. sich immer mehr über die von Bellarmin rückhaltlos geäußerte Kritik an seinem politischen Kurs ärgerte. Mitten in einer Kontroverse über die weltliche Macht des Papstes, in der Peña eine denkbar extreme Position bezog, beschimpfte er Bellarmin im Jahre 1610 als »kleinen Christen«, der jede Woche ein Buch herunterschreibe und dessen zweifelhafte Ansichten geächtet werden müssten. Tatsächlich war der Kardinal ein klein gewachsener Mann, aber die Formulierung »kleiner Christ« bezog sich nicht in erster Linie auf sein Äußeres. Die Zensur war ein zweischneidiges Schwert, das sich gegen die richten konnte, denen sie anvertraut war.

Der Konflikt, in dem Peña als Gegner Bellarmins auftrat, war mehr als ein Zusammenstoß unterschiedlicher Charaktere. In der Festung, von der aus die katholische Christenheit überwacht wurde, stritten sich die Wächter. Bellarmin, im Jesuitenorden hoch verehrt, wurde 1923 heilig gesprochen und 1931 zum Doctor ecclesiae ernannt. Peña, zu seiner Zeit eine führende Persönlichkeit im Rom der Gegenreformation, ist heute in Vergessenheit geraten.

Wenn es stimmt, dass »Totalitarismus« immer koordiniertes Handeln, Einmütigkeit und aufoktroyierte Disziplin einschließt, dann ist dieser Begriff auf die Römische Inquisition und die Indexkongregation nicht anwendbar. Jeder der Berater, die in ihren Diensten standen, war überzeugt davon, dass er im Recht sei, und konnte mitleidlos gegenüber den eigenen Kollegen sein, weil damals – in einer Epoche, in der Strenge als Garantie für den festen Glauben galt – keine Nachsicht mit den im Irrtum Befangenen geübt werden durfte. In diesem Kontext war Bellarmins Maxime »Glaubensfreiheit ist nichts anderes als die Freiheit zu irren« zweideutiger, als eine wortwörtliche Interpretation vermuten lässt, und mehr als die Bekundung eines autoritären Standpunkts innerhalb der römischen Kurie der Gegenreformation. Sie warf auch die diffizilere Frage auf, wer eigentlich die Kontrolle ausüben sollte.

Hinter der strengen Fassade der katholischen Kirche verbargen sich tief greifende und Zwietracht stiftende Spannungen. Mochte der päpstliche Monarch mit seiner selbstherrlichen Rhetorik die Befehle erteilen – ob er sich durchsetzen konnte, lag allein an der Kooperationsbereitschaft seiner Untergebenen. Als deutlich untergeordnetes Organ war das Kardinalskollegium kein Partner mehr, mit dem er sich die Macht teilte. Zwar verglichen sich die Kardinäle an der Seite des Stellvertreters Christi mit den Propheten des Alten Testaments, aber die streitbare Kirche, die den protestantischen Angriff zurückzuschlagen suchte, brauchte nicht viele Generäle, sondern einen einzigen Feldmarschall. Die Befehle mussten von einer einzelnen Führungspersönlichkeit kommen, und das war der Papst.

So jedenfalls die offizielle Sicht, die zahlreiche katholische Theologen seit der Gegenreformation nachgebetet haben und die noch heute Einfluss besitzt. Die Wirklichkeit aber war komplizierter, auch dann noch, als das Kardinalskollegium mit dem von Sixtus V. 1587 geschaffenen System der Kongregationen seine herausragende Stellung verlor. Zwar verkamen die Konsistorien, das heißt die Plenarversammlungen der in Rom residierenden Kardinäle unter dem Vorsitz des Papstes, zu rein formellen Zusammenkünften, auf denen der »Göttliche Senat« unterrichtet wurde, ehe er die päpstliche Politik routinemäßig absegnete, aber diese Politik wurde in den wesentlichen Punkten nicht vom nominellen Oberhaupt der Kirche im Alleingang festgelegt – und das war auch gar nicht möglich. Der Papst brauchte den Rat von Sachverständigen. Und diese wiederum fand er vor allem in der Römischen Inquisition und der Indexkongregation.

Offiziell unterstand die Indexkongregation nicht der Kontrolle des Heiligen Offiziums. Als Oberstes Glaubenstribunal freilich hatte das Letztere einen höheren Rang inne. Um diesen

Rang zu wahren und seine Vormachtstellung zu halten, musste der Großinquisitor das untergeordnete Zensurorgan möglichst fest in den Griff bekommen. Santori tat dies, indem er dafür sorgte, dass einige seiner Schützlinge in die Indexkongregation gewählt wurden. Einer davon war Francisco Peña, der von 1584 bis 1612 als Berater und Gutachter für die Kongregation arbeitete.

Hier war er in seinem Element. Nichts – nicht einmal die Abfassung von Handbüchern für Inquisitoren – machte ihm mehr Freude als die Zensur. In seinen und den Augen seiner Kollegen konnte man damit Macht ausüben. Und Macht – insbesondere die Macht des Pontifex Maximus – wurde im Rom des späten 16. Jahrhunderts neu definiert, was auch hieß, dass man die Vergangenheit mit den kritischen Augen der Gegenreformation betrachtete. Und besonders kritisch betrachtete man die Renaissance und ihre Exponenten. Vertreten durch Peña, richteten die römischen Kirchenbehörden nun ihr Augenmerk auf den berühmtesten (und berüchtigtsten) der humanistischen Päpste, Pius II. (1458–1464).

Pius II. und Peña gehörten zwar derselben Kirche an, lebten aber in völlig verschiedenen Welten. Die hundertzwanzig Jahre, die zwischen dem Tod des Papstes im Jahre 1464 und der gereinigten Fassung seiner autobiografischen *Commentarii rerum memorabilium, quae temporibus suis contigerunt (Kommentare zu den denkwürdigen Ereignissen seiner Zeit)* im Jahre 1584 lagen, hatten die katholische Welt erheblich verändert. Vorbei waren die aufregenden Zeiten des Humanismus, als der brillante Redner und Poeta laureatus Enea Silvio Piccolomini (so hieß Pius II., bevor er den Stuhl Petri bestieg) zuerst für einen Gegenpapst, dann einen Kaiser arbeiten konnte, um schließlich Kardinal und Vorkämpfer ebenjener römischen Orthodoxie zu werden, gegen die er einst angetreten war. Nun, im Jahre 1584, war diese Orthodoxie unerbittlich geworden. Die Schlachtreihen sollten fest geschlossen, die Fronten undurchlässig sein. Der »böse Ketzer« Martin Luther und seine Mitsünder verbreiteten das »Krebsgeschwür« ihrer verderblichen Lehren, das schon viele Mitglieder der katholischen Kirche infiziert hatte. Die Zeit war reif für eine Selbstreinigung. Wenn nötig, mussten einzelne Glieder vom kranken Organismus abgetrennt werden. So jedenfalls dachte Francisco Peña, Günstling des Kardinals Santori, aber kein Verehrer des Papstes Pius II.

Von ihm unterschied sich Peña seinem ganzen Charakter nach. Wer seine Jugend damit verbringt, die für Ketzer vorgesehenen Strafen zu studieren und Inquisitionshandbücher herauszugeben, bleibt davon geprägt. Pius II. wuchs in vergnüglicheren Verhältnissen zum Mann heran. (Verhältnisse trifft den Nagel auf den Kopf, denn der zukünftige Papst zeugte bis zu seinem vierzigsten Lebensjahr mehrere illegitime Kinder und schrieb eine erotische Komödie sowie einen viel gelesenen Roman über die Liebesabenteuer des Caspar Schlick, Kanzler des deutschen Kaisers Friedrich III.) Weltgewandt und hoch kultiviert, bewegte sich Pius zwischen weltlicher und kirchlicher Sphäre ebenso geschickt wie unstet hin und her. Ganz anders der verdrießliche und kompromisslose Peña: Wie Zerberus, der vielköpfige Hund, der den Eingang zur Unterwelt bewacht, hütete er die Hochburg des Glaubens; und beim geringsten Anzeichen für Verbotenes, Profanes, Unorthodoxes geriet er in Rage.

Am meisten wenn er etwas Unorthodoxes an Äußerungen über das Papsttum witterte. Dabei war gleichgültig, *wer* diese Äußerungen tat, denn niemand – auch der Papst nicht – war vom Argwohn ausgenommen. Von den vielen extravaganten Renaissance-Päpsten, vor denen sich die Nackenhaare des Wachhunds Peña hätten sträuben können, war es weder der korrupte und vermutlich inzestuöse Alexander VI. (1492–1503) noch der militaristische und tyrannische Julius II. (1503–1513) oder der hoch gebildete und ausschweifende Leo X. (1513–1521), sondern ausgerechnet Pius II., der dem Zensor suspekt erschien. Seine Jugendtorheiten – von der Bastardbrut bis zum Stapel schmutziger Bücher – waren verzeihlich; aber weder ignorieren noch verzeihen konnte er die Äußerung dieses Stellvertreters Christi, ein allgemeines Kirchenkonzil habe mehr Autorität als das Papsttum. Für Francisco Peña war das Anathema.

◆┼◆

Schon Pius selbst hatte das Problem gesehen. Welcher Papst hatte jemals die Machtbefugnisse eines Konzils über die eigenen gesetzt? Nachdem er den Heiligen Stuhl bestiegen hatte, erklärte er deshalb seine Schriften zu diesem Thema für ungültig und schrieb sie dem Enea Silvio Piccolomini zu, der er früher gewesen war. »Verstoßt Äneas«, so die dringende Bitte des reuigen Papstes, »und begrüßt Pius!« Niemandem, der diesen lateinischen Satz las, konnte die Anspielung auf den Helden von Vergils Epos entgehen, auf den »pius Aeneas«, den frommen Äneas. Und niemand konnte sich darüber täuschen, dass dieser gewendete Humanist am 19. August 1458 den Namen Pius II. aus keiner anderen Quelle bezog als aus dem von ihm heiß geliebten Meisterwerk der heidnisch-lateinischen Literatur. Die Anspielung war zu augenfällig, das Wortspiel zu unwiderstehlich und der Papst als witziger Kopf bestens bekannt.

Witz indes gehörte nicht zu den Vorzügen der römischen Gegenreformation. Es herrschte tödlicher Ernst. Ernst und Feierlichkeit, Inbrunst und Fanatismus kennzeichneten die Religionspolitik Pauls IV., eines weiteren von Peña verehrten Helden. Im Index verbotener Bücher, den die Römische Inquisition 1559 in seinem Auftrag erstellte, wurde die von Pius II. selbst getroffene Unterscheidung zwischen seinem »Konzils-Ich« und seinem »Papst-Ich« wiederholt, seine Schriften über das Baseler Konzil (1431–1449) ächtete man als das Werk des »Enea Silvio Piccolomini«. Danach hörte man nur noch wenig von dem Papst, bis schließlich die Nachricht durchsickerte, er habe eine freche und skandalöse Autobiografie geschrieben (aber nicht veröffentlicht): die bereits erwähnten *Kommentare zu den denkwürdigen Ereignissen seiner Zeit.*

Gewürzt mit Klatschgeschichten, voll bissiger Bemerkungen und ganz im Geist des unkonventionellen Pius geschrieben, schienen diese genüsslichen *Kommentare* alle Vorurteile der Protestanten über den Heiligen Stuhl zu bestätigen. Schadenfroh begannen sie Auszüge daraus zu publizieren. Die Familie von Pius II. reagierte mit Besorgnis, und sein Neffe, der Erzbischof von Siena, bereitete eine Ausgabe vor, die man dem lesekundigen Publikum anbieten konnte. Dies aber hieß im letzten Viertel des 16. Jahrhunderts: was die Zensur davon übrig ließ.

Alle Passagen – und es waren viele – in den von Pius II. hinterlassenen *Kommentaren*, die das neue Zartgefühl der römischen Kirche hätten verletzen können, wurden gestrichen. Die Expurgation – mit aller Gründlichkeit, Strenge und Borniertheit betrieben – hatte durchschlagenden Erfolg. Nach 1584, als die *Kommentare* endlich in der verstümmelten Fassung des Neffen erschienen, dauerte es vier Jahrhunderte, bis die Öffentlichkeit das vollständige, unveränderte Original zu lesen bekam. Deshalb ist es interessant, sich einige der Textstücke anzuschauen, die der Neffe und Zensor den Blicken der Kirchenfeinde vorenthalten wollte. Hier ein paar Beispiele für das, was sie und fast ausnahmslos alle anderen Leser jahrhundertelang weder zu Gesicht bekommen sollten noch konnten.

Im ersten Buch, Kapitel 36, seiner *Kommentare* beschreibt Pius II. das Konklave, das ihn zum Papst wählte, und nimmt in Bezug auf seine Kardinalskollegen kein Blatt vor den Mund: Korrupt und arrogant, intrigant und dumm, hatten sie seine Wahl sabotieren und an seiner Stelle den reichen und tyrannischen Kardinal Wilhelm von Rouen auf den Stuhl Petri hieven wollen. Eine Verschwörung wurde angezettelt, und die Verschwörer zogen sich dazu in ein Privatissimum zurück, das Pius mit folgenden anschaulichen Sätzen schildert:

»Mehrere Kardinäle trafen sich auf dem Abort wie an einem abgeschiedenen und geheimen Ort und kamen überein, sie wollten Mittel und Wege finden, um Wilhelm zum Papst zu wählen. Sie legten einen schriftlichen Eid ab, und aufgrund dieses Eides versprach er ihnen kirchliche und juristische Ämter und verteilte das Vermögen der Kirche. Was für ein passender Ort für die Wahl eines solchen Papstes! Denn wo könnte man eine schmutzige Verschwörung besser planen als auf einem Abort?«

Natürlich wurde diese Passage gestrichen, ebenso wie die Bemerkung, die Pius gegenüber Kardinal Philipp von Bologna machte: seine Kollegen seien dabei, »den apostolischen Palast, in dem so viele Heilige Väter residiert haben, in eine Räuberhöhle und ein Bordell« zu verwandeln.

Kein Protestant hätte es besser ausdrücken können. Der Neffe nahm daher Seite um Seite aus den *Kommentaren* seines Onkels heraus und veränderte ihren Inhalt ebenso wie ihren Stil. Wird etwa geschildert, wie ein Kardinal sich zum Abort begibt (ein Thema, dem Pius sich gern widmet), wird der unnatürliche Akt weggelassen. Verschwiegen werden auch die zwanzigtausend Hühner, die die päpstlichen Truppen als Beutegut wegschleppten, denn das Plündern von Federvieh ist unter der Würde einer päpstlichen Armee – oder sollte es wenigstens sein. Und wenn wir versucht sind, über diese von einem Mitglied der eigenen Familie vorgenommene Verstümmelung der pikanten *Kommentare* zu schmunzeln, dann sollten wir daran denken, dass der Neffe und Zensor auch jeden Humor aus dem Text entfernte, denn ein fröhlicher Papst galt damals als Ding der Unmöglichkeit.

So radikal sein Versuch war, aus dem ausschweifenden Renaissance-Humanisten einen Oberhirten der Gegenreformation zu machen, in den Augen der römischen Behörden ging er nicht weit genug. Nun trat Francisco Peña, anerkannter Spezialist in Fragen des Papsttums, auf den Plan und legte seinerseits einen Zensurbericht vor. Was er formulierte, war noch vernichtender:

»Damit niemand meint, ich betrachtete dieses Werk mit böswilligem Blick, lese man, was Pius selber sagt, [nämlich in jenem Passus], wo dieser großartige Autor ohne Zögern einräumt, dass er Geschichten erzählt habe, die seines Amtes würdig, und andere, die seines Amtes unwürdig sind ... *Ich weiß nicht, wie irgendjemand diesem Schriftsteller auch nur irgendwie trauen kann, wenn er frivole und banale Einzelheiten in seine Erzählung einstreut. Er geht so weit, dass seine Behauptung, er habe sich bewusst entschlossen, nichts zu seiner Verteidigung zu sagen, ganz unglaubhaft wird. Seine Selbstrechtfertigung und die hohe Meinung, die er von sich hat, werden oft in überaus prätentiöser Form geäußert.*

*Mit dem Resultat, dass selbst die gutwilligsten unter seinen
Lesern ihm nicht trauen werden.* «

Misstrauen, Argwohn, Verdammung: mit solchen Worten
spricht ein Zensor, der vor 1584 bereits ein Handbuch für
Inquisitoren herausgegeben hatte und wenig später selbst eines
verfasste. In seiner Sprache spiegelt sich jenes Denken, das
während der Gegenreformation in der römischen Kurie den
Ton angab. Dort arbeitete Peña bekanntlich als Jurist. Bei der
Lektüre der (hier kursiv gesetzten) Bemerkung, Pius II. verteidige sich in ganz unpassender Weise, mag man sich fragen:
Warum soll es ein Pontifex Maximus überhaupt *nötig haben*,
sich gegen die Angriffe eines weit unter ihm stehenden Kurienbeamten zu verteidigen? Die Antwort liegt im Denken des
Zensors selbst beschlossen. Nach Francisco Peñas Überzeugung musste Pius II. vor Gericht gebracht werden.

Schauen wir uns an, wie in diesem Zensurbericht das Plädoyer der Anklage aufgebaut wird, und erinnern wir uns an
die Regeln, die der Autor in seinem *Praktischen Leitfaden für
Inquisitoren* formuliert. Erschien uns das dort empfohlene Prozedere schon hart für den Angeklagten, so ist es nichts im Vergleich mit der Art und Weise, in der Peña Pius II. die Leviten
liest. Der Papst, so stellt der Zensor mit Scharfsinn fest, habe
fragwürdige Ansichten über Schicksal und göttliche Vorsehung. Was er dazu äußere, habe Platon in seinen *Nomoi
(Gesetze)* schon besser dargelegt. Die in den *Kommentaren* formulierten Ansichten zur Wahrheit seien nichts als ein Aristoteles-Plagiat. Mal verwechsele Pius seine Quellen, mal zitiere
er sie falsch. Mit einer langen Liste von stilistischen und inhaltlichen Fehlern belegt Peña die Ungenauigkeit des Papstes und
die Genauigkeit seines Zensors. Peña war, wie wir am Legalismus seines *Leitfadens* sahen, ein Pedant. Aber Pedanterie
war für ihn kein Selbstzweck. Hinter der Aufdeckung der dem
Pontifex Maximus unterlaufenen Fehler stand eine grundsätzlichere Absicht.

Diese Absicht war die Sicherung von Francisco Peñas Autorität. Implizit wie explizit behauptet der Zensor, dass er über
dem päpstlichen Autor steht. »Ich befürchte, der Pontifex

Maximus schadet mit solchen Reden über sich selbst der eigenen Autorität«, so lautet einer seiner herablassenden Kommentare. »Solche Details sind eines Stellvertreters Christi unwürdig«, heißt ein anderer. Sie besagen unmissverständlich, dass der Papst mit seinen Irrtümern dem päpstlichen Amt nicht gerecht wird. Womit sich die Frage erhebt: Wenn Pius II. das nicht konnte, wer kann es überhaupt? Peñas Antwort war ein Stück Autobiografie:

> »Ich als Spanier bin nicht im Mindesten überrascht, wenn Pius meine Landsleute der Arroganz bezichtigt, denn mit seinen Italienern oder sich selbst hat er keinerlei Mitleid!«

Zu nachsichtig? Dann nehme man das folgende:

> »In dem langen Abschnitt über die Ernennung von Kardinälen, in dem auch seinem Neffen der Purpur verliehen wird, ... wird vom Streit zwischen Papst und Heiligem Kollegium auf eine Weise berichtet, dass wir annehmen sollen, Pius sei gezwungen gewesen, seinen Neffen zum Kardinal zu ernennen, obgleich er noch ein ganz junger Mann war. *Wer wird das dem Pontifex Maximus glauben?*«

Oder dies:

> »*Ich wundere mich, dass Pius nicht rot wurde, als er so einen Unsinn schrieb* ... Es wäre besser gewesen, er hätte über manche Dinge geschwiegen. Aber *er spricht von niemandem so häufig wie von sich selbst.*«

Oder dies:

> »*Wenn Pius anfängt, sich selbst zu loben, hört er gar nicht wieder auf* ... Dieser Passus sollte gestrichen werden, damit es nicht so aussieht, als habe Pius die Würde seines Amtes vergessen.«

Oder dies:

> »Was er hier schreibt, ist schamlos und kann nur schamlos gedeutet werden, aber nie ist es Pius in den Sinn gekommen, sein Werk zu kürzen, denn *jedes Thema, wie banal oder obszön es auch sein mochte, diente ihm dazu, sein virtuoses stilistisches Können zur Schau zu stellen.*«

Und zu guter Letzt:

> »Diese Ereignisse deutet er in böswilliger Absicht ... Von anderen berichtet er mit Überheblichkeit ... *Nach meiner Kenntnis ist man nur dann imstande zu beurteilen, wie sehr man von anderen gehasst wird, wenn man einen Grund in der eigenen Person entdeckt, der einen hassenswert macht. Wie Pius ...*«

Die Stoßrichtung dieses Zensurberichts ist unmissverständlich. Wie ein Angeklagter im Inquisitionsverfahren wird Pius so weit gebracht, dass er sich selbst belastet. Die Beweise des Anklägers sind hieb- und stichfest, weil sie aus den Schriften des Papstes selber stammen. Ein Plädoyer zur Verteidigung hört man nicht. Peña verschweigt eine Reihe von Initiativen, von denen die *Kommentare* berichten (etwa den geplanten Kreuzzug gegen die Türken) – obgleich er sie mit Beifall bedachte, wenn sie von Pius' Nachfolgern aufgegriffen wurden. Mildernde Umstände werden nicht gewährt, Pardon wird nicht gegeben. Der humanistische Stellvertreter Christi wird vor den Richterstuhl der Indexkongregation gezerrt und unwiderruflich verurteilt.

An Pius verurteilt Peña genau das, was ihn selbst auszeichnet: Überheblichkeit, Böswilligkeit und ein pedantischer Drang, mit seiner Bildung zu prahlen. Doch keine dieser Ähnlichkeiten mit dem ungeliebten Autor gab dem selbstsicheren Zensor zu denken. Seine Autorität beruhte auf der Überzeugung, dass ein Francisco Peña besser wusste als Pius II., wie ein Papst sich zu verhalten habe. Beseitigt werden die abfälligen Bemerkungen, die pikanten Anekdoten, die Prahlerei, die unorthodoxen Ansichten. In den Vordergrund treten statt dessen Ernst, Würde und Strenge – die Attribute eines Inquisitors wie Paul IV. oder Pius V., nicht aber eines Humanisten. Peñas Zensurarbeit an den *Kommentaren* Pius' II. zeigt uns, wie im Zuge der Gegenreformation, also nach der Renaissance und gegen sie, im Herzen der römischen Kurie das Bild des Papsttums neu geformt wurde.

Und noch etwas zeigt Peñas Arbeit. Wenn dieser Herausgeber und Autor von Inquisitionshandbüchern es im sicheren Gefühl der eigenen Rechtgläubigkeit fertig brachte, einen Papst mit fragwürdigen Anschauungen und verwerflichem Stil wie einen Verdächtigen zu behandeln, so einfach deshalb, weil im römischen Zentrum der Macht die Kirche dabei war, sich mit ihren eigenen Problemen zu beschäftigen. In der geheimen Welt der Inquisitoren und Zensoren machte man sich weniger Gedanken über die »Lutheraner« als über die Katholiken, von denen keiner sicher sein konnte, dass ihm die züchtigende Rute erspart blieb. In der damals in Rom allgegenwärtigen Kultur des Argwohns empfand man ein dringendes Bedürfnis nach Selbstreinigung. Den Makel der Ketzerei loszuwerden, eine durch Dissidenten verunreinigte Tradition reinzuwaschen, eine verlorene Glaubenseinheit durch Ausschließen oder Beschneiden von Auswüchsen wiederherzustellen – das waren Roms Ziele. Und verfolgt werden sollten sie nicht nur von der Kongregation für den Index verbotener Bücher, sondern auch (und vor allem) vom Obersten Tribunal der Römischen Inquisition, vor dem wir nun erscheinen.

III.

VOR DEM OBERSTEN GLAUBENSTRIBUNAL

Das Rot fällt sofort ins Auge – das Rot der Seide, in die die Kardinäle bei ihrer Prozession in den Palast des Großinquisitors gewandet sind. Es können fünf oder sechs oder sieben sein. Ihr Gastgeber und Oberhaupt ist Giulio Antonio Santori. Wir befinden uns im Jahre 1596. Wenige Zeit zuvor war Santori noch der Ansicht, er verfüge in dem Konklave, das zur Wahl eines neuen Papstes zusammentrat, über eine Mehrheit. Drei Jahrzehnte Erfahrung in der Römischen Inquisition müssten ihn, so meinte er, für die Tiara geeignet machen. Der Heilige Geist jedoch sah das anders. Er teilte Santoris Begeisterung für Inquisitoren nicht. Das galt auch für mehrere seiner Kollegen, mit denen der Großinquisitor die Klingen gekreuzt hatte und nun erfolglos Frieden zu schließen suchte. Als er auf einen von ihnen, den römischen Aristokraten und Kardinal Ascanio Colonna, zuging und die Hand in einer Geste der Versöhnung ausstreckte, schob dieser sie beiseite und rief – mit den (lateinischen) Worten Jesu – aus: »Geh weg von mir, Satan!« (Matth. 16, 23) Von diesem Augenblick an begann die Mehrheit des Möchtegernpapstes zu bröckeln. Nach gemeinsamer Beratung wählten die Kardinäle Santoris ehemaligen Schützling und jetzigen Rivalen Ippolito Aldobrandini (auch ein Mitglied des Heiligen Offiziums); er wurde Papst Clemens VIII. (1592–1605). Der Großinquisitor zog sich in seine Gemächer im Vatikan zurück, die nun geplündert waren, weil nach altem Brauch diejenigen seiner Unterstützer, die seine Wahl für gesichert hielten, sich dort bedient hatten. In jener Nacht schwitzte Santori Blut.

Das Blutrot des Zorns hatte der Großinquisitor künftig jeden Donnerstag vor Augen, wenn Clemens VIII. in einer Sitzung – oder Kongregation – des Heiligen Offiziums den Vorsitz führte. Dessen nominelles Oberhaupt war der Papst. Und der damalige Papst war ebenso entschlossen wie seine Vorgänger, Kontrolle auszuüben. Ausgeübt werden sollte sie durch die Römische Inquisition über alle Teile der katholischen Christenheit; in der Praxis meinte das freilich kaum mehr als den Kirchenstaat, selbst nur Teil jenes Flickenteppichs aus konkurrierenden Mächten, in dem der österreichische Kanzler Metternich später den »geografischen Ausdruck Italiens« erkannte. Spanien hatte sein eigenes Heiliges Offizium, desgleichen Portugal. Im Frankreich der frühen Neuzeit hatte sich keine Inquisition etabliert. In Deutschland standen alle Gebiete, die nicht an die rebellischen Ketzer verloren gegangen waren, unter der Aufsicht katholischer Fürsten. So auch in Osteuropa: in Polen und Ungarn zum Beispiel. Dort musste das Heilige Offizium sich normalerweise der Vermittlung durch Bischöfe sowie diplomatischer Kanäle, also der päpstlichen Gesandten oder Nuntii bedienen, die sich dann Gehör bei den weltlichen Herrschern verschafften.

Weltliche Herrscher waren bisweilen wenig kooperativ, selbst in Italien. Die Republik Venedig etwa leistete notorischen Widerstand gegen die Anweisungen des Heiligen Stuhls. Dennoch hielt Rom an seiner Aufgabe fest, die Rechtgläubigkeit vom Zentrum aus durchzusetzen. Nichts galt in der Kurie als dringlicher, keine Arbeit genoss mehr Ansehen. Eben deshalb trug Santori einem Papst nach dem anderen seine Einwände vor, wenn ehrgeizige Kollegen danach drängten, das Amt des Kardinal-Inquisitors zu ergattern. Auf der Richterbank am Obersten Glaubenstribunal hatte man den Finger am Puls der Macht.

Macht und Autorität fanden ihren sichtbaren Ausdruck in der Kleidung. Bei den Mittwochssitzungen der Inquisition in Abwesenheit des Papstes mussten die Kardinäle ihre langen Mäntel ablegen; Chorhemd (*rocchetto*) und Schulterkragen (*mozzetta*) behielten sie an, weil beide die Jurisdiktion symbolisierten. Im Apostolischen Palast, wo der Pontifex Maximus allein regierte, durften sie nicht getragen werden; auch nicht auf den Straßen Roms, mit Ausnahme der Zeiten, in denen der Heilige Stuhl vakant war und ein neuer Papst gewählt werden sollte. Die Mittwochskongregationen fanden im Palast des Großinquisitors statt, für 1596 heißt das: im Montecitorio, dem heutigen Sitz des italienischen Parlaments. Donnerstags versammelten sich die Kardinäle unter dem Vorsitz des »Allerheiligsten« (= des Papstes) entweder im Vatikan oder (später) im Quirinal. Die Montagssitzungen der Berater und Beamten, bei denen keine Beschlüsse gefasst wurden, fanden im Palast des Heiligen Offiziums statt.

An diesem Schema wurden später nur kleine Abwandlungen vorgenommen, zum Beispiel als Papst Urban VIII. (1623–1644) dekretierte, dass die Kardinäle ihre Kongregationen (in seiner Abwesenheit) im Dominikanerkloster Santa Maria sopra Minerva, und zwar in den Räumen des Ordensgenerals, abzuhalten hätten. Im festen und anstrengenden Turnus trafen sich die Mitglieder der Römischen Inquisition also dreimal pro Woche in diesen drei Wehrtürmen der Hochburg der Orthodoxie, um Beschlüsse in Fragen der Glaubens- und Sittenlehre zu fassen.

Wer wann und wo Beschlüsse fasste, ist in einer zwar nicht vollständigen, aber umfangreichen Dokumentensammlung, den in den römischen Archiven aufbewahrten *Dekreten*, festgehalten. Aufgezeichnet wurden diese Berichte über Sitzungen und Mitarbeiter von den Notaren der Inquisition, deren Arbeit Papst Paul III. als »abstoßend« bezeichnete. In dieser für ihre Zeitgenossen abstoßenden Arbeit finden wir eine kostbare Quelle, die uns über die Alltagsgeschäfte des Heiligen Offiziums belehrt. Sie gingen bald weit über das anfängliche Tröpfeln, die im Jahre 1542 noch vereinzelten Prozesse, hinaus und schwollen gegen Ende des Jahrhunderts zu einer Flut von Staatsaffären, politischen Beschlüssen, Debatten über die Glaubenslehre und Bücherzensuren an. Über einige der Probleme, mit denen die Inquisition sich befasste, soll in diesem Kapitel berichtet werden. Aber zunächst noch ein Wort zu dem, was die seit neuem zugänglichen Quellen uns *nicht* mitteilen.

Wenn die mit der Zulassung zu den römischen Archiven verbundene Aufregung verflogen ist, beginnt man über die Lücken im Quellenmaterial nachzudenken. Einige sind bekannt – etwa die nach der Niederlage Napoleons zu Beginn des 19. Jahrhunderts verbrannten Prozessakten –, andere weniger, doch sie wiegen schwerer. Auf sie das Augenmerk zu richten liegt heute nahe, denn die Forschung über das Heilige Offizium bewegte sich vor der Öffnung der Archive in einem ausgefahrenen Gleis, welches man die Logik des Gerichtsverfahrens nennen könnte. Solange nur ein Verfahren nach dem andern minutiös geschildert und dabei nie vergessen wurde, entsprechende Missbilligung zu äußern, ergab sich immer derselbe Schluss, der mal differenzierter, mal grober, aber selten zugunsten der Römischen Inquisition ausfiel. Das Oberste Tribunal schien einfach nur das zu sein, was sein Name besagt: kein internes Diskussionsforum der Kirche, sondern lediglich ein autoritäres Organ, das seine Türen und sein Denken gegen alles Neue, gegen jede Vorstellung oder Idee verschloss, die von den eigenen unveränderlichen Dogmen abwich. Die Wirklichkeit aber war anders, und auf den folgenden Seiten sollen verschiedene Quellen aus dem Archiv betrachtet werden, um dem vorherrschenden statischen Bild etwas Leben einzuhauchen.

Die Notare schrieben alles auf, was sie bei einer Kongregation hörten. Doch was sie nicht hörten, war oftmals wichtiger. Vertrauliche Informationen wurden auf Sitzungen diskutiert, die die Kardinal-Inquisitoren untereinander oder in Gegenwart des Papstes abhielten. Von diesen so genannten »Sonder«- oder »Geheim«-Kongregationen waren die kleineren Beamten, die die unteren Ränge des Heiligen Offiziums besetzten, ausgeschlossen. Immerhin machten die Notare deutlich, *dass* ein Geheimtreffen stattgefunden hatte; in ihrem Bericht von der folgenden Sitzung ließen sie eine durch drei oder vier Punkte markierte Lücke und begannen mit dem verheißungsvollen Wort »dann«. Diese Lücke wird nie durch offizielle Dokumente gefüllt werden, weil die laufende Tätigkeit nicht schriftlich festgehalten wurde. Diskussion, Entscheidungen und Anweisungen blieben ans gesprochene Wort gebunden.

Das gesprochene Wort war in einem frühneuzeitlichen Beamtenapparat, wie ihn die Römische Inquisition darstellte, häufig bedeutsamer als das geschriebene. Beispiele dafür sind die mündlichen Erklärungen (*vivae vocis oracula*), die mündlichen Erklärungen, die der Papst von Zeit zu Zeit abgab. Da sie vom Obersten Tribunal kamen, waren sie mehr als Befehle; sie hatten bindende Gesetzeskraft. Es gab Dinge, die so heikel waren, dass man sie besser nicht in schriftlicher Form festhielt.

Im Jahre 1591 zum Beispiel ordnete Papst Gregor XIV. (1590–1591) an, alle Exemplare der fehlerhaften lateinischen Bibel, die sein Vorgänger Sixtus V. hatte drucken lassen, sollten von der Römischen Inquisition aufgekauft und aus dem Verkehr gezogen werden. In den Protokollen der Notare findet sich davon keine Spur, vermutlich weil man mit diesem Versuch, die Fehler eines Papstes zu vertuschen, weder die Katholiken aufschrecken noch die Protestanten erfreuen und deshalb die ganze Affäre streng geheim halten wollte. Wir müssen uns also bewusst sein, dass die schriftlichen Quellen etwas verschweigen und dass die Arbeit des Heiligen Offiziums mündlich vonstatten ging. Eine Tätigkeit zu rekonstruieren, die auf dem gesprochenen Wort beruhte, ist keine leichte Aufgabe. Immerhin gibt es eher informelles, aber darum nicht minder aufschlussreiches Material, mit dessen Hilfe wir Methoden und Denkweise der Inquisitoren untersuchen können. Zwei solcher fruhneuzeitlichen Quellen sind private Memoiren sowie Traktate über den päpstlichen Hof.

Über Memoiren, die nie zur Veröffentlichung bestimmt waren, bekommen wir vielleicht Zugang zu den persönlichen Gefühlen eines Kardinal-Inquisitors. Bei dem im Jahre 1596 einflussreichsten Mitglied des Heiligen Offiziums stehen die Chancen jedenfalls gut. Giulio Antonio Santori schrieb eine Autobiografie, in der es um sein Leben und seine Zeit geht und die nach seiner Niederlage von 1592 abbricht. Zu schwer war die Kränkung. Santori glich sie dadurch aus, dass er seinen erfolgreichen Rivalen tyrannisierte, und einige der Eigenschaften, dank deren er das Papsttum so wirksam verfolgen konnte, werden in diesem unterhaltsamen Werk mit seinen Momenten von unfreiwilliger Ironie und unbeabsichtigtem Humor deutlich sichtbar. Man nehme zum Beispiel die Stelle, an der der Großinquisitor beschreibt, welche Gedanken ihm durch den Kopf gehen, als er den Tod von Männern beobachtet, die in ein ihm zuvor selbst zur Last gelegtes Verbrechen verwickelt sind: in den gescheiterten Giftmordanschlag gegen Papst Pius IV.

»Das grauenhafte und Grauen erregende Urteil gegen den unglücklichen Pompeo dei Monti wurde verlesen … und er wurde der weltlichen Justiz übergeben. Der mit einem kurzen, schäbigen Gewand bekleidete armselige Mann trug unter dem Umhang Handschellen. Bart und Haupthaar waren schneeweiß, der Körper war abgezehrt und schlaff. In seinem erbärmlichen Zustand rief er Mitleid und Mitgefühl hervor, denn als das Urteil gegen ihn verlesen wurde, richtete er den Blick starr auf Kardinal Colonna, seinen Cousin und Schwager, sowie auf die Kardinäle Gesualdo und Arigona. Als Kardinal Colonna ihn auf dem Schafott sah, erbleichte er. Signor Marcello Gambacorta, der zweite Schwager des Gefangenen, verließ, innerlich aufgewühlt, die Kirche. Am Donnerstag, dem 4. Juli, wurde der Unglückliche enthauptet und verbrannt … Und *auch Monsignor Pallantieri wurde der Kopf abgeschlagen, zu meinem großen Kummer, denn so konnte ich mich nicht bei ihm revanchieren für die Höflichkeit und Rücksicht, die er mir gegenüber bewiesen hatte, als ich selbst in den Wirren der Giftmordverschwörung in Rom inhaftiert war … So ändern sich die Verhältnisse und namentlich in Rom, wo nichts bleibt, wie es ist.*«

Denkt so ein Inquisitor, während er der Hinrichtung anderer beiwohnt, die eines Verbrechens angeklagt sind, von dem er freigesprochen wurde? Beweist Santori hier Mitgefühl, Überheblichkeit oder Heuchelei? Wie muss man die persönlichen

Gefühle jenes Mannes interpretieren, der am verbissensten für die Durchsetzung der Rechtgläubigkeit in der Kirche gekämpft hat? Vielleicht hilft es weiter, wenn wir uns hier an das erste Kapitel erinnern.

Dort fanden wir in Peñas *Leitfaden für Inquisitoren* eine ähnliche Verbindung von methodischer Härte und menschlicher Rücksichtnahme vor. Die Motive derer, die für das Heilige Offizium arbeiteten, waren ebenso gemischt wie ihre Verfahrensweisen. Die Mitglieder dieser Institution waren Ankläger und Richter, Polizisten und Priester zugleich und versuchten, mehrere Rollen auf einmal zu spielen, die uns heute unvereinbar vorkommen. Diese Unvereinbarkeit ist uns nicht zuletzt deshalb so selbstverständlich, weil wir zwischen Person und Amt, zwischen dem Kirchlichen und dem Weltlichen unterscheiden. Bis aber derlei Unterscheidungen durchgesetzt waren, musste viel Zeit vergehen; im 16. Jahrhundert verstanden sie sich noch nicht von selbst.

Ein Inquisitor wie Santori konnte also gleichzeitig überzeugt sein von der Richtigkeit der Todesstrafe und Mitleid mit dem Verurteilten empfinden. Aber das gilt nicht bloß für die Römische Inquisition. In den Vereinigten Staaten, wo andere barbarische Strafen im Namen der Justiz verhängt werden, findet man es heute allenthalben. Interessanter hingegen und schwerer zu erklären ist Santoris Verweis auf die Normen des höflichen Umgangs. In dem zitierten Passus bedauert er, dass er nicht in der Lage ist, die »Höflichkeit und Rücksicht« zu erwidern, die sein nun hingerichteter Kerkermeister Alessandro Pallantieri, öffentlicher Ankläger Roms, ihm einst bewiesen hatte. Um zu verstehen, was Santori meinte, wenn er eine solche Empfindung äußerte, müssen wir uns in ein völlig andersartiges Milieu begeben. Dieses Milieu ist der päpstliche Hof zur Zeit der Gegenreformation. Als Kardinal gehörte Santori automatisch zum Hofstaat des Monarchen, der auf dem Stuhl Petri saß. Als Großinquisitor aber war er das faktische Oberhaupt einer Organisation, in der viele den Gegenpol zum Gefolge des Papstes sahen.

Thematisiert wird dieser Gegensatz – das Spannungsverhältnis zwischen der Strenge des Heiligen Offiziums und dem freieren Klima des päpstlichen Hofes, dem paradoxerweise auch die führenden Mitglieder der Römischen Inquisition angehörten – bei einem Zeitgenossen und Kardinalskollegen Santoris, Giovanni Francesco Commendone (1524–1584). Nach dem Studium des Rechts und der Philosophie schlug Commendone die diplomatische Laufbahn ein. In der Abhandlung, die er für seinen Neffen schrieb, als dieser im Begriff stand, in die Dienste des Papstes oder eines einflussreichen Kardinals zu treten, sind Takt und Umsicht des Diplomaten durchgängig spürbar.

Rom, so schrieb der erfahrene Onkel, sei keine Stadt. Es sei eher ein Markt, auf dem ein ständiges Kommen und Gehen von Außenseitern herrscht. Alle drängen nach oben, alle kümmern sich nur um sich selbst. Eigeninteresse aber, so Commendone, führe zum Umsturz, Egoismus zum Aufruhr. Der päpstliche Hof sei mit keinem anderen Hofstaat vergleichbar. Seine Verfassung sei ebenso gemischt wie seine ganze Wesensart. Er sei Monarchie, Aristokratie und Demokratie in einem und vollziehe einen Spagat zwischen kirchlicher und nicht-kirchlicher Welt. Leider führe das dazu, dass jeder Papst seine Verwandten begünstige. Söhne, Vettern, Neffen: alle wollen »einen Anteil der vom Papsttum gemachten Beute«. Blutsbande und Geburt zählen mehr als die Religion, so merkte Commendone sarkastisch an und dachte dabei vermutlich an römische Aristokraten wie Alessandro Farnese, der dank seiner Familienbeziehungen zum Kardinal ernannt wurde und fast fünfundfünfzig Jahre lang (von 1534 bis 1589) Mitglied des Kardinalskollegiums blieb.

Was Commendone hier schildert, ist der Nepotismus, der sich (neben anderem) jahrhundertelang in den höchsten Rängen der katholischen Kirche gehalten hat. Unter diesen Bedingungen konnte Lorenzo der Prächtige seinem noch jugendlichen Sohn Giovanni de' Medici zu einem hohen Preis die Kardinalswürde kaufen. Giovannis Schwester wurde an den illegitimen Sohn von Papst Innozenz VIII. (1484–1492) verheiratet, und diese dynastische Ehe hinderte den jungen Kardinal keineswegs daran, sich später mit Erfolg um das päpstliche Amt (als Leo X.) zu bewerben. Die Reformation sorgte zwar für den Rückgang des Ämterkaufs, aber sie schaffte ihn nicht ab. Bis weit in das 18. Jahrhundert zählten bei der Aufnahme ins Kardinalskollegium vor allem die Blutsbande, und die Auswirkungen dieser Praxis waren im Heiligen Offizium spürbar. Im Jahre 1629 zum Beispiel waren fast neunzig Prozent der Kardinal-Inquisitoren Verwandte des einen oder anderen Papstes. Zwar sank die Quote 1701 auf die Hälfte, aber schon 1714 war sie wieder auf achtzig Prozent angestiegen. Schlüsselpositionen wie die Zugehörigkeit zu jener Elite, die an der Spitze der Römischen Inquisition stand, sicherte man sich durch Beziehungen.

Zu dieser »Blutselite« gehörten weder Commendone noch Santori. Wie andere auch verdankten sie ihren Weg nach oben dem eigenen Geschick und Können. Der päpstliche Hof hat sich begabten Männern aus bescheidenen Verhältnissen nie verschlossen; Verwandtschaft mit dem Papst oder adlige Herkunft blieben zwar wichtige Faktoren für den sozialen Aufstieg, aber sie waren keine unbedingte oder alleinige Voraussetzung. Wer freilich an der glatten Stange nach oben klettern wollte, brauchte starke Nerven. Entscheidend waren Selbstbeherrschung und ein gehöriges Maß Berechnung. Daher, so der erfolgreiche Kardinal, müssten besondere Fähigkeiten herangebildet werden. Niemals dürfe man sich auf die Gnade oder Gunst eines Einzelnen verlassen, denn das Wohlwollen zerrinnt »wie ein Honigtropfen in einem großen Wasserbehälter, wo sich alle Süße verliert«. Der Neffe möge abwarten, bis seine Zeit gekommen sei, er dürfe keinen Anstoß erregen und müsse seine Zunge hüten. Worte haben, wie es im griechischen Sprichwort heißt, Flügel. Man müsse sie in Schach halten. Niemals kritisieren. Kritik und »harter Tadel« gegenüber Lastern oder Straftaten seien zu vermeiden. Stattdessen solle er aufmerksam zuhören, ohne den Eindruck zu erwecken, er sei argwöhnisch oder eifrig darauf bedacht, das Gesagte negativ zu deuten. Der Höfling müsse immer so wirken, als wende er den Blick von den Fehlern der anderen ab. Die meisten Menschen haben Mängel, und alle fürchten und

hassen diejenigen, die sich wie »übereifrige *Inquisitoren*« aufführen.

Commendones Höflingsideal ist eine Antithese, eine Gegen-
figur zum neugierig spähenden, für seine Zudringlichkeit und
Strenge bekannten Inquisitor; der glatte und gewandte, von
seinem Onkel für eine Karriere am päpstlichen Hof präparierte
Neffe durfte keinesfalls so werden wie die Männer, die Santori ins Heilige Offizium holte. Dort wurde ein gänzlich anderes
Image kultiviert. Im ersten Kapitel haben wir gesehen, welche
Interessen Francisco Peña kultivierte und wie seine Persönlichkeit zur Geltung kam. Im Folgenden wollen wir seinen Vorgesetzten betrachten, der dem ganzen Wesen und Charakter
nach das genaue Gegenteil eines Hofmannes war.

Nachdem Giulio Antonio Santori in seiner Autobiografie
geschildert hatte, welchen Genuss ihm die Arbeit als junger
Inquisitor in Neapel bereitete, wo der Kampf gegen »die Feinde des Kreuzes mich in eine so freudige und gehobene Stimmung versetzte, dass ich von Sehnsucht erfüllt war, für den
katholischen Glauben den Märtyrertod zu sterben«, beschrieb
er, was er in einer normalen Woche an Gebeten sprach und an
Büchern las:

> »Morgens betete ich das Offizium des Herrn und das der
> Muttergottes; außerdem sagte ich meine Gebete und zele-
> brierte die Messe; wenn ich auf Reisen war, versäumte ich
> nie die vorgeschriebenen Meditationen oder das *Pater noster*
> und meine Gebete oder die Lektüre eines geistlichen Buches.
> Nach kurzen Ruhepausen sprach ich stets die kanonischen
> Tagzeiten, sobald es an der Zeit war; sonst arbeitete ich lau-
> fende Fälle durch, sorgte für die Beschleunigung der Ver-
> fahren, ordnete Urteilssprüche, notierte das, was erledigt
> werden musste. Ich schrieb an meinem Buch über kanoni-
> sches Recht und sprach die Vesper oder das entsprechende
> Stundengebet, und dann las ich Werke über die Sakramen-
> te und schrieb für die Ungebildeten etwas darüber auf Ita-

lienisch … Mittwochs und freitags fastete ich und aß kein Fleisch im Gedenken an den Leidensweg Unseres Herrn; abends betete ich, zum Beispiel vor dem Zubettgehen die Litanei mit der Bitte um Selbstzucht. Vor dem Einschlafen las ich einen Paulusbrief und dann den Anfang des Matthäus-Evangeliums. Die Sonntage verbrachte ich über der Heiligen Schrift, die ich beim ersten Buch der Könige begann; und dienstags studierte ich Geschichte oder ähnliche Gegenstände. Donnerstags las ich weltliche Bücher und andere leichte Literatur, aus der man Nützliches und Vergnügliches für die Seele ziehen kann …«

Nur donnerstags also (wenn die Inquisition »vor dem Allerheiligsten« zusammentrat) gestattete Santori sich das Vergnügen, »weltliche Bücher« oder »leichte Literatur« zu lesen. Was man las, war wichtig, weil es das sittliche Empfinden des Lesers spiegelte und formte. Im Gehorsam gegen den Index verbotener Bücher erlaubte Santori es sich nicht, Werke zu lesen, die geächtet oder suspekt waren. Seine orthodoxe Bildung, in der die heiligen Texte dominierten, ließ wenig Raum für profane Werke. So führte er ein Leben, das der bewussten Entscheidung entsprang – ganz anders als die vielen Männer am päpstlichen Hof, die ihre Vorliebe für nicht religiöse Themen rechtfertigten, indem sie das Gerücht in die Welt setzten, Sixtus V. schlafe mit einem Exemplar von Machiavellis *Fürst* unter dem Kopfkissen.

Auch wenn das Gerücht nicht stimmte, so traf es doch nicht daneben. Der von Schlaflosigkeit geplagte Pontifex war ein geschickter Verfechter der Staatsräson. Er bestand auf seiner absoluten Macht in weltlichen Dingen und ächtete sogar Bücher der eigenen Theologen, wenn sie seine Autorität infrage stellten. Zu den Opfern dieser päpstlichen Zensur gehörte Robert Bellarmin, der damals selbst als Zensor in der Kongregation für den Index verbotener Bücher arbeitete. Der Zensor reagierte, indem er die lateinische Bibelausgabe des Papstes der Zensur unterwarf und den Sixtinischen Index aus dem Verkehr zog, wobei er den eigenen Namen daraus entfernte. Nein, weder war der Papst (wie er meinte) Herr über die ganze

Welt, noch durften Geistliches und Weltliches vermischt und verwechselt werden.

Auf dem turbulenten »Markt« der Ämter, Posten und Geschäfte, mit dem Commendone den päpstlichen Hof verglichen hatte, waren solche Verwechslungen kaum zu vermeiden. »Wenn Päpste Fehler machen«, schrieb er in seiner einschlägigen Abhandlung, »so hauptsächlich deshalb, weil sie partout leben und herrschen wollen wie weltliche Fürsten, weil sie verkaufen, was nicht verkauft werden darf, und Ruhm suchen, der ihnen nicht zusteht ... indem sie Kriege führen und Gebäude errichten, die so viel kosten, wie es sich unsere Vorfahren nicht hätten träumen lassen.« Und, so fügte der scharfsichtige Kardinal hinzu, »am päpstlichen Hof, wo die Angelegenheiten der Kirche in weltlicher Form behandelt werden und die Menschen allzu ungezwungen mit der Religion umgehen, ist es schwer, tugendhaft zu werden oder sich den Sinn für Tugend zu bewahren.«

Allzu ungezwungener Umgang mit der Religion – der Verlust jeden Gefühls für ihr Mysterium, die Abkehr von der heiligen Scheu vor Gottes Majestät – sowie die abgestumpfte, desillusionierte Art, in der Karrieren gemacht und Posten verkauft wurden: genau dagegen suchte die Römische Inquisition anzukämpfen. Gegründet drei Jahre vor Beginn des Tridentinischen Konzils von 1545, verfolgte sie ihren eigenen Reformkurs, oftmals ohne Rücksicht auf das Konzil und im Gegensatz zu den Gepflogenheiten des päpstlichen Hofes. So entstand ein durch den Zusammenstoß verschiedener Charaktere während Santoris langjähriger Vormachtstellung noch verschärftes Spannungsverhältnis zwischen dem Heiligen Offizium als dem Hüter der Reinheit in Fragen der Glaubens- und Sittenlehre einerseits und den päpstlichen Monarchen mit ihrem bunt gemischten Gefolge andererseits. Beide Seiten betrachteten einander mit einem Argwohn, der in Commendones Abhandlung über den Hof und in Peñas Zensurbericht über Pius II. deutlich zum Ausdruck kommt; aber sie mussten wohl oder übel miteinander leben. Santori, der trotz aller Anstrengungen nicht imstande war, seinen Kollegen unter den Kardinal-Inquisitoren die eigenen Normen aufzunötigen, musste sich damit begnügen, den Kurs des Heiligen Offiziums in den unteren Rängen der Kirche durchzusetzen. Dafür aber brauchte der Großinquisitor Helfer.

Die Helfer, die das Heilige Offizium für sich einspannte, wurden aus einem großen Stiftungsvermögen finanziert. Papst Pius V. hatte sichergestellt, dass die Institution, deren Schutzpatron er wurde, über die Mittel verfügte, um Mitarbeiter einzustellen und ihren Lebensunterhalt zu garantieren. Obgleich Teil der römischen Kurie, besaß die Inquisition Sonderrechte, wie zum Beispiel die Bezahlung ihrer Funktionäre und der Erhalt eines eigenen juristischen Status. Waren sie eines Vergehens angeklagt, so konnte ihnen nur vor dem Obersten Tribunal, in dem der Papst den Vorsitz hatte, der Prozess gemacht werden. Das freilich sicherte ihnen keine Straffreiheit – wie man den Dokumenten in den römischen Archiven entnehmen kann, wo die vom Heiligen Offizium angestrengten Verfahren gegen die eigenen Mitglieder dokumentiert sind. Bisweilen machten sie sich anrüchiger Dinge schuldig. So wurden Inquisitoren dabei überrascht, wie sie freitags in der Küche heimlich Wurst naschten. Mit Recht waren ihre Vorgesetzten zutiefst empört. Ist ein solches Verhalten ketzerisch?, fragten sich die Kardinäle dann. Nein, so der Schluss, zu dem man in einer erregten Debatte kam; doch die Feinschmecker unter den Glaubenshütern wurden aus der Bastion der Rechtgläubigkeit ausgeschlossen.

Ganz richtig! Ein Beamter der Römischen Inquisition bekam sein Geld schließlich, um Besseres mit seiner Zeit anzufangen. Den untersten Rang nahm der Notar ein, und oft blieb er dort jahrzehntelang. Angeödet von »abstoßender« und zugleich aufreibender Arbeit, begann er, vor sich hinzukritzeln, um sich die Stunden zu vertreiben. Wie schön wäre es doch, so träumte er, wenn er Gerichtsverfahren, Urteilssprüche und -vollstreckungen in eleganter Kursive protokollieren könnte – und derselbe Gedanke drängt sich jedem auf, der das Pech hat, jenes Gekritzel entziffern zu müssen, in dem die Protokolle zu Papier gebracht sind.

Die Verhandlungen selbst lagen in der Hand von Beamten, die einen höheren Rang in der Hierarchie einnahmen. Einige von ihnen konnten über die Stufenleiter der Römischen Inquisition in hohe kirchliche Stellen aufsteigen. Das bedeutendste (aber keinesfalls einzige) Beispiel für diese Aufwärtsmobilität via Heiliges Offizium ist Papst Pius V. Als Dominikaner-*frate* wurde er Inquisitor. Nach einer abenteuerlichen Laufbahn in den Kirchenprovinzen wurde er nach Rom gerufen, wo er als rechte Hand Pauls IV. das Amt eines Kommissars bekleidete, bevor er zuerst zum Kardinal ernannt und dann mit der Tiara gekrönt wurde. Was ein Papst und ein Kardinal war, ist uns vertraut. Worin aber bestand die Stellung eines Kommissars im Heiligen Offizium?

Nicht anders als die Kardinal-Inquisitoren hatte der Kommissar Anspruch auf den Vorsitz bei Gerichtsverfahren. Anders als jene aber durfte er nicht als Richter wirken, obgleich er vielfältige und wichtige Aufgaben zu erledigen hatte – vor allem dann, wenn die Kardinal-Inquisitoren während eines Konklave nicht im Heiligen Offizium waren und er allein die Akten sortierte und entschied, was dringend war und was nicht. Den Gerichtsverfahren wohnte der Kommissar, begleitet von seinem Assistenten, in jedem Stadium bei; er verhörte Zeugen oder Beschuldigte, legte fest, welche Aussagen dem Zensor übergeben werden sollten, und führte die Aufsicht in den Gefängnissen. Tauchte ein *sponte comparens* im Heiligen Offizium auf und bat um Vergebung, so sorgte der Kommissar für seine Aussöhnung mit der Kirche. Aber er spielte nicht nur eine Schlüsselrolle im Alltagsgeschäft der Römischen Inquisition, er bildete auch diejenigen aus, die als ihre Vertreter in die Provinzen geschickt wurden. Regelmäßig verließen seine Assistenten nach drei- oder mehrjährigem Dienst das Heilige Offizium und wechselten in die regionalen Außenstellen. Nach dieser Zeit, in der sie mit ihm zusammengearbeitet und -gelebt hatten, kannten sie nicht nur die Verfahrensweisen, sondern auch die finanzielle und administrative Seite der Inquisition. Denn Eigentum und Stiftungsvermögen des Heiligen Offiziums wurden vom Kommissar verwaltet.

In der Regel war dieser ein Dominikaner oder Franziskaner,

begleitet von einem Prälaten oder Weltgeistlichen, der das Amt eines Assessors versah. Hierbei handelte es sich um eine Schlüsselfunktion, denn der Assessor legte bei den Sitzungen der Inquisition die zu behandelnden Themen vor und sammelte die Beschlüsse, die der Notar dann aufschrieb. Der Assessor erstattete den Kardinälen Bericht über alle – in Rom oder den Provinzen – laufenden Prozesse und lieferte ihnen die Darstellung der Verhandlungen, aufgrund deren seine Vorgesetzten zu ihrem Urteil kamen. Zuständig war er ferner in allen Rechtsfragen für die Mitglieder des Heiligen Offiziums, ihre Familienangehörigen und andere von ihnen abhängige Personen. Der Assessor musste sie vor Blutrache oder vor ungerechten Prozessen schützen und dafür sorgen, dass die Maschinerie des Obersten Glaubenstribunals nicht ins Stocken geriet. Er ölte die Räder, die der Kommissar drehte. Beide waren unverzichtbar, aber keiner von ihnen konnte ohne den »öffentlichen Ankläger« oder *procurator fiscalis* arbeiten.

Hatte der Inquisitor seine Befragung des Angeklagten abgeschlossen, so übernahm dieser Beamte die Strafverfolgung von Seiten des Heiligen Offiziums. Jedes Gerichtsverfahren, das in Rom stattfand, kann als Kampf zwischen ihm und dem Beschuldigten beschrieben werden. Im Namen der Institution, in deren Diensten er stand, setzte der *procurator fiscalis* die Anklagepunkte auf und berief die Zeugen ein. Seine Schrift ist überall in den Akten zu finden, die er mit Bemerkungen versehen und in denen er sich auskennen musste. Er war derjenige, mit dem der Ketzer vor dem Obersten Tribunal direkt zu tun hatte. Sein Fall lag in den Händen des *procurator fiscalis* und des Kommissars; sie stellten das Material, auf das sich das Urteil der Kardinäle stützte, zusammen und bereiteten es vor.

Beide Posten bedeuteten Vollzeitarbeit für das Heilige Offizium, und zwar unter direkter Aufsicht des Großinquisitors. Santori, der sie mit Adleraugen überwachte, behielt jeden wichtigen oder unwichtigen Fall, der ins Netz der Inquisition geriet, sorgfältig im Blick. Dieses Netz war weit ausgeworfen. Ein

Bauer im fernen Friaul sucht Absolution für einen sexuellen Übergriff? Die Großherzogin der Toskana hat Eheprobleme? Die Juden lesen den Talmud (ein Werk, das Santori hasste), und die Buchhändler verkaufen unter der Theke Hetzschriften der Protestanten? Jedes Gerücht, jede Anschuldigung, jedes Verfahren – alles, was der *Suprema* bekannt wurde – vermerkte ihr unermüdliches Oberhaupt, dessen große, eckige Handschrift die in den vier entscheidenden Jahrzehnten des Heiligen Offiziums entstandenen Dokumente zwar verunziert, aber auch verständlich macht.

Santori entging nichts. Er war der wachsamste unter den Gewissensbeamten im Rom der Gegenreformation. Ein solcher Beamtenapparat erforderte gleichförmige, überprüfbare und präzise Verfahrensweisen. Präzision war des Großinquisitors Stärke, denn er wusste, welche Bedeutung ein Datum hat. Auf Hunderten der über seinen Schreibtisch wandernden Papierberge stehen daher genaue, in seiner unverwechselbaren Handschrift notierte Zeitangaben. Zusammen mit den unpublizierten Tagebüchern gestatten es diese im Besitz des Heiligen Offiziums und der Indexkongregation befindlichen Dokumente, die Arbeit des Großinquisitors nicht nur auf den Monat oder den Tag, sondern sogar auf die Stunde genau zu rekonstruieren.

Die Bedeutung dieser Arbeit für die Römische Inquisition kann kaum überschätzt werden. Santori hielt alle Fäden ihres Wirkens in der Hand. Da Kommissar, Assessor und *procurator fiscalis* seine Untergebenen waren, konnte er bestimmen, in welcher Weise anstehende Probleme den anderen Kardinal-Inquisitoren präsentiert wurden, und damit Einfluss auf die von ihnen gefällten Urteile nehmen. Nichts spricht dafür, dass Santori seine Stellung missbrauchte, und es wäre falsch zu behaupten, seine Kollegen seien lediglich Pöstcheninhaber gewesen. Gleichwohl bediente er die Maschinerie der Römischen Inquisition mit unvergleichlichem Geschick, weil er einerseits ein Experte war, der sein ganzes Leben in den Dienst des Heiligen Offiziums gestellt hatte, und andererseits ein Perfektionist, dem keine Mühe zu groß, kein Detail zu geringfügig schien.

Deshalb gab es viele Angehörige des päpstlichen Hofes, die Santori hassten. Ascanio Colonna nannte ihn Satan, weil seine Fähigkeit, hinter den Kulissen etwas in Bewegung zu setzen, als diabolische Kunst galt. Papst Sixtus V. warf dem Großinquisitor vor, er ziehe alles an sich. Dieser Vorwurf traf zu. Nicht zutreffend hingegen ist die Behauptung, Santori habe ganz allein gehandelt. Die Spinne, die da im Zentrum des Inquisitionsnetzes saß, konnte nicht alle Fäden selber spinnen. Wenn es um Organisations- und alltägliche Verwaltungsaufgaben ging, stützte er sich auf die Hilfe der Beamten, deren Aufgaben ich beschrieben habe. Aber dies war nicht die einzige Ebene, auf der das Heilige Offizium arbeitete. Es gab noch die gehobene Sphäre des Denkens – der juristischen und theologischen Ideen –, in der Santoris praktischer Verstand weniger Wirkung entfalten konnte. Hier traten die Berater, die Konsultoren auf den Plan.

Wenn wir an einen bürokratischen Apparat denken, erwarten wir reguläre Einstellungsverfahren: Eingangstest, Prüfung des Allgemeinwissens, Befragung, dann der sichere Arbeitsplatz. Die kirchlichen Institutionen der frühen Neuzeit verfuhren ganz anders, denn vom Aufbau her hatten sie mehr Ähnlichkeit mit dem Militär. Die einfachen Soldaten in den Reihen der streitbaren Kirche wurden in den religiösen Orden rekrutiert.

Die Ordensgenerale der Dominikaner und Franziskaner waren – dank der hervorragenden Rolle, die sie in der mittelalterlichen Inquisition gespielt hatten – im Heiligen Offizium häufiger vertreten als die der anderen Orden. Potenziell einflussreicher waren die Dominikaner, da die Meister des Heiligen Palastes, die als Konsultoren beim Obersten Tribunal arbeiteten, vom 13. bis zum 20. Jahrhundert (als der prachtvolle Titel abgeschafft wurde, obgleich es das Amt noch heute gibt) fast immer aus diesem Orden stammten.

Im Mittelalter und in der Renaissance fiel den Meistern des Heiligen Palastes – neben theologischer Beratung des Papstes, ein wenig Lehrtätigkeit oder diplomatischen Pflichten – die

Aufgabe zu, die in der päpstlichen Kapelle gehaltenen Predigten zu überprüfen. Zur Zeit der Gegenreformation waren sie für die Zensur in der heiligen Stadt zuständig: sie gingen in die Buchläden, konfiszierten geächtete Bücher, erhoben Gebühren und publizierten Verbotserlasse. Aus diesen historischen Gründen hatten sie nicht nur eine Sonderstellung in der Römischen Inquisition, sondern konnten auch unabhängig von der Organisation handeln, der sie angehörten.

Beispiele, die im Quellenmaterial der römischen Archive immer wieder auftauchen, sind Druckerlaubnisse und Verbote von Büchern. Des Öfteren geschah es, dass ein Meister des Heiligen Palastes ohne Rücksprache mit dem Obersten Glaubenstribunal ein Buch freigab, das seine Vorgesetzten verbieten wollten. Kompetenzstreitigkeiten waren daher an der Tagesordnung. (Ein besonders schlagendes Beispiel ist der Fall Galileo Galilei [1564–1642], um den es im folgenden Kapitel geht.) Obgleich die Kardinäle mehr Vollmachten besaßen, war die Zuständigkeit der Meister des Heiligen Palastes nie deutlich von ihrer eigenen unterschieden. Diese mangelnde Abgrenzung führte zu einem für Rom charakteristischen Kompetenzchaos. Zur Zeit der Gegenreformation hatten katholische Kirche und Heiliges Offizium nicht den stromlinienförmigen Aufbau eines modernen Großbetriebs. Zutreffender ist vielleicht das Bild einer uralten, im Laufe der Zeit knorrig gewordenen Eiche, deren Äste teils zum Himmel aufstreben, teils unter der Last der Jahre und des Trägheitsgesetzes herabhängen.

Das Heilige Offizium war daher zu Beginn seiner Arbeit mit einigen Hindernissen konfrontiert. Es musste einen Acker bestellen, der jahrhundertelang von seinen Vorgängern im Dienst der orthodoxen Sache umgepflügt worden war. Nur wenige von ihnen befanden sich im Einklang mit der Politik der Römischen Inquisition, obgleich sie als Berater für sie tätig waren. Nicht selten traten die Meister des Heiligen Palastes den Kardinal-Inquisitoren so auf die Füße, dass es wehtat. Derlei Schmerzen freilich ließen sich mit einer einfachen und eleganten Methode lindern, die die Römische Kurie auch heute noch gerne anwendet. Dominikaner, die in Konflikt mit ihren

Vorgesetzten gerieten, konnten aus dem Heiligen Palast entfernt werden, indem man sie die Treppe hinaufstieß: auf einen Bischofssitz.

Ein Bischofssitz oder gar mehr: so sah das Ziel der Berater aus, die für das Heilige Offizium arbeiteten. Sie verfügten über viele Erfolgsmodelle. An ihrer Seite arbeiteten hohe Prälaten, denn das Amt des Beraters besaß sein eigenes Prestige. Selten jedoch reichte es zu einer Vollzeitbeschäftigung. Darin unterschieden sich die Konsultoren vom Kommissar, vom Assessor und vom *procurator fiscalis*, den fest angestellten Mitarbeitern des Heiligen Offiziums. Zum Beraterstab gehörten außerdem nicht nur Mitglieder der älteren Orden; auch neuere, im 16. Jahrhundert gegründete Orden wie die Theatiner und Jesuiten spielten eine bedeutende Rolle. Ebenso die Weltgeistlichen, die Santori zur Mithilfe heranzog. Der Kardinal hatte seine »Familie« oder sein Gefolge, womit nicht nur die Edelleute und Diener, die ihn umgaben, sondern auch alle gemeint waren, die in loserer Verbindung zu ihm standen, das heißt die Günstlinge des Großinquisitors.

Einen Gönner finden, so schrieb Kardinal Commendone in seiner Abhandlung über den päpstlichen Hof, das wollten all jene ehrgeizigen gebildeten Männer, die sich da auf dem Markt drangelten. An klugen Köpfen herrschte also kein Mangel; was fehlte, waren Arbeitsplätze. Als Peña nach Rom kam, stand auch er vor diesem Problem und löste es, indem er sich nützlich machte. Wie nützlich der Gelehrte war, der zwischen den beiden Welten des päpstlichen Hofes und der Römischen Inquisition hin und her wechseln konnte, lässt sich an dem im vorangehenden Kapitel zitierten Zensurbericht über Pius II. ablesen, der beispielhaft zeigt, wie ein ehrgeiziger junger Mann seine Ansprüche geltend zu machen verstand. Im Heiligen Offizium und in der von ihm dominierten Indexkongregation war es für einen Zensor möglich, den Grad der Korrektheit und des Irrtums im Verhalten eines Papstes an den Maßstäben der Inquisition zu messen. In seiner scharfen Kritik an Pius II. beurteilte Peña dessen Auftreten nach Kriterien, die er aus dem Leben und Werk von Pius V. bezog. Und Pius V. war, wie wir schon wissen, der Held seines Gönners Giulio Antonio Santori.

Niemand verstand die menschlichen Verfehlungen, für die auch die Stellvertreter Christi anfällig waren, besser als der Großinquisitor. Aber Santori wusste zugleich, dass die Amtszeit dieser Päpste mit ihrem tadelnswerten oder eigensinnigen Verhalten aller Voraussicht nach nicht lange dauerte. Im Laufe seines Lebens hatte er dreizehn Pontifikate erlebt, von Clemens VII. (1523–1534) bis Clemens VIII.; und einige Päpste – wie Urban VII. (15.–27. September 1590) – hatten nur sehr kurz auf dem Stuhl Petri gesessen. Als bei der Wahl von Sixtus V. am 24. April 1585 einer der Kardinalskollegen zu Santori sagte, er solle sich wegen des »armen alten Mannes« keine Sorgen machen, sondern sich freuen, weil unter einem schwachen Papst die Kardinäle die Herrschaft über die Kirche übernehmen könnten, war das allerdings ein falscher Optimismus. Es gibt kaum ein wirksameres Heilmittel gegen Senilität als die Tiara. Dennoch brachte die Bemerkung eine im Heiligen Offizium verbreitete Denkweise treffend zum Ausdruck.

Bei jeder Sitzung des Obersten Tribunals sprach der höchste Richter der katholischen Christenheit seine Urteile, und alle Gläubigen hatten sich bei Strafe der Exkommunikation oder gar der Hinrichtung daran zu halten. Aber bevor der Papst das Urteil sprechen konnte, mussten ihm die Probleme vorgelegt werden, und dies geschah nach langer und mühevoller Vorbereitung unter Aufsicht des Großinquisitors. Kein Papst war imstande, in jedem Stadium dieses Prozesses zu intervenieren. Selbst die entschlossensten Autokraten der Kirchengeschichte waren in praxi gezwungen zu delegieren. Delegation ihrer Machtbefugnisse hieß aber nicht bloß, dass man anderen die administrative Kleinarbeit überließ. Da die Stellvertreter Christi selten studierte Theologen waren, mussten sie sich auf die Hilfe anderer verlassen. Das führte dazu, dass sie sich, wann immer ein Glaubensartikel zu definieren, ein Irrglaube zu verdammen oder ein Straftäter abzuurteilen war, an Sachverständige oder Berater wandten, die für das Heilige Offizium arbeiteten. Und diese hatte der Großinquisitor Santori rekrutiert.

Während der ganzen Gegenreformation hat kein Papst jemals daran gedacht, auf seine Stellung als nominelles Oberhaupt der Römischen Inquisition zu verzichten. Aber einige der betagten und schwächlicheren Päpste, wie etwa Gregor XIV. (5. Dezember 1590–16. Oktober 1591), haben Santori seiner Autobiografie zufolge gebeten, sie mit den strapaziösen Aufgaben des Heiligen Offiziums zu verschonen. Ein alternder, unter der Last seines Amtes gebeugter Pontifex war der Anstrengung nicht mehr gewachsen. Natürlich kam Santori Gregor XIV. entgegen und befasste sich selbst mit den entsprechenden Angelegenheiten. Ein Papst, der auf dem Thron saß, ohne zu regieren, mochte ein geeignetes Aushängeschild sein; doch die jüngeren und energischeren Päpste, die diese Rolle nicht spielen wollten, waren gezwungen, sich ein System wechselseitiger Kontrolle auszudenken.

Die älteste und sicherste Strategie aller Monarchen, deren Machtstellung aus dem Innern ihres Herrschaftssystems bedroht war, lautete stets: Teile und herrsche – ein Motto, nach dem ein geschickter Papst aus der Not der Delegation eine Tugend machen konnte. Hatte er Grund zum Misstrauen gegenüber dem Heiligen Offizium, dann musste er Mittel und Wege finden, um die Glaubenswächter selber zu bewachen. Eines der wirksamsten Mittel war die Zensur; sie verrät denn auch, wie viel gegenseitigen Argwohn es zur Zeit der Gegenreformation an der Spitze der Kirche gab.

Nicht zufällig war es Clemens VIII., Santoris Rivale, der dieses Instrument mehr nutzte als jeder andere Papst des 16. Jahrhunderts. Nichts entging der Kontrolle. Sobald Bellarmin oder Peña ein Werk geschrieben hatte, wurde es den vom Pontifex ausgesuchten Experten zur Beurteilung vorgelegt. Langsam in seinen Entscheidungen, bereit zum Abwägen der Meinungen, ging Clemens VIII. den Quellen des römischen Archivs zufolge sogar so weit, den Index verbotener Bücher, der seinen Namen trug, zu »zensieren«, ehe er ihn seinen Beratern zur weiteren Bearbeitung übergab. Das alles hinderte Santori nicht, den Index kurz nach seiner Veröffentlichung im Jahre 1596 zurückzurufen und ihn so lange selbst einer Zensur zu unterziehen, bis er den Wünschen des Heiligen Offiziums entsprach. Mochte der Papst so vorsichtig sein, dass es schon fast neurotisch war – den Großinquisitor konnte nichts von der Ausübung seiner Macht abhalten.

Ein politisches System, das von außen einer Autokratie glich, während es im Innern einer gemischten Monarchie entsprach, das getragen wurde von Geistlichen, die den Hofmann spielten, und von Priestern oder Mönchen in der Rolle von Polizisten; ein System mit universeller Zielsetzung, aber provinzieller Praxis: genau das war die römische Kurie zur Zeit der Gegenreformation. Immer wieder geschah es im Heiligen Offizium, dass Laien auf kirchliches Gebiet vordrangen. Da die Römische Inquisition nicht in der Lage war (selbst wenn sie gewollt hätte), eine totalitäre Politik zu oktroyieren, konnte sie nur versuchen, ihre kirchlichen und weltlichen Schäflein ständig zu überwachen.

Sie musste ihnen beibringen, jenen Unterschied zwischen Sakralem und Profanem, der am päpstlichen Hof nicht immer gewahrt wurde, zu begreifen und zu respektieren. Deshalb richtete das Heilige Offizium seinen begehrlichen Blick nicht nur auf das geschriebene, sondern auch auf das gesprochene Wort: Die mündliche Überlieferung, so hatte das Tridentiner Konzil bekräftigt, ist ein Weg zur Wahrheit; und über der Zensur von publizierten und noch nicht publizierten Büchern vergaß die Römische Inquisition nie, argwöhnisch darauf zu hören, was die Stimme des Volkes sagte.

Das belauschte Volk sprach italienisch. In den Augen der Inquisitoren, die ihre Tätigkeit auf Lateinisch abwickelten, war das zwar keine Verfehlung, aber doch bedauerlich. Denn nirgendwo in Europa wurde Latein mit mehr Überzeugung benutzt als in Rom. Wie Griechisch und Hebräisch war es eine heilige Sprache – die autorisierte Sprache der Bibel, das universelle Verständigungsmittel der Kirche und das internationale Vehikel der Hochkultur; und darüber hatte die

Römische Inquisition als von Gott ernannte Wächterin zu wachen.

Der ferne, furchtbare und rächende Gott der Inquisitoren würde den »allzu ungezwungenen Umgang mit der Religion«, wie er am päpstlichen Hof gepflegt wurde, nirgendwo sonst dulden. In ihren Augen war Er weniger der sanfte Heiland des Neuen Testaments als vielmehr der zornige Gott des Alten. Er hasste den Turm zu Babel mit seiner Kakophonie von Stimmen. Seine Vertreter im Heiligen Offizium teilten diesen Hass. Sie hielten nicht viel von den Nationalsprachen, von denen sie die meisten nicht beherrschten.

Unwissenheit freilich konnte die Hüter der Orthodoxie nicht aufhalten. Sie waren dazu da, die internationale Republik der Literatur zu überwachen. Wenn deren Angehörige in ganz Europa mündlich oder schriftlich etwas vor sich hinplapperten, was Inquisitoren und Zensoren weder verstehen noch lesen konnten, engagierten sie Übersetzer, unter denen so mancher Dummkopf war. So etwa die beiden französischen Mönche, die einen Zensurbericht über Montaignes *Essays* anfertigten; als dieses Buch 1580 bei der Einreise des Autors in die heilige Stadt von der Römischen Inquisition konfisziert wurde, verfassten sie eine Beurteilung für den Meister des Heiligen Palastes, dessen italienische Mitarbeiter kein Französisch beherrschten. »Hier preist er den Reichtum, dort zitiert er einen verbotenen Autor, mal redet er vom Selbstmord, mal von geschlechtlicher Lust.« So waren Ton und Tenor der Kommentare über ein Meisterwerk der französischen Literatur; und als dessen Autor die Glaubenshüter mit Hohn und Spott bedachte, musste der Meister des Heiligen Palastes ihm beipflichten und einräumen, dass die Zensoren Dummköpfe waren.

Nicht viel klüger war Roms Umgang mit dem Italienischen, der einzigen modernen Sprache, die seine Beamten lesen konnten. Sie beäugten sie mit Argwohn, und zwar nicht nur weil sie im 16. Jahrhundert in der Bildungshierarchie unter dem Lateinischen stand, sondern auch, weil sie die Mysterien des Glaubens unter den Leseunkundigen, den Ungebildeten und (was am schlimmsten war) den Frauen verbreitete. Kaum jemand war so verdächtig wie schreibende Frauen. Frauen hatten zuzuhören und zu gehorchen, nicht aber ihre fehlgeleiteten Ansichten zu Papier zu bringen. Deshalb plante man eine Überprüfung der allzu schreibfreudigen Autorinnen im damaligen Frankreich, die in fiktiven Briefen von romantischer und fleischlicher Liebe schwärmten. Aber kaum war das Projekt aus den Startlöchern heraus, da landeten seine Initiatoren bereits auf der Nase. Wieder einmal hatten sie den entscheidenden Haken an der Sache übersehen: Sie konnten kein Französisch lesen.

Ihre ablehnende Haltung gaben sie freilich nicht auf: gegenüber den Frauen, der Liebe, den Nationalsprachen. Vereint waren diese drei in jener subversiven literarischen Gattung, die man Liebesdichtung nannte. Was tat es, dass klassische italienische Dichter von Dante über Petrarca bis zu Ariost und Bembo zum Lob ihrer Herzensdame Liebesgedichte verfasst hatten. Wichtig war nur: Das Lob gehörte sich nicht, wenn es Profanes und Sakrales vermischte. Wie diese Vermischung aussah, geben die folgenden Sätze wieder, die ein leidenschaftlicher Denunziant solcher Klassiker an die Römische Inquisition schrieb:

»Es ist übliche und praktisch fest etablierte Praxis bei einheimischen Dichtern, ihre Damen mit solchem Überschwang zu preisen, dass sie meinen, nichts getan zu haben, wenn sie sie nicht zu Göttinnen erheben; und so sagen sie häufig: ›Ich bete dich an‹, ›du bist meine Göttin, mein Idol‹, ›du allein kannst mich selig machen‹. Ja, sie verleihen diesen Frauen sogar göttliche Attribute … und behaupten ausdrücklich, dass die Glückseligkeit des Paradieses nicht größer sein könnte als die Wonne, die sie angesichts ihrer Damen empfinden, oder dass im Gegenteil selbst die Qualen der Hölle nicht vergleichbar sind mit ihrem Leiden. *All das ist schreckliche Blasphemie und bleibt, selbst wenn es im Scherz oder zum Spaß gesagt wäre, doch eine schwere Todsünde!* … Und wenn sie sagen, die Sterne sind hartherzig oder das Schicksal ist böse und grausam, *dann ist das alles irregeleitetes Geschwätz*!«

Geschwätz und Blasphemie: bei so vagen Begriffen war schwer zu sagen, was eigentlich *nicht* als blasphemisch gelten sollte. So betrachtete etwa Robert Bellarmin die Madrigale des Claudio Monteverdi als »schreckliche« Beispiele für dieses Vergehen. Warum er, obgleich er differenzierter und weltmännischer dachte als der oben zitierte Denunziant, zu einem solchen Urteil gelangte, ist nicht schwer zu erklären. Priester, die Madrigale komponierten und sangen, ja sogar den Prälaten der Kirche vortrugen, verstießen gegen die Grundregel der Trennung von Sakralem und Profanem. Daraus folgte, dass die »blasphemischen« Madrigale geächtet werden mussten.

Blasphemie gehörte zu den Hauptsünden, gegen die die Römische Inquisition jahrhundertelang mit erbarmungsloser Härte zu Felde zog. Der »gotteslästerliche« Talmud wurde 1553 öffentlich verbrannt, und zwar mit der Begründung, die Juden, die ihn lasen und vortrugen, beleidigten den Namen Gottes. Papst Pius V. verfügte am 1. April 1566, dass Gotteslästerer beim ersten Verstoß auf die Folter gespannt, beim zweiten ausgepeitscht und auf die päpstlichen Galeeren geschickt werden sollten. Die dritte Gotteslästerung wurde mit dem Durchbohren der Zunge bestraft.

Mehr als vierhundert Jahre lang erließ die Römische Inquisition strengste Bestimmungen in Sachen Blasphemie. Die Gesetze wurden immer detaillierter und bedrohlicher. Am 14. Oktober 1654 zum Beispiel erklärte man den Ausdruck »Hure Gottes« (*puttana di Dio*) zu einer ketzerischen Blasphemie, auf die der Scheiterhaufen stehe; in einem anderen Dekret freilich, vom 25. September 1701, wurde »Fotze Christi« (*potta di Cristo*) als weniger schwerwiegend eingestuft. In all diesen Debatten hinter den verschlossenen Türen des Heiligen Offiziums erhoben sich die Stimmen der Kompromisslosen. Ihr Gedächtnis reichte weit zurück, ihr Ton war mitleidlos. Sie verwiesen auf die Strafen, die Holofernes und Antiochus in der Bibel erdulden mussten oder die Päpste wie Gregor IX. (1227–1241) und Leo X. (1513–1521) vorgeschrieben hatten.

Ihre Lieblingsbeispiele stammten aus dem Alten Testament: Steinigung oder Verbrennung von Gotteslästerern im Dritten Buch Mose und im Buch Daniel. Sie plädierten dafür, dass bei einem so verabscheuungswürdigen und verbreiteten Verbrechen keine Ausnahmen gemacht werden dürften, selbst wenn die Gotteslästerer Angehörige des Klerus beziehungsweise des Adels oder Minderjährige seien.

Als die Zeit verging, ohne dass man das Problem der »losen Zungen« in den Griff bekommen hätte, ersann die Römische Inquisition noch radikalere Mittel. Nach Ansicht der Glaubenshüter war die heilige Stadt, in der sie ihr Hauptquartier hatten, eine Brutstätte des Lasters. Besonders anfällig schien sie ihnen für das Laster der Blasphemie, und deshalb beschlossen sie am 18. Februar 1745, es systematisch auszurotten. Spione sollten Wirtshäuser, Märkte und Spelunken aufsuchen, wo sich Spieler, Landstreicher und Bettler versammelten; Geheimagenten aus dem niederen Adel oder dem Bürgertum hatten die Cafés zu überwachen, jene berüchtigten Orte, an denen sich regelmäßig »gesprächige Freidenker« einfanden. Ausrufe wie »Guter Gott!«, »Beim Leib des Herrn!«, »Beim Blut Christi!« mussten diese Erben der im 16. Jahrhundert von Carlo Borromeo in Mailand gegründeten »Bruderschaften gegen Blasphemie« noch im 18. Jahrhundert notieren und melden. Nach dem Muster von »Selbstschutzgruppen« waren sie damals (immer zu zweit) durch die Straßen gezogen und hatten Straftäter aufgespürt. Ihre Nachfolger im Zeitalter der Aufklärung wurden losgeschickt, um an jedem Geschäft, Wohnhaus oder öffentlichen Gebäude ihrer Städte, Kleinstädte und Dörfer ein Plakat anzubringen. Darauf die Warnung an alle potenziellen Gotteslästerer:

1. Gott hört dich.
2. Gott richtet über jedes Wort, das du sagst, besonders wenn es blasphemisch ist.
3. Gott hat dir eine Zunge gegeben, um Ihn zu preisen, nicht um Ihn zu beleidigen und zu kränken.
4. Missbrauchst du den Namen Gottes zu deinen Lebzeiten, dann verspielst du das Recht, Ihn auf dem Totenbett anzurufen.

Man könnte annehmen, mit dieser Mitteilung habe sich das Plakat nur an Menschen gerichtet, die lesen konnten. Das ist ein Irrtum. »Verbrechen der Zunge« wurden regelmäßig von Barbieren, Perückenmachern, Gastwirten, Kaffeehausbesitzern und ähnlichen Leuten gemeldet. Nur wenige von ihnen konnten lesen und schreiben. In den Dokumenten des Archivs der Römischen Inquisition hinterließen sie neben dem Namen der von ihnen denunzierten Person und der Angabe des Delikts einfach ihr Namenszeichen. So haben Leseunkundige, die auf die mündliche Mitteilung angewiesen waren, jene überwacht, die das gesprochene Wort missbrauchten.

Überwacht wurden diese Spione und Informanten ihrerseits durch Aufsichtsbeamte, die stolz auf ihre Lateinkenntnisse waren, verächtlich auf die Sprache des Volkes herabschauten und danach trachteten, die Gotteslästerung in Wort und Schrift einzudämmen und zu bestrafen. Doch selbst Inquisitoren konnten ins Straucheln kommen. Im Jahre 1605 vertrat das Heilige Offizium in Cremona die Ansicht, wer ein Geständnis abzulegen wünsche, brauche nicht unbedingt persönlich zu erscheinen. Er könne auch auf dem Postwege eine Schilderung seiner Vergehen schicken. Als man in Rom Wind davon bekam, war man außer sich. »Verletzend für fromme Ohren«, »Ärgernis erregend«, »gotteslästerlich«, so lauteten die Reaktionen aus der Bastion der Orthodoxie, mit denen die eigenen Mitarbeiter in den Provinzen verdammt wurden.

In diesem Punkt unterschied sich das Heilige Offizium erkennbar von anderen Kontrollorganen im Zentrum der katholischen Christenheit. Bücher oder Pamphlete waren nur ein Teil seines unbegrenzt dehnbaren Mandats, das sich auf jede auch nur irgendwie verdächtig erscheinende Äußerung erstreckte. War ein einfacher Hilfsgeistlicher auf dem Lande belauscht worden, als er leugnete, dass Christus nach seiner Passion zur Hölle niedergefahren ist, dann half es ihm nicht zu beteuern, er habe die Konsequenzen seiner Äußerung nicht begriffen. Das Heilige Offizium wollte wissen, warum er sie getan hatte. Mit Unwissenheit konnte man sich nur dann verteidigen, wenn das Motiv für den Irrtum zufriedenstellend geklärt war. »Zufriedenstellend« hieß dabei, dass man über die Quellen der (Fehl-)Information Aufschluss zu geben hatte, worauf die Informanten aufgespürt und bestraft wurden.

Auch hier agierten die Inquisitoren wie Detektive mit einem pädagogischen Auftrag. Sie wollten andere lehren. Und sie lehrten ihre Gewissheit, ihre Auffassung der Wahrheit, die nichts mit heutigem Relativismus zu tun hatte. Für die Inquisitoren gab es keine gleichberechtigten Meinungen. Die Wahrheit war einzig, unteilbar und von der Kirche festgelegt. Im Zentrum der katholischen Kirche indessen sah man ein, dass die Glaubenslehre sich weiterentwickeln musste. Hier herrschte nicht das eine, feststehende Gesetz mit seinem starren Schwarz-Weiß, sondern eine Vielzahl von Zweifeln und Problemen voller Schattierungen. Bei aller scheinbaren Gewissheit war Rom nach wie vor bemüht herauszuarbeiten, was es dachte; und die Belege für diesen Reflexionsprozess finden sich noch heute in den römischenen Archiven unter dem Titel *Zensurberichte über verschiedene Thesen.*

Eine These oder *propositio*, so haben wir im ersten Kapitel gesehen, war eine fragwürdige Aussage oder Erklärung, die den Beratern des Heiligen Offiziums zur Analyse vorgelegt wurde. Diese Thesen fußten in aller Regel auf dem, was der Angeklagte tatsächlich oder angeblich geschrieben oder gesprochen hatte. Während des Verhörs eines Verdächtigen und/oder beim Studium seines Werkes versuchte man mit viel Mühe herauszufinden, was er gemeint hatte. War das Gemeinte zur Zufriedenheit des Inquisitors identifiziert worden, wurde es den Sachverständigen vorgelegt, die zu beurteilen hatten, was es bedeutete – und genau dies war der Kern des Verfahrens, durch welches das Heilige Offizium sich auszeichnete.

Die Römische Inquisition ging analytisch vor. Bei der Prüfung einer These, in der Zweifel an der Glaubenslehre geäußert wurden, warf sich das Heilige Offizium nicht einfach ohne Vorbedacht oder Reflexion zur Autorität auf, sondern untersuchte die Materie mit den Mitteln seiner hoch entwickelten Kunst der erörternden Disputation, die den markantesten Zug seiner Methode darstellte. Die Berater und Gutachter der Römischen Inquisition waren in Universitäten, Klöstern und/oder Priesterseminaren ausgebildet worden. Dort hatten sie gelernt, eine These weder von vornherein für bare Münze zu nehmen noch kurzerhand zu verwerfen, sondern die Argumente, die für und wider sie sprechen, genau zu bedenken. *Sic et non* – »Für und Wider«, »Ja und Nein« – ist ein Grundprinzip der Dialektik.

Das Denken des Heiligen Offiziums war durch die Dialektik entscheidend geprägt. Seit dem Hochmittelalter hatten Theologen, Philosophen und Philologen mit den aus der Scholastik stammenden dialektischen Methoden gearbeitet, und in der Gegenreformation erwachte diese zu neuem Leben. Verglichen mit der Beständigkeit und Differenziertheit der scholastischen Methoden sind die Techniken des Humanismus kaum mehr als ein Kratzer auf der Oberfläche der Geistesgeschichte. Auch waren beide Ansätze gar nicht so unvereinbar, wie uns die antischolastische Rhetorik von Humanisten wie Petrarca oder Erasmus glauben machen will. Die Berater der Römischen Inquisition, wie etwa Francisco Peña oder Robert Bellarmin, beherrschten beide. Sie konnten nicht nur einen Text edieren und seinen ursprünglichen Gehalt rekonstruieren, sondern auch ein Werk, eine These oder eine Aussage analysieren und sorgfältig prüfen, welche Argumente für und wider ihre Rechtgläubigkeit sprachen.

Bei dieser Feststellung der Rechtgläubigkeit mit den Mitteln der Dialektik musste jede Behauptung von ihrem Gegensatz her betrachtet werden. Nur so konnte die Römische Inquisition nach eigener Überzeugung zu einer zufriedenstellenden Definition der Wahrheit gelangen. Die Wahrheit aber ließ sich, so fand das Heilige Offizium, nicht immer mit Sicherheit feststellen. In der streng geregelten, aber intensiven Diskussion zwischen seinen Beratern wurden auch verschiedene Grade der Wahrscheinlichkeit in Betracht gezogen. Diese Diskussionen oder Erörterungen fanden jeden Montag, wenn die Berater sich ohne die Kardinäle trafen, im Palast der Römischen Inquisition statt.

Eines Montags im Frühjahr 1623 zum Beispiel berieten sie über die These: *Dass die vom Papst kanonisierten Heiligen im Paradies sind, ist keine Sache des Glaubens.* Allen Anwesenden war klar, dass der erste Teil der These empirisch weder bewiesen noch widerlegt werden konnte. Kontrovers war deshalb nur der zweite Teil, der sie nötigte festzulegen, was die Gläubigen glauben müssen. Die Berater gingen mit aller Behutsamkeit vor, aber ihr Widerwille gegen diesen provozierenden Gedanken ist spürbar. Sollte man ihm seine Falschheit nicht nachweisen können, dann müsste man, so Peter Lombard, Erzbischof von Armagh, ihn wenigstens als Beleidigung der Heiligen und des Papstes betrachten. Deshalb sei die These zwar nicht formaliter ketzerisch, aber doch »günstig für die Ketzer unserer Zeit«.

Ippolito Maria Lanci, Kommissar des Heiligen Offiziums, sah das Problem differenzierter. Buchstäbliche Gewissheit, so sein Gedankengang, ist nicht zu erreichen, aber es gibt die *moralische* Gewissheit, dass die Heiligen im Paradies sind. Das Problem liegt in der negativen Formulierung der These (»ist *keine* Sache des Glaubens ...«). So ausgedrückt, ist sie »unbesonnen, Ärgernis erregend und verletzend für fromme Ohren«. Dieser Gedanke wurde von einem seiner Kollegen weiterverfolgt und mit einer zusätzlichen Nuance versehen. Negativ verstanden, also mit der Implikation, dass der Papst irren könnte, sei die These ein »an Ketzerei grenzender« Satz.

An Ketzerei grenzend, aber nicht ketzerisch im strikten Sinn, der Form nach irreführend und dem Gehalt nach nicht ganz rechtgläubig, falsch ausdeutbar oder Ärgernis erregend – die Art, wie die Berater der Römischen Inquisition hier und anderswo die diversen Wahrscheinlichkeits- und Gewissheitsgrade analysierten, offenbart die Kategorien ihres Denkens und die Kriterien ihres Urteils. Was sie hassten, war Mehrdeutigkeit, denn sie lud zum Irrtum ein. Falsche und irreführende Satzkonstruktionen mussten verurteilt werden. Und ausgesprochen wurde die Verurteilung im Interesse der »frommen Ohren« – das heißt der theologisch Ungebildeten, der *simplices*, für die die Glaubenshüter letztlich ihre Arbeit machten.

Diese Arbeit bestand weniger in gewaltsamer Unterdrückung

als vielmehr in der Festlegung von Unterschieden, die für die Wahrung einer reinen Glaubenslehre unverzichtbar waren. Die Lehre, wie die Berater sie definierten, entsprang einem Prozess: Einer von ihnen äußerte eine wohl begründete Meinung, und ein anderer bekräftigte sie, widersprach ihr oder fügte etwas hinzu. Das Ergebnis war kumulativ; auch hier sollte das System die wechselseitige Kontrolle garantieren. Geformt wurde die Denkweise durch dialektische Argumente für und wider eine Behauptung, und zwar einfach deshalb, weil im Zentrum der Römischen Inquisition niemand (nicht einmal der Papst) als Besitzer eines Wahrheitsmonopols galt. Die Wahrheit mochte absolut sein, aber – so die Einsicht dieser Experten – sie konnte nur aus der Disputation zwischen ihnen hervorgehen.

In den unter dem Vorsitz des Papstes stattfindenden Versammlungen der Römischen Inquisition, die die oberste Lehrautorität der Kirche darstellten, versuchten die Experten zu einem Interessenausgleich mit der kirchlichen Hierarchie zu kommen. Das war kein leichtes Unterfangen, wenn schon zwischen ihnen selbst keine Einmütigkeit herrschte. Ihre Rhetorik, stets die Einheit beschwörend, darf uns nicht taub machen gegenüber den tief greifenden und anhaltenden Spannungen, die den scheinbar festen Aufbau der Organisation belasteten. Dieser ähnelte einer Pyramide: An ihrer Spitze stand der Stellvertreter Christi. In der Geschichte der katholischen Kirche gab es wenige Gestalten, die so imposant und gebieterisch wirkten wie ein Papst der Gegenreformation, wenn er auf der Richterbank des Obersten Glaubenstribunals saß. Den nächsten Rang unter ihm nahmen die Kardinal-Inquisitoren ein, und sie wussten, dass ihr nominelles Oberhaupt, auch wenn es der Nachfolger des heiligen Petrus war, nicht jede Einzelheit im Griff haben konnte.

»Gott steckt im Detail«, schrieb der große Kunsthistoriker Aby Warburg. Drei Jahrhunderte vor Warburg sah Giulio Antonio Santori das nicht anders. Sämtliche Details hingen vom Großinquisitor ab. Sein organisatorisches Geschick, sein

Mitarbeiterstab, seine Antriebskraft und Entschlossenheit standen im Zentrum. Wehe dem Papst, der Santori in die Quere kam! Die Stellvertreter Christi mussten häufig daran erinnert werden, dass sie nicht freie Hand hatten. In Fragen des Dogmas mochten sie die Traditionen der Kirche wahren; aber neue Dogmen konnten sie nicht schaffen. Alles Neue war hier gleichbedeutend mit Ketzerei; und der wichtigste Ketzerjäger in Rom war der Großinquisitor.

Als Oberhaupt des Heiligen Offiziums begriff Santori, wie wichtig die unteren Stufen der Pyramide waren. Ohne sein Fachpersonal konnte kein Prozess geführt, keine Entscheidung gefällt werden. Erst wenn die Sachverständigen ihre Empfehlungen vorgelegt hatten, konnte das Oberste Tribunal in der Sache, mit der es befasst war, etwas unternehmen. Das Prinzip der Gesetzmäßigkeit, an dem das Heilige Offizium neben anderen Grundsätzen festhielt, verlangte die Koordinierung dieser zwei voneinander abhängigen Ebenen der Pyramide; und zwischen beiden vermittelte Santori – nicht ohne Absicht.

Was er beabsichtigte, war aber kein Komplott zur Eroberung der Macht. Er verfügte über unerschöpfliche Energien, weil er aus religiösen Beweggründen handelte. Was er mithilfe des Heiligen Offiziums erreichen wollte, war die von Paul IV. und Pius V. anvisierte Selbstreinigung der Kirche. Um sie von der Ansteckung mit dem Protestantismus und vom Gift der Zwietracht zu befreien, reichte es, wie Santori wusste, nicht aus, Straftäter zu verfolgen und Ketzer auf den Scheiterhaufen zu bringen. Es gab noch andere Infektionsrisiken, und sie gingen von einem Medium aus, das ansteckender war als jede Krankheit. Dieses Medium war das – handgeschriebene oder gedruckte – Buch, und das Buch bildete den Mittelpunkt einer nach Ansicht des Großinquisitors durch und durch fremdartigen Kultur, nämlich der Kultur der Juden.

Seit dem Mittelalter begegnete die katholische Kirche den Juden mit einer starken Ambivalenz: Die Feindschaft gegen jene, die man kollektiv für das Leiden Christi verantwortlich machte, ging oftmals Hand in Hand mit dem Mitgefühl gegen einzelne Menschen. Als Stellvertreter Christi nahm der Papst für sich das Recht in Anspruch, über Juden, die sich ketzerisch gegenüber der eigenen Religion verhielten, zu Gericht zu sitzen. Deshalb erklärte Innozenz IV. (1243–1254), die Kirche habe den Talmud nicht deshalb geächtet, weil er der Blasphemie gegen Jesus und die Jungfrau Maria Vorschub leiste, sondern weil er widersinnige Aussagen über Gott enthalte und damit gegen *jüdisches* Recht verstoße.

Der Talmud, 1242–1244 in Paris verbrannt, galt als Werkzeug einer Ideologie, die dem christlichen Glauben feindlich gesonnen war. Man betrachtete ihn als parallele oder alternative Lehre zu den christlichen Sakramenten und machte seit dem 12. Jahrhundert vor allem ihn dafür verantwortlich, dass die Juden sich nicht bekehren lassen wollten. Irrational, heimtückisch und geizig: so wurden die Juden in der Polemik ihrer Gegner beschrieben, in deren Augen sie seit dem Mittelalter als Knechte galten. Unterordnung sollte ihr Stand, Erniedrigung ihr Los sein. Vom 13. Jahrhundert an standen die Juden unter der Aufsicht des Heiligen Offiziums.

Als das Heilige Offizium 1553 auf dem römischen Campo dei Fiori wieder einmal den »gotteslästerlichen Talmud« verbrannte, hinterließ das Schauspiel bei Giulio Antonio Santori einen gewaltigen Eindruck. Als Erbe des antisemitischen Vermächtnisses von Paul IV. und Pius V. gedachte er in derselben Richtung weiterzuarbeiten. Für ihn hatten die Juden heimtückischen Verrat am Heiland begangen, und verstärkt wurde diese feindselige Haltung noch durch seine Unkenntnis des Hebräischen. Am 29. Mai 1554 ordnete Papst Julius III. (1550–1555) an, alle hebräischen Bücher, »die irgendwie gegen den katholischen Glauben verstießen«, müssten ausgehändigt, andernfalls konfisziert werden; gleichzeitig verfügte er, dass Juden, die der Anordnung Folge leisteten, nicht behelligt werden dürften. Doch diese von Rom eingeleiteten Schritte waren nur ein Teil der Wirklichkeit. Im Jahre 1562, auf dem Tridentiner Konzil, machten die Juden selbst den Vorschlag, den Talmud einer Überprüfung zu unterziehen. Die Reaktion der römischen Zensoren auf diesen Vorschlag zeigt beispielhaft, was sie von der Reinigung von Büchern hielten. »Wenn wir den Talmud reinigen«, so heißt es in einer Notiz vom 2. Dezember 1563, »dann tun wir nichts anderes, als das Übrigbleibende zu billigen und der Heimtücke der Juden Recht zu geben.«

Aber das Problem war nicht aus der Welt geschafft. Der in Basel ansässige renommierte katholische Verleger Ambrosius Froben wandte sich 1582 in einer Bittschrift an den Papst und bat ihn um die Erlaubnis, seine zensierte Ausgabe des Talmud in Italien verkaufen zu dürfen. Froben wies auch auf das durch die Bücherreinigung aufgeworfene kommerzielle Problem hin; entfernte man allzu viel, wurde das betreffende Werk unverkäuflich. Die Juden schlugen nun denselben Weg an die Spitze der Kirche ein. Sie machten einen Bogen um die Inquisition und die Indexkongregation und wandten sich direkt an den Papst.

Unter seinem Schutz standen traditionell die Juden der heiligen Stadt. Seit dem ausgehenden 14. Jahrhundert besaßen sie in Rom einen gesicherten Rechtsstatus und leisteten jährliche Tributzahlungen an den Papst, der ihnen dafür einige Privilegien gewährte. Als Sixtus V. 1585 den Stuhl Petri bestieg, begleiteten ihn große Hoffnungen, denn man wusste, dass er die wirtschaftlichen Vorteile sah, die eine Verbesserung der Beziehungen zur »Gemeinschaft der Juden in der Stadt« mit sich brachte. Diese kehrten damals zur Tridentiner Taktik zurück und schlugen vor, den Namen »Talmud« durch einen anderen zu ersetzen, alle blasphemischen Äußerungen, die gegen die christliche Religion verstoßen könnten, zu entfernen und selbst an der Reinigung des Buches mitzuwirken. Zu den schlagendsten Argumenten gehörte, dass die römischen Zensoren nicht mit dem Hebräischen vertraut waren. Um die heiligen Texte der Juden reinigen zu können, brauchte die Kirche ihre Mithilfe.

So wurden sie, in einem faszinierenden Paradox, zu Mit-Zensoren ihrer selbst. Der Papst unterstützte sie darin; und so saß in jeder der drei »Klassen« oder Gruppen, in die die Indexkongregation die mit der Buchreinigung Beschäftigten einteilte, ein jüdischer Gelehrter. Effizienz freilich brachte ihre Anwesenheit nicht. Jahrelang zog die Arbeit sich hin. Erst am 26. Februar 1589 wurde beschlossen, welche Fassungen des

Talmud (nämlich die »babylonische« und die »Jerusalemer« Fassung) verwendet werden sollten, während die jüdische Gemeinde Roms eine Protestpetition nach der anderen an Papst Sixtus V. richtete und sich über die Inkompetenz und Langsamkeit der Kongregation beklagte.

Als Vorkämpfer für die Juden gegen seine eigenen Zensoren hatte Sixtus allen Grund, ungeduldig auf das Ergebnis der Indexkongregation zu warten. Sie beschloss, eine Übersetzung des Talmud ins Italienische in Auftrag zu geben, damit sie überhaupt verstand, was sie zensierte. Ein neuer Schritt in Richtung auf mehr Kompetenz – aber einer, der nicht weiterhalf, weil die Kongregation, als die Zeit verstrich, ohne dass nennenswerte Fortschritte zu erkennen waren, nur verzweifelt die Hände rang und erklärte, diese Arbeit werde wohl erst in einem Jahrhundert beendet sein.

Geleitet wurde das Ganze von Kardinal Ascanio Colonna, einem Feind Santoris, aber nicht der Juden. Die Geduld des Kardinals wurde von den für ihn arbeitenden Zensoren arg strapaziert. Einer von ihnen gab die Arbeit auf mit der Begründung, er habe Probleme mit der Blase und könne kein Wasser lassen. Die anderen, die weitermachten, holten aus ihren Schreibfedern eine Substanz, die der von ihrem Kollegen nicht produzierten recht ähnlich war. Hier einige Beispiele für das, was sie im Talmud fanden (oder zu finden meinten) und aus ihm entfernen wollten:

- Wir dürfen nicht in aramäischer Sprache zu Gott beten, weil die Engel sie nicht beherrschen und unsere Gebete nicht an Gott weitergeben können.
- Wenn ein gottloser Jude mit einem Mann verkehren will, wird sein Penis dreihundert Ellen lang.
- Als Adam exkommuniziert oder vertrieben war, zeugte sein Geist Hexen und Teufel.
- Wer die Worte der Weisen verlacht, wird verdammt und in kochende Exkremente getaucht.
- Frauen haben drei Kennzeichen: Ihr Haar wächst wie das der Schleiereule, sie urinieren wie wilde Tiere, und sie dienen ihren Ehemännern als Sattel.

Zum Teil handelte es sich um Passagen aus dem »babylonischen« Talmud (Shabbath 12b und 'Erubin 18b), die seit langem in der polemischen Theologie der Christen weitergereicht wurden. Andere von der Indexkongregation herausgegriffene Absätze waren schlichter Unsinn, der von ihren Mitgliedern eigens zusammengestellt oder fälschlich behauptet wurde. Naive Fehldeutungen, einfältige Erfindungen und zusammenhanglose Paraphrasen kennzeichneten die Arbeit der römischen Zensur – bis Santori, aufgeschreckt durch den Gedanken, man könne den Juden Konzessionen machen, dazwischenfuhr und das ganze Projekt, an dem Kardinal Colonna so sehr hing, unter seinem schweren Absatz zertrat. Vielleicht hatte der Großinquisitor in diesem Fall, wenn auch aus falschen Gründen, sogar Recht. Die erfolglose Zensur des Talmud zeugte nicht nur von der Schwäche und Ineffizienz der Indexkongregation, sondern auch davon, dass sie dem Heiligen Offizium unterlegen war.

So zog sich alles lang und unerbittlich hin, bis Clemens VIII. 1592 dem Drängen Santoris nachgab: Er belegte alle möglichen »gottlosen« jüdischen Schriften mit dem Bann und verbot den Juden, Hebräisch zu lehren, als Ärzte oder Händler zu arbeiten, Christen zu heiraten oder sie als Hausgehilfen zu beschäftigen. Einige dieser Maßnahmen waren schon von den Vorgängern des Papstes eingeführt worden, aber ihre erneute Inkraftsetzung förderte ein antisemitisches Klima, das sich unter den Inquisitoren lange halten konnte – insbesondere bei den Provinz-Inquisitoren, die von ihren Herren in Rom regelrecht gebremst werden mussten.

Der Inquisitor von Rimini berichtete 1696, er habe während eines Landspaziergangs bei Pesaro bemerkt, dass auf dem jüdischen Friedhof mehrere hebräische Inschriften vermutlich nicht nur das Erlaubte enthielten (also Name des Verstorbenen und Nachruf). Der übereifrige, tatendurstige Schnüffler verwies auf eine Anweisung des Heiligen Offiziums vom 7. Februar 1671, in der sein Vorgänger aufgefordert wurde, alle Grabsteine und Inschriften auf dem Friedhof zu entfernen. Nach Protesten der Juden war die Anweisung am 29. Februar 1671 suspendiert worden, aber die Zweifel waren nicht ausgeräumt. Was tun?

Die Kardinal-Inquisitoren forderten eine Übersetzung ins Italienische an, und als die Inschrift sich als harmlos herausstellte, ließ man sie stehen. So gab es im Heiligen Offizium, das Santori einst geleitet hatte, eine permanente Spannung zwischen der Bereitschaft zur Toleranz und der Tendenz zur Härte. Doch die Juden des 17. Jahrhunderts konnten nicht wissen, dass der Eifer jenes Mannes am Ende des 16. nur Beweis für sein Scheitern war.

Als Santori dem von Papst Sixtus V. geförderten Projekt zur Zensur des Talmud ein Ende setzte, versetzte er zugleich seinen Aussichten, die Tiara zu erobern, einen tödlichen Schlag. Gekränkt durch die Eingriffe des Großinquisitors, tat Kardinal Colonna alles, um bei der Papstwahl von 1592 Santoris Mehrheit im Konklave zu zerschlagen. So sind wir am Ende dieses Kapitels wieder bei seinem Anfang. Auf dem glatten Boden der römischen Zensur konnten selbst die Mächtigen zu Fall kommen; und dass »Satan« nicht Papst wurde, lag indirekt an einem heiligen Text der Juden.

IV.
STOFF ZUM NACHDENKEN

»Zuverlässige Informanten berichten, dass zur Zeit besonders unerbittliche und böswillige Zensoren damit beschäftigt seien, einen Index verbotener Bücher zu erstellen und Werke zu ächten, in die sie nie einen Blick geworfen haben«, so schrieb der Spanier Bartolomé de Valverde am 8. April 1584 in einem Brief an Kardinal Guglielmo Sirleto, den Präfekten der Indexkongregation. »Ihre Strenge ist von besonderer Art; sie scheinen sich weniger gegen die Werke zu richten als vielmehr gegen die Personen, die sie studieren ... Sie haben keinerlei Kenntnis des Griechischen und Hebräischen, keinerlei Urteilsvermögen oder Bildung und erhalten kein Entgelt; und so lesen sie unzählige Bücher und machen sich einen Namen, wobei sie sich die verhasste Arbeitsanstrengung ersparen, indem sie die Bücher einfach beiseite schaffen. Absolute Macht führt hier zu absoluter Willkür und totalem Eigensinn ... Das Resultat ist die Verbreitung von Angst und Schrecken.«

Wie diese Verbreitung von Angst und Schrecken aussah, haben die beiden vorangehenden Kapital skizziert; man darf Valverde aufs Wort glauben. Am 15. Februar 1587 wurde er Konsultor bei der von ihm kritisierten Kongregation und konnte gemeinsam mit Robert Bellarmin feststellen, dass selbst die Beschäftigung von Sachverständigen, wie sie es waren, an den chaotischen und willkürlichen Verfahrensweisen der römischen Zensurbehörde auf Dauer nichts änderte. Sie blieben noch jahrhundertelang bestehen, und niemand bekam das Problem in den Griff, nicht zuletzt weil die römischen Kirchenoberen an zu viel anderes denken mussten. Eines der Themen, die sie so schwer beschäftigten, betraf die Verpflegung.

In Sachen Mahlzeiten legte der Meister des Heiligen Palastes Bartolomeo de Miranda (1591–1597) der Indexkongregation ein Memorandum vor, in dem er zwei Hauptfragen behandelte:

1. Haben die Kardinäle während eines Konklave beim Mittag- und Abendessen Anspruch auf zwei verschiedene Gänge?
2. Dürfen ihre Bediensteten die Schüsseln durchs Fenster hineinreichen?

Da es beim Konklave gängige Praxis war, die Fenster des Vatikans zu versiegeln, hing die Frage nach der Öffnung der Fenster automatisch mit dem Problem zusammen, ob man ein oder zwei Gerichte gestattete. Mirandas Urteil fiel hart aus, und zwar in jeder Hinsicht: So streng er bei der Ächtung von Büchern verfuhr, so unerbittlich nahm er die Feinschmecker-Kardinäle an die Kandare. *Ein* Gang, nicht zwei, so lautete seine Lösung. Miranda berief sich auf Vorschriften, die Gregor X. (1271–1276), Clemens VI. (1342–1352) und Pius IV. erlassen hätten – ein genialer Schachzug, denn keiner der genannten Päpste hatte sich viel zu der Frage geäußert. Nicht das von ihnen Gesagte, sondern das Nichtgesagte bot Miranda Stoff zu pedantischem Nachdenken.

Zunächst einmal, so Miranda, sei strikt zu unterscheiden. Was genau ist ein Bediensteter? Es gab diejenigen, die für das gesamte Konklave zu sorgen hatten, etwa ein Arzt und ein Mesner, und es gab die zwei persönlichen Diener, die jeder Kardinal mitbringen durfte. Welche den höheren Rang innehatten, war nie festgelegt worden; und diese Tatsache hätte Miranda wohl ein weiteres Dilemma und zusätzliches Kopfzerbrechen beschert, hätte er nicht so unter Zeitdruck gestanden. Da er sich nicht bei Kleinigkeiten aufhalten konnte, wandte er sich gleich dem Kern des Problems zu.

In die richtige Richtung habe Clemens VI. gewiesen, als er verfügte, dass die Diener der Kardinäle sie täglich mit »Brot,

Wasser und Wein« versorgen sollten. Auf die Idee, dass diese Formulierung auch im übertragenen Sinn gemeint sein könnte – als Metapher für »Speisen« –, kam Miranda erst gar nicht. Er fand, der Papst habe ganz wörtlich nur ein einziges spartanisches Gericht gemeint, und zog den Schluss, seine Sicht der Dinge werde durch all das gestützt, was die Tradition *nicht* aussprach. Schließlich habe sich Pius IV. überhaupt nicht zur Sache geäußert und damit das von Clemens VI. Verfügte unangetastet gelassen! Allerdings hatte er einen Tag im Verlauf des Konklaves festgelegt, von dem an nur noch ein karger Speisezettel gelten sollte (*ciborum parcitas*). Mit diesem schlichten Zirkelschluss landete Miranda dann beim Prinzip der Enthaltsamkeit.

Zweifel waren ausgeschlossen. Wer Bedenken gegen Mirandas Deutung hegte, brauchte nur Hilarius und Thomas von Aquin zu lesen. Beide hielten sich nicht an den Buchstaben, sondern den Geist des Gesetzes – und das war gut so, denn was den Geist anging, so war sich der Meister des Heiligen Palastes ganz sicher, und er konnte ihn benennen: Nach dem Willen der Tradition hatte man dafür zu sorgen, dass die Bäuche derer, denen die Wahl des Stellvertreters Christi übertragen war, nicht »durch eine Vielzahl von Gerichten« belastet oder ihre Köpfe durch Schlemmerei benebelt wurden.

Dass der Meister des Heiligen Palastes keine Belege hatte, war kein Hindernis. Die Heilige Schrift enthält eine Fülle von Beispielen, die er für seine Sache sprechen lassen konnte. Schon im 6. Jahrhundert hatte Gregor I. den Geistlichen verboten, an Festmahlern teilzunehmen, mit der Begründung, ihre Sinne sollten nicht abstumpfen und ihr Leib nicht schlaff werden. Daher dürften, so Miranda, die Kardinäle während des Konklaves, wenn der mystische Leib der Kirche ohne Gemahl ist, sich nicht den Bauch voll stopfen; vielmehr müssten sie trauern, wie es bei Matthäus empfohlen werde. Er erinnerte auch an den Propheten Amos, der gegen die »Stolzen zu Zion« wettert: »Ihr esset die Lämmer aus der Herde und die gemästeten Kälber«! Amos spricht nur von *zwei* Gerichten, stellte Miranda befriedigt fest und vergaß für einen Augenblick, dass er für *eines* plädiert hatte.

Macht nichts. Nachdem er erneut vom Thema abgekommen war, kehrte er wieder zu ihm zurück. »Das ermüdende Eingeschlossensein, die beengten Unterkünfte und die einfachen Speisen« – all das hält die Kardinäle nach seiner Ansicht zu konzentriertem Nachdenken an. Die Entbehrung gemahnt sie an das Gemeinwohl; sie wählen den Papst möglichst schnell, um wieder aus dem Konklave herauszukommen, statt miteinander herumzuzanken. Und Miranda erinnerte an die warnenden Worte des Propheten Hesekiel, dass die Schafe der Herde von wilden Tieren zerrissen werden, wenn der Hirte nicht da ist! Hirten und Raubtiere, Schlemmerei und Enthaltsamkeit – all das war im verwirrten Gemüt dieses Vorkämpfers für das Ein-Gang-Menü im wörtlichen wie im übertragenen Sinn miteinander verknüpft. So sahen die Themen aus, mit denen ein Meister des Heiligen Palastes sich in Gedanken beschäftigen konnte. Denn auch Miranda und seine Kollegen von der Indexkongregation waren Denker – freilich von besonderer Art.

Die Denker, die für die Römische Inquisition und den Index arbeiteten, neigten selten zu spekulativen Überlegungen. Wie Miranda riefen sie zur Rechtfertigung ihrer Position Autoritäten zu Hilfe – Bibel, Kirchenväter, Lehrsätze von Päpsten und Konzilien; und waren keine derartigen Quellen aufzutreiben, dann dachten sie sich welche aus. Dieses Vorgehen war nicht unintelligent, auch wenn einige seiner Resultate heute eher befremdlich wirken. In der Schrift und der Tradition (beide in großen Lettern gedruckt) sieht die katholische Orthodoxie bis heute die Offenbarung christlicher Wahrheit. Was immer in der Frage, wie viele Gänge in einem Konklave des ausgehenden 16. Jahrhunderts zum Mittag- und Abendessen serviert werden durften, die orthodoxe Wahrheit gewesen sein mag, Bartolomeo de Miranda deutete sie, so gut er konnte, und das war, verglichen mit den glänzenden Leistungen des europäischen Denkens der damaligen Zeit, nicht eben meisterlich.

Die empirische Forschung, die damals in Naturwissenschaften und Medizin Erfolge feierte, die Wagnisse des philosophischen Denkens, das kritische Quellenstudium der Philologie – nichts von alledem hatte Einfluss auf Mirandas Weltanschauung. Als Beamter der römischen Kurie und Mitglied des Dominikanerordens lebte er wie viele seiner Zeitgenossen hinter den Wällen der Festung, die die Kirche zu errichten suchte. Von dieser eng begrenzten Welt aus sollte Miranda das Universum der Wissenschaft und Gelehrsamkeit überwachen – hauptsächlich in der heiligen Stadt, aber auch via Inquisition und Index in der gesamten Christenheit. Ausgestattet mit nichts als seinem theologischen Wissen und der Erinnerung an (oder eigener Anfälligkeit für) die von drei Generationen kultivierte Abwehrhaltung gegenüber der bedrohlichen Außenwelt, war Bartolomeo de Miranda keiner der unberechenbaren Fanatiker, wie sie Valverde gemeint hatte, sondern ein Funktionär der Kurie mit verengtem Blick und beschränkter Bildung, der sich mühsam mit Problemen herumschlagen musste, für deren Lösung er schlecht präpariert war.

Ein solches Problem ergab sich zum Beispiel aus dem Denken und Verhalten von Giordano Bruno. Dieser spekulative Philosoph und Wandergelehrte, der zwar wie Miranda ein Dominikaner, aber vom Charakter her sein genaues Gegenteil war, ließ sich weder überreden noch zwingen, als Mitglied des Establishments zu handeln. Im Folgenden wollen wir betrachten, wie das Heilige Offizium auf diesen Außenseiter reagierte.

Im Jahre 1596 wurden die Werke Giordano Brunos von drei Gutachtern geprüft, zu denen auch Bartolomeo de Miranda gehörte. Über dieses Verfahren gegen Bruno, das zu den berüchtigtsten Prozessen gehört, die die Römische Inquisition zur Zeit der Gegenreformation durchführte, hat Francisco Peña zusammenfassend berichtet. Der Hauptsachverständige und (spätere) Richter in dieser Cause célèbre war Robert Bellarmin. Alle drei Männer sind uns mittlerweile als völlig unterschiedliche und zugleich in sich gespaltene Charaktere vertraut. Nach einem einheitlichen Unterdrückungsplan zu handeln, wäre ihnen im Traum nicht eingefallen, denn keiner konnte sich mit den zwei anderen abstimmen. Zudem hatte niemand in diesem Trio eine Auffassung von Obrigkeit, die von allen drei Männern geteilt worden wäre – mit einer einzigen Ausnahme.

Was sie gemeinsam (Miranda am deutlichsten) vertraten, war eine bestimmte Idee der Loyalität. Als Bruno beim Eintritt in den Dominikanerorden seine Gelübde ablegte, galt eines davon dem Gehorsam, einer Grundregel der einfachen Soldaten im Dienst der streitbaren Kirche. Mit seiner Flucht aus Italien und seinen Wanderungen durch die Schweiz, Frankreich, England und Deutschland hatte er gegen diese Regel verstoßen. Ein Philosoph wie Bruno, der als »Abtrünniger« bezeichnet wurde, weil er – gemessen an den Kriterien seiner Zeit – als solcher handelte, warf unweigerlich das Problem der Disziplin auf; denn als notorischer Gotteslästerer beging der rebellische Mönch »Verbrechen der Zunge«. Hochstilisiert zum Vorkämpfer gegen den Autoritarismus, weil er ein Opfer des Obersten Glaubenstribunals geworden war, zögerte er nicht, das »Forum« der eigenen Überzeugungen über alles zu stellen und sich den Rang eines Richters anzumaßen. Die Richter, die ihn zum Tode verurteilten, hatten auch mit der Schwierigkeit zu kämpfen, dass nicht alles, was Bruno – schriftlich oder mündlich – äußerte, ein Muster an Klarheit war. Und Klarheit, insbesondere Eindeutigkeit, war (wie wir gesehen haben) eines der Hauptkriterien der Römischen Inquisition bei der Feststellung der Wahrheit.

Brunos Wahrheiten waren vielgestaltig, zweideutig und nach Ansicht der Römischen Inquisition umstürzlerisch. Mit seiner Vorstellung von einem grenzenlosen Universum schien er die göttliche Macht auf die Unendlichkeit des Kosmos zu reduzieren. So jedenfalls sah es das Heilige Offizium, und seine Auslegung war nicht ganz falsch. Brunos Festhalten an einer autonomen Welt der Menschen, seine offensichtliche Unterordnung des Christentums unter die Philosophie und seine Polemik gegen die Staatsreligion mögen ihn heute attraktiv machen für alle, die in einer Zeit des Rationalismus und Glaubensverlusts nach früheren Vertretern ihrer Ansichten Ausschau halten; dennoch war seine Gleichsetzung des Heiligen

Geistes mit der Weltseele eine alte Irrlehre, über die die Kirche im 12. Jahrhundert den Bann verhängt hatte. Zweifel an der Göttlichkeit Christi und der Jungfräulichkeit Seiner Mutter stuften die Gutachter (gezwungenermaßen) als verdammungswürdig ein, auch wenn Bruno sie widerrief oder zurücknahm – bevor er die Zurücknahme erneut widerrief. Wo er genau stand und was er glaubte, war den Inquisitoren noch nach Jahren der Prüfung unklar. Klarheit konnte auch die Folter nicht schaffen, denn Papst Clemens VIII. hatte sie im Fall Brunos untersagt. Schwankend in seinen Ansichten und inkonsequent in seiner Verteidigung, war er nicht nur ein Märtyrer der »Freidenkerei«, sondern für die, die das Pech hatten, sich mit ihm befassen zu müssen, ein schwieriger Fall.

Nicht weniger schwierig, nicht weniger inkonsequent waren einige seiner Richter. Dass die Analyse von Brunos Ideen im Heiligen Offizium so viel Zeit (von 1596 bis 1597) in Anspruch nahm und schließlich so unzureichend war, liegt unter anderem an der Rolle, die der damalige Meister des Heiligen Palastes in jenem Prozess spielte. Wir haben gesehen, was Miranda bewegte, als er sich an das Thema »Mahlzeiten der Kardinäle« machte. Verglichen mit der Spannweite und Scharfsicht, die Bellarmin mitbrachte, war Mirandas Weltbild borniert; und als der damalige Kardinal und jesuitische Konsultor am Heiligen Offizium nach Mirandas Tod (am 7. Juni 1597 in Neapel) zu dem Verfahren hinzugezogen wurde und versuchte, Bruno den theologischen Irrtum in seinem Verhalten klarzumachen, kam das dem Angeklagten durchaus zugute. Dennoch blieb der Erfolg aus. Zunächst versprach Bruno abzuschwören, dann zog er die Ankündigung wieder zurück; und so versuchte der selbst ernannte Fachtheologe, dem Papst seine Bedingungen zu diktieren. Erst wenn Clemens VIII. bereit wäre, eine von ihm, Giordano Bruno, zusammengestellte Liste von kirchlichen Lehrsätzen als ketzerisch zu verdammen, wäre er selbst bereit, sich zu unterwerfen. Der Angeklagte suchte also die Rollen umzukehren und selbst den Glaubenshüter zu spielen. Bruno wollte nicht einsehen, dass mehrere der ihm zugeschriebenen Ansichten – wie etwa die Behauptung, bei der heiligen Eucharistiefeier finde keine Transsubstantiation statt – von Rom schon vor langer Zeit geächtet worden waren, und weigerte sich, die Kompetenz des Obersten Tribunals anzuerkennen. Stattdessen bestand er auf seiner eigenen.

Das Oberste Tribunal, das Giordano Bruno auf dem Campo dei Fiori in den Tod schickte, war nicht im Besitz aller seiner Werke, und selbst wenn sie verfügbar gewesen wären, hätten nicht alle seine Richter sie verstehen können. Zu den Gründen für die ausbleibende Verständigung gehörten zwar auch Brunos Starrsinn, sein Sich-selbst-Widersprechen und seine Unklarheit, aber daran lag es nicht allein. Die Römische Inquisition war nicht effizienter als ihre einzelnen Mitarbeiter, und zwischen der intellektuellen Kapazität eines Experten in Sachen Ketzerei wie Robert Bellarmin und dem geistigen (Un-)Vermögen eines Bartolomeo de Miranda lagen Welten. Die Folgen sind, damals wie heute, genauso schrecklich wie der Scheiterhaufen. Am Tod von Menschen sind nicht immer nur religiöse Überzeugung, Hingabe an bestimmte Ideen oder institutioneller Autoritarismus schuld, sondern oft auch menschliche Beschränktheit und todbringende Ignoranz – beide mindestens so grenzenlos wie Brunos unendliche Welten.

Im Prozess gegen Galileo Galilei stießen Weltbilder zusammen, die auf unterschiedlichen Denksystemen beruhten. Die Behandlung dieses Mannes durch das Heilige Offizium, soviel gilt als ausgemacht, passt in ein festes Muster: Unterdrückung, Repression. Bruno wurde verbrannt, Galilei verurteilt – und jeder findet dies jämmerlich und bejammernswert. So erklären sich das Bedauern, die Reue, die Scham, mit denen Papst Johannes Paul II. am 22. September 1989 in Galileis Geburtsort Pisa seine Leistung würdigte und den »unklugen Widerstand« beklagte, den die Kirche »anfänglich« gegen sein wissenschaftliches Werk geleistet habe. Selbst die höchsten kirchlichen Würdenträger erkennen Galileo Galilei als Opfer an.

Diese Auffassung aber ist nicht unproblematisch. In der einfachen Form, in der sie gemeinhin vorgetragen wird, entspricht sie nicht genau der Wahrheit. Außerdem sind Galilei und Bruno nicht wirklich vergleichbar. Der erste war Laie, der letztere ein ehemaliger Mönch. Rom hat beide niemals gleich behandelt, und Galilei hat in Fragen der Religion nie eigene Autorität beansprucht und sie den vom Obersten Glaubenstribunal ernannten Richtern entgegengehalten. Für die Gegenreformation bestand zwischen beiden Männern ein krasser Unterschied: Der eine war ein international renommierter Wissenschaftler – damals vor allem berühmt durch seine Arbeit am Teleskop –, der Beziehungen zu den höchsten Stellen der Kirche und des italienischen Staates unterhielt und sich zunutze machte, der andere ein abtrünniger Dominikaner, der auf der Flucht gefasst wurde.

Bruno war in jeder Hinsicht deplatziert, Galilei dagegen ein Höfling. Geschickt verschaffte er sich Gönner, und 1611 gewann er neben der Unterstützung durch den Großherzog der Toskana auch jene der jesuitischen Astronomen am Collegio Romano für seine Entdeckung der Sonnenflecken. Fünf Jahre später indessen wurde er vom jesuitischen Kardinal Bellarmin verwarnt, der ihm untersagte, weiterhin zu vertreten oder zu lehren, dass die Erde sich um die Sonne dreht – einen Satz also, den damals viele als kopernikanische Hypothese betrachteten. Wie kam es dazu? Was wurde daraus? Versuchen wir nun, das Ganze einmal nicht nur aus der Perspektive des zum Opfer erklärten Helden der Wissenschaft zu sehen, sondern uns in die Lage des Kardinal-Inquisitors hineinzuversetzen.

Der Kardinal-Inquisitor glaubt fest daran, dass die Heilige Schrift das Wort Gottes ist. Als Galilei in einem Brief an Christina, die Großherzogin der Toskana, seine Ansichten rechtfertigt und erklärt, dass die Bibel nicht irren kann, wohl aber ihre Interpreten, ist Seine Eminenz im Heiligen Offizium durchaus einverstanden. Er denkt an die Protestanten, die alle eigenständig die Heilige Schrift auslegen, mit dem traurigen Ergebnis, dass sie in einander bekämpfende Sekten gespalten sind. Dieser geistliche Fürst glaubt an die Einheit der Kirche und an die Unteilbarkeit des katholischen Glaubens. Nicht zuletzt deswegen besteht er auf der wörtlichen Auslegung der Bibel, um die vielen verwirrenden und potenziell ketzerischen Interpretationen auszuschließen. Und die wörtliche Auslegung der Genesis führt zu dem Schluss, dass die Sonne sich um die Erde bewegt. Daher kann der Kardinal-Inquisitor gar nicht beipflichten, wenn Galilei in seinem Brief an die Erzherzogin Christina behauptet, Bibel und Naturphilosophie lehrten unterschiedliche Wahrheiten.

Der Kardinal-Inquisitor, der 1616 diesen Fall übernahm, war niemand anders als Robert Bellarmin; er hatte Astronomie studiert und unterzog sich der Mühe, den Satz zu prüfen. War es »unklug«, seine Kollegen am Collegio Romano zu konsultieren, deren Sachverstand Galilei respektierte? Von ihnen erfuhr er, dass Galileis Theorien im Jahre 1615 nur im Grundsatz zutreffend waren. Zum damaligen Zeitpunkt galt der Heliozentrismus den fachkundigen jesuitischen Astronomen als noch nicht bewiesen. Sollte nachgewiesen werden, dass die Hypothese der Wahrheit entspricht, so würde Bellarmin, wie er selbst einräumte, seine Auslegung der Bibel ändern müssen. Bis dahin sollte der Heliozentrismus als bloße Theorie behandelt und nicht als Faktum gelehrt werden.

Diese Position vertrat ein vierundsiebzigjähriger Kardinal-Inquisitor und bewies damit einen offeneren Sinn, als ihn manche der heutigen Siebzigjährigen aufzubringen imstande sind, die sich im bequemen Sessel der Autorität räkeln. Bellarmin wollte zwei Dinge gleichzeitig schützen: sowohl die wörtliche Auslegung von Gottes Wort, auf der nach seiner Ansicht Glaube und Wirklichkeit beruhen, als auch die Freiheit der wissenschaftlichen Forschung. Wenn dies als der »unkluge Widerstand« bezeichnet wird, mit dem das Heilige Offizium Galilei »anfänglich« begegnet sein soll, dann spricht hier ein katholischer Oberhirte das Urteil über einen der hervorragendsten Kirchenlehrer und Heiligen – ohne Rücksicht auf Kontext, Umstände und Intentionen.

Achten wir nicht auf die hitzige Rhetorik, die Lob und Tadel verteilt. Werfen wir einen nüchternen Blick auf die Fakten. Im Jahre 1615 wurde Galileo Galilei nicht von Robert Bellarmin denunziert. (Dies erledigte ein Dominikaner aus Florenz, Tommaso Caccini.) Ebenso wenig hat der Kardinal damals die These »mißbilligt«, dass die Sonne den Mittelpunkt des Weltalls bilde. Als »töricht, philosophisch sinnlos und im strikten Sinn ketzerisch« wurde sie vielmehr am 24. Februar 1616 einstimmig von den Konsultoren des Heiligen Offiziums verurteilt. Bellarmin, der führende Intellektuelle der Römischen Inquisition, folgte am 26. Februar 1616 einer Anweisung des Papstes und »ermahnte Galilei, seine falsche Meinung aufzugeben«; später überreichte er ihm einen Brief, der ihm faktisch bescheinigte, dass niemand ihn gezwungen hatte, abzuschwören oder Buße zu tun. Kein Prozess fand statt, kein Urteil wurde gefällt. Beruhigt durch diese milde Ermahnung und durch eine Audienz beim Papst, kehrte Galilei in der Überzeugung, sein Name sei reingewaschen worden, nach Florenz zurück.

Als die Indexkongregation am 5. März 1616 ein Dekret erließ, in dem die kopernikanische Lehre verworfen und ein auf Italienisch geschriebenes Buch des Karmeliters Paolo Foscarini mit dem Bann belegt wurde, weil der Autor behauptete, Galileis Position sei vereinbar mit der orthodoxen Auslegung der Heiligen Schrift, wurde der Name des Wissenschaftlers nie erwähnt. Ziel war es, einen Strich unter die heliozentrische Hypothese zu ziehen und zu verhindern, dass die Geistlichen sich ihr anschlossen. Den Nichtgeistlichen Galilei ermahnte man und riet ihm, sich vorzusehen. Obwohl er gleichzeitig vom Kommissar des Heiligen Offiziums aufgefordert wurde, »den Heliozentrismus ganz aufzugeben und ihn in keiner Form, weder mündlich noch schriftlich, zu vertreten, zu lehren oder zu verteidigen«, hatte er allen Grund, diese Belehrung zu vergessen – was er denn auch tat. Das jedenfalls behauptete er bei seinem einzigen Prozess vor dem Heiligen Offizium am 12. April 1633. Denn mittlerweile hatte er noch gewichtigere Gründe anzunehmen, dass die Mächte, auf die es in Rom ankam, auf seiner Seite standen.

Kardinal Maffeo Barberini, der »Intellektuellen-Papst«, wurde am 6. August 1623 gewählt und nannte sich Urban VIII. Galilei war hoch erfreut über die Wahl seines Freundes; dieser Mäzen der Künste und Wissenschaften soll ihn gegen alle verteidigt haben, die noch immer an seinem orthodoxen Glauben zweifelten. Urban behauptete sogar, wäre er 1616 schon Papst gewesen, hätte es das Dekret gegen die kopernikanische Lehre nie gegeben. Mit dem neuen Pontifex Maximus auf dem Stuhl Petri schien nun auch die Zeit gekommen, einen Schritt in die ehemalige Richtung zu tun, und nicht zuletzt deswegen schrieb Galilei seinen *Dialogo sopra i due massimi sistemi del mondo* (dt. *Dialog über die beiden hauptsächlichen Weltsysteme*). Als der Autor 1630 in Rom um das Imprimatur nachsuchte, wandte er sich an den Meister des Heiligen Palastes. Der damalige Amtsinhaber, Niccolò Riccardi, stand seiner Bitte wohlwollend gegenüber; auch Urban VIII. schien, trotz seiner Absicht, die Lehre von der göttlichen Allmacht beizubehalten, günstig gestimmt. So erbat – und erhielt – Galileo Galilei von dem Zensurbeamten der heiligen Stadt die Druckerlaubnis für sein Buch. Dies war sein verhängnisvoller Fehler. Ein Autor, der von der Römischen Inquisition »ermahnt« worden war, wäre gut beraten gewesen, sich beim zweiten Versuch erneut an sie zu wenden. Das Oberhaupt des Heiligen Offiziums war der Papst. Wenn beide an einem Strang zogen, boten sie einen Schutz, den keine vom Meister des Heiligen Palastes erwirkte Lizenz bieten konnte. Und dies ist der zentrale, aber vernachlässigte Gesichtspunkt im »Fall Galilei«, den keine Polemik über Kirche und Wissenschaft erschließt.

Betrachten wir also die Affäre von innen her, das heißt aus dem Blickwinkel der römischen Zensur und ihrer Geschichte, wie die vorgehenden Kapitel sie dargelegt haben. Zwei Fakten sollten präsent sein: der komplizierte, chaotische Aufbau der vier Institutionen – Papsttum, Meister des Heiligen Palastes, Römische Inquisition und Indexkongregation –, mit deren Hilfe die Kirche ihre Macht über Schriftsteller und Denker ausübte, und das manchmal latente, aber immer gegenwärtige Spannungsverhältnis zwischen Heiligem Offizium und päpstlichem Hof. Im Jahre 1630 verhielt sich der Höfling Galilei, als hätte er einen Weg durch dieses Labyrinth gefunden. Sein Auftreten erinnert an die Verhaltensweisen, die Kardinal Commendone in seiner einschlägigen Abhandlung geschildert hatte, und genau dies brachte ihn in Schwierigkeiten. Er versuchte, die Römische Inquisition und die Indexkongregation zu umgehen, und wollte sich auf indirektem Wege – über den Meister des Heiligen Palastes und über Urbans Höfling Giovanni Ciampoli, der als Mittler fungierte – an den Papst wenden. Dass Galilei diesen Kurs einschlug, war verständlich, denn die Tätigkeit der römischen Zensurbehörden war für den Außenstehenden kaum zu durchschauen. Weniger berücksichtigt wird die Tatsache, dass er 1630 eine andere Wahl gehabt hätte.

Die Römische Inquisition hatte nicht allein die Aufgabe, Bücher zu verbieten. Sie gab auch die Druckerlaubnis. Eigentlich tauchte das Imprimatur des Heiligen Offiziums nur auf den eigenen (gemeinschaftlich verfassten) Publikationen auf, denn Werke von Einzelautoren, die nicht zu seinen Mitgliedern gehörten, konnten nicht mit dem Respekt heischenden Siegel seiner Billigung ausgezeichnet werden. Doch hinter den Kulissen fand genau das regelmäßig statt. Im Jahre 1620 zum Beispiel wurden Schriften des dänischen Astronomen Tycho Brahe (den Galilei, wie er meinte, in seinem *Dialog* diskreditiert hatte) vom Verdacht des Protestantismus gereinigt und auf Empfehlung Robert Bellarmins von den Jesuiten zur Lektüre freigegeben. Andere Autoren erbaten und erhielten die Zustimmung des Heiligen Offiziums zum Druck ihrer Bücher.

Stellen wir uns nun einmal vor, welchen Eindruck der *Dialog* in Rom hinterließ, als er 1632 erschien. Das Buch trug das Imprimatur – das Zulassungssiegel der Kirchenoberen, und diese Oberen waren aktiv an der Publikation des Werkes beteiligt. Vor Wut zu schäumen, wie Urban VIII. es tat, nützte gar nichts. Als der Autor 1630 Riccardi sein Manuskript vorlegte, wurde es von ihm und einem seiner Assistenten, einem »Mathematik«-Professor namens Raffaele Visconti, durchgesehen. Beide berücksichtigten Urbans Einwände gegen die Auffassung, dass die Gezeiten ihre Ursache in der Bewegung der Erde haben; und der Meister des Heiligen Palastes konsultierte den Papst, um zu erfahren, was Galilei ins Vorwort schreiben solle. All dies ist seit langem bekannt, wohl zu bekannt, um als die Ausnahme begriffen zu werden, die es war.

Nur einmal zuvor in der fast hundertjährigen Geschichte der römischen Zensur hatte sich ein Papst so direkt eingeschaltet, um die Werke eines Autors zu verändern und zu »verbessern«. Der Präzedenzfall war für Galilei schmeichelhaft. Sechzig Jahre zuvor, Anfang der siebziger Jahre des 16. Jahrhunderts, hatte Pius V. die »Berichtigung« von Boccaccios *Dekameron* beaufsichtigt. Der *Dialog* wurde mithin ebenso behandelt wie ein anerkannter italienischer Klassiker, jedoch mit einem wichtigen Unterschied: Als Pius V. sich an der Reinigung seines Werkes beteiligte, war Boccaccio schon längst tot, während Galilei 1630 noch munter und lebendig war.

Vielleicht allzu munter ging er am 3. Mai 1630 nach Rom, beriet sich mit dem Meister des Heiligen Palastes und kehrte am 26. Juni aus der heiligen Stadt nach Florenz zurück. Kurz vor seiner Abreise war Galilei von Urban VIII. äußerst liebenswürdig empfangen worden, und er konnte mit gutem Grund davon ausgehen, dass die kirchlichen Oberen hinter ihm standen. Obgleich Riccardi den *Dialog* vor seiner Veröffentlichung noch Seite für Seite durchsehen wollte, hatte der Autor bereits die Druckerlaubnis in der Tasche, und mit Zustimmung des örtlichen Inquisitors schritt er zur Tat. Dies war der Moment, als Urban VIII. vor Wut platzte.

Der Zorn des Papstes war nicht unverständlich. Wieder einmal ging es um seine Autorität. Er hatte nie die Absicht gehabt, Galileis Buch zur Veröffentlichung freizugeben, ohne es zuerst selbst gesehen zu haben. Von Ciampoli und Riccardi, »Dienern, die sich wie Herren aufführen«, fühlte er sich verraten; gleichzeitig wandte er sich dagegen, dass das Buch mit Zustimmung des Meisters des Heiligen Palastes in Florenz erschien, obwohl dieser in Fragen der Zensur außerhalb Roms und seiner unmittelbaren Umgebung keinerlei Machtbefugnisse besaß. Urban VIII. reagierte also auf einen Jurisdiktionskonflikt. Sein Einspruch war formal korrekt, ging jedoch an der Sache vorbei. Denn all diese Probleme hätten vermieden werden können, wenn der Papst Galilei geraten hätte, sich eine Druckerlaubnis von der Römischen Inquisition zu holen. Da Urban das nicht tat, weil er das Oberste Tribunal umgehen wollte, dessen Berater 1616 den als Hypothese betrachteten Heliozentrismus als »töricht« und »ketzerisch« verurteilten, hatte er sich das Dilemma, vor dem er 1632 stand, selbst zuzuschreiben.

Daher Urbans Ärger und Enttäuschung. Musste er sich doch 1633, nach dem Scheitern seines Versuchs, zum früheren, von Pius V. praktizierten Modell der Zensur zurückzukehren, wieder an das Heilige Offizium wenden. Dieses Scheitern zeigt beispielhaft, in welch chaotischer Weise Rom damals seine Macht über das Geistesleben ausübte. Dass ein Meister des Heiligen Palastes gegen den Willen des Papstes und abweichend vom Kurs des Heiligen Offiziums die Druckerlaubnis für ein Buch erteilte, war 1632 schon keine Seltenheit mehr. Tagtäglich kam es zu Störungen in der Kommunikation und Koordination zwischen den verschiedenen Organen der römischen Zensur.

Zur Verschärfung dieses Problems trug das Vorwort bei, das Galilei seinem *Dialog* voranstellte. Angeblich war es nach Riccardis Vorgaben geschrieben, aber es ging weit über sie hinaus. Zum ersten und einzigen Mal in den sechs Jahrzehnten seit Gründung der Indexkongregation im Jahre 1571 wird hier ihre Kompetenz von einem ihrer Opfer gelobt. Das Dekret, in dem 1616 die kopernikanische Lehre verworfen worden war, sei »nützlich« und sein Motiv nur der fromme Wunsch gewesen, die »gefährliche Erregung öffentlichen Ärgernisses« zu vermeiden. Seine Urheber hätten »wohl überlegt« gehandelt. So Galileo Galilei. Wer wollte ihm diese Sätze nicht glauben?

Eben die vielen, denen klar war, dass er mit seinem Lob einer für ihre Ineffizienz berüchtigten Organisation die Zweifel, die er hatte zerstreuen wollen, erst weckte. Urban VIII. und Niccolò Riccardi wussten sehr wohl, dass die Zensurbehörden der Kirche seit langem Zielscheibe der Kritik und des Spottes waren. Nicht nur im protestantischen Deutschland, sondern auch in der heiligen Stadt selbst wurde die Indexkongregation verlacht, beschimpft und geschmäht. Im vorangehenden Kapitel sind wir dem Meister des Heiligen Palastes begegnet, der sich 1580 gegenüber Montaigne von seinen Zensoren distanzierte, und den Juden, die 1589 über die fehlenden Hebräischkenntnisse derer klagten, denen die Reinigung des Talmud übertragen war. Erinnern wir uns ferner an den oben zitierten Brief von Bartolomé de Valverde. All diese Kritiker äußerten ihre abschätzigen Urteile über die Kompetenz der Indexkongregation mit Worten, die Galilei, wie er beteuerte, *nicht* verwendete. Und warum nicht? Weil er die Wahrheit wusste. Rein zufällig sei er 1616 in Rom gewesen, wo er »von den bedeutendsten Prälaten des Hofes Beifall erhielt«. Kein Wort über die Abmahnung, die er von dem bedeutendsten Prälaten Bellarmin erhielt. Nichts davon – denn hier wurde die Vergangenheit von einem Höfling umgeschrieben.

Hat der geschickte Satiriker das Hof-Establishment erst einmal auf seine Seite gebracht, präsentiert er sich in seinem Vorwort selbst als ein Muster an Rechtgläubigkeit. Unorthodox sind jene Fremden (*oltramontani*), die Kritik an Roms Zensoren üben, ihr Urteil als übereilt verwerfen und ihnen oberflächliches Wissen unterstellen. Äußerlich war Galileis Vorwort eine Lobeshymne auf die Kirchenbehörden, aber zwischen den Zeilen enthielt es eine Warnung: Die Öffentlichkeit beobachtet sie. Das herrschende Bild von ihnen ist – wie sie aus kircheninterner wie -externer Kritik wissen – negativ. Er, der pflichtbewusste Autor, hat getan, was in seiner Macht stand; nun liegt es an ihnen zu kooperieren. Aber all dies konnte niemanden täuschen.

Als Urban VIII. eine Kommission einberief, die den *Dialog* prüfen sollte, schrieb der scharfsichtige Jesuit Melchior Inchofer, Galileis Buch argumentiere zwar dem Anschein nach sowohl für als auch gegen beide Weltbilder, das kopernikanische und das pythagoreische; in Wahrheit sei es ein Plädoyer für den Heliozentrismus. Es ging also wieder einmal um die Dialektik, und Inchofer demonstrierte der Römischen Inquisition, die mit dialektischen Denkformen groß geworden war, dass er von dem, worüber er sprach, etwas verstand. Ganz zutreffend stellte er fest, dass die Bemerkungen zur Allmacht Gottes, die dem Wunsch des Papstes gemäß eingeschoben worden waren, im *Dialog* aus dem Mund des Simplicio kommen – der hier weniger für den griechischen Philosophen dieses Namens als vielmehr für den Einfaltspinsel steht. Nicht gerade ein Kompliment für Urban VIII. Unglaubhaft sei auch, so Inchofer, Galileis Versicherung im Vorwort, er wolle ausländische Kritiker der Indexkongregation zum Schweigen bringen. Wenn er dies wolle, warum schreibe er dann nicht lateinisch, sondern italienisch – eine Sprache, die nur wenige Ausländer verstehen konnten? Dass auch diese Feststellung ins Schwarze traf, beweist die Publikationsgeschichte des *Dialogs*. Im italienischen Original hatte das Buch keinen unmittelbaren Erfolg; die spätere lateinische Übersetzung war ein Bestseller.

Die Reaktion der lateinkundigen Gelehrtenwelt war freilich genau das, was Rom am meisten fürchtete. Das begrenztere Publikum, das italienisch las, schien ihm weniger bedrohlich. In beider Interesse musste Galilei zum Widerruf vor dem Heiligen Offizium gebracht werden. Ächtung des Werkes und Hausarrest: das waren die berühmt-berüchtigten Folgen, die heute von Wissenschaft und Kirche gleichermaßen verurteilt werden. Vielleicht ist diese Verurteilung gerechtfertigt und kaum zu lindern durch das Argument, dass Urban VIII. gezwungen war, seinen »Lieblingsintellektuellen« unter dem Druck Spaniens zu opfern, das ihm zu viel Nachsicht gegenüber den Ketzern vorwarf. Dennoch darf die historische Tatsache, dass der von der Römischen Inquisition 1633 gegen Galileo Galilei angestrengte Prozess eine Niederlage des Papstes war, nicht durch Urteile verstellt werden, die auf Indizienbeweisen oder moralischer Empörung beruhen.

Hinter den Kulissen und ohne Rücksprache mit dem Heiligen Offizium versuchte Urban, den obersten Zensor zu spielen. Er war dem renommierten Wissenschaftler wohlgesonnen und wollte seine Schriften beeinflussen und lenken. Daher sprach viel dafür, dass der päpstliche Beinahe-Mitautor den *Dialog* bei seinem Erscheinen im Jahre 1632 als ein Gemeinschaftswerk ansehen würde. Der Partner bei diesem klandestinen

Unternehmen hatte den ungeschriebenen Vertrag gebrochen. Als Urban VIII. sah, dass sein Eingriff verspottet, seine Absicht pervertiert worden war, bezichtigte er in einem Wutausbruch gegenüber dem florentinischen Gesandten Galilei des Vertrauensbruchs.

Aus Urbans Sicht war der Vorwurf gerechtfertigt, aber zugleich einseitig. Die Schwierigkeiten hatte der Papst sich selbst zuzuschreiben. Er war wütend auf Ciampoli und Riccardi, weil sie nicht dafür gesorgt hätten, dass seine Anweisungen erfüllt wurden; und der Inquisitor von Florenz, der in die Freigabe des *Dialogs* verwickelt war, musste zu Kreuze kriechen. Doch das päpstliche Wüten demonstrierte nicht gerade Autorität. Autorität ist etwas anderes als Autoritarismus, und der autokratische Urban VIII. hatte auch seinen Anteil an der Katastrophe. Betrachtet man die mit dem Namen Galilei verknüpfte Tragikomödie der Irrtümer aus der Perspektive der römischen Zensurbehörde, so zeigt auch sie, dass die katholische Kirche der Gegenreformation über keine Methode verfügte, die so effizient war, dass sie ihre Politik hätte aufzwingen können – was ihr nicht einmal bei einem von ihr favorisierten Autor gelang.

Als Galilei versuchte, diese Schwächen auszunutzen, wirkte es, als widersetze er sich dem Papst. Widerstand gegen den Pontifex Maximus kam im Jahre 1633 der Ketzerei gleich. Der Fehltritt des Wissenschaftlers hatte also weder etwas mit dem Dogma der Eucharistie noch mit seinem Heliozentrismus zu tun: Scherereien bekam er, weil er Urbans Willen missachtete, sodass dieser fand, es bleibe ihm nichts anderes übrig, als den Fall an die Römische Inquisition zu übergeben – und erst damit wurde die Angelegenheit, die er insgeheim abwickeln wollte, zum öffentlichen Skandal.

Genau diesen Weg hatte Robert Bellarmin 1616 vermieden. Prozess und Urteilsspruch gegen den Star der Wissenschaft würden, so seine damalige Einschätzung, dem Bild vom gestrengen Heiligen Offizium noch zuarbeiten. Im Jahre 1633 war der Kommissar überzeugt, er könne, wenn er Galilei zum Geständnis zwänge, den Ruf des Obersten Tribunals retten; aber was Bellarmin befürchtet hatte, traf ein, und seine Politik wurde ins Gegenteil verkehrt. Nutzen davon hatte allein der *Dialog*. Ins Lateinische übersetzt, wurde er ein Bestseller, *weil* er geächtet war. Der Prozess war also nicht bloß eine Schlappe für Galilei, sondern zugleich ein Schlag gegen die langfristigen Interessen des Heiligen Offiziums, und den verdankte es allein einem launischen Papst.

Das päpstliche Gedächtnis neigte ebenso zur Kürze wie das päpstliche Ich zur Größe. Was durch Urbans Einmischung gestört wurde, war jenes labile Gleichgewicht der Mächte, das der Kardinal-Inquisitor Bellarmin siebzehn Jahre zuvor mit einer so geschickten Taktik genutzt hatte: von Seiten der Indexkongregation eine qualifizierte Ablehnung der kopernikanischen Lehre und ein Verbot für Geistliche, sich schriftlich dazu zu bekennen, und von Seiten des Heiligen Offiziums kein Wort zu Galilei. Da der Papst nicht geschickter war als seine Helfer, fühlte er sich überlistet. Doch man musste kein Genie sein, um die schwerfällig prozedierende römische Zensur zu überlisten. Galilei hatte zwar, indem er dies tat, das eigene Ende als Günstling herbeigeführt, aber trösten konnte er sich mit der langlebigen Legende vom Märtyrer in den Händen der Römischen Inquisition. Mobilisiert wurde diese freilich auf Befehl des Pontifex Maximus; er machte den Fehler, von jenem Kurs abzuweichen, den der talentierteste Intellektuelle in der Frühgeschichte des Heiligen Offiziums eingeschlagen hatte. Im Gegensatz zum gängigen Bild ist die Cause célèbre von 1633 nichts als ein Märchen ohne Helden und mit einem einzigen sympathischen Opfer, dem der Ausgang der Geschichte durch seinen Tod im Jahre 1621 zum Glück erspart blieb. Dieses Opfer war weder der vertrauensselige Autor Galileo Galilei noch der unkluge Zensor Urban VIII., sondern ein geschickter Inquisitionspolitiker, dessen Lektion Rom zu seinem eigenen Schaden vergaß: Robert Bellarmin.

Bellarmin vertrat 1616 einen Grundsatz, den Urban VIII. im Jahre 1633 zum Verschwinden brachte: die Unterscheidung zwischen einem Autor und seinem Werk beziehungsweise zwischen einer Theorie und deren Verfechter. Spätestens seit dem 4. Jahrhundert gelang es der katholischen Kirche in den meisten Fällen, die verurteilten Bücher und Ideen von den Personen zu trennen, die sie hervorbrachten oder vertraten. Deshalb konnten im Mittelalter Theologen und Philosophen mit Erfolg ihrem Beruf nachgehen, auch wenn ihre Schriften mit dem Bann belegt worden waren.

Bei Galileis Prozess von 1633 gelang eine solche Trennung nicht. Das Urteil wurde ad personam gesprochen, unabhängig von einer Bewertung des Kopernikus oder des Heliozentrismus. Die verhängnisvollen Konsequenzen des päpstlichen Handelns waren damals für beinahe alle Seiten ebenso voraussehbar, wie sie es heute sind. Bellarmins Bescheinigung, dass niemand Galilei gezwungen hatte, abzuschwören oder Buße zu tun, war nicht länger das Papier wert, auf dem sie geschrieben stand. Obgleich Galilei selbst zu seinem Elend beigetragen hatte, wurde er als Opfer bemitleidet und als Held gefeiert; niemand sah ihn als den, der er zu jener Zeit wirklich war: ein großer Wissenschaftler, ein vollendeter Satiriker und ein gescheiterter Höfling. Das Heilige Offizium erhielt wie üblich die Klischeerolle des Schurken zugeteilt. Und so stimmte ein Pontifex Maximus im ausgehenden 20. Jahrhundert in den allgemeinen Chor derer ein, die die Römische Inquisition verurteilen – während sich doch der Hauptstoß der Kritik gegen einen seiner eigenen Amtsvorgänger im 17. Jahrhundert richten müsste.

Im Laufe des 17. Jahrhunderts änderte sich der Kurs sowohl des Papsttums als auch des Heiligen Offiziums. Die Zahl der spektakulären Prozesse und Hinrichtungen nahm ab, während die der »politischen« Fälle (die per Zensur erledigt wurden) zunahm. Dieser Übergang von Methoden, die die Verurteilung von Menschen zum Tod auf dem Scheiterhaufen nach sich zogen, zu Praktiken, die zur Verurteilung von Ideen oder zur Ächtung von Büchern führten, war mit verursacht durch die schwindende Autorität des Heiligen Stuhls. International auf dem Rückzug und im eigenen Land bedroht, konnte das Papsttum den unversöhnlichen Kurs der Gegenreformation nicht einfach fortsetzen. Man versuchte es mit verschiedenen Taktiken, aber selbst innerhalb Italiens konnten Römische Inquisition und Indexkongregation keinen Herrschaftsanspruch mehr durchsetzen. Hinter der unveränderlichen Oberfläche der Legende verbergen sich wechselnde historische Verhältnisse, von denen wir uns nun in einer Reihe von Fallstudien eine Vorstellung machen wollen.

Offiziell blieb Urban VIII. in dem mit seinem Pontifikat zusammenfallenden Dreißigjährigen Krieg (1618–1648) neutral; faktisch indessen stand er auf der Seite Frankreichs und entfremdete sich dem Habsburgerreich. Das Einzige, was er für die Verteidigung und Erweiterung des Kirchenstaats herausschlagen konnte, war die Einverleibung Urbinos (1625–1631); andere Versuche, sein Herrschaftsgebiet auszudehnen, endeten in schmachvollen Niederlagen und gigantischen Schulden. Er war ein Förderer von Kunst und Architektur, der Geld ausgab, ohne an die Zukunft zu denken (aber entsprechend hohe Steuern erhob), und ließ auf der Bühne der europäischen Politik ein geschwächtes Papsttum zurück.

Diese Schwächung zeigte sich auch auf der Konferenz, die den Dreißigjährigen Krieg mit dem Westfälischen Frieden beendete (24. Oktober 1648). Innozenz X. (1644–1655) war bei den Verhandlungen durch Fabio Chigi vertreten, der später sein Staatssekretär (1651–1655) und schließlich als Alexander VII. (1655–1667) sein Nachfolger wurde. Alle Bemühungen, die Chigi unternahm, um Zugeständnisse an die Protestanten abzuwehren, waren vergeblich, selbst die päpstliche Protestbulle *Zelus domus Dei* fand keinerlei Beachtung. Als internationale Macht wurde das Papsttum fast bedeutungslos und als Vermittler erfolglos; zudem hatte es über Generationen hinweg mit abweichenden Meinungen innerhalb der Kirche zu tun.

Im ganzen 16. Jahrhundert war das Verhältnis zwischen dem

freien Willen des Menschen und der göttlichen Gnade ein heiß umstrittenes Thema der katholischen Theologie gewesen, das zum offenen Konflikt zwischen Dominikanern und Jesuiten führte. Im Mittelpunkt des Streits standen die Auffassungen des Augustinus, die er im Alter, als er gegen die Pelagianer zu Felde zog, sehr kämpferisch vertreten hatte. Roms Zensoren hatten ein wachsames Auge auf alles, was in den Schriften des Kirchenvaters zum »Missbrauch« durch die Protestanten einladen könnte. Daher wurden, wie wir in Kapitel II gesehen haben, einige Werke des Augustinus geopfert. Doch hinter dem willkürlichen Handeln der Indexkongregation steckte ein grundsätzlicheres Problem: Worin besteht eigentlich die Autorität eines Kirchenlehrers, wenn seine Auffassungen im Laufe der Zeit missverstanden werden können und nicht nur die Tradition, sondern auch die Lehre der Kirche von dem von ihm eingeschlagenen Kurs abweicht? Können oder sollen die Dogmen sich weiterentwickeln und verändern? Und wenn ja, wie?

Manche sahen die Antwort auf diese Frage in einer Rückkehr zu den Quellentexten, im Versuch festzustellen, was genau die Kirchenväter gesagt hatten. So verfasste der Bischof von Ypern, Cornelius Jansen (1585–1638), eine Synthese des augustinischen Denkens, die 1640 erschien. Urban VIII. verwarf das Buch pauschal, während Innozenz X. es erneut prüfen ließ und fünf ihm entnommene Thesen verdammte. Was sich in diesem Konflikt gegenüberstand, waren zwei verschiedene Methoden, zwei gegensätzliche Denkweisen. Für Jansen und seine Anhänger stellte sein Buch *Augustinus* nichts anderes dar als eine Kompilation von Primärtexten aus dem Werk des Heiligen, ohne jede dogmatische Erläuterung. »Wer dieses Buch verdammt«, so ihre Auffassung, »verdammt Augustinus selbst.«

Rom sah das ganz anders. Es scheint den historischen und textkritischen Ansatz des Jansen'schen Werks nie verstanden zu haben. In der Hochburg der Rechtgläubigkeit gab es nur den normativen Standpunkt. Nach Ansicht der Inquisitoren durften die Ideen des Augustinus nicht gesondert studiert oder als Nonplusultra der Lehre verstanden werden. So groß die Autorität des Heiligen auch sein mochte, sie war nur ein Strang im komplizierten Gewebe der katholischen Wahrheit, das aus zweierlei Fäden gebildet wurde: aus der göttlichen Offenbarung und aus einer von inspirierten Autoren getragenen Tradition, die in den Werken der Kirchenväter gegenwärtig war, ohne dass einer von ihnen ein Monopol beanspruchen konnte. Angesichts der unterschiedlichen Erkenntnisse ihrer Doctores sollte die Kirche selbst interpretieren. Und die Hauptinterpretin der katholischen Orthodoxie war die Römische Inquisition. Deshalb erklärte der damals führende Inquisitor, Kardinal Francesco Albizzi (1593–1684), auf dem Höhepunkt der Kontroverse im Jahre 1665, die Papstbulle gegen die Jansenisten habe zwar die Lehre des Heiligen nicht verdammt, aber ehe man die Abtrünnigen auf ihrem falschen Weg fortfahren ließe, »wäre es besser … Augustinus zu verbieten«.

Wie Peña und viele andere Mitarbeiter des Obersten Glaubenstribunals war Albizzi Jurist. Als er 1635 zum Assessor am Heiligen Offizium ernannt wurde, war das Amt einflussreicher geworden als das des Kommissars. In den langen Jahren, in denen er diese Machtposition innehatte, bevor er die Kardinalswürde erhielt, war dieser strenge Rechtsgelehrte besessen von einem Gedanken: Disziplin. Theologie, Philologie, Quellenkritik, all dies rangierte auf der Liste seiner Prioritäten erst an zweiter Stelle. Unbeirrbar glaubte Albizzi an den päpstlichen Supremat – was ihn als Kardinal freilich nicht hinderte, Einfluss auf Päpste zu nehmen, die ihm zu nachlässig erschienen. Und wenn er einem Rom-zentrierten Weltbild anhing, dann nicht einfach deshalb, weil er provinziell oder konventionell gewesen wäre. Albizzi war, bevor er die Priesterweihen erhielt, verheiratet; und die Zahl seiner Nachkommen zeigt, dass er seine ehelichen Zeugungspflichten ernst nahm.

Noch ernster allerdings nahm dieser mediterrane Katholik die Situation in Nordeuropa. Als er im Rahmen einer päpstlichen Gesandtschaft 1636/1637 nach Köln geschickt wurde, entdeckte er allenthalben Zweifel am päpstlichen Supremat, die stark nach Ketzerei rochen. Dieser Geruch steigerte sich in Albizzis Nase zum Gestank, als er auf die Kontroversen um den Jansenismus aufmerksam wurde, und in folgende apokalyptische Worte fasste er die Schlacht um *Augustinus*:

> »Guter Gott, welche Vorwände, Verleumdungen, Lügen und falschen Behauptungen haben die Jansenisten sich ausgedacht, um den Heiligen Stuhl mit List dazu zu bringen, seine Verdammung der fünf ketzerischen Thesen aus dem *Augustinus* des Cornelius Jansen, Bischof von Ypern, zurückzuziehen! Aber Gott ... vereitelte ihre Machenschaften und hinterhältigen Pläne; und obgleich sie immer noch versuchen, den Gehorsam gegenüber den apostolischen Gesetzen zu verweigern, gelingt es dem Allerchristlichsten König Ludwig XIV. doch, ihre Bosheit mit der gebührenden Frömmigkeit zu durchkreuzen und ihren Starrsinn zu brechen.«

Diese Zeilen schrieb der mächtigste Kardinal-Inquisitor des 17. Jahrhunderts nach Bellarmin, als er in seinem Todesjahr an einer Autobiografie arbeitete. Anders als Bellarmin war Albizzi auf dem Gebiet der Theologie und der Kirchengeschichte nur wenig bewandert und wusste nicht viel über die Kirchenväter. Es ist nicht einmal ausgemacht, dass er die Paulusbriefe verstand. Was er besaß, war ein durch Argwohn geschärftes Rechtsdenken und ein autoritärer Charakter. Albizzi, der über langsames Denk-, aber schnelles Reaktionsvermögen verfügte, verbündete sich mit Ludwig XIV., um die Jansenisten und ihre Bundesgenossen auszuschalten, und verließ sich dabei auf den Rat seiner jesuitischen Freunde.

Jesuiten hatten den jungen René Descartes (1596–1650) am Kolleg von La Flèche unterrichtet. Seine *Meditationes de prima philosophia* (dt. *Meditationen über die Grundlagen der Philosophie*; 1641) waren inspiriert von den *Exercitia spiritualia (Geistliche Übungen)* des Ignatius von Loyola, der die Gesellschaft Jesu gegründet hatte. Unter den Angehörigen dieses Ordens fand Descartes einige seiner denkfreudigsten Briefpartner und erbittertsten Gegner. Letztere brachten den Cartesianismus in Zusammenhang mit dem Jansenismus – der nach Roms Ansicht gleichbedeutend mit Umsturz war.

Rom verdammte Descartes' sämtliche Werke, die lateinischen und die französischen, »bis zur Berichtigung«, und zwar in dem 1664 unter Alexander VII. publizierten Index verbotener Bücher. In der Bulle, die dem mit seinem Namen versehenen Index vorangestellt war, betonte der Papst seinen Wunsch, dieses modernisierte Produkt der römischen Zensur klar und übersichtlich zu machen. Das Dokument war daher nicht mehr in drei Klassen eingeteilt, sondern alphabetisch geordnet und ergänzt durch mehrere Anhänge, von denen einer eine Liste der Kardinäle und Berater enthielt, die seit ihrer Gründung für die Indexkongregation gearbeitet hatten. Durch die Arbeit von Hunderten Experten und das Gewicht der beinahe hundertjährigen Erfahrung sollte dieses Projekt der römischen Zensur Legitimität gewinnen. Doch hinter der imposanten Fassade lauerte, wie der Fall Descartes zeigt, das gewohnte Chaos. Vierzehn Jahre nach dem Tod des Philosophen hatte man in Rom keine Ahnung, wie seine Werke »berichtigt« werden sollten, denn zu dem Zeitpunkt, als sie auf den Index kamen, hatten die Mitglieder der Kongregation sie nicht einmal gelesen.

Sieben Jahre vergingen, ehe die Zensoren sich aufrafften und den Fall erneut in die Hand nahmen. Am 28. Oktober 1671 schrieb das Heilige Offizium nach Paris und bat um Exemplare der Descartes'schen Schriften – und zwar nicht weil das Interesse der Inquisitoren erwacht war oder ihr Gewissen sich regte, sondern unter äußerem Druck. Dem gemäßigten Aktivismus dieses katholischen Zensurorgans stand die totale Untätigkeit des anderen gegenüber. Die Gutachter der Indexkongregation waren schläfrig und träge, und nur eine Denunziation konnte sie aus ihrer Lethargie reißen. Als Reaktionäre im Wortsinn ächteten sie Descartes aufgrund eines Zensurberichts, den nicht einer ihrer italienischen Kollegen, sondern ein französischer Jesuit geschrieben hatte.

Der Jesuitenpater Honoré Fabri war durchaus auf Draht. Er hatte 1648 ein bekanntes Buch über Metaphysik geschrieben und das Jesuitenkolleg in Lyon zu einem Zentrum der wissenschaftlichen Forschung gemacht. Offen für neue Ideen in der Naturphilosophie, aber ein Traditionalist in der Theologie, suchte er die scholastische Interpretation der Eucharistie, der zufolge sich an Brot und Wein die Akzidenzien von der Substanz unterscheiden lassen, vor gefährlichen Neuerungen zu bewahren. Nur so war, wie Fabri und andere meinten, die Transsubstantiation überhaupt zu verstehen. Und nicht zuletzt deshalb interessierte sich der strenggläubige Jesuit für Descartes.

Interesse, das hieß nicht Intoleranz. Fabri bewunderte einiges am cartesianischen System. Was ihn jedoch beunruhigte, waren die Konsequenzen, die sich aus der in Descartes' *Principia philosophiae* (dt. *Prinzipien der Philosophie*; 1644) entwickelten Physik der Korpuskel (*corpuscula*) für das Dogma der Eucharistie ergaben. Im Jahre 1649 war das Buch von dem englischen Pater Thomas Compton Carleton, einem Mathematiker und Theologieprofessor am Jesuitenkolleg in Lüttich, als ketzerisch gerügt worden. Und seit 1641, als die *Meditationen* erschienen, war es immer wieder zur Kontroverse über Descartes' Werke gekommen. In Holland traf er auf den Widerstand der konservativen Theologen, in Frankreich wurden seine Schriften als Einladung zur »Freidenkerei« denunziert. Descartes selbst zielte bei seinem Versuch, das Dogma der Eucharistie in den Kategorien seiner Philosophie zu erläutern, weder auf Denkfreiheit ab, noch wollte er die Kirche angreifen. Entmutigt durch ihre Verdammung des Galilei, enthielt er sich jeder schriftlichen oder mündlichen Äußerung zu diesem umstrittenen Thema, es sei denn seine Anhänger und Freunde baten ihn darum. Aber mit Freunden, wie er sie hatte, brauchte er keine Feinde.

Einer von ihnen war Pater Dionis Mesland, Lehrer am Jesuitenkolleg von La Flèche. In einem privaten Briefwechsel diskutierte er mit dem Philosophen über die Frage der Eucharistie; und ihm gegenüber legte Descartes dar, dass der Terminus »Körper« kraft heiliger Wandlung nicht Materie bedeute, sondern die Seele Christi, die alle Partikel von Brot und Wein ohne

Vermischung derselben mit dem Blut durchwalte. Dieses Schreiben sowie einige andere Briefe an Mesland wurden Fabri vorgelegt (der damals als Theologe an der römischen Pönitentiarie arbeitete); am 15. April 1660 schrieb er einen Zensurbericht über die Descartes'schen Ideen, der zuerst der Indexkongregation und später der Inquisition übergeben wurde. Die theologische Fakultät Löwen, die in der katholischen Gelehrtenwelt hohes Ansehen genoss, verdammte am 7. September 1662 zwei ähnliche Thesen Descartes' über Akzidenzien und Substanz; und Rom folgte ihrem Beispiel.

Da die Indexkongregation nicht wusste, um welche Werke es eigentlich ging, reagierte sie, indem sie alle verbot. Viele Gelehrte haben darüber nachgegrübelt, was wohl die Vorbehaltsklausel zu bedeuten hatte, die den Bannspruch begleitete: *donec corrigantur* (»bis zur Berichtigung«). Denn wie sollte ein Autor, der seit über zehn Jahren tot war, seine Werke »berichtigen«? Doch das meinten die römischen Zensoren auch gar nicht: Sie hatten (oder gaben) vor, die Descartes'schen Schriften selbst einer Reinigung zu unterziehen – was sie aber alsbald unterließen, denn für ein so ehrgeiziges Unternehmen fehlten ihnen die Richtlinien und für eine so radikale Operation die Instrumente. Seit ihrer Gründung hatte die Kongregation einen *index expurgatorius* geplant – eine Mustersammlung von Zensurberichten, die anschaulich vorführten, wie Expurgatoren ihre Arbeit angehen sollten –, aber als 1607 der erste Band erschien, erwies er sich als völliger Fehlschlag und wurde von den Zensoren selbst als »unsinnig« abgelehnt. Einer glänzte sogar mit dem Einfall, den *index expurgatorius* auf den Index verbotener Bücher zu setzen! Auch sechzig Jahre später gab es in Rom keinen kohärenten und einheitlichen Kurs bei der Reinigung von Büchern. Sie blieb der Initiative oder der Laune des einzelnen Zensors überlassen, und die zur »Berichtigung« empfohlenen Werke konnten unendlich lange auf seinem Schreibpult liegen bleiben. Alles, was die Klausel *donec corrigantur* (»bis zur Berichtigung«) besagte, als die Kongregation sie dem pauschalen Bannspruch gegen Descartes' Werke beifügte, war *sine die*. Und das hieß in praxi »irgendwann oder nie«.

Hinhalten, Verschleppen und Inkompetenz: diese unausrottbaren Merkmale der Indexkongregation kontrastierten mit der Tatkraft der Römischen Inquisition, die man von Frankreich aus auf Descartes und seine Anhänger aufmerksam gemacht hatte. Dort rührten die Cartesianer auch nach 1664 weiter die Werbetrommel für ihren Helden und publizierten ungeachtet des Verbots seine Werke. Im Jahre 1667 wurde der Leichnam Descartes' mit großem Pomp und Zeremoniell sowie (ironischerweise) mit allerhand Zeugnissen für seine Rechtgläubigkeit – ausgerechnet vorgebracht von seiner königlichen Mörderin, der fragwürdigen katholischen Konvertitin Christina von Schweden (1628–1689) – in die Pariser Universitätskirche Sainte-Geneviève du Mont umgebettet. Die Obrigkeit war zutiefst beunruhigt, und man verbot eine Grabrede zu seinen Ehren. Im Jahre 1671 erhielt König Ludwig XIV., der die Cartesianer ohnehin schon für Bundesgenossen der Jansenisten im Widerstand gegen seine Kirchenpolitik hielt, von seinem jesuitischen Beichtvater ein »ketzerisches« Buch, in dem Descartes' Interpretation der Eucharistie verteidigt wurde. So wurde die cartesianische Theologie der Sakramente mit den innerkirchlichen Dissidenten assoziiert. Der Erzbischof drängte die Pariser Universität, »Descartes' Ansichten zurückzuweisen«; und als geistliche und weltliche Macht mit vereinten Kräften darangingen, die subversive Philosophie in Frankreich zu unterdrücken, trat die Römische Inquisition auf den Plan.

Dass es die Römische Inquisition und nicht die Indexkongregation war, die sich 1671 mit Descartes befasste, ist sehr aufschlussreich. Wenn sich der von einem Autor oder Buch verursachte Skandal nach Ansicht Roms zu einer Staatsaffäre auswuchs, fiel die ganze Angelegenheit in die Zuständigkeit des Obersten Tribunals. Ludwig XIV. und die kirchliche Hierarchie Frankreichs waren bereits gegen den Jansenismus mobilisiert worden; jetzt mussten sie gedrängt werden, weitere Maßnahmen gegen Descartes und seine Anhänger zu ergreifen. Wie das geschah, ergibt sich aus dem Material der – wie wir heute sagen würden – Gesandtenberichte.

Geschrieben von päpstlichen Nuntii, wurden diese Berichte entweder direkt an das Heilige Offizium geschickt oder auf dem Wege über das Staatssekretariat dort vorgelegt. Am 14. August 1671 berichtete der Pariser Nuntius in begeisterten Worten von den Maßnahmen, die der Erzbischof gegen die Cartesianer eingeleitet hatte. Nach Meinung des Gesandten bildeten sie eine »Partei« abweichlerischer Philosophen. Ihr böser Sinn sei darauf gerichtet, das katholische Dogma der Transsubstantiation aus den Angeln zu heben. Die Bedrohung, die von ihnen für die orthodoxe Lehre in Frankreich ausging, dürfe – so die Warnung des Legaten – nicht unterschätzt werden, denn die Ansteckung könne um sich greifen. In Holland zum Beispiel werde nur noch eine einzige Philosophie gelehrt: die von Descartes. Daher stärke und unterstütze der Nuntius den Erzbischof in seinen Bemühungen, König Ludwig XIV. zu einer Verurteilung des Cartesianismus zu bewegen.

Diesen Bericht erhielt die Römische Inquisition am 18. November 1671. Sofort alarmierte sie den diplomatischen Dienst des Papstes. An der deutschen Front, so berichtete der Nuntius aus Köln, sei alles – oder fast alles – ruhig. Descartes' Philosophie werde von sämtlichen »Universitäten« in Deutschland abgelehnt, mit Ausnahme der in Duisburg. In Brüssel hingegen gab es beunruhigende Anzeichen dafür, dass Angehörige religiöser Orden vom Cartesianismus angesteckt seien. Der Nuntius habe sich einen verdächtigen Franziskaner vorgenommen und dann insgeheim mit den Ordensoberen gesprochen. In Italien wurden alle Inquisitoren angewiesen, nicht nur die Descartes'schen Werke, sondern auch sämtliche Publikationen über den »Atomismus« zu konfiszieren.

Der Atomismus war keine Theorie Descartes'. Die antike Auffassung, dass die Natur sich aus einfachen und unveränderlichen Elementarteilchen zusammensetzt, die für den Wandel in der Natur verantwortlich sind, war allerdings von Giordano Bruno vertreten worden. Er sah im Atomismus die metaphysische Grundlage der Einheit der Natur, während Galileo Galilei der Theorie eine mathematische Dimension verschaffte, die deutlich machte, dass die Materie sich aus einer unendlichen Zahl unendlich kleiner Teilchen und einer unendlichen Zahl mit ihnen verwobener winziger Vakua zusammensetzt. In den *Discorsi* (dt. *Unterredungen und mathematische Demonstrationen über zwei neue Wissenszweige ...)* lässt Galilei den Simplicio, der ihm als Darstellungsfolie dient, zu einem den Autor vertretenden Gesprächspartner sagen: »Mir scheint, Ihr seid jenen Hohlräumen auf der Spur, die ein alter Philosoph aufgestellt hat.« Worauf sein Gegenüber erwidert: »Ihr unterlasst hinzuzufügen: ein Philosoph, der die göttliche Vorsehung leugnete.« Mehr als Bruno war Galilei sich bewusst, dass eine kausal-mechanische Theorie wie der Atomismus sich dem Atheismus-Vorwurf aussetzte. Und ebendies war die Anschuldigung, mit der man Descartes schließlich treffen konnte.

Es nützte ihm nichts, dass er in seinen *Prinzipien* betonte, die Materie sei unendlich teilbar und der Raum ununterscheidbar vom Körper, und damit die atomistische Behauptung bestritt, in der Natur gebe es Vakua oder leere Räume. In den Augen der Römischen Inquisition war er um kein Haar besser als Bruno und Galilei, und deshalb schritt sie zur Tat. Sie ließ sich die Schriften des verdächtigen Philosophen vom päpstlichen Nuntius in Paris beschaffen und von den Zensoren des Heiligen Offiziums aus der Sicht von Fabris Zensurbericht prüfen. Hatte man Descartes erst einmal im Gegensatz zu seinen erklärten Ansichten als »Atomist« aufgebaut, dann waren seine Gedanken zum Abendmahl »wenn nicht falsch und ketzerisch, so doch mindestens Ärgernis erregend, unbesonnen und übel klingend«. Einer der originellsten Philosophen des 17. Jahrhunderts hatte nach dem Urteil des Heiligen Offiziums nichts anderes getan, als fünfhundert Jahre zuvor begangene Irrtümer zu neuem Leben zu erwecken.

Die letzte Bemerkung ist kennzeichnend für das Denken der Inquisitoren. Unfähig, einen Denker zu begreifen, der sich in seiner Abhandlung *Discours de la méthode* (dt. *Von der Methode*; 1642) zum Grundsatz machte, »niemals eine Sache als wahr anzuerkennen, von der ich nicht evidentermaßen erkenne, dass sie wahr ist«, und unwillig, sich mit ihm auseinanderzusetzen, konnten die Zensoren nur ahnen, dass sein Werk die Ablehnung landläufiger Ideen und geltender Methoden implizierte. Die scholastische Methode, die man ihnen beigebracht hatte und an die sie sich klammerten, unterschied mehrere Arten der Erkenntnis, je nach dem erkennbaren Gegenstand. Descartes wies diesen Gedanken zurück und behauptete seinerseits, die Menschen seien dank des natürlichen Lichts der Vernunft imstande, Wahres von Falschem zu scheiden; damit, so schien es, untergrub er nicht nur die gedanklichen Prämissen des Heiligen Offiziums, sondern stellte auch dessen moralische Autorität in Frage.

Die Inquisitoren waren weder in der Lage zu beurteilen, welche philosophische Gültigkeit die Descartes'sche Behauptung besaß, nach der jede Meinung so lange in Zweifel zu ziehen ist, bis ein unmittelbarer Beweisgrund das Gegenteil bezeugt, noch konnten sie seine These analysieren, dass aus der Gottesidee die reale Existenz Gottes folge. Sie begriffen lediglich, dass solche Gedanken verdächtig waren. Da Descartes' Theorien schon Argwohn erregten, noch ehe man sie analysiert hatte, wurden seine neue Ideen nach dem Muster alter Irrlehren interpretiert. Die Cartesianer, so der Zensor, leugnen die reale Gegenwart im Sakrament der Eucharistie, und aus dieser verdammungswürdigen Lehre ergeben sich sieben Folgesätze, die als »theologisch sinnlos« gelten müssen:

1. Transsubstantiation kann es nicht geben.
2. Die Eucharistie ist kein wahrhaftes und wirkliches Sakrament, denn es fehlt ein wirkliches und erkennbares Zeichen.
3. Das Sakrament kann nur in der Einbildung (*tantum phantastice*) vollzogen werden.
4. In Wein und Brot bleibt nichts übrig.
5. Alle katholischen Theologen, von Anselm bis Thomas von Aquin, die über diesen Gegenstand geschrieben haben, waren nicht ganz bei Sinnen, und das untergräbt die Autorität der Kirche.
6. Alle Bischöfe, Prediger und Geistlichen haben sich geirrt.

7. Gelehrt hat dies John Wyclif (ca. 1330–1384), und deshalb wurde er auf dem Konzil von Konstanz (1414–1417) verurteilt.

Nach diesem kursorischen Blick auf Ansichten, die Descartes nie zur Veröffentlichung bestimmt hatte, bellte der Wachhund der Rechtgläubigkeit seine Überzeugung heraus, dass sie mit der kirchlichen Lehre kollidierten. Auf dieser Grundlage – Verwerfung von nur halb begriffenen Gedanken, Angst vor ihren übertrieben dargestellten Konsequenzen und eine Mischung aus Abwehr und Autoritarismus – wurde die Klausel »bis zur Berichtigung« aus dem Eintrag zu Descartes' Werken im Index verbotener Bücher entfernt. Der Philosoph wurde zusammen mit seinen Anhängern als unverbesserlich verdammt.

Im ganzen 18. Jahrhundert wurden die Cartesianer von dem weniger wichtigen Organ, der Indexkongregation, überwacht – ein Zeichen dafür, dass das Problem heruntergestuft worden war. Besser erging es ihnen darum freilich nicht. Wenn die Zensoren sich zu den von Anhängern zitierten oder weiterentwickelten Descartes'schen Ideen äußerten, begriffen sie den Satz »Ich denke, also bin ich« nicht als eine These zur unmittelbaren Gewissheit, sondern begnügten sich mit der verächtlichen Bemerkung: »Das hat er von Augustinus.« Für dieses trostlose Niveau der Kritik stehen auch Äußerungen wie etwa: »Wie arrogant er ist, wenn er sich weigert, irgendetwas zu glauben, das nicht durch die Vernunft bewiesen ist!« Oder: »Ich kann seinen Stil nicht ausstehen.« Einmal wurde sogar behauptet, der betreffende Cartesianer müsse ketzerisch sein, denn er habe in London gelehrt! Und immer wieder präsentierten die Zensoren Variationen über das ewig gleiche öde Thema: »Das erinnert an die ketzerischen Ansichten von Wyclif und Jan Hus (1369–1415, auf dem Scheiterhaufen verbrannt) und muss verurteilt werden.« Sie verdammten sich selbst zum Widerstand gegen eine Denkbewegung, die sie nicht aufhalten konnten; sie schmachteten in den Denk-Verliesen der zur Festung ausgebauten Orthodoxie und waren ahnungslose Opfer der Zensur, in deren Diensten sie standen. Und Kardinal Albizzi, unschlagbar in seiner Ignoranz und unerschütterlich in seiner Zielstrebigkeit, konnte weiterhin abweichende Meinungen ausschalten.

Albizzi sah überall nur Abweichung, für den Reiz neuer Ideen hatte er keinen Sinn. Nicht alle Vorkämpfer für die Sache Roms waren so kompromisslos. In Frankreich publizierte der katholische Theologe und Erzieher des Dauphins, der Bischof Jacques-Bénigne Bossuet (noch vor der Abfassung seiner historischen und polemischen Schriften über die innere Spaltung der Ketzer als Beweis für die Schädlichkeit ihres Glaubens), seine *Exposition de la doctrine catholique* (*Erläuterung der katholischen Lehre*; 1671), in der er für Aussöhnung und Wiedervereinigung mit den Jansenisten und Protestanten plädierte.

Einer der Protestanten, der Bossuets Vorstoß ernst nahm und in einen ökumenischen Dialog mit ihm einzutreten suchte, war der deutsche Philosoph Gottfried Wilhelm Leibniz (1646–1716). Leibniz' Interesse am Katholizismus und sein Aufenthalt in Rom (1687–1690) riefen im lutherischen Lager Besorgnis hervor. Es ging sogar das Gerücht, man habe ihm den roten Kardinalshut angeboten; das jedenfalls schreibt er mit ironischem Unterton in einem Brief von 1698, ein Jahr nachdem die Ideen, die er in *Des méthodes de la réunion* (dt. *Über die Reunion der Kirchen*; 1684) formuliert hatte, vom Heiligen Offizium zensiert worden waren.

Nicht alle Mitglieder der Römischen Inquisition hätten Leibniz in der katholischen Gemeinde mit offenen Armen empfangen. Er vertrat zu viele verdächtige Ansichten. Zum Beispiel behauptete er, die Verdammung der kopernikanischen Lehre durch die Kirche stehe im Widerspruch zu ihrer eigenen Tradition. Schlimmer noch, er sprach ihr das Recht ab, sich »katholisch« zu nennen. »Katholisch« hieß ja in seiner ökumenischen Perspektive die Universalkirche, von der Rom nur einen Teil bildete. Das Ganze sollte nach Ansicht des Philosophen eine Gemeinschaft des Glaubens und der Liebe sein, die über die konfessionellen Grenzen hinausreicht. Deshalb lehnte er den Kirchenbann ab, der auf dem Tridentiner Konzil über die Protestanten verhängt worden war. Jeder Versuch, so Leibniz, den Glauben per Befehl zu oktroyieren oder Menschen zu zwingen, etwas für sie Unannehmbares zu glauben, ist falsch. Was Menschen zu Ketzern oder Schismatikern macht, ist der Zwang, und »man darf sich nicht einbilden, dass Gott die ungerechte Verdammung von Seelen durch die kirchliche Obrigkeit gutheißt«.

Das Interesse dieser römischen Obrigkeit an den Leibniz'schen Gedanken erwachte in den letzten fünf Jahren des 17. Jahrhunderts. Wie Descartes, dessen Verdammung sich auf seine Briefe stützte, wurde auch der deutsche Denker auf der Grundlage seiner Korrespondenz zensiert. Besonders abgesehen hatte es das Heilige Offizium auf einen Brief, den Leibniz an Paul Pellisson-Fournier (1624–1693), den Berater und Historiker Ludwigs XIV., geschrieben hatte. Dieser katholische Konvertit versuchte, seinen Briefpartner zur Annäherung an Rom zu bewegen. Ein Teil ihres Briefwechsels erschien 1691 als vierter Teil von Pellissons *Réponse aux objections envoyées d'Allemagne sur l'unité de l'Eglise et sur la question si elle peut tolérer les sectes (Antwort auf Einwände aus Deutschland zum Problem der Einheit der Kirche und zur Frage, ob sie die Sekten tolerieren kann)*. Was das Sprachproblem betraf, so verfuhr das Heilige Offizium ebenfalls wie bei Descartes und ließ einen dieser Briefe aus dem Französischen ins Lateinische übersetzen. Nun hielten die Inquisitoren ein wichtiges Dokument des ökumenischen Denkens in der Hand. Wie reagierten sie darauf?

Am 7. Mai 1696 machte sich eine Gruppe von sieben Gutachtern, unter ihnen der Dominikanergeneral sowie der Jesuit Bartolomeo Carena, an die Arbeit und untersuchte Leibniz' Korrespondenz mit Pellisson, aus der sie sechs Hauptthesen herauszog:

1. Wenn Rom einen Glaubenssatz definiert hat und die Definition denen, die außerhalb der Kirche stehen, bekannt wird, so können sie guten Glauben (*bona fides*)

geltend machen, selbst wenn sie in ihrem Irrtum verharren.

2. Der gute Glaube, den man zu haben meint, kann hin-
reichende Heilsbedingung sein, selbst wenn man außerhalb der Kirche bleibt und sich ihren Definitionen nicht
anschließt.

3. Diejenigen, die außerhalb der Kirche stehen und sich
ihren Definitionen nicht anschließen, können Ketzer
sein, aber nur »materielle«, nicht »formelle« Ketzer.

4. Sie können der Kirche mit dem Herzen anhängen und
ohne die Disziplin der Sakramente Kraft und Gewinn
aus ihr ziehen.

5. Sie können wahrhafte und aufrechte Gläubige sein, ohne
der Kirche anzugehören. Was vor allem zählt, ist die Liebe.

6. Alle Religionen sollten toleriert werden, denn jeder kann
mit ihrer Hilfe das Heil suchen und sich im guten Glauben wähnen.

Sieben Monate später, am 7. Dezember 1696, lag ein Bericht
vor: eine »Zensurprüfung« oder Beurteilung aller sechs Thesen auf einmal.

Die Zensoren reagierten schockiert, entsetzt und entrüstet.
»Religiöse Toleranz«, so das einstimmige Urteil der Gutachter, »ist die schlimmste Ketzerei, die es je geben kann.« Was
sie an Leibniz' Ideen in erster Linie empörte, war das Neue.
Der Begriff »weltliche Neuerungen« galt lange Zeit als Synonym für Ketzerei; mit Bestürzung stellten die Inquisitoren fest,
dass »die Antike in Leibniz' Denken nicht die geringsten Spuren hinterlassen hat«. Einen Trost jedoch gab es. Leibniz und
alle, die dachten wie er, waren keine Sekte. Nach Schätzungen
des Heiligen Offiziums handelte es sich um höchstens dreißig
oder vierzig solcher Hitzköpfe in ganz Europa.
Erinnern wir uns an Kapitel I, wo beschrieben wurde, wie
ein Inquisitor im Jahre 1605 dachte und fühlte. Jetzt haben

wir, einundneunzig Jahre später, seine Nachfolger mit ihrer Denkweise vor uns. Man sieht, wie viel sich geändert hat. *Plus ça change, plus c'est la même chose*, könnte man sagen. Ja und nein. Die Gründe für das Ja liegen auf der Hand. Aber auch das Nein stimmt, denn diesmal hatte die Römische Inquisition den Kern des Problems erkannt: Nach Meinung der Gutachter bestand er nicht in der Frage, ob Toleranz impliziert, dass weltliche Herrscher ihren Untertanen gestatten sollten, verschiedenen Konfessionen anzugehören. Auch die Frage, ob Ketzer in katholischen Staaten leben dürften, beschäftigte sie nicht über Gebühr. Der Unterschied zwischen einem Ketzer aus Deutschland und einem Katholiken in Frankreich ist, wie sie nüchtern feststellten, gar nicht groß. Was bedeutet es schon, ob Sozinianer ihr Leben als Sozinianer oder Calvinisten das ihre als Calvinisten leben können? Das alles sind Randprobleme. Die eigentliche – die zentrale – Frage, die Leibniz mit seinen Ideen über religiöse Toleranz aufwarf, lautete vielmehr, ob Sozinianern und Calvinisten und Lutheranern, die im guten Glauben zu leben meinen, das ewige Heil verheißen ist.

Nein, war die Antwort. Leibniz musste daher als Häretiker verurteilt werden, Pellisson hingegen hatte als rechtgläubiger Katholik eine Belobigung verdient. Das Heilige Offizium sollte sich, so empfahlen seine Zensoren in einer untypischen Anwandlung von Solidarität, geschlossen hinter den damals schon verstorbenen Pellisson stellen. Er hatte scharfsinnig darauf bestanden, dass man in allen Glaubensfragen auf die Unfehlbarkeit der Kirche vertrauen müsse – und genau um diese ging es ihnen. Die Kirche als eine durch göttliche Vorsehung gelenkte Institution im Gegensatz zum inneren Licht der persönlichen Frömmigkeit oder des individuellen Gewissens: hierin sah die Römische Inquisition den Kern ihrer Opposition zu Leibniz. Immerhin erwies sie ihm die Ehre, sein Denken wenigstens versuchsweise zu verstehen – anders als bei Descartes, mit dessen Ideen sie kurzen Prozess gemacht hatte. Im Fall Leibniz begnügte das Heilige Offizium sich nicht mit einer schlichten Verdammung. Es wollte zugleich herausfinden, warum er eine Position vertrat, die von keinem Katholiken geteilt werden durfte:

»… er sagt, es gebe innere Gründe für den Glauben, die sich nicht erklären lassen, die ihre Ursache in einer Art innerem Licht haben und die wir voneinander unterscheiden können. Diesen Prozess des Unterscheidens nennt er Gewissensprüfung, und sie führt dazu, dass man die Kraft des inneren Lichts empfindet.«

Unter solchen Voraussetzungen könne Leibniz, so argumentierten die Glaubenshüter, den Katholizismus gar nicht verstehen. Außer dem Prinzip der göttlichen Liebe erkennt der Philosoph keinen Glaubensartikel als unverzichtbar an. Jeden, der in Gewissensfragen irrt, entschuldigt er mit der Behauptung, selbst die Kirchenväter hätten bei der Erörterung der Dreifaltigkeit Fehler begangen. Für Leibniz ist das Heil schon dadurch gesichert, dass man sich das Christentum von ganzem Herzen anzueignen wünsche. Er findet es noch nicht einmal notwendig, das Sakrament der Taufe zu erhalten. Man brauche sich, wie er meint, nur danach zu sehnen.

Warum die Römische Inquisition mit einem einzigen Leibniz'schen Brief so viel Aufwand betrieb, liegt auf der Hand. Entscheidend war nicht, dass er den Anspruch des privaten Gewissens gegen die Autorität der Kirche als Institution geltend machte. Seine Ideen waren doppelt gefährlich, weil sie Anklang bei Katholiken finden konnten. Er drang auf ein Gebiet vor, das vom Heiligen Offizium eifersüchtig gehütet wurde. Das Nein zur Disziplin der Sakramente, so die Zensoren, sei »formelle« Ketzerei, Häresie im vollen und strikten Sinn. Leibniz aber stufte es niedriger ein, als »materielle«, auf Unwissen beruhende Ketzerei, die verzeihlich sein kann, wenn die Absichten gut sind. Der Philosoph benutzte dieselbe Sprache wie die Inquisitoren – aber zu anderen Zwecken.

Wenn die Mitarbeiter des Heiligen Offiziums ein Verfahren durchführten, war ihnen nichts wichtiger als die Feststellung, was der Angeklagte gewollt und beabsichtigt hatte. Da stand nun Leibniz und plädierte in ihrer Sprache für eine Gewissensfreiheit, die sie verweigern mussten. Er war ein Protestant, der sich unlängst in Rom aufgehalten hatte und die dortigen Methoden und Denkweisen kannte. Zwar konnten die Inquisitoren sich mit dem Gedanken trösten, dass die Zahl derer, die die Ansichten des Philosophen teilten, immer noch gering war, aber sie wussten sehr wohl, dass nicht alle ihre Schäfchen gegen die Ansteckung durch Leibniz' ökumenisches Denken so resistent waren wie der gottesfürchtige Pellisson. Deshalb nahmen sie ihn als Bedrohung ernst; und deshalb taten sie Recht daran.

Auch der gute Glaube war ein Punkt, der die Zensoren beunruhigte. Sie legten dar, warum diejenigen, die außerhalb der Kirche standen und deren Definition des Dogmas kannten, ohne ihren Irrtum aufzugeben, entgegen der Leibniz'schen Auffassung diesen guten Glauben nicht für sich beanspruchen könnten, sondern als Ketzer verdammt werden müssten:

1. Sie untergraben die Autorität, die der Kirche von Christus verliehen wurde.
2. Sie leugnen ihre Unfehlbarkeit und zerstören ihre Einheit, die in den Glaubensartikeln, den allgemeinen Kirchenkonzilien und der Lehre der Päpste Gestalt gewinnt.
3. Selbst Ketzer, wie etwa die Arianer, haben die Autorität der Nachfolger Petri anerkannt.
4. Der Glaubenszwang wurde unter Innozenz III. (1198–1216), auf den die mittelalterliche Inquisition zurückgeht, in aller Form eingeführt.
5. Die Auffassung, man könne trotz einer Definition durch die Kirche im guten Glauben verharren, bedeutet, dass sie irren kann.
6. Wenn jeder glauben kann, was er will, wird es weder Glaubenseinheit noch unteilbare Wahrheit geben.

Vorgetragen wurden diese Argumente in einem Klima der Sorge, als Papst Innozenz XII. (1691–1700) vergeblich versuchte, den Krieg zwischen Frankreich und der großen Allianz zu beenden. Ausgeschlossen von den Verhandlungen, die zum Frieden von Ryswijk (20. September 1697) führten, wollte der Heilige Stuhl damals unbedingt mit einer Klausel dafür sorgen, dass in allen Gebieten, die durch den Friedensvertrag unter protestantische Herrschaft kamen, der katholische Glaube unverändert beibehalten wurde. Als die Kardinal-Inquisitoren am 13. Februar 1697 beschlossen, die Leibniz'schen Ideen zu religiöser Toleranz zu verdammen, war die Gefahr einer Verfälschung des rechten Glaubens in Europa allgegenwärtig. Als sie den Philosophen in Rom der Zensur unterwarfen, reagierten sie auf ein Problem, das für die Katholiken anderer Länder ganz dringlich geworden war; und die detaillierten Zensurberichte über seinen Brief verrieten, dass sie sich dieser Dringlichkeit bewusst waren.

Von niemandem in Zweifel gezogen wurde seine Kompetenz in Fragen der Theologie. Während Descartes in den Augen des Heiligen Offiziums ein Dilettant war, wurde Leibniz als Fachtheologe anerkannt. Brachte er nicht lange Zitate von Thomas von Aquin? (Vielleicht allzu lange, denn die Römische Inquisition fand seinen Stil weitschweifig.) Aber Thomas war auch der Stock, mit dem man den langatmigen Zitierer schlagen konnte: Der Doctor angelicus hatte auf Gehorsam bestanden und alle, die bloß glauben, was sie sich selbst zusammenträumen, als Häretiker bezeichnet. Man sehe nur die englischen Independenten, die niemandem gehorchen wollen! Ihr Hochmut ist ebenso unerträglich wie der eines Leibniz, der behauptet, man könne der Kirche angehören und sie zugleich kritisieren. Es ist widersinnig zu meinen, man könne Gott lieben, ohne den Glauben zu teilen, den Seine irdischen Vertreter festgelegt haben. Alle Glaubensartikel sind bindend. Man hat keine Wahl. Toleranz, so die abschließende Feststellung des Heiligen Offiziums, ist nur ein anderes Wort für Chaos.

Zu diesem Chor der ersten vier Experten, die Leibniz verurteilten, gesellte sich die abweichende Stimme eines anderen Inquisitors. Anders als seine Kollegen interessierte sich der Dominikaner Antonin Massoulié weniger dafür, was die Leibniz'schen Gedanken für die Mitglieder der katholischen Kirche bedeuten könnten, sondern für die Frage, wie sie auf die wirken, die außerhalb der Kirche stehen. Welcher Jude oder Heide, der einer Sexualstraftat beschuldigt wird, würde nicht antworten, er habe es im guten Glauben getan? Der dehnbare Leibniz'sche Begriff öffne einer schrecklichen Flut von Lastern Tür und Tor. Wenn alle fänden, sie hätten die Freiheit, zu tun, was sie wollen, ohne eine Bestrafung gewärtigen zu müssen, dann bräuchte man, inmitten lizenzierter Anarchie, keinerlei Gesetze. Es gelte also, entschlossen zu handeln, um die Autorität wieder herzustellen. Die Leibniz'sche Position sei typisch für Lutheraner und Calvinisten, die sich endlos stritten, ohne zu einem Schluss zu kommen. Protestantismus, so die Meinung des Inquisitors, lasse Raum für unentwegte Entschuldigungen und Ausflüchte.

Doch obgleich Massoulié noch zusätzliche Argumente für eine Verdammung der Leibniz'schen Ideen fand, plädierte er für Milde gegenüber ihrem Urheber: »Wir sollten den Ruf dieses berühmten Autors unangetastet lassen … Er steht der römischen Kirche nicht als totaler Opponent oder Feind gegenüber.« Es bestehe noch Hoffnung, dieses verirrte Schaf in die katholische Herde zurückzuholen und weitere zurückzugewinnen. In der Bastion der Rechtgläubigkeit waren also nicht alle Sinne verschlossen, und wenigstens einer der Glaubenshüter reagierte auf Leibniz' Anstoß zur Ökumene, wenn auch in bescheidenem Ausmaß und mit den eigenen Kategorien.

Mit seiner Toleranz gegenüber dem Verfechter – nicht der Idee – der religiösen Toleranz traf dieser Inquisitor aufs Neue eine Unterscheidung, die der Prozess gegen Galilei zum Verschwinden gebracht hatte. Als Einziger von seinen damaligen Kollegen im Heiligen Offizium hatte Massoulié eine Ahnung davon, dass Leibniz eine Berühmtheit war. Seine Achtung vor dem Rang des Philosophen mischte sich mit der Hoffnung, er könnte vielleicht ein ebenso Aufsehen erregender – und zweifellos nicht so nervenaufreibender – katholischer Konvertit werden wie Königin Christina von Schweden.

Auf Einladung von Christina, Descartes möge in »das Land der Bären zwischen Fels und Eis« kommen und sie in Philosophie unterrichten, fuhr dieser am 1. September 1649 von Amsterdam nach Stockholm. Sechs Monate später war er tot, weil er der Laune einer Autokratin gefolgt war, die tyrannischer war als alle damaligen Autokraten auf dem Stuhl Petri. Kein Papst des 17. Jahrhunderts hätte es in der Manier dieses unausstehlichen Blaustrumpfs fertig gebracht, einen Denker in der mörderischen Kälte eines nördlichen Winters jeden Tag um fünf Uhr morgens aus dem Bett zu scheuchen. Vielleicht spricht das für die von Rom geübte Milde; mit Sicherheit und Nachdruck spricht es gegen Königin Christinas Charakter. Wenn es stimmt, dass eines der Kriterien für Toleranz, neben dem moralischen und religiösen Skeptizismus, die Achtung vor der Person ist (die Christina nicht besaß), dann kann kein Zweifel bestehen, dass manche Mitglieder des Heiligen Offiziums diese zweite Eigenschaft durchaus besaßen.

Einige wenige konnten Abstand nehmen und die Folgen einer Verurteilung abwägen. Sie waren mehr als Bürokraten, die es nur auf das korrekte Verfahren abgesehen hatten. Massoulié gehörte dazu, Albizzi nicht. Hardliner waren damals zwar meistens in der Überzahl, aber ganz konnten die Falken die Tauben nicht verdrängen. Letztere bedachten die Situation des Angeklagten und bemühten sich, sein Denken und Wollen zu verstehen. Aber da sie immer in der Defensive waren, mit Argwohn reagierten und sich ganz ihrer Sache verschrieben hatten, legte nicht einer von ihnen auch nur die geringste Spur von moralischem oder religiösem Skeptizismus an den Tag.

Wenn dieser Skeptizismus Vorbedingung für Glaubenstoleranz ist, war sie dann von der Römischen Inquisition zu erwarten? Vielleicht klingt die Frage rhetorisch, denn die Antwort, die das vorherrschende Bild des Heiligen Offiziums nahe legt, lautet natürlich: Nein. Dieses Nein könnte allerdings in großen dunklen Lettern über die Landkarte des gesamten frühneuzeitlichen Europas geschrieben sein und eine Düsternis verbreiten, die nur selten von flackerndem Licht aufgehellt wird. Als jedoch Leibniz – geboren und aufgewachsen in Leipzig, also nicht weit von Wittenberg, der Hochburg der lutherischen Kirche, und somit im damaligen Zentrum einer erbitterten Fehde zwischen konkurrierenden protestantischen »Sekten« – Rom die Hand reichte, ergriff man aus der Bastion der Orthodoxie wenigstens einen Finger.

Nicht nur in dieser Bastion, sondern fast überall war das eine Ausnahme. Die Befürworter der Ökumene, denen im Zeitalter der Religionskriege meistens die kalte Schulter gezeigt wurde und die man immer wieder verdammte, mussten einen hohen Preis zahlen – wie Leibniz zum eigenen Schaden erfuhr. Was er später mit seinen Glaubensbrüdern erlebte, war kaum angenehmer als seine Zurückweisung beim Heiligen Offizium. Am 14. November 1716 starb der Philosoph in Hannover, umgeben von Misstrauen, das seinen Kontakten zu »Papisten« und Jesuiten galt und durch »Atheismus«-Vorwürfe noch angestachelt wurde.

Keine der Seiten, die im 17. Jahrhundert einander bekämpften, weder die protestantische noch die katholische, verschrieb sich der Sache der Toleranz; zur bösen Ironie dieser Kultur des Argwohns gehört denn auch, dass Descartes' Zensor Honoré Fabri 1671 seinerseits ins Gefängnis geworfen wurde, weil er zu sehr mit dem kopernikanischen System sympathisierte. Nur die, die ganz oben standen, waren weder für die einen noch für die anderen Glaubenshüter zu erreichen. Christina von Schweden zum Beispiel zitierte gern den provozierenden Satz Ciceros (*Über das Wesen der Götter* I, 5) nach dem alle Religionen falsch sein mögen, aber nur eine wahr sein könne. Und wenn die römischen Inquisitoren ihn aus dem Mund der königlichen Konvertitin hörten, die sie nicht vor Gericht bringen konnten, dann blickten sie sicher verlegen auf ihre Schuhspitzen.

V.
DER SPIEGEL DER GESCHICHTE

Am 13. März 1694 erteilte die Römische Inquisition ihrer Zensur einen Prüfungsauftrag in eigener Sache: Ein Jahr zuvor hatte ein anonymer Verfasser in Köln eine Geschichte der Inquisition herausgebracht. Anonymität war in den Augen der Zensoren an sich schon eine strafbare Handlung, weil sie die ohnehin beträchtlichen Schwierigkeiten, eine wirksame Kontrolle auszuüben, noch vergrößerte. Und der Versuch, sich dieser Kontrolle zu entziehen, rief den Verdacht häretischer Bestrebungen wach – ein Verdacht, der in diesem Falle auch gerechtfertigt war.

Das auf Französisch geschriebene Buch stammte von Jacques Marsollier, einem Kanonikus an der Kathedrale von Uzès, der sich als Biograf und Historiker einen Namen gemacht hatte. Marsollier war keineswegs der Erste, der sich an einer Geschichte der Inquisition versuchte; 1692 – ein gutes Jahr vor Erscheinen seines Buches – hatte bereits ein anderer, Philip van Limborch, eine solche Geschichte verfasst, die sich als einflussreicher erwies als die von Marsollier. Wenn dessen anonyme Publikation für die Prüfung durch die Zensur ausgewählt wurde, während die des van Limborch davon verschont blieb, so geschah dies nur deshalb, weil im Jahre 1694 Rom von der Existenz seines Buches keine Kenntnis hatte.

Der Zensor war ein Beamter der Kurie mit ausgeprägtem Sinn für alles, was seiner Karriere nutzte. Giovanni Maria Gabrielli arbeitete schon seit 1690 für die Inquisition und den Index. Er war unter seinen Kollegen im Heiligen Offizium eine einflussreiche Figur und bekleidete 1694 das Amt eines Generalprokurators für den Zisterzienserorden. Pedantisch, wie er war, beklagte Gabrielli den Umstand, dass er nicht wusste, wessen Text er säuberte – was ihn indes nicht hinderte, dem Beispiel des anonymen Verfassers nachzueifern.

Drei Jahre später veröffentlichte Gabrielli – gleichfalls anonym und ebenfalls in Köln – eine Streitschrift über die Gnadenlehre. Im Bemühen, sich bei seinen Vorgesetzten in ein gutes Licht zu setzen, griff er darin Ansichten als »verfehlt«, »unverschämt« und »schwachsinnig« an, die seine Kollegen geäußert hatten. Die Kardinalsrobe fest im Visier, begann Gabrielli Marsolliers Geschichte in dem alles andere als neutralen Geiste eines Menschen zu untersuchen, der sich bewusst war, dass ihm die Inquisitionstätigkeit als Karriereleiter dienen konnte. Schauen wir uns nun das Buch mit dem kalt berechenden Blick seines Zensors an.

Der zentrale Gedanke in Marsolliers Geschichte lag Gabriellis (korrekter) Interpretation zufolge darin, dass die Kirche zwar recht daran tue, die Ketzerei zu bekämpfen, dabei aber von »weltlichen Strafen« – das heißt, von Gewaltanwendung – Abstand nehmen solle. Gabrielli, nach dessen Ansicht sich die Apostel Petrus und Paulus schon bei weit weniger ernsten Verbrechen für die Hinrichtung eines Verbrechers eingesetzt hatten, erschien dies als blanker Unsinn. Die Strenge des römischen Inquisitors lief der Gewaltlosigkeit des französischen Kanonikus diametral entgegen; der Gegensatz zwischen beiden wurde durch die Verschiedenheit ihrer kulturellen und nationalen Herkunft noch zusätzlich verstärkt.

Wenn Marsollier die Autorität des Kirchenvaters Augustinus gegen die päpstliche Autorität aufbot, so roch das für Gabrielli nach Jansenismus. Und wenn der Historiker die päpstliche Gewalt der Autorität des allgemeinen Konzils unterordnete, dann schien er sich für jene anrüchige Haltung stark zu machen, die separatistische (oder »gallikanische«) Mitglieder der französischen Kirche einnahmen. Noch schlimmer: Mit seiner Erklärung, die Mitglieder des Heiligen Offiziums seien »unerbittlich, bar jeder Menschlichkeit, erbarmungslos und erpicht darauf, die Inquisition zu einem Werkzeug ihres eigenen Ehrgeizes zu machen«, hielt Marsollier, ohne es zu wollen, seinem Zensor einen Spiegel vor.

Gabrielli zahlt es ihm mit gleicher Münze heim. Ins Mark getroffen durch das vernichtende, aber keineswegs abwegige Bild, das Marsollier von ihm entwarf, sah sich Gabrielli außerdem mit Argumenten konfrontiert, denen er nichts entgegenzusetzen wusste. Wie sollte er, der noch nie Frankreich und Deutschland besucht hatte, reagieren, wenn der Verfasser die geistige Freiheit in diesen Ländern mit den repressiven Verhältnissen verglich, für die das Heilige Offizium im Königreich Neapel sorgte. Marsollier übertrieb zwar mit seiner Behauptung, in Rom bezeichne man alles als Häresie, was eine Gefahr für die weltliche Macht der Kirche darstelle; dennoch steckte in der Übertreibung so viel Wahrheit, dass Gabrielli um eine Antwort verlegen war und den Punkt deshalb einfach mit Stillschweigen überging.

Nicht, dass der Zensor nicht verstand, worum es Marsollier ging. Die Darstellung der Geschichte, die er seinen Vorgesetzten in der Inquisitionsbehörde lieferte, zeugt von ebenso viel Sorgfalt, wie sie umfassend ist. Gabrielli verzichtete auch nicht darauf, unangenehme Wahrheiten wiederzugeben, die sich in dem Buch fanden und die wegen ihres Wahrheitsgehalts bei seinen Vorgesetzten Anstoß erregen mussten. Wenn Marsollier feststellte, dass der Kenntnis- und Bildungsstand der Inquisitionsbeamten, ungeachtet ihres Anspruchs auf Allwissenheit, eng beschränkt war oder dass die Beamten, von ihrer eigenen Rechtgläubigkeit überzeugt, nicht gezögert hatten, Kirchenväter zu verurteilen, dann handelte es sich dabei um Tatsachen, die ebenso sehr durch die lange Geschichte des Heiligen Offiziums bezeugt wie durch seine gegenwärtige Praxis unter Beweis gestellt wurden. Widerlegen ließen sich diese Anschuldigungen schwerlich; man konnte sie nur ebenso pauschal wie kalt abweisen.

Und so geschah es auch. Es habe keinen Sinn, sich mit Marsollier inhaltlich auseinander zu setzen, denn was er vorbringe, seien »die Hirngespinste eines Verrückten ... Schmutz aus der Gosse ... Tiraden im Stile eines Puritaners, der einer hinterwäldlerischen Gemeinde etwas vorgeifert«. So also fertigte der römische Inquisitor den Kanonikus aus Uzès ab, dessen Anwürfe gegen die Päpste er den Unflätigkeiten »einer Landsknechtsdirne oder eines Kupplers« gleichsetzte. Marsolliers Geschichte sei ebenso antiquiert wie verabscheuungswürdig. »Das ist der vulgäre Unfug, den wir schon tausende Male verworfen haben«, schrieb Gabrielli, der offenbar den Eindruck hatte, es mit einem Protestanten zu tun zu haben.

Der »Protestant«, dessen Werk am 19. Mai 1694 auf den Index gesetzt wurde, schrieb als nächstes eine Biografie über den heiligen Franz von Sales, die weite Verbreitung fand, nach ihrer Übersetzung ins Italienische vom Inquisitor in Florenz approbiert wurde und mit einer Widmung für Papst Clemens XI. erschien. Maria Gabrielli hingegen sah, nachdem er seine anonyme Streitschrift in Köln veröffentlicht hatte, im Jahre 1700 seine Bemühungen von Erfolg gekrönt und sich mit der Kardinalswürde belohnt.

Gabrielli hatte Marsolliers Buch immerhin gelesen. Das war schon ein Fortschritt, im Vergleich zu dem Zensor von Thomas Hobbes' *Leviathan* (1651), der in den drei Jahren (1700–1703), in denen sich die für den Index zuständige Kongregation mit der lateinischen Fassung der Werke des englischen Philosophen beschäftigte, kaum über die Vorrede hinauskam. Was diesen Hüter der Rechtgläubigkeit irritierte, war der Ruf eines »Kirchenhistorikers« und Gegners der Katholiken, in dem Hobbes stand. Zu den Überzeugungen, die »ihm der Teufel eingeflüstert hatte«, zählte die Ansicht, dass »Grundlage des Rechts die bürgerlichen Einrichtungen sind« und dass »die Heilige Schrift ihre Geltung einzig und allein der Autorität der Obrigkeit schuldet«. Bei der weltlichen Obrigkeit und den Kirchenoberen in England, die Hobbes des Atheismus bezichtigten, war das Entsetzen womöglich größer als beim römischen Zensor, bei dem die Alarmglocken eigentlich noch lauter hätten schrillen müssen, als sie es taten. Denn in der 1658 erschienenen lateinischen Ausgabe des *Leviathan* bestritt der Autor jedem Ketzergericht die Befugnis, über ihn ein Urteil zu fällen beziehungsweise den Vorwurf der Häresie auf anderes auszudehnen als auf Abweichungen vom nizäischen Glaubensbekenntnis. Das alles interessierte den Zensor nicht. Weder in historischer noch in philosophischer Hinsicht wurde dieser aufstrebende junge Mann dem Meisterwerk, das er untersuchte, gerecht.

Sein Name war Giacomo Caracciolo. Als man ihm 1700 die Prüfung des *Leviathan* anvertraute, war er fünfundzwanzig Jahre alt. Unbeschwert durch intellektuelles Rüstzeug, verfügte er über nichts als den Formalismus und das dogmatische Urteil des Juristen. Wie andere seines Schlages benutzte auch Caracciolo die Indexkongregation als erste Sprosse der Karriereleiter, die er in aller Hast und ohne, dass sie ihm viel Glück brachte, emporkletterte. Seine Beförderungen zum Inquisitor auf Malta (wo er sich mit den Rittern des nach der Insel benannten Ordens herumzankte) und zum Nuntius in der Schweiz (»genau so unerträglich wie Japan«) verdiente er sich unter anderem mit der Lektüre der Vorrede zum *Leviathan*, ohne sich über den Rest des Werkes weiter den Kopf zu zerbrechen. Nachdem er die wenigen Seiten überflogen hatte, empfahl er, das Buch zu verbieten. Für Hobbes erwies sich das nicht unbedingt als großes Unglück. Im Zerrspiegel des römischen Bannfluchs fand er sich allerdings komisch entstellt. Denn sein Nachname – als »Hobes« geschrieben – wurde im nächsten Index verbotener Bücher unter dem Buchstaben »T« (für »Thomas«) eingereiht, nebst einer Anmerkung, die den Leser auf einen gewissen »Thomas Gobes« verwies.

Angesichts solcher Fälle gilt unser Mitgefühl vielleicht dem Autor, dem sein Zensor so übel mitspielte. Denken wir aber auch einmal an den irgendwo in der Provinz sitzenden Inquisitor, der versuchte, den neuesten Anordnungen aus Rom Folge zu leisten. Die Wahrscheinlichkeit, dass die Indexkongregation ihm das Edikt zu schicken versäumte, durch das die Werke von Hobbes verboten wurden, war groß. Dieser Vertreter der römischen Zensur hatte deshalb keine anderen Unterlagen als den neuesten Index verbotener Bücher. Entdeckte er den *Leviathan*, der mit einer Warensendung von England nach Venedig geschmuggelt wurde, wie konnte er dann wissen, dass dieses Buch dem kirchlichen Bann verfallen war? Wenn er in dem einzigen Nachschlagewerk suchte, das ihm zur Verfügung stand, musste er sich von »Hobes« zu »Thomas« und schließlich zu »Gobes« durchfinden. Die Detektivarbeit, mit der seine Oberen ihn beauftragt hatten, bestand nicht zuletzt darin, das Durcheinander zu durchdringen, das sie selber schufen.

Die Folgen lassen sich der Korrespondenz zwischen den Außenposten und der Zentrale des Heiligen Offiziums im 17. und 18. Jahrhundert entnehmen; in diesem Zeitraum brachten die lokalen Inquisitoren in Abständen immer wieder die gleichen Klagen vor. Sie waren verzweifelt darüber, dass sie keine oder nur widersprüchliche Anweisungen erhielten und beschwerten sich, dass sie keine römische Politik verfolgen konnten, weil sich keine erkennen ließ. Das Resultat war ein ebenso unberechenbares wie unvermitteltes Hin und Her zwischen Scharfmacherei und Laisser-faire. Und das ist einer der Gründe, warum wir, wenn wir in einem Provinzarchiv auf Beweise für ein hartes Vorgehen gegen Besitzer verbotener Bücher stoßen, solch ein Verhalten vor dem Hintergrund der langen (manchmal Jahre währenden) Zeiträume betrachten müssen, in denen Anweisungen aus Rom einfach ausblieben. Von seinen Oberen, die selbst nicht wussten, was sie wollten, im Stich gelassen, konnte sich der örtliche Vertreter des Heiligen Offiziums geradeso gut dafür entscheiden, durchzugreifen oder stillzuhalten.

Es gab keinen Gesamtplan, keinen großen Entwurf, der sich hätte verwirklichen lassen, weil es Rom an der Organisation, den Methoden und den Hilfsmitteln fehlte. Häufig machten sich die Zensoren gar nicht die Mühe, zu verstehen, was sie schließlich verboten, und zumeist hatten sie keine Ahnung von der Person oder Stellung der Autoren, die sie mit dem Bann belegten. Das war besonders bei fremdländischen Autoren der

Fall, weil in der Hochburg der Rechtgläubigkeit nur ganz wenige über Kenntnisse beziehungsweise Erfahrungen in Bezug auf die Geisteswelt außerhalb der engen Grenzen Italiens verfügten. Für die »Opfer« hatte dieser Provinzialismus allerdings Vorteile. Es war nicht schwer, den Index und seine Vertreter zu überlisten. Man brauchte lediglich den tatsächlichen Namen des Autors und den wirklichen Titel des Werkes durch falsche zu ersetzen, und schon konnte man dem Inquisitor ein Schnippchen schlagen. Im Schwarzhandel – unter dem Ladentisch, hinter den Regalen – waren solche Publikationen stark gefragt und wurden eifrig gekauft; sie entwickelten sich zu regelrechten Bestsellern. Dass ein Werk auf den Index gesetzt wurde, galt vielen Lesern, die entschlossen waren, den Hütern der Rechtgläubigkeit Trotz zu bieten – als eine Empfehlung. In der damaligen Zeit, die noch keine Werbung kannte, erfüllten Verbote Reklamefunktion.

Das römische Kontrollsystem besaß einen äußerst beschränkten kulturellen Horizont. Wie weit waren sich Inquisitoren und Zensoren ihrer eigenen Grenzen bewusst, und in welchem Maße hatten sie ein Gefühl für das, was sie von anderen trennte? Die Antworten darauf sind ebenso vielfältig wie es die beteiligten Individuen sind. Die geistige Beweglichkeit und intellektuelle Wachheit zum Beispiel, die Kardinal Robert Bellarmin um die Wende vom 16. zum 17. Jahrhundert in seiner Arbeit für das Heilige Offizium bewies, war Lichtjahre entfernt von dem dumpfen Dogmatismus, den zwei Generationen später Kardinal Francesco Albizzi an den Tag legte. Der eine war fähig, subtile Überlegungen anzustellen; der andere vermochte allein, mit der Peitsche zu knallen. Die gleichen Unterschiede traf man auch bei ihren Untergebenen an. Es gab keinen bestimmten »Inquisitionstyp«, sondern eine Vielzahl begabter, unvollkommener, fehlbarer und manchmal missverstandener Männer.

Das Gefühl, missverstanden zu werden, war den Inquisitoren nur allzu vertraut. Sie waren sich des Umstands bewusst, dass man sie nicht mochte, sich über sie lustig machte oder Angst vor ihnen hatte. Einige wenige unter ihnen, etwa Bellarmin, ärgerten sich über ihr schlechtes Ansehen und strichen ihre guten Absichten heraus. Beschwerten sich die Inquisitoren öffentlich über die Ablehnung, mit der man ihnen begegnete, schenkte ihren Klagen gewöhnlich niemand Beachtung, zum Teil deshalb, weil sie damit keine Selbstkritik verbanden. Wenn wir nach selbstkritischen Äußerungen suchen, müssen wir uns den Gedankenaustausch ansehen, den sie intern pflegten und bei dem sie, zumal im Bereich der Zensurbehörde, gelegentlich Zweifel an ihrem Tun laut werden ließen.

Im Jahre 1744 zum Beispiel zensierte ein Inquisitor, der nicht gerade im Ruf eines toleranten Geistes stand, die französische Übersetzung eines Buches, das als der erste moderne englische Roman gilt: *Pamela or Virtue Rewarded* (1740–41; dt. *Pamela oder Die belohnte Tugend*) von Samuel Richardson (1689–1761). Das Buch, das in England und Frankreich wie eine Bombe einschlug, fiel beim Heiligen Offizium in Rom mit Pauken und Trompeten durch. Der Hüter der Rechtgläubigkeit, der es las, fand es zunächst widerlich. Er verabscheute das Thema Verführung, selbst wenn hier die Tugend über die Versuchung triumphierte. Im Verlauf seiner Beschäftigung mit dem Buch verflüchtigte sich indes seine feindselige Haltung. Das Einzige, was ihm in den hinteren Teilen des Buches noch anstößig erschien, waren »all diese Umarmungen und Küsse zwischen Ehegatten, die gute, reine Christen nicht öffentlich zur Schau stellen sollten«. Schließlich aber räumte er nachsichtig ein:

>»Diese Feststellung mag im Blick auf die kaltblütigen Engländer, wie auch auf alle anderen Nationen des Nordens, ein wenig engherzig erscheinen. Ich glaube allerdings nicht, dass sie im Blick auf die Italiener fehl am Platze ist. Wir dürfen die nachteiligen Auswirkungen nicht vergessen, die bei jungen Menschen die Lektüre dieses Buches haben kann.«

Dass heißblütige Italiener vielleicht vom Sittenverfall bedroht waren, wenn sie über ein Ehepaar lasen, das sich in der Öffentlichkeit küsste – diese Überlegung hätte schwerlich dazu getaugt, dem kaltblütigen Samuel Richardson die Schamröte ins Gesicht zu treiben; aber ebenso wenig vermochte die leise Ahnung von kulturell bedingten Unterschieden, die sich in ihr bekundete, den Zensor seines Buches zu bewegen, den Sprung in die ihm fremden Regionen größerer Toleranz zu wagen.

Weit war ihr Horizont nicht, wenn die Inquisitoren auf kulturelle Erzeugnisse blickten, die von außerhalb Italiens kamen; dafür aber besaßen sie scharfe Augen und ein langes Gedächtnis, wenn es um Bücher ging, die ihre Vorgänger auf den Index gesetzt hatten. Die *Istoria del Concilio Tridentino (Geschichte des Konzils von Trient)*, die der Servitenmönch Paolo Sarpi (1552–1623), einstiger Schützling von Santori und vormals befreundet mit Bellarmin, verfasst hatte, wurde wegen ihrer Angriffe gegen Römische Inquisition und Kurie auf den Index gesetzt. Der streitbare, intelligente und gelegentlich auch skrupellose Sarpi war exkommuniziert worden, weil er die Republik Venedig als ihr amtlich bestellter Theologe gegen ein Interdikt verteidigte, das Papst Paul V., wegen eines Streits um kirchliche Besitztümer und Zuständigkeiten verärgert, im Jahre 1606 über die Stadt verhängt hatte. Sarpis Verkaufserfolge erhöhten sich dadurch nur.

Als ein Abtrünniger, der dem kirchlichen Establishment den Rücken gekehrt hatte und nicht weniger gefährlich als Giordano Bruno erschien, übte Sarpi nach Ansicht des Heiligen Offiziums durch seine historischen Schriften einen ebenso verderblichen wie anhaltenden Einfluss aus; die Nachdrucke und Übersetzungen, die herauskamen, blieben der Inquisition ein Dorn im Auge. Die französische Fassung von Sarpis *Geschichte*, die Pierre Le Courayer (Amsterdam 1636) besorgte, wurde vor ihrem Verbot einer äußerst sorgfältigen Prüfung unterzogen. Im Jahre 1642 zeigte der Bischof von Lecce in Süditalien den Versuch an, die italienische Originalversion unter einem anderen Namen neu zu veröffentlichen, woraufhin sich das Heilige Offizium das Werk mit solchem Eifer vornahm, dass man denken könnte, die Inquisitoren hätten vergessen, welch gründlicher Prüfung ihre Vorgänger das Werk bereits Jahre zuvor unterzogen hatten. Das aber wäre ein Irrtum: Wenn ein verbotenes Buch, das unter falschem Namen erneut herauskam, ein zweites Mal zensiert wurde, so geschah das nicht nur, um den Inhalt noch einmal zu überprüfen, sondern auch, um das Gedächtnis der Zensurbehörde aufzufrischen.

Immer wieder findet man am Rand, wo die Hüter der Rechtgläubigkeit verdächtige Thesen des Buches vermerkten, Kommentare wie »ein Gräuel für fromme Ohren«, »verderblich für die Autorität des Papstes«, »falsch«, »schädlich«, »empörend« – im gleichen Stil, in dem ihre Vorgänger bereits geurteilt hatten. Als der Inquisitor von Venedig sie im Jahre 1663 in einem Schreiben aufforderte, Sarpis *Geschichte* auf den Index zu setzen, wiesen sie ihn nicht etwa unwirsch darauf hin, dass dies längst geschehen war, und warfen ihm auch nicht Uninformiertheit vor; vielmehr lobten sie ihn wegen seines Eifers.

Gefangen im engen Kreis ihrer fixen Ideen, setzten sich die Zensoren immer wieder mit den gleichen Problemen auseinander. In ihrem verzweifelten Bemühen, die Anforderungen des Augenblicks mit der Verteidigung ewiger Wahrheiten in Einklang zu bringen, hatten sie weder Zeit noch Lust, sich Gedanken über historische Entwicklungen zu machen. Als sie 1743 aufgefordert wurden, eine Geschichte des Teufels zu prüfen, zogen sie nichts weiter in Betracht als die religiösen Überzeugungen des Verfassers. Das eigentliche Problem, das dieses Werk aufwarf – ob der Teufel als historisches Phänomen gefasst werden konnte und sollte –, blieb den Inquisitoren vollständig verschlossen. Solche Denkformen waren ihnen fremd. Dass die europäische – auch die katholische – Geschichtsforschung seit dem 16. Jahrhundert über das Stadium simpler kirchentreuer Frömmigkeit hinausgelangt war, hatten die Zensoren nicht wahrgenommen. Sogar im Vergleich mit der kulturellen Entwicklung ihrer eigenen Kirche hinkten sie hinterher. Und doch hatte man ihnen, den konservativen Mitgliedern des Heiligen Offiziums, die Aufgabe anvertraut, die Werke einiger der innovativsten Historiker zu beurteilen, die im ausgehenden 17. und im 18. Jahrhundert tätig waren.

Historiker – und besonders diejenigen, die sich mit den Päpsten beschäftigten – gerieten häufig ins Visier der römischen Zensur. Ihre Schriften wurden von der Inquisition und der Indexkongregation sorgfältig geprüft. Eine Menge stand auf dem Spiel: der Ruf der katholischen Kirche, die der protestantischen Kritik ausgesetzt war; der Lebenswandel der Geistlichkeit; die Autorität der Stellvertreter Christi; ihre geistliche und weltliche Macht. Alle Zensoren waren der Sache des Papsttums treu ergeben, aber nicht jeder vermochte zwischen dem Amt selbst und denen, die es bekleidet hatten, zu unterscheiden. Von der Geschichte der Einrichtungen, denen sie dienten, hatten sie ebenso wenig Ahnung wie von den Fortschritten der neuzeitlichen Wissenschaft: Dass auf dem Höhepunkt der Gegenreformation Robert Bellarmin eine Kritik an den Päpsten zugelassen hatte, wie sie seine Nachfolger in der Inquisitionsbehörde und in der Indexkongregation nicht einmal im Traum mehr hätten gutheißen können – davon war im ausgehenden 17. und im 18. Jahrhundert nichts mehr bekannt.

In der heißesten Phase des Streits zwischen Katholiken und Protestanten glaubten viele, die den gegen verschiedene Päpste erhobenen Vorwürfen der Weltlichkeit, der Verderbnis oder schlimmerer Missstände begegnen wollten, der Welt ein gereinigtes Bild von den Nachfolgern Petri präsentieren zu müssen. Wenn Häretiker in den wirklichen oder vermeintlichen Lastern des Obersten Kirchenfürsten den Beweis dafür erblickten, dass er der Antichrist war, der mit der Hure Babylon im Bunde stand, dann reagierten die Orthodoxen darauf mit dem Versuch, die Heiligkeit der Nachfolger Petri nachzuweisen. So entwarf man einerseits eine Reihe von päpstlichen Porträts, aus denen alles Anstößige getilgt war, und überantwortete andererseits jede geschichtliche Darstellung der Zensur, die Kritik an einem Papst enthielt.

Auf diese Weise war der Zensor Betroffener und Richter in

einer Person. Er hielt sich selten damit auf, die Verdienste eines Werkes zu würdigen. Aus seiner anfänglich defensiven Haltung ging er rasch zum Angriff über. Das Ergebnis war, dass nicht nur protestantische Historiker des Papsttums ohne Rücksicht auf die Überzeugungskraft ihrer Argumente oder den Sachverstand, mit dem sie ihre Quellen bearbeiteten, der Verdammung verfielen, sondern dass auch katholische Arbeiten zu diesem Thema unverhofft auf dem Index landeten oder rücksichtslos gesäubert wurden, um »anstößige« (sprich »kritische«) Stellen aus ihnen zu tilgen.

In dieser Wüste einer willkürlichen Zensur erhob nur ein einsamer Prophet die Stimme zum Protest. »Wenn wir so fortfahren«, erklärte Robert Bellarmin, »wird niemand mehr wagen, noch irgendetwas zu schreiben.« Bei der Überprüfung der Bearbeitung, der ein anderer Zensor eine katholische Geschichte der Päpste unterzogen hatte, verwahrte er sich gegen die vielen Streichungen, die vorgenommen worden waren. Allesamt verfolgten sie den Zweck, Schwächen und Mängel bei einzelnen Päpsten zu übertünchen; insgesamt schienen sie Bellarmin auf ein regelrechtes Vertuschungsmanöver hinauszulaufen.

»Warum geben wir nicht die Wahrheit zu?«, wollte er wissen. »Warum räumen wir nicht ein, dass es auch schlechte Päpste gab?« Die fehlbaren, lasterhaften oder verabscheuungswürdigen Päpste hätten doch nur eine kleine Minderheit gebildet; bei den meisten habe es sich um tugendhafte Männer gehandelt. »Unterscheiden wir doch«, forderte Bellarmin, »zwischen der Person und dem Amt, das sie bekleidete. Verteidigen wir das Papsttum und räumen die Fehler der Päpste ein.« Hinter dieser Überlegung, die für die damalige Zeit einmalig war und auch noch viele Jahrhunderte lang beispiellos blieb, steckte dasselbe Gottvertrauen, das Leo XIII. beseelte, als er im Jahre 1881 die Öffnung der Geheimen Archive des Vatikans verkündete und als Grund für seinen Schritt angab, die katholische Kirche brauche die Wahrheit nicht zu fürchten.

Ein Papst vom Format eines Leo XIII. und ein Heiliger mit der Autorität eines Bellarmin waren imstande, auf der Basis solcher Überzeugungen zu handeln. Das galt allerdings nicht für die Zensoren des späten 17. Jahrhunderts, die sich mit den Forschungsergebnissen des französischen Historikers Etienne Baluze (1630–1718) beschäftigten. Baluze war Fachmann für frühkirchliche Quellenkunde, die er mit kritischem Blick studierte. Zu einer vorbehaltlosen Bejahung des päpstlichen Primats, wie sie das Heilige Offizium forderte, war er nicht bereit und sprach sich vielmehr für eine Reform der römischen Kurie nach Maßgabe frühkirchlicher Verhältnisse aus. Bereits im Verdacht des Gallikanismus, nahm er sich 1693 ein Buch über ein heikles Thema vor: Er schrieb über die Exilpäpste, die im 14. Jahrhundert in Avignon residiert hatten und von denen einige ihren Nachfolgern seitdem als Schismatiker galten.

Ein abtrünniger Papst war ein Widerspruch in sich: So schien es dem Zensor, der 1697 Baluzes Geschichte prüfte – dem allgegenwärtigen Giovanni Maria Gabrielli. Zum Kardinal hatte er es damals noch nicht gebracht und war deshalb erneut bemüht, sich für die ersehnte Beförderung zu empfehlen. Das bedeutete, dass er im heimlichen Wettstreit mit den anderen beiden Gutachtern lag, die auf dasselbe Buch angesetzt waren und die es beide nicht so weit bringen sollten wie Gabrielli. Ohne dass die abwesenden Autoren, die verdächtigt wurden, sich wehren konnten, dienten ihre Werke den Zensoren dazu, interne Karrierekämpfe auszutragen. Ehrgeizige Mitglieder der Indexkongregation interessierten sich nicht primär für die Ansichten ihrer Kollegen, den Charakter des Autors, die Beschaffenheit seines Werkes. Am wichtigsten war ihnen vielmehr, Eindruck auf die Kardinäle zu machen, die der Kongregation vorstanden, weil sie hofften, durch deren Einfluss, ebenfalls zur Kardinalswürde befördert zu werden.

Diese Vorgesetzten waren nicht unintelligent, aber sie standen unter Druck. Wenige von ihnen hatten die Zeit oder verspürten die Neigung, Gabriellis Zensurtätigkeit zu kontrollieren. Theoretisch gelangten die Oberen der Indexkongregation und der Inquisition zu ihrem Urteil über die Verdammungswürdigkeit oder Zulässigkeit von Büchern dadurch, dass sie zwei oder drei Zensorengutachten miteinander verglichen. In der Praxis allerdings war im Falle eines einmütigen Urteils der Gutachter die Sache so gut wie entschieden. Gab es Differenzen, dann trug im Zweifelsfall das »stärkste« Gutachten den Sieg davon – wobei »stark« nicht mit »vernünftig« oder »beweiskräftig«, sondern mit »rhetorisch überzeugend« gleichzusetzen ist. Nach Bellarmins Tod im Jahre 1621 machten sich seine Nachfolger an der Spitze der Indexkongregation nur noch selten die Mühe, die Arbeit ihrer Untergebenen nachzuprüfen. Dass keine Kontrolle mehr ausgeübt wurde, führte naturgemäß zu einem Autoritätsschwund, was wiederum zur Folge hatte, dass Gutachter mit wenig Sachkenntnis, aber großem rhetorischem Talent durch Diensteifer und Beredsamkeit Eindruck schinden konnten.

Im Unterschied zu etlichen seiner Vorgänger und Nachfolger in der Indexkongregation war Gabrielli gewitzt genug, um zu spüren, dass Diensteifer allein nicht ausreichte. Es war auch von Vorteil, wenn man zeigen oder jedenfalls den Eindruck erwecken konnte, dass man das Buch gelesen hatte, das man begutachtete. Diesen Eindruck zu erwecken, war nicht schwer. Man brauchte nur eine Liste von Zitaten aus dem Werk zusammenzustellen. Viele der Passagen, die Gabrielli aus Baluzes Werk anführte, entstammten nicht der Feder des Historikers selbst, sondern den Quellen, mit denen er arbeitete. Für das Verständnis der Arbeitsmethode Baluzes war diese Unterscheidung wichtig. Er gehörte zu den großen Gelehrten im Frankreich des ausgehenden 17. Jahrhunderts, die der kirchengeschichtlichen Forschung durch kritische Analyse mittelalterlicher Quellen eine neue Gestalt verliehen.

Quellenkritik war keine Tätigkeit, auf die Zensoren wie Gabrielli durch ihr langjähriges Wirken in der Kurie vorbereitet wurden. Schon die Wahl eines Themas wie das der Päpste in Avignon musste einem Zensor in Rom – der naturgemäß für die römische Suprematie eintrat – verdächtig erscheinen. Die Unterdrückung des Jansenismus und die Ablehnung der cartesianischen Lehre waren von der Inquisition und der Indexkongregation als Versuch der katholischen Kirche verstanden worden, den »Gallikanismus« zu vernichten; das Buch von Baluze brauchte man gar nicht erst zu öffnen, um seinen Autor des »Gallikanismus« zu verdächtigen. Als er das Buch widerstrebend aufschlug, muss Gabrielli versucht gewesen sein, es gleich wieder zuzuschlagen. Wie sollte ein Beamter der Kurie auf die Herausforderung des Historikers reagieren? Sollte er versuchen, der historischen Sichtweise Rechnung zu tragen? Oder sollte er sich gar nicht erst auf sie einlassen?

Gabriellis Antwort bestand in Rhetorik. Der Zensor warf im Stile eines politischen Redners dem Historiker Parteilichkeit vor. Angesichts der von Zwietracht geprägten Periode, mit der Baluze sich beschäftigte, konnte dieser Vorwurf vielleicht gar nicht ausbleiben. Die beiden Bände seiner Geschichte behandelten den Zeitraum von 1305 bis 1394 und schilderten das große Schisma zwischen den Anhängern von Urban VI. (1378–1389) und dem Gegenpapst Clemens VII. (1378–1394). Clemens war von denselben Kardinälen gewählt worden, die zwar auch Urban gewählt hatten, die aber von seinem Starrsinn und seinem heftigen Temperament so sehr aufgebracht waren, dass sie versuchten, seine Abdankung zu erzwingen. Der Kampf zwischen diesen rivalisierenden Nachfolgern Petri spaltete die Christenheit, wobei Frankreich die Partei von Clemens ergriff, einem Neffen des französischen Königs, der vorher Bischof von Thérouanne und Cambrai war. Von Avignon aus unternahm dieser Gegenpapst mit seinen französischen Verbündeten und Beschützern Feldzüge in Süditalien.

All dies konnte den italienischen Inquisitor Gabrielli schwerlich für ihn einnehmen. Jedes Wort, das Baluze zugunsten von Clemens äußerte, betrachtete er somit als Attacke gegen Rom. Und die Vorgehensweise des Historikers wurde für Gabrielli auch nicht durch dessen Neigung akzeptabler, Werke zu zitieren, die auf dem Index verbotener Bücher standen. Denn diese Quellen waren in Gabriellis Augen »besudelt mit dem Schmutz von Lügen und Verleumdungen«. Sie verleumdeten das römische Volk, die italienische Nation, die katholische Kirche, den Papst und das Heilige Kollegium – was für den Zensor alles in einen Topf gehörte. Ohne den Interessenkonflikten zwischen diesen verschiedenen Instanzen Beachtung zu schenken, stellte er sich das mittelalterliche Rom als eine geschlossene Front im Kampf gegen die schismatischen Franzosen vor.

Zwischen den Zeilen dieses am Ende des 17. Jahrhunderts entstandenen Prüfungsberichts erkennt man Verweise auf zeitgenössische politische Verhältnisse. In dem Porträt, das Baluze vom mittelalterlichen Gegenpapst in Avignon entwirft, glaubte Gabrielli Vorgriffe auf die Bedrohung Roms zu entdecken, die zu seiner Zeit der »Gallikanismus« darstellt. Baluzes Geschichte handelte nicht einfach nur von der Situation im Mittelalter: Indem er das damals von den Franzosen gestützte Schisma rechtfertigte, goss er vielmehr Öl in die Flammen des gegenwärtigen Streites. Der Historiker mochte noch so viele Fachleute anführen und umfängliches Quellenmaterial bieten – es half ihm nichts. Die Quellen waren verdächtig und die Fachleute parteiisch; sie standen schließlich auf dem Index.

Bei so viel Neigung zu Zirkelschlüssen fiel es Gabrielli nicht schwer, Baluze aus seinen eigenen Worten einen Strick zu drehen. Allein schon die Tatsache, dass der Historiker sich für das große Schisma als Thema entschieden hatte, erschien seinem Zensor tadelnswert; er hätte es vorgezogen, die Sache ein für alle Mal begraben sein zu lassen und alte Wunden nicht wieder aufzureißen. Nur konsequent, dass er sich alle Mühe gab, Baluzes Methode anzuschwärzen. Wenn der Historiker Zweifel an der Verlässlichkeit einer Quelle äußerte, die Partei für Urban VI. ergriff, so verunglimpfte er die Italiener, die dessen Sache unterstützten. Da Gabrielli die mittelalterlichen Schriften selbst nicht kannte, die nach seiner Behauptung Baluze falsch wiedergab, zog er sich auf zwei Taktiken zurück: erstens warf er dem Historiker aufgrund des Beweismaterials, das dieser selbst vorlegte, Widersprüchlichkeit vor, und zweitens erging er sich in schwülstigen Lobeserhebungen auf die päpstliche Autorität und die Würde der Kardinäle. Gegen Letzteres hatten seine Vorgesetzten mit Sicherheit nichts einzuwenden.

Für den Zensor Gabrielli lag der Sinn und Nutzen seiner Arbeit darin, durch emphatische Verteidigung der Suprematie der Nachfolger Petri und der Zentralstellung Roms die eigene

Karriere zu fördern. »Römischer Katholizismus« als Definition von Rechtgläubigkeit war für Gabrielli römisch im buchstäblichen Sinne, und der Hauptgrund, warum er Baluzes Behandlung des Avigneser Gegenpapstes Clemens VII. ablehnte, war die Ermutigung für »Schismatiker« des 17. Jahrhunderts, die er darin sah. Dadurch, dass er Baluze die Rechtgläubigkeit bestritt, versicherte er sich seiner eigenen.

Ein weiterer Grund, warum Gabrielli außerstande war, ein historisches Geschehen, das fast vierhundert Jahre zurücklag, distanziert zu betrachten, war seine theologische Denkweise. Da er darin geschult war, Geschichte in Begriffen zu denken, die Zeit, Ort und Umstände transzendierten, erschien ihm das Hier und Jetzt immer schon halb aus dem Blickwinkel der Ewigkeit. Für die Vergangenheit als eigenständiges Phänomen hatte er wenig Sinn. Dadurch bekamen seine Prüfberichte einen giftigen Zug, der sich auch bei Gutachten seiner Kollegen beobachten lässt. Um seine Version der Wahrheit zu verteidigen, fühlte sich Gabrielli genötigt, den Historiker zu verleumden, der sie infrage gestellt hatte. Baluze »redet dummes Zeug«, »verunglimpft«, »setzt herab«. Seine Geschichte ist »erbärmlich«, seine Darstellung »unausgewogen«, sein Verhalten »bösartig«, sein Stil »hochtrabend« oder »schlecht«. Nachdem der Zensor Baluzes Stil in Grund und Boden kritisiert hat, macht er sich daran, den Charakter des Historikers zu diffamieren. Wenn er Baluze schon nicht der Blasphemie zeiht, hält er doch eine kaum weniger gravierende Beschuldigung für ihn bereit: »mit seiner albernen Kritik und seinen törichten Beleidigungen entweiht er den Heiligen Stuhl.«

Was verbarg sich hinter diesem Ton persönlicher Gekränktheit durch die Schriften eines Autors, den der Zensor gar nicht persönlich kannte? Gegen Ende seiner Kritik an Baluzes Buch lässt Gabrielli die Katze aus dem Sack. Zwar nicht der Historiker selbst, wohl aber eine seiner Quellen hatte die Rechtmäßigkeit der Wahl Benedikts XII. im Jahre 1332 in Zweifel gezogen. Benedikt, der Dritte in der Reihe der Päpste von Avignon, war Zisterzienser. Das war auch Gabrielli, der hervorhob, wie sehr man im Zisterzienserorden diesen »hervorragenden Oberhirten« nach wie vor in Ehren halte. Und so kam es, dass in diesem für die Arbeitsweise der römischen Zensur typischen Prüfverfahren das Quellenmaterial, das der Historiker anführte, vom Zensor als persönliche Kränkung aufgefasst wurde. Die Zugehörigkeit des Zensors zu einem bestimmten Orden, der Wunsch, in den Augen seiner Vorgesetzten zu glänzen, ein reizbares Gemüt und eine feindselige Haltung – das alles trug dazu bei, dass ein bedeutendes historisches Werk dem Verdikt verfiel.

Hinter der Reihe spezifischer Angriffe, die Gabrielli gegen Baluze führte, steckte indes ein allgemeines Prinzip. Der Zensor war sich bewusst, dass sich sein Zerstörungswerk gegen einen katholischen Gelehrten richtete, und er hatte genug Anstand, um sich zu fragen, wie dies mit dem Gebot der Nächstenliebe vereinbar war. Die Antwort fand Gabrielli in einem Ausspruch des heiligen Basilius, den man nur ein wenig interpretieren musste, damit er auf den vorliegenden Fall zutraf: Basilius hatte die Gläubigen ermahnt, sich nicht in Fehden gegeneinander zu verstricken. Zwei Sprichwörter dienten Gabrielli zum Nachweis, dass Baluze dieser Ermahnung des Basilius zuwidergehandelt hatte: »Für einen Sohn ziemt es sich nicht, das Alter seiner Mutter wissen zu wollen oder sie im Alter zurechtzuweisen« und »alten Kohl soll man nicht wieder aufwärmen«.

Nach Maßgabe dieser subtilen Maximen beantworteten der Zensor und seine Kollegen die Frage, ob ein ansonsten als fromm und gut katholisch bekannter Historiker nur deshalb auf den Index gesetzt werden konnte, weil er das große Schisma erwähnte und mittelalterliche Päpste kritisierte: ja, er konnte, denn ein rechtgläubiger Autor müsse über solche Dinge schweigen. Gabriellis Vorbild folgend, stimmten die zwei anderen Mitglieder der Indexkongregation dem Prinzip »Eine Wahrheit« zu, was heißen sollte, dass alle drei in der Verdammung des Werks übereinkamen. Baluze habe in aller Öffentlichkeit die schmutzige Wäsche der Kirche gewaschen. Seine »Frevel« seien »grässlich«, sein Geist sei verdorben.

Zusammen mit den mittelalterlichen Quellen, auf die er sich stützte, wurde er auf den Index gesetzt.

Der Index verbotener Bücher – für den offiziell die nach ihm genannte Indexkongregation zuständig war, über den in wichtigen Fragen aber die Römische Inquisition entschied – spiegelte seit dem 16. Jahrhundert wider, wie in der katholischen Kirche Macht ausgeübt wurde. Das Bild, das dieser Spiegel der Öffentlichkeit darbot, unterschied sich indes von der Wirklichkeit, die im Innern herrschte. Hinter der eintönigen Liste von Verboten und Verdammungen, die im Namen regierender Päpste veröffentlicht wurden, verbarg sich ein prekäres Gleichgewicht der Kräfte. Das ist der Grund, warum wir uns in diesen Kapiteln nicht ausschließlich auf die Spitze der römischen Hierarchie konzentriert haben. Päpste und Kardinäle konnten von großer Bedeutung sein, wenn sie es darauf anlegten, Macht auszuüben oder ihren Willen durchzusetzen, aber keineswegs lag die Entscheidung stets bei ihnen. Auf den untergeordneten und bescheideneren Ebenen des Alltagsbetriebs fiel häufig die Tätigkeit der Gutachter stärker ins Gewicht. Der Wettstreit um die Zuwendung und Gunst der Oberen, das Streben nach Beförderung trieb sie an, unter Beweis zu stellen, wie sehr sie im Einklang mit der offiziellen Politik handelten und wie virtuos sie die Technik beherrschten, den Brustton der Missbilligung zum *Fortissimo* einer Verurteilung anschwellen zu lassen.

Unter Bedingungen, wie sie in der römischen Kurie herrschten, war es nur natürlich und vielleicht unvermeidlich, dass Sicherungs- und Kontrollmechanismen gegen Machtmissbrauch die Ausnahme bildeten. Der Bereich des Heiligen Offiziums schien in dieser Hinsicht besser gestellt. Die dialektische Methode des Offiziums, die Ansichten von Gutachtern gegeneinander abzuwägen und in der Diskussion eines Falles bei jedem Streitpunkt das Pro und Kontra zu erörtern, hätte theoretisch von der Indexkongregation übernommen werden müssen; in der Praxis allerdings gab gewöhnlich die Stimme eines der Beteiligten den Ton an. Die Durchsetzungskraft einzelner

Persönlichkeiten, fehlende Aufsicht von oben und (vor allem) die unorganisierte Form, in der die Prozesse in der Kongregation abliefen – all das verstärkte diese Tendenz. So konnte es denn auch geschehen, dass im Jahre 1781 ein solches Meisterwerk europäischer Geschichtsschreibung wie *The Decline and Fall of the Roman Empire* (1776–1788; dt. *Verfall und Untergang des Römischen Reiches*) von Edward Gibbon (1737–1794) der Prüfung durch einen einzigen Zensor überantwortet wurde, der mit seinem beschränkten Horizont und seiner kulturellen Enge dieser Aufgabe in keiner Weise gewachsen war.

Gibbons Zensor hieß Jean Ponsart und war ein Belgier, über den wir nichts wissen, außer, dass er kurze Zeit für die Indexkongregation arbeitete und bald wieder aus ihren Reihen verschwand. Dennoch hinterließ er seine Spuren. Er zeichnete am 26. September 1783 dafür verantwortlich, dass *Verfall und Untergang des Römischen Reiches* auf den Index kam – keine geringe Leistung angesichts des Umstands, dass Ponsart nicht Englisch konnte.

Unkenntnis der englischen Sprache war zwar in der römischen Kurie und seit der Einrichtung des Heiligen Offiziums auch dort nichts Ungewöhnliches und in der italienischen Kultur des 18. Jahrhunderts durchweg verbreitet, dennoch mag sich der Leser fragen, warum die Indexkongregation nicht einen der englischen Geistlichen, die sich in Rom aufhielten, zur Prüfung hinzuzog. Diese Frage drängt sich umso mehr auf, als es im Gefolge von Henry Benedict, dem zweiten Sohn des ewigen Thronanwärters König Jakobs III., einem Kardinal und Herzog von York, genug Engländer gab. Während seines langen Exils in der heiligen Stadt wirkte der herzogliche Kardinal eifrig in der Kongregation mit. Oder wenn man schon den treulosen Engländern nicht trauen konnte, warum gab man nicht ein weiteres Gutachten bei einem der zahlreichen Geistlichen in Auftrag, die – wie der belgische Zensor selbst – des Französischen, der damaligen Sprache der Gebildeten, mächtig waren? Eine von Leclerc de Septchênes angefertigte Übersetzung von *Verfall und Untergang* war 1779 erschienen, ohne dass Ponsart auf sie zurückgegriffen hätte.

Gebrauch machte er hingegen, weil er sie zur Hand hatte, von einer italienischen Fassung der französischen Übersetzung, die 1780 anonym in Pisa »mit Genehmigung seiner Vorgesetzten« erschienen war. Dass er sich bei seiner Prüftätigkeit überanstrengte, erwarteten Ponsarts Vorgesetzte nicht von ihm. Für ihn war der dritte Band der italienischen Fassung von *Verfall und Untergang* mehr als genug. Unnötig zu bemerken, dass bei einer solchen Lektüre um zwei Ecken Gibbons subtilstes Darstellungsmittel, seine alles durchdringende, hinterhältige Ironie, auf der Strecke blieb. Und nicht nur sie.

Als infolge der Ponsart'schen Zensur Gibbons gesamtes Werk auf den Index gesetzt wurde, geschah dies trotz der Fortschritte in der alphabetischen Anordnung des römischen Katalogs verbotener Bücher, deren Einführung Alexander VII. so stolz verkündet hatte, weder unter dem Nachnamen noch unter dem Vornamen des Autors. So leicht machte man es dem Leser nicht! Es bedurfte beim Index von 1786 schon einer wahrhaft aufmerksamen Lektüre, um herauszufinden, dass sich das verbotene Werk unter dem Buchstaben S verzeichnet fand, und zwar als *Storia della decadenza et della rovina dell'impero romano: autore gibbon angl.* Dank der Undurchsichtigkeit des fremdsprachigen Titels in den Tiefen des Index versteckt, mochte Gibbon einen tiefen Seufzer ausstoßen oder (wahrscheinlicher) in Gelächter ausbrechen. Aber was war mit den armen Inquisitoren in den Provinzen – ganz zu schweigen von seinen Kollegen in Rom –, die wissen wollten, ob *Verfall und Untergang* gelesen werden durfte oder nicht, und die sich auch in diesem Fall durch das verwirrende Labyrinth durcharbeiten mussten, das den Namen Index verbotener Bücher führte?

+I+

Treten wir in dieses Labyrinth ein, das sich Ende des 18. Jahrhunderts immer noch weiter ausdehnte, und schauen wir uns an, wie Ponsart seines Amtes waltete. Bei seinem Bemühen,

Gibbons Monument einer aufgeklärten Geschichtsschreibung niederzureißen, verfügte dieser ungelernte Arbeiter in Sachen Zensur nur über die primitivsten Werkzeuge seiner Zunft:

>Ich halte dafür, dass dieses Buch voll von Thesen ist, die der theologischen Zensur bedürfen. Wenn der Autor diese Thesen vorträgt, so offenbar mit dem Ziel, die katholische Religion umzustürzen und das kirchliche Autoritätsgefüge zu untergraben, unter Beseitigung aller geistlichen Rechtsprechung.<

So weit, so gut – Gibbon war in der Tat (und nicht nur aus katholischer Sicht) ein Umstürzler. Was er insgeheim im Schilde führte, verriet die geringschätzige Art, mit der er das mosaische Gesetz als einen, um es mit Ponsarts Worten zu sagen, >Mischmasch nichtssagender Beobachtungen< abtat. Besonders deutlich aber wurden seine Absichten in dem berühmten 15. Kapitel seines Buches, auf das sich der Zensor konzentrierte.

Im zweiten Abschnitt dieses Kapitels trifft Gibbon eine Unterscheidung, die Ponsart weder tolerieren noch überhaupt begreifen konnte:

>Der Theolog mag dem angenehmen Berufe folgen, die Religion zu beschreiben, wie sie vom Himmel niederstieg, im Gewande ihrer ursprünglichen Reinheit. Eine traurigere Pflicht ist dem Historiker auferlegt. Er hat die unvermeidliche Mischung von Irrthum und Verderbtheit zu entdecken, welche sie während eines langen Aufenthalts auf Erden unter einer schwachen und entarteten Gattung von Wesen annahm.<

Mit dieser Unterscheidung zwischen zwei Erscheinungsformen und Zielsetzungen von Religion konnte die >theologische Zensur< nichts anfangen. Für Ponsart waren beide ein und dasselbe oder sollten es jedenfalls sein, da das Profane als untergeordnete Funktion des Sakralen galt. Von Beginn seiner Arbeit an weigerte sich deshalb der Zensor, die Möglichkeit auch nur in Betracht zu ziehen, dass sich die christliche Religion (für ihn gleichbedeutend mit dem Katholizismus) als ein Phänomen betrachten ließ, das einer Analyse durch die »philosophische Geschichte« zugänglich war. Seiner übernatürlichen Begründungen beraubt und einer skeptischen Beurteilung ausgesetzt, wurde der Glaube in Ponsarts Augen zu einem Zerrbild seiner selbst. Und zwar so sehr, dass der Zensor außerstande war nachzuvollziehen, was der Historiker da schrieb.

Die Tatsache, dass Ponsart die Übersetzung einer Übersetzung benutzte, vergrößerte noch seine Schwierigkeiten, das 15. Kapitel von *Verfall und Untergang* zu verstehen. Die Verständnisbarrieren, die unterschiedliche Sprachen und Kulturen errichten, sollte man nicht unterschätzen. Verglichen mit der tiefen geistigen Kluft, die Zensor und Autor trennte, waren indes die sprachlichen Hindernisse, so gewichtig und abschreckend sie auch erscheinen mochten, kaum der Rede wert. Das wird deutlich bei der Behandlung, die Ponsart dem dritten Abschnitt des 15. Kapitels von *Verfall und Untergang* angedeihen lässt. Dort verkündet Gibbon das Hauptthema seines Werkes:

»Unsere Wißbegierde findet sich ganz natürlich aufgefordert zu erforschen, durch welche Mittel der christliche Glaube einen so merkwürdigen Sieg über die übrigen herrschenden Religionen der Erde erlangt habe. Dieser Frage kann mit einer leichten, aber befriedigenden Antwort begegnet werden: daß dies nämlich der überzeugenden Wahrheit ihrer Lehre und der leitenden Vorsehung ihres großen Urhebers zuzuschreiben sei. Da aber Wahrheit und Vernunft selten eine so günstige Aufnahme in der Welt finden, und da die Weisheit der Vorsehung sich häufig herabläßt, die Leidenschaften des menschlichen Herzens und die allgemeinen Zustände des Menschengeschlechtes als Werkzeuge zur Erreichung ihrer Zwecke zu gebrauchen: bleibt uns doch, wenn gleich mit geziemender Unterwürfigkeit die Frage gestattet, nicht was die ersten, sondern was die sekundären Ursachen des schnellen Wachsthumes der christlichen Kirche gewesen sind. Es wird sich vielleicht kundgeben, dass sie durch folgende fünf Ursachen am wirksamsten begünstigt und unterstützt worden ist: ...«

Ponsart konnte schwerlich entgehen, dass diese Stelle in Gibbons Werk seine besondere Aufmerksamkeit erheischte. »Zuerst einmal möchte ich jene Thesen eine nach der anderen anführen, die den Vernunftargumenten zugunsten unseres christlichen Glaubens zuwiderlaufen«, schrieb der Zensor, um anschließend die »fünf Ursachen« Gibbons aufzulisten. Sehen wir zu, wie er sie versteht.

Die folgenden beiden, parallel zu lesenden Spalten ließen sich gut als Vorbereitung auf eine akademische Satire mit dem Titel »Die Kunst des Zitierens: Übungen für Anfänger« verstehen. In der linken Spalte steht, was Gibbon schreibt, in der rechten, was Ponsart daraus macht:

I. Der unbeugsame und, wenn wir den Ausdruck gebrauchen dürfen, unduldsame Eifer der Christen, allerdings aus der jüdischen Religion stammend, aber von dem engherzigen und ungeselligen Geiste gereinigt, welcher, statt die Heiden zur Annahme des mosaischen Gesetzes einzuladen, sie vielmehr davon abschreckte.	I. Die Heiligkeit, Reinheit und Erhabenheit der Lehre der Evangelien.
II. Die Lehre von einem künftigen Leben, durch jeden Nebenumstand verbessert, welcher dieser wesentlichen Wahrheit Gewicht und Wirksamkeit geben konnte.	II. Die Wunder, die zu ihrer Bekräftigung gewirkt wurden.
III. Die der Urkirche zugeschriebene Gewalt Wunder zu wirken.	III. Ihre wundersame Ausbreitung, allen weltlichen Mächten und allen ihr zuwiderlaufenden menschlichen Interessen zum Trotz.

| IV. Das Zeugnis der Märtyrer, die ihr Blut für sie gaben. | IV. Die reine und strenge Moral der Christen. |
| V. Die Erfüllung der Prophezeiungen des Alten Testaments | V. Die Einheit und Disciplin der christlichen Republik, welche allmälig einen unabhängigen und zunehmenden Staat im Herzen des römischen Reiches bildete. |

Sollte der Leser Schwierigkeiten haben, diese beiden Spalten in Einklang miteinander zu bringen und bei den einzelnen Punkten jeweils die Korrespondenz zu gewahren, so ist dies kaum verwunderlich. Ponsart fand Gibbons Annahmen unverständlich und konnte seine »Ursachen« unmöglich gelten lassen. Sie waren so inakzeptabel für den Zensor, dass er sie in seine Sprache »übersetzen« musste, wobei er ihren Sinn entstellte und ihren Inhalt verzerrte. Wenn wir sehen, wie aus »der unduldsame Eifer« »Heiligkeit, Reinheit und Erhabenheit« wird, wie der Zweifel an der »Lehre von einem künftigen Leben« verschwindet, wie die Wundertaten nicht in Frage gestellt, sondern bekräftigt werden und wie der Akzent auf Märtyrer und Propheten statt auf die »Einheit und Disciplin« des christlichen »Staates im Herzen des römischen Reiches« gelegt wird, erhalten wir Einblick in die Geistesverfassung des Zensors – falls man hier von Geist reden kann.

Ponsart konnte oder wollte Gibbons Überlegungen nicht nachvollziehen, was ihn allerdings nicht hinderte, ihnen Paroli zu bieten. Wenn der Historiker bestritt, dass die frühen Kirchenväter die Heilige Schrift im buchstäblichen Sinne verstanden, so machte er sich einer »häretischen Lüge« schuldig. Ebenso häretisch war Gibbons Ansicht, die Streitigkeiten um die Glaubenslehre bewiesen, dass die katholische Tradition nicht unfehlbar war. Gottlos war die Andeutung, die Kirche habe die Bibel vielleicht missverstanden, »vorschnell«, »unsinnig« und »anmaßend« die Skepsis gegenüber der Echtheit der Offenbarung Johannis; den Tiefpunkt aber erreichte *Verfall und Untergang* laut Ponsart dort, wo es sich mit dem Wirken von Wundern beschäftigte.

Für übernatürliche Eingriffe hatte der Autor nur Hohn und Spott übrig, den Glauben an dämonische Besessenheit zog er ins Lächerliche, über die »zweifelhafte« Sonnenfinsternis bei Christi Kreuzigung »schwatzte er dumm daher«; alle Wundertaten, die dem Zensor als Beweis für die Wahrheit des christlichen Glaubens galten, schrieb er »natürlichen Ursachen« zu. Gibbon war nicht nur ein nörgelnder Kritiker christlicher Märtyrer, sondern auch ein glühender Verehrer ihrer römischen Verfolger, die er als Musterbilder an Menschlichkeit darstellte, während er den heiligen Zyprian des Ehrgeizes bezichtigte, Tertullian schlecht machte und Papst Marcellus I. aus der Liste der Streiter für den Glauben strich.

Zersetzender rücksichtsloser Zweifel – das war nach Ansicht Ponsarts die Kardinalssünde Gibbons. Skeptizismus galt diesem Zensor nicht als philosophische Haltung, und auch Ironie war als legitime Denkform bei ihm nicht vorgesehen. »Sein Gift und seine Galle ausspeiend«, bestritt der häretische Historiker Rom den Anspruch auf Ausübung einer eigenen Gerichtsbarkeit. Voller Spott und Hohn gegenüber Päpsten, Bischöfen und Priestern zitierte Gibbon die Hasstiraden Paolo Sarpis gegen die Verfolgungen, deren sich katholische Herrscher schuldig gemacht hätten, ohne die »Massaker an Katholiken in England« während der Regierungszeit von Heinrich VIII. und Königin Elisabeth I. auch nur zu erwähnen. Angesichts seiner Parteinahme für den Protestantismus und seiner Voreingenommenheit gegenüber der katholischen Kirche könne es für *Verfall und Untergang* nur ein Urteil geben – und das war, wie nicht anders zu erwarten, ein Verdammungsurteil:

»Aus allem oben Angeführten geht klar und deutlich hervor, dass es in diesem Buch von falschen, empörenden, aufrührerischen, fehlgeleiteten, anstößigen und ketzerischen Behauptungen nur so wimmelt ... dass [dieses Buch] diametral dem katholischen Glauben und der römischen Kirche widerstreitet, deren Autorität es von Grund auf zu untergraben sucht, indem es nämlich dem Glauben an sie den Boden entzieht. Daraus folgt, dass [*Verfall und Untergang*] im Übermaß verdient, einen Eintrag zu erhalten und als schädlich für Katholiken verboten zu werden.«

»Daraus folgt …« Diese abschließende Formulierung des Ponsart'schen Prüfberichts mochte einem Kardinal, der nichts weiter als das Resümee las, den Eindruck vermitteln, dass der ganze Bericht sorgfältiger Analyse und rationaler Argumentation entsprang. Nichts hätte irriger sein können: Ponsart argumentierte weder noch analysierte er. Er verdammte kurzerhand. Dass Gibbons Werk im Jahre 1781 auf den Index kam, verdankte es diesem einzelnen Mitglied der Indexkongregation und einer Vehemenz, die an das Verhalten der römischen Behörden auf dem Höhepunkt der Gegenreformation erinnerte. Indem er den Historiker abfertigte, als wäre dieser ein protestantischer Eiferer von vor zweihundert Jahren, saß Ponsart nur seinem eigenen Schematismus auf. Tatsächlich aber waren es nicht die Kapitel 15 und 16 von *Verfall und Untergang*, in denen Gibbon an eine Tradition kritischer protestantischer Gelehrsamkeit anknüpfte, sondern die darauf folgenden. In dem von Ponsart aufs Korn genommenen Teil des Werkes konnte sich Gibbon auf keine früheren Gewährsleute berufen. Was er hier entwickelte, waren eigene Überlegungen.

Niemand sonst als Gibbon war es, der seine Leser davon zu überzeugen suchte, dass sich der christliche Glaube nicht auf Vernunft begründen ließ. Nicht einmal seinem begriffsstutzigen Zensor konnte das entgehen. Ponsart übersah auch nicht, dass Gibbon alle Klischeevorstellungen der Kirchengeschichte über den Haufen warf, indem er die Christen im Römischen Reich nicht als Verfolgte, sondern als Aggressoren darstellte, die damit befasst waren, einen umstürzlerischen Staat im Staate zu errichten.

Was dem Zensor trotz seiner Empörung über Gibbons »fünf Ursachen« für den Aufstieg des Christentums verborgen blieb, war die in ihnen enthaltene grundlegendere und (für die katholische Orthodoxie) weitaus irritierendere Annahme, dass die göttliche Vorsehung in diesem Geschehen gar keine Rolle gespielt hatte. Ponsart bemerkte es zwar, wenn Gibbon die Macht des Papstes in Frage stellte oder Kritik an der geistlichen Gerichtsbarkeit übte; doch ihm entging, dass Gibbon mit einem Satz wie »Leichtgläubigkeit besorgte das Geschäft des Glaubens« die Bekehrung zum christlichen Glauben als irrationalen Vorgang verdächtigte.

Gegen Rationalität hatte Ponsart nichts einzuwenden – jedenfalls soweit es die Vernunftgründe betraf, die sich nach seiner Ansicht für den Glauben geltend machen ließen. Der Vernunftbegriff des Zensors war indes so beschränkt, dass er unmöglich hoffen konnte, Zugang zu einer Denkweise wie der Gibbons zu finden, die sich vornehmlich in Inversionen ausdrückte. Das Ergebnis war, dass Gedanken unbemerkt oder unerwähnt blieben, auf die sich ein Zensor von Format regelrecht hätte stürzen müssen. So wäre etwa Gibbons These zu nennen, dass die Tugenden der frühen Christen diesen Namen gar nicht verdienten, weil Tugend fröhlich sei und in Handlungen bestehe, die der Gesellschaft Nutzen brächten. Nur an einem einzigen Punkt – und dabei eher zufällig als beabsichtigt – treffen die zeitenthobenen Kategorien Ponsarts und die historischen Kriterien Gibbons aufeinander, nämlich zu Anfang des Kapitels 15, wo geschildert wird, wie sich das Christentum von Europa nach Asien und Afrika, Kanada und Chile ausbreitet. Dort, »in einer Welt, die den Alten noch unbekannt war«, hatte die katholische Kirche Mission getrieben. Und an dieser Schnittstelle zwischen Vergangenheit und Gegenwart prallten der Historiker und sein Zensor zusammen. Denn nicht einmal Ponsart konnte die Augen vor dem verschließen, was sich ihm hier unübersehbar darbot: dass das Thema von Gibbons *Verfall und Untergang* nicht nur die Vergangenheit, sondern auch die lebendige Gegenwart war.

In dieser lebendigen Gegenwart, in den frühen achtziger Jahren des 18. Jahrhunderts, gelangte die Nachricht, dass die Indexkongregation *Verfall und Untergang* prüfte, auch nach Pisa. Dort war unter Aufsicht von Monsignore Angelo Fabroni der dritte Band der italienischen Übersetzung des Buches erschienen. Monsignore Fabroni, der mit dem Jansenismus sympathisierte und dessen Rechtgläubigkeit keineswegs über jeden Zweifel erhaben war, suchte sein Vergehen, die Herausgabe der Kapitel 15 und 16 von Gibbons Werk, dadurch zu sühnen, dass er den sizilianischen Theologen Nicola Spedalieri beauftragte, eine Polemik dagegen zu schreiben. So gebar denn der fruchtbare Schoß der Zensur zwei Bände, in denen Spedalieri sich bemühte, die beiden Kapitel Gibbons zu widerlegen. Das umfangreiche Werk erschien 1784, unmittelbar nach dem Verbot von *Verfall und Untergang* durch die Indexkongregation; auf hunderten von Bögen wurde der Gegensatz zwischen den Lehren der Kirche und Gibbons Geschichte ausgebreitet, den Ponsart auf ganzen sechs Seiten umrissen hatte.

Weitschweifigkeit war nichts, was die Verteidiger des rechten Glaubens scheuten, die selbst ernannten ebenso wenig wie die amtlich bestallten. Weder Ponsart in Rom noch Spedalieri in Pisa machten sich indes die Mühe, darüber nachzudenken, wie sich vielleicht die Kirche mit den Mitteln, die ihr zu Gebote standen, wirkungsvoller gegen Angriffe verteidigen ließ. Nehmen wir etwa das heikle Problem der Wundertaten. Ponsart und nach ihm auch Spedalieri verwahrten sich dagegen, dass Gibbon die Wunder auf natürliche Ursachen zurückführen wollte. Beide spürten das emotionale Engagement, das sich hinter der Skepsis und Ironie des Historikers verbarg, aber keiner von beiden konnte wissen, dass die Emotionalität ihren Grund darin hatte, dass Gibbon in seiner Jugend zum Katholizismus konvertiert war und sich, mit seinen eigenen Worten gesagt, »auf die Irrwege der Kirche von Rom« (*Memoirs of my Life*, S. 84) hatte locken lassen. Damals war Gibbon, ausgehend von der Überzeugung, dass »Wunder der Prüfstein der Wahrheit« seien, zu dem Schluss gelangt, diejenige Kirche müsse »rechtgläubig und rein sein, die eine so vielfache Bestätigung durch das sichtbare Eingreifen der Gottheit gefunden hat« (*Memoirs*, S. 85). Erfahrung, Zeit und Nachdenken hatten diesen Freund des Philosophen David Hume zu einer grundlegend anderen Position gelangen lassen, und wenn Gibbon die »natürliche Geschichte des Christentums« in den Kapiteln 15 und 16 von

Verfall und Untergang als Pendant zu Humes *Natural History of Religion* (*Naturgeschichte der Religion*) betrachtete, stand er doch auch unter dem Einfluss von *An Enquiry Concerning Human Understanding* (*Untersuchung über den menschlichen Verstand*), einer anderen Schrift Humes, deren zehnter Abschnitt das Thema Wunder behandelt.

Die *Untersuchung*, genauer gesagt, die französische Übersetzung des Buches, die 1758 in Amsterdam erschien, war am 19. Januar 1761 von der Indexkongregation verdammt worden. Der zuständige Zensor, Bartolomeo Foscarini, sah in Hume einen »üblen Philosophen«, einen abstoßenden »Deisten oder Atheisten«, der eine Kombination aus »Pyrrhonismus« [radikalem Skeptizismus] und »widerlichem Materialismus« vertrat. Falls Leser dieses Buches Schwierigkeiten damit haben, Foscarinis Wiedergabe der philosphischen Position Humes zu verstehen, mögen sie sich damit trösten, dass Humes Buch den Zensor genauso vor Rätsel stellte. Foscarini konnte mit der *Untersuchung über den menschlichen Verstand* absolut nichts anfangen und betrachtete den Traktat als ein Sammelsurium häretischer Überzeugungen. Unter anderem wollte er Humes Werk deshalb verboten sehen, weil er durch dessen »mechanistische« Darstellung der Kausalität die menschliche Willensfreiheit bedroht sah; der wachsende Unmut, mit dem der Zensor das Buch las, schlug angesichts der »boshaften, nörgelnden Kritik«, der in Abschnitt 10 des Buches die Wunder unterzogen wurden, in lodernden Zorn um.

Foscarini vermochte zu erkennen, dass Humes Skepsis die Lehren von der Auferstehung des Leibes und der leibhaftigen Gegenwart Christi im Sakrament untergrub. Hingegen konnte er mit Humes subtileren Überlegungen zum Umgang mit empirischen Beweisen ganz und gar nichts anfangen. Humes These, dass kein »vernünftiger Mensch« Berichten über Wunder Glauben schenken könne, gründeten unter anderem auf der Voraussetzung, dass schwächere empirische Beweise stärkere nicht entkräften könnten, dass der Glaube im Verhältnis zu solchen empirischen Beweisen stehen müsse, dass den Naturgesetzen »zuverlässige, unveränderliche Erfahrung« wie etwa der Tod zugrunde lägen, während andere, veränderlichere

Erfahrungen nur Wahrscheinlichkeiten begründeten und dass Wunder das genaue Gegenteil von unveränderlicher Erfahrung darstellten und ein »vernünftiger Mensch« ihnen deshalb keinen Glauben schenken könne.

Soweit der Zensor diesen Überlegungen zu folgen vermochte, liefen sie für ihn auf die These hinaus, dass Wunder unmöglich seien. Das traf allerdings die Position, die Hume in seinem Traktat vertrat, nur ungenau. Denn er wollte zeigen, dass es unvernünftig sei, auf der unsicheren Grundlage der Berichte anderer an das Vorkommen von Wundern zu glauben – und das war auch die für Kapitel 15 von *Verfall und Untergang* maßgebende Haltung. Dort verwirft Gibbon nämlich weniger die Wunder als vielmehr den Glauben an sie; Zielscheibe seiner Kritik sind die Quellen und Augenzeugen – ihr Charakter, ihre Glaubwürdigkeit. Die empirischen Beweise sind, wie der Historiker an anderer Stelle sagt, in »die Finsternis undurchdringlicher Orthodoxie« getaucht. Um dieses geheimniskrämerische Dunkel zu durchdringen, führt Gibbon Quellen der heidnischen Antike gegen das christliche Zeugnis ins Feld.

So wird denn die Tatsache, dass Seneca und Plinius der Ältere, zwei eifrige Beobachter von Naturerscheinungen, die dreistündige Sonnenfinsternis, die bei Christi Tod geherrscht haben soll, nicht erwähnen, in der Absicht angeführt, Zweifel an der Glaubwürdigkeit der christlichen Überlieferung zu wecken. Wahrscheinlichkeiten werden abgewogen, Zeugnisse miteinander verglichen. Statt der übernatürlichen Eingriffe treten Schwächen der menschlichen Natur ins Rampenlicht – die Neigung zu Übertreibungen und zu Lügenmärchen, Eigensucht und die Lust, sich in Szene zu setzen. Für Ponsart, der *Verfall und Untergang* voll Missbilligung prüfte, ebenso wie für Foscarini, der über Humes *Untersuchung* den Stab brach, roch all dies nach Gottlosigkeit, Ketzerei, Skeptizismus, Atheismus, Materialismus – oder wie immer man es nennen wollte. Welche Etiketten die Zensoren ihren Gegnern anhefteten, spielte dabei überhaupt keine Rolle, weil das spezifische Phänomen, das jeweils beurteilt wurde, zur Projektionsfläche und zum Sammelpunkt für alle übrigen Schreckgespenster wurde. Wenn Gibbon unter Humes Einfluss im 15. Kapitel von *Verfall und*

Untergang eine Definition der »Pflicht des Historikers« lieferte, so konnte die Kongregation für den Index verbotener Bücher damit schlechterdings nichts anfangen, weil ihre Mitglieder sich weigerten, die Schwierigkeit der Schaffung einer Theorie anzuerkennen, die das Interesse der Religion mit dem der Vernunft versöhnen könnte.

Genau diese Versöhnung aber war es, um die sich zu ihren Lebzeiten der klügste Papst des 18. Jahrhunderts, Benedikt XIV. (1740–1758), bemüht hatte. Er erlaubt uns, Ponsart, Foscarini und ihresgleichen an Normen zu messen, die dem damaligen Geistesleben ihrer eigenen Kirche entstammen. Denn die intellektuellen Fragen, denen sie sich in ihren Zensurberichten zu stellen versäumten, hatte jener Papst in einer Reihe von kirchlichen Schriften erörtert, die entstanden, bevor er den Stuhl Petri bestieg, und die zu regelrechten Bestsellern wurden. Schauen wir uns einige seiner Überlegungen an.

Seit 1702 wirkte Benedikt als Gutachter in der Indexkongregation und bewegte sich mithin im gleichen Milieu wie Ponsart und Foscarini, ehe er 1728 zum Kardinal ernannt wurde. In dem vielleicht besten Buch, das je zum Thema Heiligsprechung erschienen ist, kam er auch ausführlich auf das Phänomen des Wirkens von Wundern zu sprechen, das er außerdem in einem Traktat über die Fastentage Christi und der Jungfrau Maria behandelte. Im Vorwort zu diesem Traktat räumt der gelehrte Zensor ein, dass er aus Werken von Ketzern zitiert, verzichtet aber auf alle Invektiven gegen die Betreffenden. Benedikt war ein Intellektueller, kein Dunkelmann; er befand sich auf der Höhe des Denkens seiner Zeit.

Benedikt – damals noch Kardinal Prospero Lambertini von Bologna – war sich klar darüber, dass eine machtvolle Strömung in der Philosophie des 17. und 18. Jahrhunderts das Universum als eine Maschine betrachtete, deren Steuerungsmechanismus in einem System physikalischer Gesetze bestand, die uneingeschränkte Geltung beanspruchten und keine Ausnahmen zuließen. Er wusste, dass orthodoxe Denker, unter ihnen eine Reihe von Theologen, dazu tendierten, die Wunder als seltene Zeichen göttlicher Allmacht zu interpretieren, was der Annahme von Naturgesetzen nicht widersprach. Und er erkannte, dass der auf dem Index stehende Philosoph Baruch Spinoza (1632–1677) eine der einflussreichsten Lesarten solch eines »Naturalismus« vertrat.

Benedikt lehnte es ab, diese Entwicklung mit plumpen Verboten oder blinder Polemik zu beantworten. Er setzte sich mit Spinoza und anderen in deren eigenen Begriffen auseinander. Wenn der Philosoph leugnete, dass die von »Gott, der unwandelbar ist«, erlassenen Naturgesetze außer Kraft gesetzt werden konnten, so konterte der Kardinal mit der Behauptung, der Schöpfer solcher Naturgesetze könne diese auch nach Gutdünken aufheben. Wenn Benedikt also auf der Existenz einer übernatürlichen Ordnung neben der natürlichen – und im Unterschied zu ihr – bestand, so verfolgte er damit aber nicht die Absicht, die Gesetze der Körperwelt in Zweifel zu ziehen. Dass er sie vielmehr akzeptierte, zeigt die Vorsicht, mit der er Wundern begegnete. Immer wieder warnt er in seinem großen Werk über die Heiligsprechung davor, unerwartete Geschehnisse vorschnell dem Eingreifen Gottes zuzuschreiben.

Wenn ein kranker Mann genese, nachdem ihn ein Heiliger gesegnet habe, handele es sich nicht unbedingt um ein Wunder, erklärt dieser Papst aus dem Zeitalter der Aufklärung. Man müsse sich die medizinischen Beweise anschauen und die Tatsachen überprüfen. Die Legende, Eduard der Bekenner habe eine Frau geheilt, deren geschwollene Drüsen sich zu Eiterbeulen entwickelt hätten, machte auf Benedikt keinen Eindruck, und ebenso wenig teilte er die Begeisterung, in die andere durch Erzählungen versetzt wurden, die Fälle von dämonischer Besessenheit oder himmlischer Ekstase, unverwesten Leichen und vampiristischen Gräueltaten schilderten. Wenn ein ertrunkener Mensch wieder zum Leben erwachte, nachdem sein Körper vor einem Marienbild niedergelegt worden war, wollte Benedikt wissen, ob man ihn zuvor an den Füßen aufgehängt hatte, damit das Wasser aus seinen Lungen herauslief. Erfüllt von einem ausgeprägten Sinn fürs Irdisch-Praktische und von einer erfrischenden Skepsis gegenüber Vorgängen, die Leichtgläubige als übernatürlich ansahen, stand Benedikt Gibbon näher als Ponsart, wenn er verlangte, dass die mittägliche Sonnenfinsternis und das Erdbeben, von denen die Kreuzigung begleitet war, durch unabhängige Zeugnisse belegt werden müssten – wozu er die Expertise von Astronomen wie dem »Ketzer« Galilei zählte.

Dieser Papst, der einst den *advocatus diaboli*, den »Ankläger« in der für Heiligsprechungen zuständigen Kongregation gespielt hatte, dachte, sprach und schrieb in einem Stil, der Lichtjahre von der obskurantistischen Polemik eines Ponsart oder eines Foscarini entfernt war. Die Werke, in denen Benedikt seine Ansichten vortrug, waren dabei außerhalb des katholischen Italiens ebenso weit verbreitet wie im Land selbst. Sein Buch über die Heiligsprechung erschien 1734, der Traktat über die Fastentage 1740; und beide wurden vielfach nachgedruckt, ehe sie Aufnahme in die zahlreichen Auflagen des päpstlichen Gesamtwerks fanden. Weder bei Ponsart noch bei Foscarini deutet indes irgendetwas darauf hin, dass sie diese Schriften gelesen hatten. Ebenso blind gegenüber den Richtungen, die das aufgeklärte Zeitalter und seine Kultur einschlugen, wie taub gegenüber dem Widerhall, den die Aufklärung zumindest bei einem der Inhaber des höchsten Kirchenamts fand, lebten diese Mitglieder der Indexkongregation tief in der Vergangenheit. Befangen in der Finsternis ihres Dogmatismus, trugen sie in Rom gegen Gibbon und Hume den Sieg davon, obwohl – oder vielleicht auch weil – sie Geschöpfe einer fehlgeschlagenen Revolution waren.

VI.
Die gescheiterte Revolution

»Die Werke großer Männer dürfen nicht auf den Index gesetzt werden, selbst wenn sie anstößige Dinge enthalten, die es verdienten, verboten zu werden, wären sie von anderen geschrieben worden«, äußerte Papst Benedikt XIV. am 15. September 1748 in einem Privatbrief an den großen italienischen Historiker Ludovico Antonio Muratori. Damals saß Benedikt bereits seit acht Jahren auf dem päpstlichen Stuhl, und Muratori, seit zwei Jahrzehnten mit ihm befreundet, war von der spanischen Inquisition auf den Index gesetzt worden.

»Warum?«, wollte Muratori wissen, als er sich in seiner Not an Benedikt XIV. wandte. Das Heilige Offizium in Spanien hatte die Verdammung seiner Bücher nicht begründet. Verurteilungen, Verdammungen und Zurechtweisungen durch die Zensur bildeten bereits ein zentrales Thema in seinem Briefwechsel mit Kardinal Lambertini, lange bevor dieser als Papst Benedikt den Stuhl Petri bestieg. Am 18. Oktober 1728 – weniger als sechs Monate nach seiner Ernennung zum Kardinal – schrieb Lambertini aus Bologna an Muratori, um »den führenden Gelehrten Italiens« seiner Bewunderung zu versichern und ihn zu bitten, seinen, Lambertinis, eigenen Werken ein »weiser, gelehrter und aufrichtiger Korrektor« zu sein. Jetzt, im Jahre 1748, war umgekehrt Muratori der Bittsteller.

Eine Säule der Rechtgläubigkeit und ein persönlicher Freund des Stellvertreters Christi war von einem katholischen Zensurorgan verdammt worden, auf das Rom wenig Einfluss hatte. Das Heilige Offizium Spaniens handelte in eigener Regie und nach eigenem Ermessen. Nicht zum ersten Mal in der jüngeren Geschichte provozierte dies einen Skandal. Auf dem spanischen Index stand bereits der Name eines Kardinals der heiligen römischen Kirche – der Name von Enrico Noris, einem Augustiner, der 1704 gestorben war. Angesichts der Willkür, mit der katholische Zensoren rechtgläubige und ketzerische Autoren in einen Topf warfen, erklärte Lambertini gegenüber Muratori mit trockenem Humor: »Was die Ketzer betrifft, so bin ich in Rom jeder Menge begegnet.«

Dort, in der Inquisition, in der Lambertini zuerst, seit 1712, als Gutachter und dann, von 1728 bis 1740, als Kardinal mitgearbeitet hatte (als Papst war er dann von Amts wegen Oberhaupt des Heiligen Offiziums), hatte er viele unvernünftige und unangemessene Verfahren von der Art der bereits geschilderten Fälle miterlebt. Im Jahre 1732 zum Beispiel wurde, ohne dass Muratori Kenntnis davon hatte, sein kleines Werk über die Unterschiede zwischen katholischer und protestantischer Glaubenslehre durch zwei Gutachter der Römischen Inquisition geprüft. Einer von ihnen sprach sich nachdrücklich für das Büchlein aus, während der andere es mit Misstrauen betrachtete. Angesichts dieser divergierenden Urteile entschieden sich die Kardinal-Inquisitoren, unter denen Lambertini über Einfluss und Ansehen verfügte, die Sache auf sich beruhen zu lassen. Im gleichen Geiste erklärte nun der Papst in seinem Brief an Muratori aus dem Jahre 1748, ganz unabhängig von seiner Zuneigung zu dem Historiker vertrete er die Ansicht, die katholische Zensur müsse Milde walten lassen, soweit nicht Fragen des Dogmas oder der Disziplin betroffen seien. Diese Erklärung kam nicht von ungefähr, denn Benedikt XIV. wusste genauer als jeder Oberhirte vor ihm, wovon er sprach.

Mehr als ein viertel Jahrhundert Erfahrung, die er vor seiner Wahl zum Papst im Heiligen Offizium gesammelt hatte, fast drei Jahrzehnte Arbeit in der Kongregation für den Index verbotener Bücher oder in deren unmittelbarer Umgebung, schließlich sieben Jahre (1720–1727) als Sekretär der Kongregation für das Tridentinum, in deren Händen die Überwachung und Koordination der Synoden, der geistlichen Disziplin, der bischöflichen Besuche beim Heiligen Stuhl sowie Fragen im

Zusammenhang mit der Ehe, ihrer Ungültigkeitserklärung und mit religiösen Gelübden lag – dies alles hatte Benedikt XIV. beispiellosen Einblick in die römische Zensurbehörde und ihre Bedeutung für das Leben der katholischen Kirche verschafft. Niemand seit Robert Bellarmin war so gut wie er gerüstet, die Kontrolle des geistigen Lebens, um die sich Rom bemühte, auszuüben beziehungsweise neu zu gestalten. Hinzu kam, dass Benedikt der einzige Papst im 18. Jahrhundert war, der in einer Enzyklika etwas von dem Geiste der Offenheit spüren ließ, den im 20. Jahrhundert Johannes XXIII. (1958–1963) und Paul VI. (1963–1978) an den Tag legten:

> »Wir gehören nicht zur Zahl derer, die der Ansicht sind, alles, was in unserer Zeit geschehe, sei beklagenswert oder Skandale, wie sie heute vorkämen, seien in der Vergangenheit undenkbar gewesen.«

In der Vergangenheit – der bunt gescheckten Geschichte der Inquisition und des Index – fand Benedikt XIV. viel Beklagenswertes, aber auch vieles, was Bewunderung verdiente. Seiner Bewunderung für Robert Bellarmin konnte die Kritik und üble Nachrede, die den Jesuiten verfolgte, nichts anhaben. Mehr als ein Jahrhundert lang, seit dem Tode des Kardinals im Jahre 1621, hatte es Versuche gegeben, ihn selig und schließlich heilig sprechen zu lassen. Diese Versuche waren am Widerstand aus Frankreich (das Bellarmin seine Lehren über die gallikanische Kirche und über die weltliche Macht des Papsttums nicht verzieh) und aus den Reihen der Gegner der Gesellschaft Jesu in der römischen Kurie gescheitert.

Schon ehe er zum Papst gewählt wurde, war Benedikt XIV. der führende Experte der katholischen Kirche in Fragen der Heiligsprechung. Jemanden zum Heiligen zu erklären zog, wie er erkannte, Streitigkeiten nach sich, die zum Teil politischen Charakters waren. Von Berufs wegen darin geschult, bei einer Auseinandersetzung beide Seiten zu sehen, hatte Benedikt sowohl die Rolle des Anwalts gespielt, der die Tugenden des Anwärters auf den Heiligenstatus herausstrich, als auch die des Anklägers, der seine Mängel brandmarkte. Auf diese Weise hatte er den Unterschied zwischen schwachen und starken Argumenten von Grund auf kennen gelernt.

Es ließ sich zwar nicht beweisen, aber einem Gerücht zufolge, das Bellarmins Gegner ausstreuten, standen seine Werke im Verzeichnis verbotener Bücher, das Papst Sixtus V. vorbereitete. Da dieser Index schon bald nach Sixtus' Tod im Jahre 1590 widerrufen wurde und in der Versenkung verschwand, war während des 18. Jahrhunderts praktisch niemand in der römischen Kurie in der Lage, die Wahrheit in dieser Sache herauszufinden. Eine Ausnahme bildete Lambertini, der künftige Benedikt XIV. Als Gutachter für die Indexkongregation machte er sich die Mühe, in den Akten des Archivs der Kongregationen nachzuforschen. Dokumente studierend, in die seit der Gegenreformation niemand mehr hineingeschaut hatte, entdeckte er, dass Sixtus V. tatsächlich geplant hatte, seinen eigenen Zensor der Zensur zu unterwerfen, und dass Bellarmin sich selbst von der Zensur befreit hatte.

Der Widersprüche, Ungereimtheiten und Willkürhandlungen der römischen Zensur war sich Benedikt XIV. so deutlich bewusst wie kein anderer seit Bellarmin, dessen Sache er auch weiterhin eifrig betrieb – gegen den erbitterten (und letztlich erfolgreichen) Widerstand der Betonköpfe in der römischen Kurie. Die Widerständigen beschrieb er als »gelehrsame Kirchenmänner, die in praktischen Dingen nicht nur unbrauchbar, sondern gefährlich sind«. Die Gefährlichkeit der Kirchenmänner mit weltfremder Gelehrsamkeit und eigennützigen Zielen, die Ressentiments, Vorurteile und Animositäten bei den Mitgliedern der Inquisition und der Indexkongregation, die im Rahmen ihrer Zensurtätigkeit sowohl diejenigen prüften, die innerhalb der katholischen Tradition arbeiteten, als auch diejenigen, die außerhalb ihrer forschten – dies alles beunruhigte Benedikt XIV. Robert Bellarmins Fall war, wie er wusste, kein einzelner. Und als der aufgeklärte Zensor und humane Intellektuelle die Nachfolge Petri antrat, beschloss er, an diesem traurigen Zustand, in dem sich die Zensurbehörde befand, etwas zu ändern.

In den Archiven der Inquisition und der Indexkongregation finden sich keine Hinweise darauf, dass Benedikt XIV. bei der Ausarbeitung seiner Reformpläne viele Mitglieder der beiden Behörden zu Rate gezogen hätte. In beiden Überwachungsorganen wimmelte es von Hardlinern, die meinten, besser als der Papst zu wissen, wie man vorzugehen hatte. Benedikt vermied es, sie einzuweihen, und beteiligte nur eine Hand voll Vertrauter – wobei einer sein Vertrauen allerdings nicht verdiente: Kardinal Pierre Guérin de Tencin, der mit dem Papst eifrig korrespondierte und seine Geheimnisse an die französische Regierung verriet. Tencin war seine Stellung in Frankreich wichtiger als das Interesse der römischen Kirche. Nicht ahnend, dass die Ideen, die er in Briefen an den Kardinal ausbreitete, an die Minister in Paris weitergeleitet wurden, teilte Benedikt seine Überlegungen zur Reform des Index mit und legte dar, welche prinzipiellen Fragen der Wahrheit und der Gerechtigkeit dabei berührt wurden. Am 16. November 1746 zum Beispiel sprach der Papst von der Notwendigkeit, zwischen einem Werk und seinem Autor zu unterscheiden, wenn es um eine Verurteilung oder Verdammung ging. Die Autoren, so erklärte er, müssten das Recht haben, sich zu verteidigen, ehe der Bann über sie verhängt werde. »Die Verdammung eines Buches ist wie eine Maske, die man einem Autor und seinen Anhängern aufsetzt ... sind alle Parteien angehört worden, ehe Recht gesprochen wird, findet das Urteil mehr Zustimmung.«

Die Maske, von der Benedikt XIV. hier sprach, war die des Opfers. Opfer ließen sich, wie der Papst wusste, nach Lust und Laune schaffen. Nicht im feierlichen Ton einer offiziellen Enzyklika, sondern mit der ruhigen Würde, die sich für einen Austausch unter Freunden schickte, für den Benedikt seinen Briefwechsel mit Tencin ja hielt, erklärte er am 6. September 1749:

»Es geht Uns um nichts anderes und wird Uns auch in Zukunft um nichts anderes gehen als um Wahrheit und Gerechtigkeit ... und Wir hoffen dennoch zuversichtlich, weder vor Gott noch in den Augen derer, die Gerechtigkeit lieben, Schuld auf Uns zu laden, wenn Wir Uns weigern oder (besser gesagt) vermeiden, ein Werk nur auf die Empfehlung anderer hin zu verdammen, ohne es zuerst geprüft und die Argumente in Betracht gezogen zu haben, die der Autor zu seiner Verteidigung vorbringt.«

Die Pflicht zur fairen Prüfung, das Recht auf Selbstverteidigung – keines dieser Prinzipien war seit Gründung des Heiligen Offiziums zweihundert Jahre zuvor vom Oberhaupt der römischen Zensurbehörde jemals mit solcher Deutlichkeit verkündet worden. Und was dieser Stellvertreter Christi im Jahre 1745 gegenüber seinem verräterischen Briefpartner privat äußerte, das fand dann in der apostolischen Konstitution, *Sollicita et provida*, vom 9. Juli 1753 seine öffentliche und nachdrückliche Verkündigung.

Eine apostolische Konstitution ist ein päpstlicher Erlass, der für Katholiken bindende Gesetzeskraft hat (oder haben sollte). Benedikts Konstitution entstand dabei vor einem doppelten Hintergrund, einem allgemeinen und einem spezifischen. Der allgemeine Hintergrund war der in ganz Europa herrschende Frieden, aus dem der Papst nach 1748 Vorteil zog. Die Kirchenstaaten waren frei von Besatzungsarmeen. Frankreich und Österreich mochten um die Vorherrschaft in Italien wetteifern, aber die beiden Mächte hielten sich in Schach, was ihre Versuche anging, Druck auf den Papst auszuüben. Preußen allerdings stellte eine Bedrohung dar. Die führende Rolle Österreichs im Heiligen Römischen Reich war nicht länger unumstritten; außerdem musste der Papst ständig damit rechnen, dass sich die katholischen Monarchen zusammenschlossen und eine gemeinsame Forderung an den Papst richteten, der dieser sich dann kaum verschließen konnte.

Benedikt XIV. war sich seiner heiklen Situation bewusst. Er begriff die Notwendigkeit einer auf Vergleich und Aussöhnung gerichteten Diplomatie. Tatkräftig unterstützt wurde er dabei von seinem Staatssekretär, Kardinal Silvio Valenti Gonzaga, mit dessen Hilfe er Konkordate mit Sardinien und Neapel, mit Spanien und mit Portugal schloss. Anders als viele seiner Vorgänger auf dem Stuhl Petri seit der Gegenreformation gehörte Benedikt keiner der großen italienischen Familien an und hatte deshalb auch keine Mühe, zwischen den Interessen des Papsttums und denen der eigenen Dynastie zu unterscheiden. Als ein Mann, der sich aus eigener Kraft emporgearbeitet hatte, wollte *Papa Lambertini* die Kirche aus ihrer langen Periode der Isolation und der Schwäche herausführen. Und er wusste, dass ihm das nur gelingen konnte, wenn er vorher im eigenen Haus für Ordnung sorgte.

Ebenso umfassende wie gründliche Reformansätze bildeten den Rahmen für seine Bemühungen, die römische Zensurpraxis zu verändern. So kümmerte sich der Papst um die katastrophalen finanziellen Verhältnisse des Kirchenstaats und ergriff Maßnahmen zur Vereinheitlichung des Verwaltungsapparats. Programme zur Förderung von Handel und Landwirtschaft wurden in die Tat umgesetzt. Auch auf die Kultur richtete sich das Augenmerk Benedikts XIV. Man tätigte neue, wichtige Erwerbungen für die Vatikanische Bibliothek und gründete ein Museum für christliche Altertümer. Die Universität von Rom wurde reorganisiert, die von Bologna – wo Benedikt vorher als Erzbischof amtiert hatte – erhielt einen neuen Lehrstuhl für Chirurgie nebst Zuwendungen für das Studium der Anatomie. In der heiligen Stadt vollendete man die Fontana di Trevi und restaurierte das Kolosseum und das Pantheon.

Verfallende Denkmäler zu restaurieren war allerdings leichter, als den Schaden zu beheben, den generationenlange Zwiste im Herzen der Kirche angerichtet hatten. Die bitteren Streitigkeiten zwischen Jansenisten, Jesuiten und Dominikanern, die im 17. Jahrhundert begonnen hatten, dauerten mit unverminderter Heftigkeit bis in Benedikts Regierungszeit an. Ohne in Fragen, die er für wichtig hielt, nachzugeben, suchte er Frieden zu stiften. Harmonie um jeden Preis war aber nicht seine Sache, und ebenso wenig überzeugte ihn die Art, wie ein Clemens XI. (1700–1721) und andere Vorgänger ihre Entscheidungen durchgesetzt hatten: indem sie abweichende theologische Meinungen verdammten, ohne sich anzuhören, was die betreffenden Theologen zu ihrer Verteidigung vorzubringen hatten.

Das Recht eines Autors, sich selbst zu verteidigen – jedenfalls, soweit es sich um katholische Autoren handelte –, wurde eines der Hauptanliegen des Papstes. Er hatte erlebt, wie die Willkür der römischen Kontrollmethoden auf geistigem Gebiet Ungewissheit erzeugt, Streitsucht genährt und damit verhindert hatte, dass Gerechtigkeit geübt wurde. Verstärkend auf die Unzufriedenheit des Papstes wirkte sich dabei die Kritik an den Verhältnissen aus, die eine kleine Gruppe vertrauenswürdiger päpstlicher Berater übte, unter ihnen die Gelehrten Gianfrancesco Baldini, Agostino Antonio Giorgi, Kardinal Fortunato Tamburini und – vor allem – Giovanni Gaetano Bottari (1689–1775), der, wie wir gleich sehen werden, eine Schlüsselrolle bei der Prüfung Montesquieus durch die Zensurbehörde spielte. Insbesondere Bottari verstand sich darauf, aus den Reihen des Establishments Widerstand gegen die Jesuiten und Unterstützung für die Jansenisten zu organisieren. Im Palast des Kardinals Neri Corsini, des mächtigen Sekretärs beim Heiligen Offizium, seines Gönners und Freundes, gründete Bottari den Zirkel des »kleinen Bogens«, in dem er Persönlichkeiten wie Giorgi und Tamburini versammelte, die seine Zielvorstellungen teilten. Benedikt XIV. wurde demnach von einer Gruppe von Inquisitoren und Zensoren beraten, die sich am Rande des Abweichlertums bewegten.

Das zentrale Paradox der Inquisitionsgeschichte – dass die Verfolger der Ketzerei unter Umständen ebendieses Verbrechens bezichtigt werden konnten – war in dieser Gruppe von Beratern, die sich um den päpstlichen Stuhl scharten, nur zu gegenwärtig. Wegen der Gesellschaft, mit der er sich umgab, ging das Gerücht, der Papst hege eine heimliche Neigung zum Jansenismus. Der Verdacht war indes unbegründet. Nur weil er den Rat Bottaris und seiner Mitstreiter suchte, war er nicht etwa schon ein Feind der Jesuiten. Er nahm etliche Mitglieder der Gesellschaft Jesu gegen die Kritik ihrer konservativen Vorgesetzten in Schutz und betrachtete sich selbst als über den Parteien stehenden Schlichter. Benedikts Ziel war es nicht, bei Streitigkeiten

Partei zu ergreifen, sondern diese kraft höheren Amtes und mit Sinn für Gerechtigkeit beizulegen. Und weil wenige Körperschaften innerhalb der Kirche häufiger für Streit sorgten als die Inquisition und die Indexkongregation, machte sich Benedikt XIV. mithilfe seiner Berater daran, ihre rechtliche Stellung und ihre Verfahrensweisen genauer in Augenschein zu nehmen.

Alle Berater des Papstes stimmten nach sorgfältiger Prüfung der Verfahrensweisen der Zensur zu Recht darin überein, dass diese Behörde seit der Gegenreformation eine eigene Dynamik entwickelt hatte. Manche der Ansichten, die man von dort hörte, klangen in ihrem Konservativismus und ihrer Unversöhnlichkeit wie Stimmen aus jener vergangenen Welt, die auch in der Zeit der Aufklärung in der römischen Kurie immer noch ihren Widerhall fand. So wurde Peña zitiert, der eifrig dafür eintrat, Menschen, die im Besitz verbotener Bücher waren, die Hände abzuhacken. Selbst die Bibel war nicht über jeden Verdacht erhaben, weil »die heiligsten Werke auch die verderblichsten sind, wenn sie in die falschen Hände gelangen«. Und wie im 16. Jahrhundert wurde auch jetzt noch »die Schreibsucht« angeprangert, wenngleich sie nun als ein spezifisch aristokratisches Laster galt.

Oft allerdings dienten historische Reminiszenzen »progressiven« Zwecken. So erinnerte man sich Anfang der fünfziger Jahre des 18. Jahrhunderts, dass Ende der achtziger Jahre des 16. Jahrhunderts die jüdische Gemeinde bei Sixtus V. gegen die Unbeholfenheit römischer Versuche protestiert hatte, den Talmud der Zensur zu unterwerfen. Die Beschwerden über die Inkompetenz von Beamten der Indexkongregation, die immer wieder von Autoren, Gelehrten und sogar Mitgliedern der Kongregation selbst vorgebracht worden waren, wurden jetzt zum ersten Mal ernst genommen; man räumte ein, dass hier eine Quelle für Streitigkeiten lag, die der Einheit der Kirche abträglich waren. Das eigentliche Problem, so wurde von verschiedenen, aber in diesem Punkte übereinstimmenden Positionen aus argumentiert, sei nicht, wie man die Diskussion unter den Gläubigen verhindern, sondern wie man sie zulassen und gleichzeitig lenken könne. Mit Repressionen habe man es lange genug versucht und sei immer wieder damit gescheitert.

Nun setzte man auf eine humanere Politik und wollte zu diesem Zweck kontrollierbare Normen wie Haftung und Fairness bei Prozessen einführen. Dies war das Ziel der Benedikt'schen Konstitution *Sollicita et provida* aus dem Jahre 1753, wobei eine der grundlegenden Neuerungen bei der Initiative des Papstes in der Anerkennung der Tatsache bestand, dass Rom irren konnte – eine Anerkennung, zu der sich während der ganzen bisherigen Geschichte der Inquisition und des Index die Kirche noch nie hatte durchringen können. Ungerechtigkeiten waren begangen worden, vernünftige Kritik war unbeachtet geblieben, beide Organisationen hatten sich mit dem Vorwurf der Willkür, der Boshaftigkeit und der Unfähigkeit konfrontiert gesehen. Diese Anschuldigungen waren nicht neu. Wie in den vorangegangen Kapiteln gezeigt, wurden sie seit Jahrhunderten erhoben, innerhalb ebenso wie außerhalb der Kirche. Eine umwälzende Neuerung aber war nun, dass 1753 ein Oberhaupt der katholischen Kirche öffentlich einräumte, dass diese Anschuldigungen zutrafen.

Benedikt XIV. verfasste *Sollicita et provida* auf Italienisch und ließ den Text dann ins Lateinische übersetzen. In der Konstitution (§ 7) erwähnte der Papst, dass er den Rat des Präfekten der Indexkongregation, des Kardinals Angelo Maria Querini (1680–1755), eingeholt hatte. Der Papst kannte Querini bereits seit Jahrzehnten und schätzte ihn als kenntnisreichen Mann, fand aber seine Persönlichkeit unerträglich. Querini, der über alles herzog und jeden, Benedikt XIV. eingeschlossen, kritisierte, galt vielen als Wahnsinniger, den nur seine Narrheit entschuldigen konnte.

Dieser Narr verfügte allerdings über eine Gelehrsamkeit sondersgleichen. Als Erzbischof von Korfu hatte er 1725 eines der grundlegenden Werke über die Geschichte und das Brauchtum der Insel herausgebracht. Als passionierter Sammler von Manuskripten wurde er 1730 zum Präfekten der Vatikanischen Bibliothek ernannt. In dieser Eigenschaft veröffentlichte er eine Reihe von Werken über die Geschichte des Papsttums, in denen er die korruptesten und der Günstlingswirtschaft am hemmungslosesten ergebenen Päpste verteidigte, während er andere mit ätzender Kritik überhäufte; von Benedikt XIV. wurde er dafür gerügt. Anlässlich der Heraugabe der Schriften des letzten katholischen Erzbischofs von Canterbury, des Kardinals Reginald Pole, charakterisierte Querini sich selbst ohne falsche Bescheidenheit als »unermüdlich und einzigartig eifrig im Bemühen, die Sache der Religion zu fördern und die römische Kirche mit Nachdruck zu verteidigen und unerschütterlich zu begründen«. Selbst bei den Protestanten errege sein Eifer Bewunderung. Dank seines Wirkens stünden sie im Begriff, zum katholischen Glauben überzutreten, behauptete er.

»Eine arme Seele, die vollständig von Sinnen und dermaßen von sich selbst berauscht ist, dass sie Mitleid verdient«, so beschrieb Benedikt XIV. diesen selbst ernannten Bekehrer der Engländer am 13. März 1745 in einem Brief an Tencin, ehe er dann mit sanftem Druck Querini aus Rom entfernte. »Seine Aufgabe ist es, die Werke anderer zu kommentieren – wie etwa den Briefwechsel Kardinal Poles. Aber Querini ist unfähig, selbst ein Werk zu verfassen, weil seine Gelehrsamkeit keine festen Grundlagen hat und auch Sinn und Verstand fehlen«, fügte Benedikt bissig hinzu. Das also hielt der Oberhirte der katholischen Kirche persönlich vom Kardinal und Präfekten der Indexkongregation Querini, dessen »Weisheit und Gelehrtheit« er in *Sollicita et provida* (§ 7) in den höchsten Tönen lobte. Benedikt war der einzige Papst des 18. Jahrhunderts (und vielleicht der gesamten Geschichte), dessen Sinn für Humor genug Stoff für ein eigenes Buch liefern konnte. Freilich: damit ist das ergötzliche Thema beileibe nicht erschöpft. Denn wenn man die offiziellen Dokumente mit der Privatkorrespondenz Benedikts XIV. vergliche, ließe sich zwischen den Zeilen Weiteres entdecken.

Dass Querini taub für die päpstliche Ironie war, überrascht nicht. In einem Brief vom 12. August 1753, den er in Brescia schrieb und – um ihm das Gewicht einer förmlichen Stellungnahme zu verleihen – sogar drucken ließ, erklärte der Kardinal im Blick auf die kaum einen Monat zuvor erschienene Konstitution *Sollicita et provida*, er finde sich durch sie kompromittiert: alle Gedanken, die sie enthalte, seien von ihm gestohlen. Aber auch wenn das, gelinde gesagt, stark übertrieben war, räumt er doch, versteckt hinter lauem Lob und leisem Tadel, immerhin ein, dass die von ihm geleitete Organisation für ihre »sturen, sachunkundigen Zensoren« berüchtigt war. Andererseits erhielten die Mitarbeiter der Zensurbehörde keine Bezahlung, wie Querini bemerkte – womit er den Finger in eine Wunde legte, die seit Gründung der Indexkongregation schwärte. Seine eigene Großzügigkeit und Selbstlosigkeit hätten ihn zu einem armen Mann gemacht: Müsse nicht ein Fonds zur Finanzierung der Organisation eingerichtet werden, die der Papst zu reformieren wünsche? Querini hatte nun seine Giftpfeile abgeschossen und ließ es dabei bewenden.

Benedikt XIV. kümmerte dies wenig. Er begann *Sollicita et provida* mit der Feststellung, zwei Kongregationen – Inquisition und Index – seien für die Zensur von Büchern verantwortlich. Wie ihre Funktionen und Zuständigkeitsbereiche gegeneinander abzugrenzen waren, führte er nicht näher aus – vor allem wohl deshalb, weil Rom diese Abgrenzung noch nie gelungen war. Ein Anachronismus lastete auf der Kirche, den Benedikts Vorgänger im 16. Jahrhundert zu verantworten hatten, und der Papst zog es vor, das ungelöste Problem einer doppelten Zuständigkeit dadurch zu überspielen, dass er schlicht »die Reife, Einsicht und Weisheit« pries, mit der das Heilige Offizium die Zensuraufgabe wahrnehme.

Dieses Lob war nicht ironisch gemeint, auch wenn es im Lichte der vorhergehenden Kapitel so wirken könnte. Der Papst wusste, dass im Unterschied zur Indexkongregation die Römische Inquisition methodisch vorging, wenngleich die Anwendung ihrer Methode unter Umständen von Willkür geprägt war. Da er die Autorität des höchsten Tribunals nicht untergraben wollte, hob er hervor, wie lange er selbst ihm schon angehörte – zuerst als Gutachter, dann als Kardinal, schließlich als Papst. Seine Erfahrungen mit der römischen

Zensurpraxis, hatten ihn mit deren Launen vertraut gemacht. Jetzt war die Zeit gekommen, einen anderen, geradlinigeren Kurs zu steuern. Kein Buch, so machte Benedikt geltend, sei unter seinem Pontifikat auf den Index gesetzt worden, ehe er nicht alle dazu geäußerten Ansichten sorgfältig geprüft habe.

Selbst bei Einhelligkeit der Ansichten innerhalb der römischen Kurie würden rechtgläubige Katholiken das Ergebnis trotzdem als ungerecht beklagen. Nachdem er sich scheinbar mit den Einrichtungen solidarisiert hatte, deren Mitglied er lange Zeit gewesen war und denen er auch jetzt als ihr Oberhaupt vorstand, machte sich Benedikt XIV. nun zum Sprachrohr ihrer Kritiker. Fromme Autoren seien öffentlichen Angriffen ausgesetzt, ungerechtfertigte Beschuldigungen würden gegen sie erhoben. Den Gerichten der römischen Zensur werde der Vorwurf gemacht, sie verführen »planlos und oberflächlich« (*temere et perfunctorie*) – was ja auch der Fall war.

Dies war der Punkt, an dem Benedikt XIV. mit seinen radikalen Reformbemühungen ansetzen wollte. Radikal neu war die Art und Weise, wie der Papst den Kritikern der Inquisition und der Indexkongregation begegnete. Taub gegenüber den Stimmen des Protests, die von außerhalb und innerhalb der Kirche laut wurden, hatten die meisten Vorgänger Benedikts diesen Protest ignoriert oder als Abweichlertum gebrandmarkt. Jetzt, im Jahre 1753, war alles anders. Die tragende Säule der kirchlichen Einrichtung, der Papst, dem niemand mangelnden Einblick vorwerfen konnte, schenkte diesen Abweichlern Gehör, erkannte an, dass sie Grund zur Klage hatten, und schlug Veränderungen vor. Konsequenz dieser Veränderungen war eine neue Verfahrensweise.

Bei diesem Verfahren spielten Prüf- und Kontrollmechanismen eine wichtige Rolle. Die von Benedikt XIV. vorgesehene Prozedur sah eine strenge Überwachung vor. Jedes Buch wurde zuerst von einem einzelnen Beamten des Heiligen Offiziums, dem so genannten *qualificator* oder *revisor*, beurteilt, der nach sorgfältiger Prüfung seine Liste der in dem Buch vorgefundenen Irrtümer den anderen Gutachtern in schriftlicher Form übermittelte. Sie mussten sich im Lichte dieser ersten Einschätzung das Werk nun ihrerseits anschauen und ihre Ansichten sodann ebenfalls in schriftlicher Form den Kardinal-Inquisitoren vortragen. Der *assessor* des Heiligen Offiziums fertigte darauf für den Papst einen Bericht über den gesamten Vorgang an.

Ähnliche Verfahrensweisen hatte es auch schon vor Benedikts Herrschaft in der Römischen Inquisition gegeben, in ihrer tatsächlichen Durchführung aber waren sie weit hinter ihren Zielen zurückgeblieben. Zu häufig hatte man sich unter dem Druck der Geschäfte oder aufgrund aktueller Einflüsse über die offiziellen wie inoffiziellen Regeln hinweggesetzt. Um der rasch wachsenden Zahl von Fällen Herr zu werden, mit denen sich das Oberste Tribunal befassen musste, hatten die Kardinäle immer wieder Bücher auf den Index gesetzt, ohne den Papst hinzuzuziehen. Rein formal gesehen, waren sie dazu ohne weiteres berechtigt. Denn wenn die Angelegenheit nicht Fürsten oder Bischöfe betraf, waren die Kardinal-Inquisitoren rechtlich befugt, im Namen des Oberhirten der Kirche zu handeln. So brachten es die Macht der Gewohnheit und das hektische Tempo der Arbeit mit sich, dass die päpstliche Zustimmung zu einer bürokratischen Routine geworden war. Mit diesem Missbrauch wollte Benedikt XIV. im Jahre 1753 Schluss machen: Die Zustimmung des Papstes zu Maßnahmen, die in seinem Namen ergriffen worden waren, durfte nicht länger als selbstverständlich vorausgesetzt werden. Der Papst würde fortan die Prüfung von Büchern persönlich überwachen und ein Verfahren nur dann absegnen, wenn es ordnungsgemäß durchgeführt worden war.

Die auf diese Weise bekräftigte päpstliche Autorität sollte nun aber nicht zur Unterdrückung katholischer Autoren, sondern zu deren Schutz genutzt werden. Zwischen ihnen und den Autoren außerhalb der römisch-katholischen Gemeinde hatte man in den vorangegangenen zwei Jahrhunderten wiederholt zu unterscheiden versucht, aber auf die Zensurpraxis hatte diese Unterscheidung so gut wie keinen Einfluss. Zu Recht beklagten sich Katholiken darüber, dass sie von Rom mit einer Rücksichtslosigkeit und Härte behandelt wurden, wie sie nach ihrer Ansicht nur Ketzer verdienten; Benedikt, der ein Gefühl für die Berechtigung ihrer Kritik hatte, forderte deshalb Behutsamkeit.

Auch wenn der Zensor, der als Erster ein Buch prüfte, zu dem Schluss komme, es gehöre auf den Index, und selbst wenn alle seine Kollegen hierin mit ihm übereinstimmten, müsse sowohl über das Werk als auch über den Zensurbericht ein weiteres Gutachten angefertigt werden – wobei der Name des ersten Zensors ungenannt bleiben solle, damit der zweite seine Ansicht »ungehemmter« äußern könne. So also formulierte der Papst das Prinzip der »geheimen Abstimmung«.

Geheimhaltung spielte in der Römischen Inquisition schon immer eine wichtige Rolle. Aber den Inquisitoren war es darum gegangen, ihre Informationen vor der Außenwelt geheim zu halten, nicht voreinander. Der Eid, den sie bei ihrer Aufnahme ins Heilige Offizium leisteten, verpflichtete sie, alles, was dort diskutiert wurde, niemandem außer ihren Kollegen zu enthüllen. Diese Kollegialität hatte ihre Schattenseiten. Es gab eine ausgeprägte Tendenz, dass die erste Meinung, die geäußert wurde – zumal wenn sie negativ war –, die folgenden bestimmte. Indem er auf dem System einer »geheimen Stimmabgabe« bestand und anordnete, dass bei Uneinigkeit zwischen erstem und zweitem Zensor ein hinzugezogener dritter seine Ansicht unabhängig von ihrem Votum an die Kardinäle weiterzureichen hatte, bemühte sich Benedikt XIV., jene auf der Basis geheimen Einverständnisses praktizierte Verurteilung zu unterbinden, für die das Heilige Offizium nachgerade berüchtigt war.

Es sollte nicht mehr vorkommen, dass der eine Gutachter die anderen durch seine Entschiedenheit, seine Wortgewalt oder seine Verbindungen einschüchterte. Allesamt sollten sie sich weniger um ihre Karrieren und internen Beziehungen als um ihre Arbeit kümmern. Und auch die Kardinal-Inquisitoren sollten während ihrer Mittwochsversammlungen in Santa Maria sopra Minerva keine Privatabsprachen mehr treffen. Ehe sie über einen Katholiken den Stab brachen, verlangte Benedikt, dass der Fall und die Beweise vor einer der Plenarversammlungen der Kongregationen des Heiligen Offiziums in seiner Anwesenheit diskutiert wurden, die donnerstags stattfanden. So also stellte sich der Papst den Schutz der Rechte des Autors vor. Ein Schwachpunkt allerdings lag dabei in der

Beschaffenheit des überkommenen Apparats: Alles hing von der Weisheit des päpstlichen Oberherrn und der Kooperationsbereitschaft seiner Untergebenen ab. Gerade der zweite dieser beiden Faktoren erwies sich als das entscheidende Handicap.

Gab es bei den Usancen des Heiligen Offiziums schon Probleme genug, so waren die Missstände in der Indexkongregation sogar noch größer. Der Begriff, den Benedikt benutzte, um die Zensurmethode zu bezeichnen, die er dort angewandt sehen wollte, lautete »unwandelbar« (*immutabilis*). Es lässt sich kein aussagekräftigerer Ausdruck vorstellen: Die Unberechenbarkeit und Willkür, die in den Verfahrensweisen der Kongregation seit fast zwei Jahrhunderten herrschten, waren das genaue Gegenteil von dem, was der Papst nun durchzusetzen versuchte. Nicht weniger im Widerspruch zu seinen Bemühungen stand auch der mit der Aufsicht über das Verzeichnis verbotener Bücher betraute Präfekt: Der sprunghafte Querini, der damals wutschäumend in Brescia saß, erscheint in der Konstitution im unmittelbaren Zusammenhang mit Benedikts »unwandelbarem Verfahren«. Es hält nicht schwer, die Gedanken des Papstes zwischen den Zeilen zu lesen. Nun, da Kardinal Querini aus dem Weg geschafft war und auf seine »Weisheit und Gelehrtheit« verzichtet werden konnte, ließ sich dem launischen Gremium eine Stetigkeit verleihen, die mit seinem abwesenden Chef, dem »Irren«, nicht zu erreichen war.

Sodann kam der Papst auf die – so seine höfliche Umschreibung – »weniger häufigen« Zusammenkünfte der Indexkongregation zu sprechen. Die Versammlungen des für den römischen Katalog verbotener Bücher wesentlich mitverantwortlichen Gremiums, auf denen die Entscheidungen getroffen wurden, fanden nicht nur weniger häufig als die des Heiligen Offiziums statt, sie waren tatsächlich so selten, dass ein regelmäßiger Arbeitsrhythmus gar nicht zustande kommen konnte. Durch ihre eigenen Prozeduren gelähmt, hatte die Kongregation schon lange vor dem 18. Jahrhundert die Fähigkeit zur Eigeninitiative verloren. Die Zensoren reagierten lediglich auf Denunziationen, die aus der ganzen katholischen Welt eintrafen und setzten nur selten Prozesse von sich aus in Gang.

Diese Eingangsphase im Zensurprozess wünschte der Papst am dringendsten zu reformieren. Da es in der Indexkongregation kein festes Verfahren für den Umgang mit Denunziationen gab, ordnete Benedikt an, dass ihr Sekretär nach Erhalt einer Anzeige diese an einen Zensor weiterzuleiten hatte, der dann einen Bericht zu erstellen hatte. Dieser *relator* war verpflichtet, sorgfältig die Motive zu prüfen, die der Empfehlung, das Buch zu verbieten, zugrunde lagen – keine selbstverständliche oder unwesentliche Anweisung, da sich die Kongregation angewöhnt hatte, Verdächtigungen bereits als Schuldbeweis zu werten. Außerdem dürfe sich der *relator*, so verfügte der Papst, nicht auf eine »oberflächliche« Durchsicht des Buches beschränken – eine ebenso berechtigte wie knappe und sarkastische Bemerkung angesichts der schludrigen Analysen, zu denen die Zensoren traditionell neigten. Hatte der erste Zensor die Überzeugung gewonnen, dass die Denunziation begründet war, so musste er zwei weitere Zensoren benennen, die – das Plazet des Papstes, des Präfekten oder seines Vertreters vorausgesetzt – ihr fertig gestelltes Gutachten einem weiteren Experten auf dem Gebiet, von dem das Buch handelte, vorlegen mussten. Benedikts systematisches Prüf- und Kontrollverfahren sollte also nicht nur jedem Dilettantismus beim Beurteilungsverfahren vorbeugen, sondern auch dem Erfordernis einer hinlänglichen Nachprüfung Genüge leisten.

Sämtliche Berichte mussten dann in einer »vorbereitenden« Kongregation diskutiert werden, die der Sekretär einberief; an ihr nahmen der Meister des Heiligen Palastes nebst sechs Gutachtern teil, ihre Beratungen wurden dann den Kardinälen zur Kenntnis gebracht. All diese Hürden mussten laut *Sollicita et provida* (§ 8) überwunden sein, ehe ein Buch auf den Index gesetzt werden konnte. Der Papst wollte es damit launischen Zensoren erschweren, ein Werk aufs Geratewohl zu verdammen. Zumal im Falle katholischer Autoren reichte es nun nicht mehr aus, kurzerhand ein Verbot auszusprechen. Waren Schriften fragwürdig, so durften sie nicht öffentlich verboten werden, ehe die Kongregation mit dem Autor in Kontakt getreten war und ihm mitgeteilt hatte, welche Stellen nach ihrer Auffassung »getilgt, geändert oder berichtigt« werden sollten. Erst nachdem er informiert worden (beziehungsweise der Versuch Roms, sich mit ihm zu verständigen, gescheitert) war, durfte ein Verbotsdekret veröffentlicht werden; erklärte sich hingegen der Autor zum Einlenken bereit, sollte das Dekret unterbleiben (*Sollicita et provida* § 9).

Diese Politik Benedikts XIV. zielte auf eine offenere und gleichzeitig behutsamere und verantwortlichere Ausübung der Zensur. Der Trennstrich zwischen Autor und Werk, den Rom so oft und so unspezifisch gezogen hatte, blieb in der Praxis, wie Benedikt einräumte, bedeutungslos, weil das Verbot seines Buches auf den Autor ein schlechtes Licht warf. Fromme Katholiken dürften dieser Behandlung nicht ausgesetzt werden. Sie müssten ihr Recht auf Verteidigung ihres Werkes wahrnehmen können. Konnten oder wollten sie das nicht tun, dann musste einer der Gutachter für sie einspringen; in schwierigeren Fällen war der Papst willens, Verteidigung und Anklage auch persönlich anzuhören.

Dies waren keine leeren Worte: Benedikt XIV. praktizierte, was er predigte. Im Jahre 1751 etwa schrieb er an Daniel Stadler, den Beichtvater des bayerischen Kurfürsten, weil die Indexkongregation in dem Buch, das der Jesuit zum Thema Duell geschrieben hatte, auf Irrtümer gestoßen war. Stadler reagierte darauf am 1. Juni 1751 mit einem Brief, in dem er sich dem Urteil der Kongregation unterwarf und versprach, die erste Auflage seines Werks zu unterdrücken und in der zweiten die vom Papst empfohlenen Änderungen vorzunehmen. Benedikts Änderungsvorschläge umfassten sowohl spezifische als auch allgemeine Anregungen. Die bemerkenswerteste unter ihnen bestand in dem Satz: »Ich stelle ... [die Änderungen] Ihrem einsichtigen Ermessen anheim.«

Der oberste Zensor und der ins Schussfeld geratene Autor hatten zusammengewirkt, um den guten Ruf des Letzteren zu bewahren. Bei seiner Empfehlung, Änderungen vorzunehmen, hatte der Papst jeden herablassenden Ton vermieden: Benedikt baute nicht nur auf Stadlers Gehorsam, sondern ebenso auf seinen Verantwortungssinn. Keiner der Vorgänger *Papa Lambertinis* hatte sich solche Mühe gemacht, einen Autor durch direkte Kontaktaufnahme vor Schlimmerem zu bewahren. Und keiner der Päpste vor Benedikt XIV. hatte auch so direkt seinen Untertanen die Fähigkeit zugebilligt, selbstständig zu denken.

✦✠✦

Sollicita et provida wurde von einem Gelehrten verfasst – von einem Gelehrten mit gründlicher Bildung, reicher Erfahrung und außerordentlicher Menschlichkeit. Die Fähigkeit Benedikts XIV., seine Autorität als Seelsorger zu bewahren, ohne in die autoritäre Haltung eines geistlichen Richters verfallen zu müssen, findet in der Geschichte der Römischen Inquisition und der Indexkongregation kaum eine Parallele. Im Unterschied zu vielen seiner Untergebenen hatte er ein Gefühl für Grenzen, wovon in *Sollicita et provida* (§ 16) die Feststellung zeugt: »Es ziemt sich, dass die jeweiligen Gegenstände nur von denen beurteilt werden, die sich darauf verstehen.« Umfassender, differenzierender Sachverstand, nicht enges Spezialistentum war Benedikts Ideal; typisch für ihn war, dass er im Fortgang erklärte, wenn ein Zensor sich nicht für qualifiziert halte, ein bestimmtes Werk zu beurteilen, so dürfe er nicht fürchten müssen, von Kardinälen und Papst deswegen schief angesehen zu werden, sondern verdiene, für seine Ehrlichkeit belobigt zu werden. Mit ihrer humanen Art, Beamten, die sich der ihnen zugeteilten Aufgabe nicht gewachsen fühlten und sich dadurch in eine peinliche Lage gebracht sahen, einen Ausweg zu eröffnen, und mit ihrer Einsicht in die Notwendigkeit, ehrgeizige Gutachter davon abzuhalten, aus Karrieregründen Zensurarbeiten zu übernehmen, für die sie nicht die erforderliche Eignung mitbrachten, verriet die Konstitution *Sollicita et provida* deutlich die Handschrift Benedikts XIV.

Das Ziel war es nunmehr, Toleranz zu üben. Toleranz, so erklärte dieser des Zeitalters der Aufklärung würdige Papst, sei rationalen Maßstäben zugänglich. Innerhalb der Grenzen, die durch das orthodoxe Glaubensbekenntnis gesteckt seien, dürften Diskussion und Meinungsvielfalt nicht nur toleriert, sondern müssten gefördert werden. Jeder Ansicht sei »ihr eigenes Maß an Wahrscheinlichkeit« zuzubilligen (§ 17). »Probabilismus« anstelle der einen unwandelbaren Wahrheit – das war ein Vorwurf, der damals gegen die Jesuiten erhoben wurde. Der Papst ergriff hier nicht ihre Partei, sondern sorgte dafür, dass ihre Ansicht offen und frei erörtert werden konnte. Solch eine Erörterung (wie überhaupt die Analyse unterschiedlicher Positionen) musste nach Auffassung des Papstes unter angemessener Berücksichtigung des jeweiligen Kontextes stattfinden. Keine These durfte aus ihrem ursprünglichen Zusammenhang gerissen und böswillig interpretiert werden (§ 18). In Zweifelsfällen solle man zugunsten des Autors entscheiden. Es sei falsch, ein Werk nur deshalb zu verbieten, weil es Ansichten wiedergebe, die verdammt worden seien (§ 21). Die historische Forschung müsse gefördert und dürfe nicht dadurch erstickt werden, dass man jede Erwähnung einer Ketzerei unterdrücke. Nächstenliebe – jene Nächstenliebe, die uns der heilige Augustin und Thomas von Aquin ans Herz legten – sei der Geist, in dem die Zensur geübt werden müsse, frei von »Neid, Bitterkeit oder gemeiner Polemik« (§§ 23–24). Diese positiven Empfehlungen, die der Papst aussprach, machen deutlich, dass er die Art und Weise ablehnte, wie Rom zwei Jahrhunderte lang mittels Inquisition und Index das intellektuelle Leben zu beherrschen gesucht hatte.

So schwierig es war, Intellektuelle im Zaum zu halten, noch schwerer fiel es, die römische Kurie selbst zu kontrollieren. Von vielen ihrer angesehenen Mitglieder hatte der Papst keine sonderlich hohe Meinung: »Sieht man im derzeitigen Heiligen Kollegium die empörende Uneinigkeit aufgrund egoistischer Motive zusammen mit dem Mangel an Bildung, so muss man der Himmlischen Vorsehung danken, dass sie einen davor bewahrt, den Verstand zu verlieren«, schrieb er in einem Brief an Kardinal Tencin vom 10. Mai 1743. Zu den vielen Kardinälen, die seine Geduld strapazierten, zählte der reizbare

»Preuße« in der römischen Kurie – der gelehrte Eigenbrötler Domenico Passionei (1682–1761), der eine ebenso giftige Feder führte wie Querini und zur gleichen Zeit, da *Sollicita et provida* vorbereitet wurde, die vom Papst befürwortete Heiligsprechung Bellarmins zu hintertreiben suchte.

Passionei verabscheute die Jesuiten. Erst nach einer längeren Laufbahn als Gelehrter für orientalische Sprachen und als Diplomat ließ er sich zum Priester weihen; im Jahre 1710 hatte er noch erklärt, er habe Priester satt. »Niemand bewegt in Rom etwas«, soll Passionei erklärt haben, »wenn er nicht von der Spanischen Treppe herab verkündet, dass der Papst ein Ketzer ist.« Papst Benedikt XIV. war seinem Kardinal ähnlich zugetan. Immerhin setzte Passionei am 23. Juli 1753 seine Unterschrift unter die päpstliche Konstitution; offiziell stand die römische Kurie hinter ihrem Oberhaupt.

Insgeheim allerdings, hinter der Fassade äußerer Eintracht, war Rom gespalten. *Sollicita et provida* suchte die Risse zu kitten. 1750/51 hatten sich die Spannungen zwischen denjenigen Mitgliedern der Inquisition und des Index, die mit Benedikt XIV. liiert waren und dem Denken der Aufklärung aufgeschlossen gegenüberstanden oder es jedenfalls tolerierten, und ihren Gegnern, die an einem strikten gegenreformatorischen Kurs festhielten, derart verschärft, dass regelrechte Parteiungen entstanden waren. Dies hatten der Papst und seine Berater, als sie zwei Jahre später *Sollicita et provida* ausarbeiteten und verkündeten, noch deutlich vor Augen.

Den näheren Hintergrund dieser Konstitution bildete die Behandlung, die Charles Louis de Montesquieu (1689–1755) und seinem Hauptwerk *L'Esprit des lois* (dt. *Der Geist der Gesetze*) durch die römische Zensur zuteil geworden war. Dieses Meisterwerk aus dem Jahre 1748, das die *Déclaration des droits de l'homme et du citoyen* Frankreichs und die Verfassung der Vereinigten Staaten beeinflusste, beschäftigt sich im Wesentlichen mit der Bestimmung von Regierungsformen, der Gewaltenteilung und dem Einfluss des Klimas und der Bodenbeschaffenheit auf die Politik; nichts von alledem musste die Römische Inquisition oder die Indexkongregation besonders beunruhigen. Auf dem Umweg über die Anzeigen und Hetzschriften, die in Frankreich gegen Montesquieu erschienen, geriet dieser indes ins Visier der römischen Behörden, wie das bereits vor ihm Descartes widerfahren war. In Rom begann eine hitzige Debatte.

Ihre Hauptbeteiligten waren dabei bald auch mit der Konstitution befasst, die das dringende Bedürfnis des Papstes nach einer Reform des Zensurwesens zum Ausdruck brachte; Benedikt XIV. selbst äußerte sich zustimmend, als man ihm die *Défense* vorlegte, die Montesquieu 1750 verfasste, nachdem ihm zu Ohren gekommen war, dass *Der Geist der Gesetze* von der Zensur geprüft werden sollte. Gegenüber dem französischen Botschafter, dem Herzog von Nivernais, schien der Papst den Autor seines Schutzes versichert zu haben. Eine ähnliche Einstellung bekundeten auch andere hochrangige Mitglieder der Kurie – der Staatssekretär sowie die Kardinäle Querini und Passionei. Ungeachtet dieser Protektion aber, die Montesquieu bei führenden Persönlichkeiten der Kurie genoss, wurde *Der Geist der Gesetze* als Ergebnis eines internen Machtkampfes im Jahre 1751 auf den Index gesetzt. Wie der Kampf ablief, verraten uns die Unterlagen in den Archiven.

Am 31. August 1750 wurde das Verfahren offiziell eröffnet. Zu diesem Zeitpunkt hatte Giovanni Bottari, der von der Indexkongregation mit der Prüfung von *Der Geist der Gesetze* beauftragt war, bereits Montesquieus *Défense* vorliegen. Bottari war seit 1741 als Gutachter für den Index tätig. Zehn Jahre später begann er für die Römische Inquisition zu arbeiten. In beiden Organisationen versäumte er keine Gelegenheit, die Jesuiten als Ignoranten und Dunkelmänner anzuprangern, die sich jedem Fortschritt auf künstlerischem oder wissenschaftlichem Gebiet widersetzten. Nicht, dass Bottari selbst dem Idealbild eines aufgeklärten Geistes nahe gekommen wäre: Als Liebhaber der Malerei und Bildhauerei, der als Verleger für den Großherzog der Toskana im Jahre 1718 eine Ausgabe von Galileis Werken herausgebracht und Vorlesungen über Boccaccio gehalten hatte, verfügte dieser Jesuitenhasser über die Bildung eines Antiquitätensammlers. Unfähig, das Neue an Montesquieus Denken zu würdigen, wusste er nur, dass der angeklagte Autor hoch stehende Freunde hatte. Der Herzog von Nivernais setzte sich für ihn ein, und Passionei meinte, man müsse ihm Gelegenheit geben, sich zu verteidigen. Passionei setzte auch durch, dass die Kommentare des Zensors ins Französische übersetzt und Montesquieu zur Kenntnis gebracht wurden; und eben er überredete die Kongregation dazu, der Bitte um eine Vertagung der Angelegenheit auf den letzten Augusttag desselben Jahres stattzugeben.

Diskret wurde die Kongregation von ihrem Sekretär darüber informiert, dass der Herzog von Nivernais beim Papst interveniert hatte. Vor dem Hintergrund wachsenden Drucks in Frankreich zugunsten eines Verbots »antireligiöser« Werke durch die Krone suchte der französische Botschafter Benedikt XIV. auf. Einem offiziellen Kurzprotokoll vom 10. November 1750 zufolge, das der Sekretär bei der Indexkongregation, Tommaso Agostino Ricchini anfertigte, hatte der Papst erklärt, dass er Montesquieu schätze, und die Kongregation ersucht, vor Wiederaufnahme der Diskussion von *Der Geist der Gesetze* Nivernais Zeit für ein Gespräch mit dem Autor zu lassen. Kurz vor Weihnachten im selben Jahr verhinderte Benedikt, dass die Angelegenheit weitergeführt wurde.

Die Verzögerungstaktik fing an, ihre Wirksamkeit zu verlieren, als Nivernais unbefugterweise erklärte, er habe Bottari durch Tommaso Emaldi, den Sekretär für den lateinischen Briefwechsel Benedikts, ersetzen lassen; dieser sei mit ihm persönlich befreundet und ein Bewunderer Montesquieus. Diese Version des Vorgangs entspricht nicht den Tatsachen. Denn als die Kongregation am 25. November 1751 Emaldi als Zensor zum Falle Montesquieu berief, ersetzte dieser nicht Bottari, sondern trat ergänzend hinzu – gemäß der gängigen Praxis, einen Zweitgutachter zu bestellen. Außerdem äußerte der Botschafter selbst über den angeblich von ihm eingeschleusten Gutachter, er habe »Angst davor, zu nachsichtig zu erscheinen«.

Nachsichtig war, gemessen an den Maßstäben der Indexkongregation, der Zensurbericht über *Der Geist der Gesetze*, den die Kardinäle der Behörde von Bottari erhielten. Trotz der Scheuklappen, mit denen er an das Werk heranging, begegnete er ihm mit Wohlwollen; schließlich war er sich Montesquieus Berühmtheit bewusst, auch wenn er vorgab, der Tatsache keine Beachtung zu schenken. Der Satz, mit dem Bottari seine Kritik begann, weist allerdings auf die schwierige Situation hin, in der er sich zusammen mit den Kardinälen der Indexkongregation befand:

>Eure Anweisung, das Buch zu prüfen, das den Titel *Der Geist der Gesetze* trägt und ohne Nennung des Autors erschienen ist, hat mich vor eine beschwerliche Aufgabe gestellt.«

Bottari bezog sich hier auf die italienische Übersetzung von Montesquieus Werk, die Anfang 1751 anonym in Neapel herausgekommen war; obwohl Nivernais versucht hatte, ihr Erscheinen zu verhindern. Von dieser Publikation hatte die Indexkongregation Kenntnis erhalten, was sich auf Montesquieus Position nachteilig auswirkte. Es genügte nicht mehr, auf die machtvollen Freunde zu verweisen, die er hatte. Unter dem verdächtigen Deckmantel der Anonymität war sein Werk erneut auf dem Markt erschienen und erreichte diesmal auch jene Leser, für die sich Rom am unmittelbarsten verantwortlich fühlte. Der »Prüfer« Bottari erkannte, dass ein Ton freundlicher Zurechtweisung gegenüber dem Autor nicht am Platze war. Montesquieu, so schrieb er unheilverkündend, »behandelt das Christentum, zu dem er sich bekennt, nicht mit dem Respekt, der ihm gebührt.«

Er war demnach zwar kein ausgemachter Ketzer, aber doch ein Verdächtiger, dessen Hauptverbrechen darin lag, dass er »Behauptungen [aufstellt], die er durch Gründe zu bewahrheiten versäumt«. Eine dieser Behauptungen war Montesquieus These, die richterliche Macht der Bischöfe entstamme dem »Zeitalter der Barbarei«. Ob der heilige Paulus (1. Korinther) demnach ein Barbar gewesen sei, so die rhetorische Erkundigung Bottaris. Oder etwa der heilige Augustinus? Behauptungen wie diese, die auf eine Unkenntnis der Bibel und der Kirchenväter zurückzuführen seien, würden noch schlimmer durch die These, dass bürgerliche und geistliche Gesetze miteinander unvereinbar seien. Das war natürlich »für fromme Ohren anstößig«. Wenn Montesquieu die Bereicherung der Mönchsorden und die Macht der Priester kritisiere, so »klingt das heute, wo in Frankreich so viele aufrührerische Bücher gegen die Unantastbarkeit kirchlichen Eigentums veröffentlicht werden, empörend«. Indem er das Gesetz, das Frauen die Scheidung von ihren Männern verbiete, als »tyrannisch« tadele, versündige sich Montesquieu gegen den Willen Gottes. Und auch die Unterscheidung zwischen politischen und theologischen Werken, die der Autor in der *Défense*, den Ausführungen zur Verteidigung seines Buches, traf, konnte Bottari nicht überzeugen. »Gut«, schrieb der Zensor, »aber er hätte nicht vergessen sollen, dass er ein *katholischer* Denker ist.«

Wenn Montesquieus Verteidigung der katholischen Rechtgläubigkeit seines Werkes Bottari auch nicht überzeugen konnte, war dieser doch immerhin bereit, dem Angeklagten Aufrichtigkeit zu bescheinigen: »Verurteilen wir das Werk, *bis es berichtigt worden ist*, verschonen wir aber den Verfasser. Er hat bewiesen, dass er fügsam und willens ist, Veränderungen vorzunehmen, die sich leicht bewerkstelligen lassen«, schrieb der Zensor, hin und her gerissen zwischen der Forderung, das Buch zu verdammen, und dem Bedürfnis, den Autor zu schützen. Was aus dieser Zwangslage resultieren musste, war klar: Genötigt, das Buch zu verurteilen, bemühte sich Bottari um das mildeste Verdikt.

Bottaris Zensurbericht über *Der Geist der Gesetze* wurde durch ein weiteres Gutachten ergänzt, das Emaldi anfertigte. Auch er benutzte die italienische Übersetzung und monierte Montesquieus Auftreten und Tonfall. »Kalt und gleichgültig« statt »duldsam« [*sic*], spiele sich der Autor als Richter auf und versäume es, die einem Katholiken angemessene »Mäßigung und Nüchternheit« an den Tag zu legen. Dem *philosophe* warf der Zensor mangelnde philosophische Qualitäten vor und weigerte sich, Montesquieus Unterscheidung zwischen einer theologischen und einer historisch-politischen Darstellung der Religion zu akzeptieren. Das Bekenntnis des Autors zum Christentum verschlimmerte in Emaldis Augen die Sache nur noch. Keine der Annahmen in *Der Geist der Gesetze* lasse sich ohne Rückgriff auf die Theologie verstehen; die von Montesquieu vorgetragene Konzeption zweier verschiedener Sphären – eines menschlich-natürlichen Bereichs und eines Reichs göttlicher Gnade – erinnerte Emaldi an jesuitische Lehren, die er verboten sehen wollte. Auch dieser Hüter der Rechtgläubigkeit sympathisierte mit dem Jansenismus.

Dieses Eintreten für eine Position, die dem offiziellen Bannfluch Roms unterlag, brachte Emaldi also dazu, der katholischen Kirche das Verbot von *Der Geist der Gesetze* zu empfehlen. Die Religion konnte oder durfte nicht als ein den Staaten dienstbares soziales Herrschaftsmittel dargestellt werden, und ebenso wenig durften die offenbarten Wahrheiten des Christentums anderen Glaubenssystemen an die Seite gestellt werden. Die gleiche Sicht, die später die Indexkongregation bei Hume schockieren und an Gibbons Werk entsetzen sollte, wurde also bereits 1751 verworfen – auch wenn sich hier die Achtung für die »überragende Bildung und Intelligenz«, von der *Der Geist der Gesetze* zeuge, mäßigend auf die Ablehnung auswirkte. Was Emaldi weder teilen noch tolerieren konnte, war Montesquieus Auffassung vom Katholizismus als einem historischen Phänomen, seine Kritik an Formen der katholischen Frömmigkeit und sein Angriff gegen das Inquisitionstribunal (Buch XXVI, Kapitel 11), das »im Widerspruch zu jeder guten Art von Überwachung« stehe und »unannehmbar für jede wohl geordnete Regierung« sei.

Damit war der Boden für Ponsarts Zensurbericht über Gibbons Werk bereitet. Weil Emaldi jede Form von historischer, juristischer oder »soziologischer« Analyse des Christentums ablehnte, weigerte er sich, Montesquieu als »christlichen Philosophen« gelten zu lassen. »Obskure, zweideutige und gefährliche« Passagen in *Der Geist der Gesetze* ließen sich nicht durch kosmetische Reparaturen »korrigieren«. Das Werk und die Krankheitskeime, die es enthalte, seien schon zu weit verbreitet. Zu empfehlen sei ein radikaler Schnitt, eine Amputation; zum Fürsprecher einer Verdammung des Buches machte sich nun auch Kardinal Corsini, der gegen die »liberalen« Tendenzen kämpfte, die Benedikt XIV. an den Tag legte. Trotz der wohlwollenden Haltung des Oberhirten und der Unterstützung einflussreicher Kardinäle kam *Der Geist der Gesetze* auf den Index – nicht mittels eines eigenen Verbotsedikts, sondern durch einfache Aufnahme des Buches in die Liste – ein unausgesprochener Kompromiss zwischen den »aufgeklärten« Mitgliedern der Kurie und der Fraktion, die im gegenreformatorischen Geiste agierte.

Die Konstitution *Sollicita et provida* von 1753 muss vor dem Hintergrund dieser Auseinandersetzung gelesen werden. Dass Benedikt XIV. auf einem Schutz für katholische Autoren und nachprüfbaren Zensurmethoden (vor allem, was die Praxis der Indexkongregation anging) bestand, war eine Reaktion auf die Krise, in die Rom durch das Verfahren gegen Montesquieu im Jahre 1750/51 stürzte. Die Verdammung von *Der Geist der Gesetze*, gegen die sich Benedikt sträubte, ohne sie verhindern zu können, rückte alte Probleme schärfer ins Blickfeld. Zu den Beratern, die dem Papst bei der Ausarbeitung seiner am Ende zum Scheitern verurteilten Pläne für eine grundlegende Reform halfen, zählte auch Giovanni Bottari, der sein Bestes getan hatte, um Montesquieu durch ein mildes Zensurgutachten zu schützen. Doch alle Bemühungen waren umsonst: Das Verbot des Montesquieu'schen Werks bedeutete eine Niederlage für die »liberale« Fraktion um Benedikt XIV. und einen Sieg für die Konservativen. Sie hatten von Anfang an die besseren Karten. Wie schon Kardinal Tencin gegenüber Montesquieu erklärte, hatte eine Anzeige noch nicht viel zu sagen; in dem Augenblick aber, in dem das Werk der Indexkongregation in die Hände falle, sei ein Verbot die unausweichliche Folge.

Wie um diese Behauptung zu bestätigen, genügte ein zweiseitiger Zensurbericht über das »Gefasel, die Irrtümer, die Ketzereien und die Niederträchtigkeiten« in Montesquieus *Let-*

tres Persanes (1721; dt. *Persische Briefe*), um für ein Verbot des Werkes zu sorgen, das am 24. Mai 1762 ausgesprochen wurde. Mit ihrer »Aufstachelung zur Wollust«, ihrem Gerede über Elefantenkot in der Arche Noah, ihren Schmähungen gegen die Dreieinigkeit verdienten es diese Briefe, verbrannt zu werden, erklärte Giuseppe Sisti, der Gutachter der Kongregation, der über sie Bericht erstattete. Entgegen den Zensurregeln, die neun Jahre zuvor in der päpstlichen Konstitution aufgestellt worden waren, holte man keine zweite Meinung ein. Nach einem Prozess, der ebenso oberflächlich, nachlässig und vernunftlos abgewickelt wurde wie all die früheren Verfahren, die Benedikt XIV. kritisiert hatte, wurde am 21. Januar 1763 der Bannfluch gegen die *Persischen Briefe* veröffentlicht. Das genaue Gegenteil dessen, was Montesquieu als »gute Form der Überwachung« bezeichnet hatte, setzte in Inquisition und Indexkongregation seine Willkürherrschaft fort.

VII.

GUTE ÜBERWACHUNG
UND BÖSE ATHEISTEN

»In meinem Buch gibt es nichts, was die Theologen, die es durchforsten, ketzerisch nennen könnten, abgesehen von Dingen, die sie nicht verstehen«, schrieb Montesquieu am 8. Oktober 1750 mit Blick auf *Der Geist der Gesetze* an den Herzog von Nivernais. »Und zur Inquisition möchte ich nur bemerken, dass sie eine Sache der Überwachungsformen in bestimmten Ländern ist, die von Ort zu Ort verschieden sind – manchmal maßvoll und manchmal ausschweifend.«

Wodurch wurde das Bild, das Montesquieu in *Der Geist der Gesetze* von der Inquisition und der Indexkongregation zeichnete, für diese beiden Behörden gleichermaßen unannehmbar und unbegreiflich? Zuerst und vor allem durch die Begriffe, in die Montesquieu seine Kritik fasste. »Ich schreibe hier als politischer Denker, nicht als Theologe«, erklärte der Autor, ohne sich klarzumachen, dass seine Richter der entschiedenen Ansicht waren, in religiösen und kirchlichen Angelegenheiten habe er entweder Linientreue gegenüber Rom zu wahren oder aber den Mund zu halten.

Erschüttert durch die Maßnahmen, die in der Indexkongregation gegen sein Werk ergriffen wurden, schloss er seinen Brief an den französischen Botschafter mit der treuherzigen Feststellung: »Ich komme mir vor wie ein Kind und habe praktisch keine Ahnung, wie sie dort [in Rom] denken und sich verhalten.« Aber nicht nur Montesquieu ging es so. Im Jahre 1750 – wie schon hundert und zweihundert Jahre zuvor – hatte auch Rom selbst keine klare Vorstellung davon, wie und zu welchem Zweck Zensur geübt werden sollte. Rivalisierende Fraktionen innerhalb der Inquisition und der Indexkongregation kämpften miteinander um Einfluss und um die Vormachtstellung; immer wieder kam es zu Zusammenstößen zwischen führenden Mitgliedern der beiden Organisationen und dem Papst; und selbst wenn die Kardinäle mit dem Papst, der nominell das letzte Wort hatte, darin übereinkamen, dass ein bestimmter Autor geschützt werden müsse, bot dieser vorübergehende Einklang keine Garantie dafür, dass der Betreffende vor der Verurteilung sicher war.

In den satirischen *Persischen Briefen* hatte Montesquieu für ein Laienpublikum einige der verschiedenartigen Themen zusammengetragen, die seit dem 16. Jahrhundert in der Kritik an der Inquisition eine wesentliche Rolle gespielt hatten. Ablehnung des Naturrechts, Vernunftfeindlichkeit, Gegnerschaft gegenüber politischen Freiheitsforderungen und Intoleranz zählten zu den Vorwürfen, mit denen er sich im Rahmen seiner Attacke gegen die »Inquisition Europas«, beschäftigte. Montesquieu, der seine Ausführungen nicht auf die Heiligen Offizien von Spanien und Portugal beschränkt wissen wollte, über die Verhältnisse in Rom aber kaum informiert war, kam der Sache wahrscheinlich näher, als er in *Der Geist der Gesetze* zu einem Grundsatz erhob, dass jede verfolgte Religion ihrerseits mit Verfolgungen beginnt, sobald sie sich etabliert hat (XXXV.9). Was er 1750, als er sich, eingeschüchtert und schlecht gerüstet, seinen »Verfolgern« in Rom gegenübersah, nicht wissen konnte, war die Tatsache, dass sie untereinander zerstritten waren. Ebenso sehr darauf aus, sich gegenseitig am Zeug zu flicken, wie erpicht darauf, ihn der Zensur zu unterwerfen, waren sie von aller Einmütigkeit weit entfernt.

Kein Papst vor Paul VI. (siehe Kapitel IX) war sich dieser Spaltungen lebhafter bewusst als Benedikt XIV. Wären die Maßnahmen, die er zur Heilung der Zerwürfnisse vorschlug, wirklich durchgeführt worden, seine geplante Reform wäre einer grundlegenden Erneuerung der römischen Kurie gleichgekommen. Der Widerstand von Seiten einflussreicher, starrsinniger Konservativer aus den Reihen der Angehörigen der Kurie und die in Jahrhunderten eingefleischten Gewohnheiten waren nicht die einzigen Faktoren, die dem Papst einen Strich durch die Rechnung machten. Wer sich bemühte, mit der Vergangenheit zu brechen und aus der Hochburg der Rechtgläubigkeit heraus Veränderungen zu bewirken, sah sich auch mit Unterschieden in der Mentalität und mit Verfahrensproblemen konfrontiert. Etliche Hüter der Rechtgläubigkeit waren sich dieses Umstandes sehr wohl bewusst.

Benedikts Gedanken über das katholische Vorhaben einer Kontrolle des geistigen Lebens wurden vom Sekretär bei der Indexkongregation, Agostino Ricchini, weiterentwickelt. Nachdem er dieses Amt bekleidet hatte, wurde er (im Zuge eines beim Orden der Dominikaner üblichen *cursus honorum*) Meister des Heiligen Palastes. Der Papst hatte Ricchini um seine Stellungnahme zu *Sollicita et provida* gebeten, als die Konstitution noch im Entwurfsstadium war. Der Sekretär, der seine Stunde noch nicht gekommen sah, machte nur kleinere Verbesserungsvorschläge.

Seine Gelegenheit kam Anfang Januar 1754, sechs Monate nach der Verkündigung von *Sollicita et provida*. Ricchini unterbreitete seinem Herrn Vorschläge für die Anfertigung eines neuen Index und fügte ein Memorandum über »Bücher, die nach ihrer Berichtigung und Säuberung zugelassen werden könnten«, hinzu. Der Papst reagierte am 12. Februar 1754 zustimmend auf die Überlegungen des Sekretärs; nachdem die Kongregation über die Richtlinien für die Neufassung des Verzeichnisses verbotener Bücher diskutiert hatte, fing man mit den vorbereitenden Arbeiten an, die bis 1757 dauerten.

Ricchinis Vorschläge zur Reorganisation und Vereinfachung des Index bildeten nicht den wichtigsten Aspekt seiner Einflussnahme. Auch nicht, dass er sich dafür aussprach, die unter dem Namen *index expurgatorius* bekannte Spiegelfechterei beizubehalten, die aus einer Sammlung von Zensurmustern bestand, denen man entnehmen konnte, wie sich anstößige Passagen aus den Werken katholischer Autoren entfernen ließen: kalter Kaffee, der glücklicherweise nie auf den Tisch kam. Weit interessanter waren Ricchinis Überlegungen zur Frage, welche Bücher »korrigierbar« waren, um dann zugelassen zu werden. In seiner Liste führte er die »mathematischen und philosophischen Werke von René Descartes«, die »astronomischen Schriften von Nikolaus Kopernikus« und die von Galilei an. Kurz, ein Dreigestirn berühmtester philosophischer und naturwissenschaftlicher Denker, die allesamt in den Verzeichnissen verbotener Bücher standen.

In der veränderten und freieren Atmosphäre des Pontifikats von Benedikt XIV. schlug nun der Sekretär der Kongregation vor, nach angemessener »Säuberung« der Schriften dieser drei Autoren den Bann, der auf ihnen lag, aufzuheben. Dass Ricchini diesen Vorschlag gemacht hätte, ohne sich der Zustimmung des regierenden Papstes sicher zu sein, ist unwahrscheinlich. Benedikt war gewiss nicht der Mann, sich an eine nicht mehr zeitgemäße Verurteilung zu klammern. Im Bemühen, den Ruf und die Karriere von Autoren zu retten, über denen das Damoklesschwert der Zensur schwebte, ging der Papst sogar so weit, umstrittene Jesuiten in die Indexkongregation zu berufen. Einer von ihnen war Carlo Benvenuti, Professor am Collegio Romano (der wichtigsten Hochschule in Rom, die von der Gesellschaft Jesu betrieben wurde). Als seine Gedanken zur Naturphilosophie bei seinen konservativen Vorgesetzten Missfallen erregten, wurde Benvenuti von Benedikt in die Indexkongregation berufen, wo er die Aufgabe übernahm, L'Encyclopédie zu prüfen – das große »Wörterbuch der Wissenschaften, Künste und Gewerbe«, in dem viele Persönlichkeiten und Einrichtungen der Kirche einer schonungslosen und manchmal satirischen Kritik unterzogen wurden. Herausgegeben und redaktionell betreut von Jean d'Alembert (1717–1783) und Denis Diderot (1713–1784), wurde L'Encyclopédie trotz (oder wegen) der Ablehnung, auf die sie bei den Jesuiten und den kirchlichen Behörden in Frankreich stieß, ein Bestseller.

Unterstützt wurde Benvenuti bei seiner Begutachtung durch Pietro Lazzari, einen weiteren Jesuiten, dessen heftige Angriffe gegen die Dominikaner im Heiligen Offizium dazu geführt hatten, dass sein Werk im Jahre 1750 auf den Index gesetzt wurde. Und ebendiesen Lazzari, der selber ein Opfer der Zensurtätigkeit geworden war, berief nun Benedikt XIV. im Mai 1753 als Gutachter in die Kongregation! Im Jahre 1757 legte dieser von der Zensur heimgesuchte Zensor ein Memorandum zu der Frage vor, ob das Dekret vom 5. Mai (= März) 1616, das »alle Bücher [verbot], in denen die Bewegung der Erde und die Unbeweglichkeit der Sonne gelehrt wurde«, aus dem Index gestrichen werden sollte.

Lazzaris langes, faszinierendes Memorandum gelangt zu drei Ergebnissen:

1. [Das Verbot aller Bücher, in denen die Bewegung der Erde und die Unbeweglichkeit der Sonne gelehrt wurde,] war bei seiner Verhängung [im Jahre 1616] wohl überlegt und wurde aus guten Gründen ausgesprochen.
2. Diese Gründe haben ihre Gültigkeit verloren und entfallen als Begründung für die Aufrechterhaltung des Verbots.
3. Es empfiehlt sich, das Verbot nunmehr [1757] aufzuheben.

Soweit ein Professor am Collegio Romano, dem die historischen Umstände klar waren, unter denen der Heliozentrismus von der Kirche mit dem Bann belegt worden war. Als bloße Hypothesen vorgetragen, hätten die von Kopernikus und Galilei entwickelten Gedanken im Jahre 1616 noch den Eindruck gemacht, einem buchstäblichen Verständnis der Heiligen Schrift zu widersprechen. Daraus folge, erklärte Lazzari, der eine Reihe von Zitaten aus naturphilosophischen Werken des 17. Jahrhunderts anführte, dass die Kirche damals recht daran getan habe, den »Kopernikanismus« zu verbieten. Daraus folge aber nicht, dass Rom auch noch im Jahre 1757 das Verbot aufrechterhalten müsse.

Hier erkennen wir deutlich einen radikalen Wandel des Denkens und der methodischen Einstellung unter dem Pontifikat von Benedikt XIV. Unter Hinweis darauf, dass Naturforscher und Philosophen überall in Europa das kopernikanische System mittlerweile akzeptierten, führte Lazzari als Beweis für die Hoffnung der ausländischen Intelligenz auf eine Veränderung in der Haltung der Kirche eine Stelle aus ebender *Encyclopédie* von d'Alembert und Diderot an, die er selbst erst kurz zuvor einer Zensurprüfung unterzogen hatte:

>»Es ist sehr zu wünschen, dass ein Land, das an Geisteskraft und Kenntnissen so reich ist wie Italien, sich endlich bereit findet, einen Fehler einzugestehen, der dem Fortschritt so außerordentlich hinderlich gewesen ist … Solch ein Umdenken wäre des aufgeklärten Oberhirten würdig, der heute die Kirche regiert – er, der ein Freund der Wissenschaften und selbst ein Gelehrter ist, sollte den Inquisitoren die Leviten lesen.«

Aus einem Werk, das in Frankreich als antichristlich verschrien und vom Materialismus Diderots beziehungsweise vom Protestantismus oder Deismus seiner Mitarbeiter geprägt war, zitierte Lazzari ein Lob des regierenden Papstes, das sich gegen dessen eigene Inquisitoren und Zensoren richtete.

Letztere wurden damals von diesem Schützling des Papstes mit einer Reihe von Tatsachen bekannt gemacht, über die nicht alle von ihnen Bescheid wussten beziehungsweise glücklich waren: Lazzari hielt ihnen einen Vortrag über die historische Interpretation biblischer Sprache. Die Heilige Schrift, so erklärte er, werde seit anderthalb Jahrhunderten von Männern mit wissenschaftlich fundierter Bildung als ein metaphorischer Text verstanden. Die Physik Isaac Newtons (1643–1727), die nie auf den Index gesetzt worden war und als deren Bewunderer Lazzari sich zu erkennen gab, liefere einen Beweis für die Wahrheit des Heliozentrismus, der die Wissenschaft zufrieden stelle. Dieser Beweis, der durch die Arbeiten von Galileo Galilei und Johannes Kepler (1571–1630) noch gestützt werde, lasse den früher von der Kirche geltend gemachten Unterschied zwischen These und Hypothese unhaltbar werden.

Das alte anthropozentrische Modell überzeuge niemanden

mehr, behauptete Lazzari. Und er ging noch weiter: Nicht genug damit, dass er der Indexkongregation warnend vorhielt, sie habe den Kontakt zum wissenschaftlichen Fortschritt verloren, erklärte er auch unverblümt, dass die römische Zensur mit ihrem Versuch gescheitert sei, Werke zu unterdrücken, die den Heliozentrismus progagierten, ja sich mittlerweile sogar lächerlich mache:

»All diese Bücher [die für den Heliozentrismus eintreten] findet man in jedem durchschnittlichen Buchladen. Sie werden gekauft, verkauft und verbreitet. Wer möchte nicht über Newtons System Bescheid wissen? ... Indem wir dieses Verbot aufrechterhalten, richten wir großen Schaden an – es wird verächtlich gemacht, vollständig ignoriert und lässt die Dekrete des Indexes zum Gespött werden. Diese Situation wird sich immer weiter verschlimmern, wenn wir zusehen müssen, wie Bücher, die so offensichtlich gegen die Vorschriften verstoßen, in Italien völlig ungestraft nachgedruckt und veröffentlicht werden.
Was werden wir dann tun? Sollen wir die Verbotsedikte erneuern? Sollen wir mit Macht darauf dringen, dass sie beachtet werden? Es ist offensichtlich unmöglich, dies zu tun, und bodenlose Torheit, darauf zu hoffen, dass wir im größeren Teil Italiens und insbesondere an den angesehenen Universitäten dergleichen durchsetzen können. Gelingt es uns, in jeden Traktat einen Protest oder als Allheilmittel das Wörtchen »Hypothese« einzurücken ... wird das Ganze absurd. Jedermann weiß Bescheid, versteht, begreift ...
Und das Problem hat noch einen anderen, äußerst irritierenden Aspekt: In der Überzeugung, dass die Theorie von der Unbeweglichkeit der Erde falsch ist, führen die Protestanten das Verbot stets an, um zu zeigen, dass in Rom tiefste Unkenntnis über die grundlegendsten Dinge herrscht, gepaart mit blindem Starrsinn ... Warum verhindern wir das nicht, indem wir solch gewichtige Waffen ihrem Griff entziehen?
... Vielleicht erscheint es dem Tribunal auf den ersten Blick entwürdigend, in einer solchen *cause célèbre* den Rückzug

antreten und sich Feinden geschlagen geben zu müssen, die daraufhin in Triumphgeschrei ausbrechen; aber dieser Einwand ist ein Scheinargument ... *dieses Tribunal erhebt nicht den Anspruch, in seinen Urteilen unfehlbar zu sein ...*«

Nie zuvor hatten die Hüter der Rechtgläubigkeit von Seiten eines Kollegen so etwas zu hören bekommen. Und auch nach der Amtszeit von Benedikt XIV. konnte man nur selten erleben, dass das Versagen der römischen Zensur in einer so maßgeblichen Frage wie dem Heliozentrismus derart deutlich und schonungslos innerhalb der Organisation beim Namen genannt wurde. Die Argumente, die Lazzari zugunsten einer Aufhebung des Bannes vorbrachte, konfrontierten die Kongregationen der Inquisition und des Indexes mit der Tatsache ihrer schwindenden Autorität bei den Intellektuellen.

»Warum müssen wir so tun«, fuhr Lazzari fort, »als würden die Tribunale ihre Urteile niemals zurücknehmen oder revidieren und als hätten Katholiken ein Monopol auf die Wahrheit? Haben wir in Fragen der Kirchengeschichte und des Ritus nicht sogar von den Protestanten gelernt? Akzeptieren wir denn nicht mittlerweile, dass die Schenkung [des Reiches an das Papsttum] durch Konstantin eine Fälschung ist?« Und zur Stützung seiner Argumentation gegen ein Festhalten an der alten, um ihre Glaubwürdigkeit gebrachten Position von 1616 führte Lazzari abermals eine Stelle aus *L'Encyclopédie* an:

»Kein Inquisitor, den nicht der Anblick einer kopernikanischen Sphäre erröten lassen müsste. Die Ablehnung der Bewegung der Erde fügt sogar der Religion Schaden zu. Was sollen Menschen schwachen und schlichten Geistes von den wahren Dogmen halten, die uns der Glaube anzunehmen zwingt, wenn diese mit solch zweifelhaften oder falschen Ansichten verquickt sind?«

Nachdem er somit ein Werk, das kurz davor stand, Aufnahme in die Liste der verbotenen Bücher zu finden, zitiert hatte, um der Indexkongregation ins Gewissen zu reden, fasste Lazzari seine Empfehlungen in fünf Punkten zusammen:

»1. [Wenn wir die Verdammung aufheben,] werden wir die eklatante Verachtung beseitigen, mit der man ihr begegnet und die wir nicht mehr aufhalten können; wir können vertuschen, dass niemand den Dekreten der Kongregation Beachtung schenkt, was ebenso allgemein bekannt ist wie es als wohlbegründet gilt ...

2. Wir werden das Unbehagen derer beschwichtigen, die über die besten Entdeckungen in der Physik und der Astronomie Bescheid wissen wollen und nicht wissen, wo sie sich darüber informieren können...

3. Wir werden Platz für bessere Autoren und Bücher schaffen ...

4. Wir werden den schlechten Ruf verbessern, in dem die Verfasser dieser Dekrete und Verbote stehen, weil es ihnen an Fachkenntnis in Physik und Mathematik fehlt, weil sie überstürzt und gnadenlos Verbote aussprechen und weil sie starrsinnig und wider alle Vernunft an diesen Verboten festhalten ...

6. Was den neuen Index betrifft, so sichern wir ihm entweder größeres Ansehen oder bewahren ihn wenigstens davor, sich noch lächerlicher zu machen.«

Dies waren Überlegungen, denen nüchternes Urteil und Selbstkritik zugrunde lagen – Fähigkeiten, die in der Römischen Inquisition und der Indexkongregation Seltenheitswert hatten. Dort fand man auf der Basis von Lazzaris vernichtendem Memorandum eine Lösung. Die Formulierung des Dekrets vom 5. März 1616, die mit »alle Bücher, in denen die Bewegung der Erde und die Unbeweglichkeit der Sonne« begann, wurde im Index von 1758 gestrichen. Um aber diesem wagemutigen Schritt etwas entgegenzusetzen, hielt man das Verbot der Werke von Kopernikus, Kepler und Galilei aufrecht!

Logisches Denken zählte nicht zu den Stärken der römischen Tribunale. Politische Rücksichten spielten in den Köpfen der Kardinäle an ihrer Spitze eine wichtigere Rolle. Einzugestehen, dass die Verdammung von 1616 ein Irrtum war, musste nach ihrer Ansicht die Autorität der Kirche erschüttern. Newtons Werk war zwar nie auf den Index gesetzt worden und das Kepler'sche nur zum Teil, aber Galileis *Dialog* war in Gänze und für alle Zeit verboten worden. Wie konnte man dies zurücknehmen, ohne einzuräumen oder zu verstehen zu geben, dass Rom, wie es damals geirrt hatte, auch in Zukunft irren konnte? Wie ließ sich gemäß der Forderung des Dekrets von 1616 und Ricchinis Empfehlung Kopernikus »säubern«? Man konnte die Werke des Naturforschers ja nicht einfach neu schreiben, um sie einer rechtgläubigen Version der Wahrheit anzupassen. So kam es, dass die Behörden zu diesem faulen Kompromiss gelangten. Sie übernahmen Lazzaris Vorschlag, ohne die Konsequenzen zu ziehen, die er beinhaltete. Indem sie aus dem Index die Formulierung entfernten, in der es um die Bücher über den Heliozentrismus ging, das Verbot einzelner Autoren indes aufrechterhielten, scheiterte die Kongregation nicht nur an der Lösung eines dringenden Problems, das nun noch einmal weitere sechzig Jahre warten musste, ehe man sich 1820 erneut seiner annahm; sie bewies auch, dass die römische Kirche die Gefangene ihrer eigenen politischen Tradition blieb.

Politik – die interne Politik der römischen Kurie – spielte eine maßgebliche Rolle bei der Entscheidung über die Haltung der Kirche gegenüber den Intellektuellen im Allgemeinen und den eigenen Angehörigen im Besonderen. Uneinigkeit und Fraktionsbildung unter den Mitgliedern der Kurie führten dazu, dass sich Initiativen gegenseitig durchkreuzten und vereitelten. Der Widerstreit der Meinungen, der während des Pontifikats von Benedikt XIV. in der Inquisition und in der Indexkongregation offen zutage trat, ließ die Wellen derart hochschlagen, dass die Nachwirkungen noch zwei Jahrzehnte nach dem Tod des Papstes spürbar waren. Am 12. November 1777 zum Beispiel schrieb Giovanni Cristofano Amaduzzi, eine wenig bekannte, aber interessante Persönlichkeit, einen Brief an Gregorio Fontana, seinen Freund in Pavia. Fontana, ein Priester wider Willen, der 1797 aus dem Priesterstand entlassen wurde, lehrte damals Mathematik und Mechanik, bis er wegen seiner Sympathien für die Bemühungen, in Italien eine Republik zu errichten, mit Schimpf aus dem Amt gejagt wurde. Amaduzzi, Fachmann für orientalische Sprachen, war äußerst vielseitig. Als Sammler unveröffentlichter Manuskripte, nebenberuflicher Journalist und Griechischprofessor war er außerdem in der römischen Kongregation für die Verbreitung des Glaubens zuständig für das Druckwesen.

In dieser Eigenschaft traf er an einem Nachmittag im Herbst 1777 zufällig den Meister des Heiligen Palastes, der die Geheimnisse, von denen er Kenntnis hatte, nicht bei sich zu behalten vermochte. Im Laufe eines Schwätzchens mit Amaduzzi ließ dieser redselige Beamte etwas von einem Werk verlauten, das Inquisition und Index im Begriff standen, der Zensur zu unterwerfen. Der Meister des Heiligen Palastes wusste nicht, dass er durch seine Plauderei den Angeschuldigten über Amaduzzi vorwarnte und ihm dabei half, sich auf seine Verteidigung einzustellen.

Amaduzzi betrachtete sich als aufgeklärten Liberalen und hatte für die Zensoren und Inquisitoren (bei denen er bald darauf selber angezeigt werden sollte, weil er sich anlässlich einer Begräbnisrede zu weit vorwagte) nur Verachtung übrig. Dem gut informierten *Monsignore* erschienen sie als »Fanatiker«, »Schwachsinnige« und »Ignoranten«; in seinen Augen waren sie Inbegriff der Krankheit, an der die römische Kurie laborierte. Trotz seiner grundsätzlichen Feindseligkeit differenzierte Amaduzzi allerdings zwischen den verhassten Tribunalen. Über das Schicksal, das die zu prüfende Schrift erwartete, schrieb er an Fontana: »Wenn sie frei von Ketzerei befunden wird, entgeht sie der Verdammung durch die Inquisition und wird der Zensur durch den Index unterworfen, wo man sie als unklug verwerfen wird ... Die Zensur, die dieses zweite Tribunal übt, hat mehr mit Politik als mit Religion zu tun.«

–✛–

Wie weit traf Amaduzzis Unterscheidung zwischen den religiösen Interessen der Römischen Inquisition und den politischen Manövern der Indexkongregation zu? So gut wie gar nicht, lautet die Antwort, die uns die geheimen Dokumente liefern, zu denen im 18. Jahrhundert nicht einmal ein Insider wie Amaduzzi Zugang hatte. Die Akten zeigen, dass sich hinter den Kulissen eine andersartige und beunruhigendere Reaktion gegen die Politik Benedikts XIV. vollzog, als diese zwei Organisationen mit so zentralen Zeugnissen der Aufklärung wie den Werken Voltaires (1694–1778) und *L'Encyclopédie* von Diderot und d'Alembert zu tun bekamen.

L'Encyclopédie war von Lazzari zitiert worden, der seinen Kollegen in der Indexkongregation ein Bewusstsein von dem unerquicklichen Ruf vermitteln wollte, in dem sie standen und der sich markant von dem hohen Ansehen unterschied, das Benedikt XIV. unter den Intellektuellen Europas genoss. Im letzten Lebensjahr des Papstes (1757/58) und in den Monaten unmittelbar nach seinem Tod am 3. Mai 1758 waren Lazzari und seine Kollegen mit der Prüfung von *L'Encyclopédie* beschäftigt. Alles, was das Gutachterteam in den sechs Bänden, die geprüft wurden, zu beanstanden fand, listete der fleißige, aber geistig beschränkte Ferdinando Mingarelli gewissenhaft auf; ergänzt wurde seine Liste durch die Notizen, die Agostino Ricchini anfertigte.

Die monierten Punkte waren weder zahlreich noch, gemessen an den Kriterien der Kongregation, schwerwiegend genug, um ein Verbot von *L'Encyclopédie* zu rechtfertigen. Die im ersten Band enthaltene Feststellung, dass der berühmte Humanist Kardinal Pietro Bembo ein Atheist gewesen sei, der das spirituelle Wesen der Seele geleugnet habe, bot neben verschiedentlichen geringschätzigen Bemerkungen über die Inquisition und Plädoyers für die Freiheit der Religionskritik zwar Anlass zum Tadel, war aber nicht unverzeihlich. Ausfälle gegen die Macht des Papsttums und Interventionen zugunsten der gallikanischen Kirche, die sich in den folgenden Bänden finden ließen, waren ebenso unerträglich wie Angriffe gegen das geistliche Zölibat, bildeten aber, für sich genommen, keinen hinlänglichen Grund, *L'Encyclopédie* mit dem Bann zu belegen. Weit schwerer wog das Lob, das in Band V Montesquieus *Persischen Briefen* und seinem *Geist der Gesetze* gezollt wurde. Das Verbot dieser beiden Werke war den Zensoren noch frisch im Gedächtnis, zumal die ständigen Hinweise auf die »Grausamkeit« und den »Fanatismus« des Heiligen Offiziums, die sich in beiden fanden, ihren bleibenden Zorn entfacht hatte.

Erst wenn man sie alle zusammennahm, erzeugten die Kritikpunkte einen schlimmeren Eindruck, als ihn die einzelnen Zensoren vermitteln wollten, die ihre Ansichten mit der Behutsamkeit formuliert hatten, die ihnen *Sollicita et provida* zur Pflicht machte. Benedikts neue Zensurvorschriften wurden von jenen Mitgliedern der Indexkongregation geltend gemacht, die ein offenes Ohr für den Ruf des Papstes nach Reformen hatten. Carlo Benvenuti zum Beispiel verwahrte sich zwar gegen die negativen Urteile über das geistliche Zölibat, die päpstliche Gewalt und die Kreuzzüge, die sich in *L'Encyclopédie* fanden, empfahl aber gleichzeitig, die Meinung anderer einzuholen, da die Irrtümer, die er entdeckt habe, ihm nicht ausreichend erschienen, eine Verdammung zu rechtfertigen.

»Die schädlichen Stellen fallen kaum ins Gewicht (*noxia sunt minima*)«, schrieb Benvenuti, »und es gibt vieles, das nicht nur höchst nützlich für die Wissenschaft, sondern auch segensreich für die Religion ist.« Mingarelli unterstützte zwar die Kritik seines Kollegen und ergänzte sie durch neue Punkte, erklärte aber gleichzeitig, er wolle sich nicht auf die Rolle des Anklägers beschränken, sondern auch die des Verteidigers übernehmen. Diese Zensoren waren bemüht, Benedikts Lehren Folge zu leisten. Einer nach dem anderen traten sie dafür ein, nichts zu unternehmen, ehe nicht sämtliche Bände von *L'Encyclopédie* erschienen seien.

Zwei Franzosen wurden hinzugezogen, um für die sprachliche Kompetenz zu sorgen, auf der *Sollicita et provida* bestand; sie waren aber äußerst beflissen, ihre Unbefleckheit durch »gallikanische« Neigungen und ihre unfehlbare Loyalität gegenüber Rom unter Beweis zu stellen. Nur in einem der Zensurberichte (einem anonymen und alles andere als inspirierten Elaborat) werden Einwände gegen den in *L'Encyclopédie* aufgenommenen Artikel über Kopernikus erhoben, weil er einen Verstoß gegen das Edikt von 1616 darstelle. Der betreffende Beamte hatte vergessen (oder wusste nicht), dass dieses Edikt, das alle Bücher verbot, die »die Bewegung der Erde und die Unbeweglichkeit der Sonne« lehrten, im vorangegangenen Jahr von der Kongregation, für die er arbeitete, widerrufen worden war. Roms eigene Mitarbeiter waren nicht über Entscheidungen informiert, die nur wenige Monate zuvor getroffen worden waren.

Von den eigenen Kollegen absichtlich oder aus Unkenntnis nicht beachtet, blieben Lazzaris Bemühungen ebenso vergeblich wie die Benedikts XIV. Obwohl ihre Zensoren den Versuch unternahmen, das in *Sollicita et provida* empfohlene Verfahren zu befolgen, beschloss die Indexkongregation am 5. Dezember 1758, *L'Encyclopédie* zu verbieten. Und wenn das Dekret, das den Bann verhängte, erst am 10. September 1760 herauskam, so deshalb, weil mittlerweile das Heilige Offizium interveniert hatte.

Das Heilige Offizium war wegen einer »berichtigten« Ausgabe von *L'Encyclopédie* beunruhigt, die in Lucca erschien und von der es 1759 Kenntnis erhielt. Ein Gutachterausschuss wurde zur Prüfung dieser Publikation eingesetzt; zu seinen Mitgliedern zählten der Meister des Heiligen Palastes, der General des Dominikanerordens und der Inquisitor Lorenzo Ganganelli. Das Ergebnis ihrer Arbeit war ein kurzer Schriftsatz, den Papst Clemens XIII. am 1. August 1759 ausfertigte und der *L'Encyclopédie* verbot, weil sie »gottlose Annahmen oder Lehren enthält, die zu unreligiösem Verhalten führen«. Das war eine andere und mildere Verdammung als jene, die gut ein Jahr später die Indexkongregation aussprach.

Warum die Römische Inquisition unter dem Vorsitz des Papstes auf ihrer ersten donnerstäglichen Zusammenkunft in der brütenden Hitze des August 1759 zu dieser merkwürdigen Entscheidung gelangte, ist nicht schwer zu erklären. Die Gutachter waren uneins; ihre Urteile reichten von vorbehaltlicher Missbilligung bis zu verhaltenem Beifall. Manche von ihnen hielten sich so bedeckt, dass ihren Überlegungen praktisch keine Tendenz zu entnehmen war. Das Gekritzel aus der Hand von Agostino Orsi, dem Meister des Heiligen Palastes, deutet auf Krankheit, Senilität und womöglich Schlimmeres; der äußere Eindruck von Gebrechlichkeit, den sein Manuskript vermittelt, wird noch durch den Inhalt des Geschriebenen verstärkt.

All die Phrasen, mit denen man in der Inquisition seit Jahrhunderten Bannflüche verhängte, wurden einmal mehr hervorgeholt. Sämtliche Klischees, in denen vom Gift der Ketzerei und vom Gegengift des Verbots die Rede war, wurden ohne jedes Gefühl dafür, dass sie längst allen Sinn verloren hatten, abermals aufgetischt. Ohne den Hauch einer Ahnung davon, wie *L'Encyclopédie* in Europa aufgenommen wurde und welches Ansehen d'Alembert oder Diderot genossen, machte sich der verkalkte Zensor einzig und allein Sorgen darum, dass ein verdächtiges Werk aus Frankreich in der italienischen Stadt Lucca nachgedruckt worden war. Ein Bann, davon war Orsi überzeugt, reichte aus, dem Ungeheuer Paroli zu bieten. Bar des Realismus eines Lazzari, klammerte er sich an die Illusion, dass der Index verbotener Bücher allgemeine Achtung genoss.

Nicht alle von Orsis Kollegen waren dieser Ansicht. Eine Mehrheit schloss sich den Einwänden an, die von der Indexkongregation gegen *L'Encyclopédie* erhoben worden waren – dass sie für Toleranz eintrete, für die Freiheit der Religionskritik plädiere, die Inquisition angreife, mit Montesquieu übereinstimme. Gleichzeitig wurde aber auch eingeräumt, dass in einem Sammelwerk, an dem viele mitgearbeitet hatten, Irrtümer unvermeidlich seien und gegen positive Aspekte aufgewogen werden müssten. Die Huter der Rechtgläubigkeit, die nur ein halbes Dutzend Jahre zuvor Montesquieus Anspruch verworfen hatten, zwischen den Intentionen eines Theologen und seinen eigenen Absichten als politischer Denker zu unterscheiden, waren nun zu dem Eingeständnis gezwungen, dass diese Unterscheidung durchaus ihre Richtigkeit hatte. Theologisch gesehen, verdiente *L'Encyclopédie*, auf den Index gesetzt zu werden, unter anderer Perspektive hingegen verdiente sie Lob. Und als man Ferdinando Mingarelli, der bereits dasselbe Werk für die Indexkongregation geprüft hatte, nach seiner Ansicht fragte, sprach er sich dafür aus, die Lektüre von

L'Encyclopédie durch Katholiken zuzulassen, nachdem das Werk von Irrtümern gereinigt war.

Für den Fall, dass die »Berichtigungen«, die man bei der Ausgabe von Lucca vorgenommen hatte, nicht ausreichten, schlug Mingarelli einen Anhang vor, in dem Rom richtig stellen solle, was falsch sei. Beunruhigt durch die Uneinigkeit unter ihren Mitgliedern, entschied sich die Inquisition für den Kompromiss eines abgeschwächten Bannes. Ob dabei selbst Experten in der Kunst der verschlüsselten Sprache kirchlicher Zurechtweisungen die Mischung aus Missbilligung und Bewunderung verstehen konnten, die sich in dem Schriftsatz vom 1. August 1759 niederschlug, lässt sich mit Fug und Recht bezweifeln; und wenn sie die Botschaft verstanden, dann wurde diese durch den uneingeschränkten Bann zunichte gemacht, den kurz darauf die Indexkongregation aussprach. Die übermächtige Tradition, die jede Koordination vereitelte, für Chaos sorgte und dem Gedächtnis Abbruch tat, verhinderte alle wirkliche Würdigung der Abstufungen, um die sich Clemens XIII. bei seiner Maßregelung bemühte. Für die Welt außerhalb der römischen Kurie wie auch für viele ihrer Mitglieder schien die Kirche genau den eintönigen Verbotston zu sprechen, den sie vor der Amtszeit des Vorgängers von Clemens XIII. stets angeschlagen hatte.

Benedikt XIV. begriff, dass sich der Herausforderung, die laizistische Denker insbesondere in Frankreich für die traditionelle Kirche darstellten, nicht angemessen durch pauschale Verbote oder barsche Bannsprüche begegnen ließ. Anders als so viele, die in der Hochburg der Rechtgläubigkeit finster die Stirn runzelten, war der Papst kein provinzieller Geist. Weltmännischer Geschmack und ein lebhafter Sinn für Humor gehören zu den vielen Zügen, die ihn als Menschen auszeichneten und interessant machten. Bei einem Oberhirten der römischen Kirche können solche Eigenschaften allerdings gefährlich sein, wie ihn Voltaire schmerzhaft lehren sollte.

Am 9. August 1742 erlebte Voltaires Stück *Mahomet* – eine

ebenso mittelmäßige Tragödie wie brillante Schmähschrift gegen jede Art von religiöser Intoleranz – in Paris seine Premiere. Vom Polizeichef als »eine ungeheure Bosheit, Freveltat und Gottlosigkeit« angeprangert, »deren Autor es verdient, auf dem Scheiterhaufen verbrannt zu werden«, wurde das Werk vom Spielplan gestrichen, nur um drei Jahre später Benedikt XIV. mit einer Widmung überreicht zu werden. Was die Pariser Polizei empört zurückgewiesen hatte, nahm der Papst in Rom freudig entgegen!

Benedikt war nicht der Einzige im Vatikan, der den französischen Philosophen bewunderte. Kardinal Querini übersetzte Voltaires *Henriade* und sein *Poème de Fontenoi*; 1748 widmete der Autor dem Kardinal *Sémiramis*, und auf Drängen Voltaires überreichte Kardinal Passionei dem Papst das *Poème de Fontenoi*. Von Benedikt, den er privat als »den rundlichsten Heiligen Vater, den wir seit langem gehabt haben«, beschrieb, erbat sich Voltaire 1745 in aller Bescheidenheit zwei päpstliche Schaumünzen – die er auch erhielt, zusammen mit einer Danksagung für *Mahomet* und dem apostolischen Segen.

Selbstverständlich nutzte der skrupellose Bühnendichter diese Gunstbeweise, um seine weltlichen Zensoren zu ärgern. Er habe Rom in der Tasche, brüstete sich Voltaire und ahnte nicht, dass Benedikt ihn durchschaut hatte. »Als ich an Voltaire schrieb«, erklärte der Papst am 9. Februar 1746 gegenüber Kardinal Tencin, »wollte ich im Geiste des heiligen Hieronymus mit dem Philosophen, nicht mit dem Dogmatiker, ins Gespräch kommen.« Kaum wurde der Versuch unternommen, *Mahomet* in italienischer Übersetzung auf die Bühne zu bringen, ließ Benedikt das Stück auch schon auf den Index setzen. Wenn seine freundschaftliche Geste gegenüber Voltaire falsch verstanden worden sei, schrieb der Papst, so tue ihm das Leid; er habe nichts Böses im Sinn gehabt und beabsichtige auch nicht, sich mit Gerüchten abzugeben. Das blieb Benedikt tatsächlich auch erspart. Binnen vier Jahren beschäftigte sich bereits das Heilige Offizium mit Voltaires Werken.

✦✦✦

263

Im Mai oder Juni 1750 veröffentlichte Voltaire anonym ein sechzehnseitiges Pamphlet mit dem Titel *La voix du sage et du peuple (Die Stimme des Weisen und des Volkes)*. Darin unterstützte er die staatlichen Bemühungen um eine Umverteilung der Steuerlast, bei der neben anderen Maßnahmen auch eine Abschaffung der steuerlichen Befreiung der Kirche vorgesehen war. Trotz ihrer Unterstützung der königlichen Position wurde die Flugschrift am 21. Mai 1751 durch königliches Dekret verboten. Am 14. Januar desselben Jahres hatte indes bereits die Römische Inquisition *La voix du sage* durch ein Dekret verdammt, das eine »allgemeine Kongregation« mit aller Feierlichkeit an einem Donnerstag in Gegenwart »Unseres Allerheiligsten Päpstlichen Herrn Benedikt XIV.« verabschiedete.

Der Zensurbericht über *La voix du sage*, der dem Papst vorgelegt wurde, war länger als die Flugschrift selbst. So viel Länge und Ausführlichkeit war beim Umgang der Inquisition mit Pamphleten ungewöhnlich. Der anonyme Verfasser dieser Schrift sei ein einflussreicher Mann, mutmaßte das Heilige Offizium. Namen wurden keine genannt, aber die Ernsthaftigkeit, mit der sich die römischen Zensoren die schmale Publikation vorknöpften, deutet darauf hin, dass mehr als bloße Sorge um die Steuerprivilegien der französischen Kirche im Spiel waren. Eine einflussreiche Stimme hatte sich mit einem Thema zu Wort gemeldet, das den Katholizismus im Kern tangierte. Das wichtigste und beunruhigendste Problem, das *La voix du sage* aufgriff, war die Trennung von weltlicher und kirchlicher Macht. Unter den achtunddreißig Punkten, die der Hauptzensor Lorenzo Ganganelli an Voltaires sechzehn Seiten monierte, stellte er diesen einen besonders heraus.

Ganganelli stand damals am Anfang seiner Karriere als Voltairespezialist für die Römische Inquisition, der er seit 1745 diente. Er war ein fähiger, aber in theologischen Fragen wenig profilierter Mann, der sich lieber mit Musik als mit Literatur und Wissenschaft beschäftigte. Ihm fehlte die kulturelle Vielseitigkeit der beiden hochgebildeten Exzentriker, der Kardinäle Querini und Passionei, die zu Voltaires innigsten Bewunderern in Rom zählten. Anders als sie und Benedikt XIV. konnte dieser Franziskanermönch der Aufklärung nichts abgewinnen, deren führende Köpfe in Frankreich er mit dem Bann belegt sehen wollte. Dieser Zensor, der 1752 damit begann, eine 1748 in Dresden erschienene Ausgabe sämtlicher Werke Voltaires zu prüfen, sollte am 18. Mai 1769 als Clemens XIV. den Apostolischen Stuhl besteigen.

Im Jahre 1752 war sich Ganganelli klar darüber, dass er einen Autor prüfte, dem Benedikt XIV. seine Gunst geschenkt hatte. Voltaires Versuch, dem Papst Sand in die Augen zu streuen, war nur schwer verzeihlich. Überdies hatte der Streit um Montesquieus *Der Geist der Gesetze* die Spannungen innerhalb der römischen Kurie verstärkt. Als eindeutiger Parteigänger der reaktionären Fraktion befand sich Ganganelli in einer Position, in der er vom Heiligen Offizium aus Einfluss auf die Haltung der Kirche gegenüber der Aufklärung nehmen konnte. Eine Verdammung, die direkt vom Heiligen Offizium ausgesprochen wurde, wog schwerer als ein Bann durch die Indexkongregation.

Angesichts der heiklen Kräftekonstellation war es ratsam, ein gewisses Maß an Vorsicht walten zu lassen. Ganganelli hielt es für besser, *Mahomet* auszusparen. Er vermied auch eine Prüfung des vierten, fünften und neunten Bandes der Dresdener Voltaireausgabe, die sein Kollege Thomas Le Sueur übernahm. Überhaupt ging es ihm gar nicht um Vollständigkeit: Er wollte nur genug Irrtümer sammeln, um ein Verbot rechtfertigen zu können. Und obwohl seine Fehlerliste weder besonders schrecklich noch sonderlich lang war, ist doch eindrucksvoll, wie Ganganelli die Rechtfertigung eines Verbots zustande brachte.

Zu ebendem Zeitpunkt, da in der römischen Kurie ausreichend Klatsch und Gerüchte über die Reformpläne kursierten, die Benedikt XIV. mit *Sollicita et provida* verfolgte, machte sich Ganganelli daran, die traditionell vom Heiligen Offizium angewandten Methoden zu verteidigen. Gelegenheit dazu boten ihm die Bemerkungen, mit denen er seinen Zensurbericht über

Voltaire einleitete. Während freilich solch einleitende Bemerkungen normalerweise kurz ausfielen, gerieten sie hier zu einer regelrechten Abhandlung über das Thema Zensur. Als Grund oder Vorwand für sein abweichendes Verfahren machte Ganganelli geltend, dass Le Sueur bereits eine faire und unparteiische Darstellung der einzelnen Punkte geliefert habe. Das hieß natürlich, dass Le Sueur Voltaires Schriften in Grund und Boden verdammt hatte. Unter den vielen Thesen, die er als »skandalös, unbesonnen, ketzereiverdächtig« oder »den Päpsten abträglich« befunden hatte, waren natürlich keine schlimmer und fielen stärker ins Gewicht als die Beleidigungen des höchsten Tribunals, in dessen Namen Ganganelli nun sein Urteil sprach. Jetzt hielt die Inquisition über die verhasste Aufklärung Gericht.

Solidarität mit der eigenen Behörde und mit den Kollegen war das oberste Gebot. Ganganelli lobte Le Sueur für seine Texttreue und die Genauigkeit seines inhaltlichen Verständnisses. Daraus folgte naturgemäß, dass die Verurteilung Voltaires durch das Heilige Offizium, das er beleidigt hatte, schon im Voraus beschlossene Sache war. Die Frage war nur, *welche Form* das Verbot annehmen sollte. »Wir haben es«, schrieb Ganganelli, »mit einer Persönlichkeit zu tun, die in Italien und andernorts Berühmtheit genießt. Mit einem Mann, dem es an machtvoller Protektion nicht mangelt. Einem Mann, den sein durch keine religiöse Überzeugung in Schach gehaltenes Temperament veranlassen könnte, sich hohnlachend über eine Verdammung seiner Werke hinwegzusetzen und diesem Heiligen, Höchsten Senat übel mitzuspielen, sofern er sich zu noch größerer Wut und Heftigkeit aufgestachelt findet. Beweggründe«, schloss Ganganelli, »die uns veranlassen könnten, vom Verbot der Werke Voltaires Abstand zu nehmen.« Ein rhetorischer Schlenker, um Besonnenheit zu beweisen, da ja Inquisitoren gar nicht umsichtig genug sein konnten.

Während er Voltaire las, hatte Ganganelli in seiner Umsicht an die heidnische Antike gedacht. Aus antiken Quellen, deren Kenntnis er auch bei den Kardinälen voraussetzen konnte, wusste er, dass man den griechischen Philosophen Pythagoras aus dem antiken Athen verbannt und seine Bücher auf der Agora verbrannt hatte. War das nicht ein hervorragender Präzedenzfall? Andere vorbildliche Fälle aus der Vergangenheit kamen Ganganelli in den Sinn – etwa das Buch, das man zusammen mit seinem (namentlich nicht bekannten) Autor, dessen Grab umgepflügt wurde, auf Befehl des römischen Senats in Flammen aufgehen ließ, weil das Werk falsche Lehren über die Götter enthielt.

So kam es, dass im Jahre 1752 der künftige Papst heidnische Bräuche anführte, um mit ihnen die Verdammung Voltaires zu rechtfertigen. In der Antike habe man dem löblichen Brauch der Bücherverbrennung gefrönt. Dass die auf dem Scheiterhaufen verbrannten Werke manchmal auch christliche Schriften gewesen seien, spiele dabei keine Rolle, meinte der Inquisitor, weil wichtig allein der Eifer sei, mit dem die Römer ihre Religion verteidigt hätten. Religionseifer war Ganganellis entscheidender Punkt, womit er an ein Argument Le Sueurs anknüpfte, der am Schluss seines Zensurberichts empfohlen hatte, Voltaire wegen »religiöser Gleichgültigkeit und Deismus« auf den Index zu setzen.

An Voltaires »Deismus« nahm Ganganelli keinen Anstoß. In seinen Augen war das entscheidende Problem die Gleichgültigkeit. Gleichgültigkeit entdeckte er in den Plänen Benedikts XIV., die darauf abzielten, die Rechte des Autors zu wahren und den Verurteilungsdrang des Zensors zu zügeln. Wahrer Glaube und gerechte Überzeugung erforderten rasches, entschlossenes Handeln, wie das Beispiel sowohl der heidnischen Antike als auch des frühen Christentums bewies. Die Bücherverbrennung werde in der Apostelgeschichte zustimmend erwähnt (19,19). Eine ganze Reihe von ökumenischen Konzilen habe die Zerstörung verbotener Werke verfügt. Und während Ganganelli mit einer Vielzahl von Zitaten aus antiken und neuzeitlichen Quellen protzte und seine Belesenheit auf diesem Gebiet zur Schau stellte, erinnerte er in seiner ganzen Unerbittlichkeit an Francisco Peña.

Der Geist der Gegenreformation lebte so in der Inquisitionsbehörde auch im Zeitalter der Aufklärung fort: als einer der dauerhaftesten Züge im Denken und Empfinden des Heiligen Offiziums, als das Band, das diese Institution mit der Politik verknüpfte, die Paul IV. im 16. Jahrhundert verfolgt hatte. Der damalige Papst allerdings hatte noch im Kampf gegen den Protestantismus eine seiner Hauptaufgaben erblickt. Im Jahre 1752 hingegen waren solche Zielvorstellungen dem Bewusstsein der Hüter der Rechtgläubigkeit längst entschwunden. Trotz der Unversöhnlichkeit, die seine Polemik prägte, wetterte Ganganelli nicht gegen einen »Lutheraner«, sondern gegen einen Autor, den der regierende Papst im Jahre 1745 noch als Katholiken anerkannt hatte. Geist, Ton und Tendenz dieses Zensurberichts richteten sich gezielt gegen alles, wofür *Sollicita et provida* stand. Der Bericht war damit nichts anderes als ein Gegenmanifest aus dem Heiligen Offizium.

Eingeweihte kannten sein Ziel: Ganganellis Angriffspunkt war weniger Voltaire in Paris als Benedikt XIV. in Rom. In erster Linie auf die geplante Reform des Papstes und erst in zweiter Linie auf die Unverschämtheit des *philosophe* gemünzt, waren seine Überlegungen in ihrer Spitzfindigkeit den Voltaire'schen ebenbürtig. Die für ihre Verschlagenheit und ihre Finessen berüchtigte Pariser Schlange verlangte dem, der mit der Aufklärung abrechnen wollte, einiges an Scharfsinn ab. Ganganelli bemühte sich also, durch Unterscheidungen, die er traf, den Eindruck der Mäßigung zu erwecken. Wenn ein Autor verdammt werde, so folge daraus, dass auch seine Werke dem Verbot verfielen. Das Umgekehrte aber treffe nicht zu. Das Verbot eines Buches habe nicht unausweichlich die Verdammung seines Autors zur Folge. Diese Unterscheidung werde von den Adressaten der vielen Verurteilungen Roms häufig nicht zur Kenntnis genommen, obwohl die Kirche immer wieder darauf hinweise, um den Anschein der Grausamkeit zu vermeiden. Eine zwielichtige Argumentation, irreführend in ihrer Rhetorik. Denn als der künftige Papst Clemens XIV. 1752 diese Unterscheidung traf, wollte er damit nur andeuten, dass es sich das Heilige Offizium nicht leisten könne, einen so berühmten Schriftsteller wie Voltaire einfach zu diffamieren, und deshalb besser beraten sei, wenn es seinen Bann ebenso ausschließlich wie eindeutig über Voltaires Werke verhänge. Falls die mit den strategischen Feinheiten der Römischen Inquisition nicht vertraute Außenwelt das nicht verstand, war das ihr Problem.

Auf diese Außenwelt zielte die für den internen Gebrauch bestimmte Überlegung ohnehin nicht ab. Mit seinem Vorschlag suchte Ganganelli Kollegen und Vorgesetzte in Rom für die Verdammung eines Autors zu gewinnen, der manchen als einstiger Günstling des Papstes galt. Da Le Sueur mit seiner negativen Ansicht über Voltaires Schriften sein Urteil stützte, sah sich der Zensor in der Lage, seinen Willen durchzusetzen, zumal er sich im Labyrinth des Parteienzwistes mit Geschick zu bewegen wusste. Als Gegenzug eines der führenden Konservativen des Heiligen Offiziums gegen den gemäßigteren Kurs, den das Oberhaupt der Kirche steuerte, beweist Ganganellis Vorgehensweise, dass ein viertel Jahrhundert bevor Amaduzzi politische Rücksichten ausschließlich der Indexkongregation zuschrieb, diese Beschreibung durchaus auf beide Organisationen zutraf.

Um würdigen zu können, wie politisch solche Vorgehensweisen waren, musste man dem auserwählten Zirkel der Eingeweihten angehören. Selbst ein *Monsignore*, der auf den ständigen Klatsch und Tratsch in der römischen Kurie eingestimmt war, bemerkte die Finessen der hinterhältigen Strategie Ganganellis nicht unbedingt. Aber wenn die Strategie hinterhältig war, dann war ihr Ziel umso unverblümter und brutaler. Während dieses Bürgerkriegs, der auf dem Schlachtfeld der Zensur ausgetragen wurde, war einem führenden Mitglied der Inquisition zufolge der eigentliche Gegner, den es zu schlagen galt, der Papst, dessen Nachfolger schon bald ebendieses führende Mitglied der Inquisition werden sollte.

Im Zusammenhang mit diesem Bürgerkrieg zwischen Heiligem Offizium und Papsttum waren die »Irrtümer« in Voltaires Schriften fast nebensächlich. Ein bisschen mehr als elf Seiten (in großer Schrift und mit viel Platz dazwischen beschrieben) genügten, um einen Katalog all der »gefährlichen Äußerungen« zusammenzustellen, die Ganganelli in der Dresdener Ausgabe fand. Kritik an der weltlichen Macht des Papsttums und an einzelnen Päpsten erinnerten den Zensor an die Ketzereien eines

Jan Hus. Eine Spitze Voltaires gegen den Pomp und finanziellen Aufwand Roms kam für Ganganelli einem Bekenntnis zu Luthers Verbrechen gleich. Schlimmer noch, bezeichnete Voltaire die Inquisition als »blutdürstig und abscheulich«; sie genieße es, »Menschen mit einem geweihten Schwert hinzuschlachten«. Dazu war jeder Kommentar überflüssig, und der Zensor gab auch keinen ab. Schlau und bösartig genug, um Voltaire sich selbst die Schlinge um den Hals legen zu lassen, gab Ganganelli den *philosophe* einfach nur im Wortlaut wieder.

Eine angebliche Verhöhnung der menschlichen Willensfreiheit, die Wiedergabe eines Gesprächs mit einem Quäker, zweifelhafte Ansichten über die Unsterblichkeit der Seele, eine unklare Haltung gegenüber christlichen Glaubenslehren: zu all diesen Schwächen, die der Zensor entdeckte, kamen erschwerend Voltaires Spottsucht gegenüber der Geistlichkeit, sein Witz und seine Neigung zur Zote. Der spätere Clemens XIV. runzelte todernst die Stirn über Dinge, die der weltgewandte Benedikt XIV. mit Humor nehmen konnte. Und dennoch tat sich, wie wir sahen, Ganganelli schwer, zu dem Verdammungsurteil zu gelangen, das er anstrebte. Jeweils für sich oder auch zusammen genommen, ließen sich solche Äußerungen als »schädlich«, »empörend«, »übel klingend« und der Ketzerei »förderlich« oder »nahe« brandmarken, aber um sie im vollen, vernichtenden Sinne als »ketzerisch« zu bezeichnen, reichten sie nicht hin. Es brauchte noch mehr.

Mehr fand Ganganelli auf einem Gebiet, das für die Inquisition bis dahin eher ein Niemandsland war – in der Musik. Nur Robert Bellarmin hatte, wie aus Kapitel III erinnerlich, auf ein Verbot der Madrigale gedrängt. Anderthalb Jahrhunderte später fiel Ganganelli im Heiligen Offizium aus ähnlichen Gründen über Voltaire her: dessen »Irrtümer« würden vertont und gesungen, und das verankere sie fester im Gedächtnis der Menschen, erklärte der musikkundige Zensor. Pelagius, erläuterte er den Kardinälen, habe sich ebenfalls solcher Mittel bedient. Da Pelagius ein Erzketzer war, musste demnach auch Voltaire einer sein.

Aber im gleichen Atemzug, in dem Ganganelli gegen das Voltaire'sche Gift sein vermeintliches Gegenmittel verschrieb, erkannte er auch schon die Vergeblichkeit eines Bannes. »Unser Zeitalter«, jammerte er, »ist verkommen; seine Moral ist verderbt. Verbotene Bücher gelangen täglich nach Rom, und die Buchverkäufer zögern nicht, sie in ihren Katalogen aufzuführen.« Gegen das Scheitern des Index, das mit Händen zu greifen war, setzte Ganganelli starrsinnig die Rhetorik früherer Zeiten – die Worte des Jesuiten Antonio Possevino, eines Kollegen von Bellarmin, der im 17. Jahrhundert in einem seiner Werke, das Bild von einer Katholiken gemäßen rechtgläubigen Kultur entworfen und dabei seine Kollegen daran erinnert hatte, dass sie am Tage des Jüngsten Gerichts vor Gott über ihr müßiges Gerede Rechenschaft ablegen müssten und somit ihre Verantwortung gegenüber dem, was geschrieben und veröffentlicht werde, umso schwerer wiege.

Angesichts ihrer geringen Kontrolle über den römischen Buchmarkt bot den Kardinal-Inquisitoren des 18. Jahrhunderts die eifernde Frömmigkeit und einschüchternde Beredtheit des 16. Jahrhunderts geringen Trost – weswegen sich Ganganelli auch bescheiden musste: »Ich fordere keinen Scheiterhaufen für diese Werke, sondern nur eine einfache (*nuda*) Verdammung.« Sie wurde denn auch am 6. Dezember 1752 beschlossen – trotz der Tatsache, dass sich am 6. Juni 1751 sogar der hart gesottene Kardinal Corsini gegen ein Verbot der *Lettres philosophiques* und der Tragödien Voltaires ausgesprochen hatte. Der Zwang zum Verbot war unvermeidbar, der Prozess unaufhaltsam. Die Indexkongregation wurde vom Heiligen Offizium aufgefordert, den Fall aufzugreifen.

Sie tat es in der ersten Woche des September 1752. Von da an wurden Voltaires Werke von den Zensoren mit einer Feindseligkeit studiert, die dem vorangegangenen Beschluss der höheren Instanz entsprang. Tommaso Emaldi – eine der zentralen Figuren bei der Prüfung von Montesquieus *Geist der Gesetze* – prüfte Voltaires *Le Siècle de Louis XIV (Das Jahrhundert Ludwigs XIV.)* Emaldi zufolge enthielt das Buch drei Arten von Verfehlungen: (1) gegen die Religion allgemein, (2) gegen den katholischen Glauben im Besonderen und (3) gegen das Papsttum. Was diese Zensurprüfung von den anderen unterschied, war die Sorgfalt, mit der sich Emaldi um ein Verständnis des Buches bemühte.

Voltaires Vorstellung von Religion war nach Ansicht des römischen Zensors bestenfalls begrenzt. Als Herrschaftsmittel und Zivilisationsinstrument stelle für den bindungslosen *philosophe* die Religion wenig mehr als ein Werkzeug dar, um Moralität zu erzwingen. So verstand Emaldi *Das Jahrhundert Ludwigs XIV.* und traf damit ziemlich genau die Botschaft des Buches. Indem Voltaire den Protestantismus mit der Demokratie und der Freiheit im nördlichen Europa identifiziere, wandele er, meinte Emaldi, einfach nur in den Spuren von Montesquieus *Geist der Gesetze*.

Nachdem er so durch Rekurs auf ein anderes Buch, das bereits auf dem Index stand, der Forderung nach dem Verbot der Voltaire'schen Werke Nachdruck verliehen hatte, nahm sich Emaldi den Hohn und Spott vor, mit dem Voltaire die Inquisition überschütte, weil sie versuche »die Ausgeburten der Philosophie in die Schranken der christlichen Glaubenslehren zu weisen«. Der geistliche Gehorsam, der Zölibat, die Wunder, das Sakrament der Messe, die Gnadenlehre: solche geheiligten Aspekte des katholischen Lebens und Glaubens würden durch Voltaires Ironie und Sarkasmus verächtlich gemacht. Zusammen mit seiner Missachtung des Papsttums und seiner Geringschätzung des Heiligen Stuhls stelle dies alles Voltaire einem Atheisten gleich, der wegen seines Einflusses auf die Jugend eine große Gefahr darstelle. Er gebe der Jugend »süßes Gift aus goldenen Kelchen« zu trinken. Das Verbot, das dann am 26. Februar 1753 ausgesprochen wurde, war aber nicht leicht zu deuten, weil die Indexkongregation zwar mit der Aufzählung der »*Ovres [sic] de M. Voltaire. In Dresden 1748*« begann, weiter unten aber »*Le Siècle de Louis XIV. Publié par M. de Franceville à Berlin 1751*« aufführte. Die von Vergiftung bedrohte Jugend, musste offenbar selbst herausfinden, wer ihr den Kelch reichte.

Sein Gift verabreichte Voltaire nicht nur in Prosa. In Versform verfasste er (wahrscheinlich für Madame de Pompadour, die Mätresse Ludwigs XV.) einen *Précis de l'Ecclésiaste* (Abriss des Buches *Prediger*) und einen *Précis du Cantique des Cantiques* (Abriss des *Hohen Lieds Salomonis*), die beide durch Beschluss des Pariser Parlaments vom 3. September 1753 dem Feuer überantwortet wurden. Voltaire wusste, dass diese Teile der Bibel umstritten waren. In seinem *Dictionnaire Philosophique* (*Philosophisches Wörterbuch*) charakterisierte er das Buch *Prediger* als »das Werk eines sinnlichen, abgeklärten Materialisten, »der offenbar ein erbauliches Wort über Gott anfügte, um den Skandal zu dämpfen, den solch ein Buch erregen musste«. Und anschließend verlieh er seiner Verwunderung darüber Ausdruck, dass »dies unfromme Werk einen geheiligten Platz unter den kanonischen Büchern erhielt«. Nicht weniger überraschend fand er die Aufnahme des *Hohen Lieds* in den biblischen Kanon. Manche betrachteten es als ein »liederliches Lied«, andere hielten es für eine Allegorie. »Unstrittig ist die Allegorie etwas unverblümt«, schrieb Voltaire in seinem *Philosophischen Wörterbuch*, »und man fragt sich, welchen Sinn die Kirche der Äußerung ihres Autors beilegt, seine kleine Schwester habe keine Brüste.«

So provokativ diese Bemerkungen wirken mochten – sie führten nicht zu Satire oder Pietätlosigkeit. Voltaires Paraphrase beider biblischer Bücher milderte sie erheblich: So streicht er die Anspielung auf Salomons Konkubinen in *Prediger* 2,8; und ebendie biblische Passage, die man hätte anführen können, um einen implizierten Zweifel an der Unsterblichkeit der Seele zu belegen (*Prediger* 3,18–21), wird in Voltaires Fassung in eine Bekräftigung der Unentbehrlichkeit dieses Glaubens für die Menschheit umgewandelt. »Ich habe im Prediger alles abgemildert, was im Reich der Metaphysik allzu hart erscheinen könnte«, erklärte er und entfernte auch die erotischen Details, die im *Hohen Lied* eine so bemerkenswerte Rolle spielen. Keine Brüste, die Weintrauben gleichen, keine Lippen, die Lilien verglichen werden, kein elfenbeinerner Leib. Die Bilder sind in Voltaires Französisch keuscher, der Ton ist weniger ekstatisch. Und doch waren all diese Bemühungen, den möglicherweise anstößigen Charakter der biblischen Texte wegzuretuschieren, umsonst. 1759 wurde Voltaires *Précis* nicht nur vom Pariser Parlament, sondern auch von der Indexkongregation verboten.

Nach Überzeugung des Autors waren seine Werke auf den Index gesetzt worden, weil er es gewagt hatte, Bibeltexte in Verse zu setzen. Diese Überlegung war nicht dumm. Metrische Fassungen der Heiligen Schrift waren seit dem 16. Jahrhundert immer wieder verboten worden. Lorenzo Peroli allerdings, der von der Indexkongregation bestellte Zensor, kannte sich entweder in den Gepflogenheiten seiner Behörde nicht aus, oder er war der Ansicht, dass die Vorschrift, die Bibel nicht in Verse zu setzen, mittlerweile so sehr missachtet wurde, dass es sinnlos war, auf sie zu pochen. Worauf er stattdessen den Finger legte, war die Buchstabentreue, mit der sich Voltaire an die Vorlage hielt. »Er wünscht die heiligen Bücher als Führer, nicht als Begleiter.« Obwohl er sich an sie als »Grundlage« und Ausgangspunkt klammere, sei er dabei von diesem Pfad abgewichen. Das eine Mal sei seine Fassung zu »krass«, ein anderes Mal bleibe sie hinter der Kraft des biblischen Originals zurück. Wenn er von der »Eitelkeit liebender Frauen« rede, verwende er die Sprache weltlichen Liebeswerbens. Und während dieser Zensor unwillkürlich auf den Unterschied zwischen Heiligem und Profanem zurückgriff, der in der Gegenreformation als Kriterium gebraucht worden war, um Liebesdichtung zu verbieten, beeilte er sich, für die Kardinäle, die kein Französisch konnten, seine Beispiele aus Voltaires Texten ins Italienische zu übersetzen.

Plus ça change, plus c'est la même chose. Auf diesen Nenner lässt sich die Grundtendenz des Zensurberichts bringen, den Peroli von Voltaire anfertigte. Nachdem er ihn zunächst beschuldigt hatte, zu eng am Text zu bleiben, warf er ihm nun vor, mit dem Text zu frei umzuspringen. Brachte Voltaire Anspielungen auf die weibliche Schönheit oder die irdische Liebe, die beide im *Hohen Lied* eine so herausragende Rolle spielen, war er ein Lüstling. Versäumte er es, das Jüngste Gericht zu erwähnen, das (laut Zensor) in *Prediger* »gepriesen« wurde, dann deshalb, weil er Zweifel an der Unsterblichkeit der Seele wecken wollte. Die Beschuldigungen gipfelten in dem Vorwurf, Voltaire habe aus dem *Hohen Lied* »ein einfaches, widerliches Liebesgedicht« gemacht. Gegen eine solche Art von Taktik stand jeder Verteidigungsversuch auf verlorenem Posten; der Zensor brauchte seine Vorgesetzten nur noch daran zu erinnern, dass Voltaires Werke in Paris bereits verboten worden waren. Die Indexkongregation dürfe sich nicht von einer laizistischen Versammlung in Frankreich ausstechen lassen. Staat und Kirche wetteiferten darin, über Voltaire den Stab zu brechen.

✦✝✦

Kaum hatte Voltaire etwas veröffentlicht, wurde es in Rom auf den Index gesetzt. Vergessen war die Mahnung zur Behutsamkeit, die Giovanni Antonio Bianchi im Jahre 1751 am Ende seines Zensurberichts über die *Henriade* ausgesprochen hatte, dass zwar das Werk den Katholizismus vor den Kopf stoße und das Gedächtnis rechtgläubiger Kirchenführer beschmutze, dass es aber aus der Feder eines Dichters stamme, der »einen höchst fantasievollen Geist und temperamentvollen Witz [besitzt] und die Sympathien vieler gebildeter Menschen in Italien gewonnen hat. Wir sollten ein Verbot verhängen, es aber entweder aussetzen oder mit der einschränkenden Klausel ›bis [das Werk] berichtigt ist‹ versehen«, hatte Bianchi gefordert. Gegen diese gemäßigte Position hatte sich Ganganellis Kompromisslosigkeit durchgesetzt. Voltaire war für die Römische Inquisition zum Erzfeind geworden.

Einen gemeinsamen Feind zu haben bedeutete freilich nicht, dass man auch über eine abgestimmte Vorgehensweise verfügte. Wie üblich arbeiteten Inquisition und Indexkongregation ohne viel Rücksicht aufeinander und mit noch weniger Koordination. In beiden Einrichtungen aber überwog – sogar in der Amtszeit Benedikts XIV. – eine ebenso vernehmliche wie starke Fraktion, die in der Lage war, selbst den Willen des Papstes zu durchkreuzen. Nehmen wir zum Beispiel Bianchi. Als Gelehrter, Politiker und Autor zahlreicher Tragödien hatte er seinen Wert als gebildeter Kirchenmann unter Beweis gestellt. »Kirchenmann« ist hier das Schlüsselwort, weil Bianchi seine wahre Gesinnung in den umfänglichen Schriften zum Thema kirchlicher Macht offenbarte, die er zwischen 1745 und 1751 publizierte. Die Macht der Kirche, so dieser entschiedene Gegner des Säkularismus, sei weder Veränderungen unterworfen noch einer historischen Betrachtung zugänglich, sei absolut und unveränderlich. Aus der unwandelbaren Perspektive ihrer Kontinuität waren Vergangenheit und Gegenwart ein und dasselbe. In seinem Zensurbericht zu *Die Liga oder Heinrich der Große* war Bianchi immerhin imstande zuzugeben, dass eine Beleidigung der Päpste keinen hinreichenden Grund für ein Verbot darstellte. »Wenn wir das Werk aus diesen Gründen verdammen«, schrieb er, » dann müssen wir auch Dante und Petrarca mit dem Bann belegen.« Zu mehr als zu diesem Beweis relativer Toleranz war Bianchi allerdings nicht in der Lage. Für die Aufklärung hatte er keinen Sinn; seine Gönner waren diejenigen, die sich der Reformpolitik Benedikts XIV. widersetzten.

Es dauerte nicht lange, bis diese Reformpolitik unter dem bleiernen Gewicht der Indexkongregation zusammenbrach. Schlechter informiert und organisiert sowie – was ihre eigenen Zielvorgaben betraf – auch weniger kompetent als die Inquisition, beauftragte die Kongregation am 24. Mai 1762 einen ihrer Zensoren mit der Prüfung der anonym angefertigten italienischen Übersetzung von *Candide*, die unter dem Pseudonym »Dr. Ralph« 1759 erschienen war. Kaum vier Jahre nachdem Benedikt XIV. gestorben war, wurden die von ihm festgelegten Verfahrensregeln bereits missachtet.

Nur ein einziges Mitglied der Kongregation, Angelo Fabri, studierte das Werk. Doch die Mühe, die er sich machte, war ebenso begrenzt wie seine Bildung; ein Kontrollgutachten zu seinem Prüfbericht gab es nicht. Ausgehend von der Vermutung, dass *Candide* tatsächlich ein Werk Voltaires sei, lieferte Fabri eine unbeholfene Kurzfassung der Handlung. Was ihm entging, ist bemerkenswerter als alles, was er geißelte – so blieb etwa die von Pangloss geäußerte Ansicht, dass »Freiheit mit absoluter Notwendigkeit vereinbar ist, weil es notwendig ist, dass wir frei seien«, bei Fabri unbeachtet. Auch die Tatsache, dass in Voltaires bekanntestem Werk das Gute im Menschen ebenso wie der Optimismus der Aufklärung wiederholt dem Bösen unterliegen, interessierte den Zensor nicht, der in der Schrift nur Zynismus und Skepsis am Werk sah, ohne einen Gedanken an die Lehren zu verschwenden, die in dieser anti-utopischen Satire stecken. Was Fabri beschäftigte, war weniger der Inhalt als die weite Verbreitung des Buches in Italien; seine Besorgnisse bringt sein Schlussurteil zum Ausdruck:

»Dies ist in der einen wie in der anderen Sprache ein verderbliches Werk, im Italienischen aber noch mehr als im Französischen, zumal heutzutage, wo viele nach Wissen streben, nicht um sich zu erbauen oder erbaut zu werden, sondern um ihr Wissen zu verkaufen und Bekanntheit zu erlangen. Hinzu kommt, dass die Schlagfertigkeit und Sprachgewalt und der lebendige Stil im Verein mit der reizvollen Handlung geeignet sind, Neugierige gefangen zu nehmen, Unachtsame zu berücken und weibliche Geister zu verführen … Länger zu zögern wäre gefährlich; aus Briefen von Freunden erfahre ich, dass dieses ungestüme Dichtwerk im Begriff steht, zum Verkaufsschlager zu werden. Deshalb, erhabene Fürsten, wird es am besten umgehend auf den Index gesetzt.«

Auf diesem Niveau also verhandelte der Zensor *Candide*; so sahen die »vorschnellen und oberflächlichen« Urteile aus, die Benedikt XIV. beklagt hatte.

Diese Art von Verfahren setzte sich bis in die Anfangsjahre des 19. Jahrhunderts fort. Die entscheidenden Entwicklungen allerdings vollzogen sich, während *Sollicita et provida* vorbereitet wurde, und im unmittelbaren Anschluss an die Verkündigung dieser Konstitution; damals wurden Benedikts Bemühungen, mit der Aufklärung ins Reine zu kommen, durchkreuzt. Der Führer der Opposition, der als Clemens XIV.

der am wenigsten erfolgreiche Papst des 18. Jahrhunderts werden sollte, hatte mit Antonio Bianchi vieles gemein. Der Veränderung, so Lorenzo Ganganelli, musste man sich entgegenstemmen. Ebenso unbeweglich wie unfehlbar, durfte die Kirche ihre Lehren niemals modifizieren und musste auf ihren Dekreten beharren. Das ist der Grund, warum sich Ganganelli während seiner vielen Jahre als Gutachter in der Römischen Inquisition gegen den Versuch sträubte, Paolo Sarpi zu rehabilitieren, der 1606 mit dem Bann belegt worden war, weil er sich gegen Papst Paul V. aufgelehnt hatte. Revisionen waren nicht möglich, Pardon konnte nicht gewährt werden. Nachsicht gegenüber Dissidenten war nicht vertretbar, nicht einmal (oder schon gar nicht), wenn diese mit dem regierenden Papst auf freundschaftlichem Fuße verkehrt hatten.

Nicht zum ersten Mal in der Geschichte der Römischen Inquisition wurde der Papst in seine Schranken gewiesen. Nominell stand er an der Spitze der Hierarchie, aber wieder einmal zeigte sich, dass seine tatsächliche Macht durch die Institutionen eingeschränkt wurde, von denen er abhing. Inquisitoren wie Ganganelli und seine Fraktion – oder vor ihnen Santori und dessen Verbündete – waren in der Lage, die päpstliche Politik zu durchkreuzen und dem päpstlichen Willen zum Trotz oder entgegen, ihre eigene, durch das Oberste Tribunal gestützte Politik zu betreiben.

Und doch hat dieses düstere Bild auch eine Kehrseite, denn es wäre unwahr zu behaupten, dass Ganganelli all seine Kraft darauf verwendete, gegen die Reform anzukämpfen. Im Jahre 1758, als die durch ein Pogrom bedrohten polnischen Juden Schutz beim Heiligen Stuhl suchten, war es Ganganelli, der sich die altgewohnten Anschuldigungen, die Juden hätten Ritualmorde begangen, vornahm und zu dem Schluss gelangte, es gebe »keine Beweise, um dieses Vorurteil zu stützen«. Unter Berufung auf den Grundsatz, dass »nicht nur die Beschuldiger Glauben verdienen«, zeigte er sodann, dass seine Überzeugung von der Unwandelbarkeit kirchlicher Dekrete mehr war als die fixe Idee eines Konservativen. Durch persönliche Integrität gestützt, erwies sich in diesem Fall der Konservativismus von Vorteil.

Ganganelli stöberte in den Archiven des Heiligen Offiziums und fand dort heraus, dass Innozenz IV. im Jahre 1274 das Märchen von den Juden, die Ritualmorde begingen, verworfen hatte. Diese Erklärung des Papstes war außerdem im Laufe der Jahrhunderte von seinen Nachfolgern bekräftigt worden. Nicht von ungefähr sollte ein jüdischer Autor im unheilvollen Jahr 1934 den von Ganganelli für die Römische Inquisition angefertigten Bericht in einer Luxusausgabe veröffentlichen, nachdem er durch Lord Rothschild Kenntnis davon erlangte, der die Information wiederum vom Kardinal und vatikanischen Staatssekretär Merry del Val erhielt. Ganganelli war es auch, der unmittelbar nach seiner Wahl zum Papst die Juden der Gerichtsbarkeit des Heiligen Offiziums entzog, ihnen in den Kirchenstaaten neue Berufsfelder eröffnete und die restriktiven Bestimmungen aufhob, denen der Talmud unterlag. Ganganellis positive Einstellung den Juden gegenüber und seine Ablehnung der Aufklärung, seine Maßnahmen im Falle der Juden und im Falle Voltaires, machen deutlich, was für ein vielschichtiger Mensch der Inquisitor war.

❖

In den theologischen Urteilen, die von der Römischen Inquisition und der Indexkongregation über Voltaire gefällt wurden, fand diese Vielschichtigkeit keinen Ausdruck. Für die meisten Mitglieder der beiden Organisationen bestand zwischen einem Deisten und einem Atheisten praktisch kein Unterschied. Für sie waren die beiden Begriffe austauschbar und gleichbedeutend mit »Ketzer«. Und wenn schon Voltaire selbst nicht direkt als Ketzer gebrandmarkt wurde, so doch seine Werke. Die meisten seiner Zensoren waren Italiener, die in einer Kultur groß geworden waren, die seit dem 16. Jahrhundert als Brutstätte »der Pocken, der Giftmischerei und des Atheismus« berüchtigt war. Allesamt waren sie Miglieder der römischen Kurie, die durch den von ihr entwickelten und ständig erweiterten Index verbotener Bücher den Zugang zu neuen Ideen und die Fähigkeit, diese zu erfassen, gravierend beeinträchtigten. Intellektuelle vom Format eines Benedikt XIV., eines Bottari oder Lazzari, die der Entwicklung des europäischen Denkens aufgeschlossen gegenüberstanden, waren dort dünn gesät. Für die Mehrzahl der Angehörigen der Inquisition und der Indexkongregation war jede Abweichung von der amtlichen Lesart Roms – wie jede Beschäftigung mit dem Problem einer als Subjekt handelnden, personalen Gottheit oder der geringste Zweifel an der maßgebenden Rolle der Offenbarung – nichts anderes als Atheismus. Praktisch jeder, der ihren Definitionen von Rechtgläubigkeit nicht entsprach, galt als Atheist. Während der frühen Neuzeit und eines Großteils des 18. Jahrhunderts war das auch nichts Besonderes: Damals wurde »Atheismus« sowohl von Protestanten als auch von Katholiken nicht so sehr als ein Ausdruck mit präziser begrifflicher Bedeutung, sondern eher als Schimpfwort benutzt. Und wenn das Heilige Offizium mit diesem Ausdruck häufig Missbrauch trieb und ihn dem Gegner ebenso wahllos wie erbittert an den Kopf warf, so verfuhr Voltaire mit seinen zahlreichen und wenig schmeichelhaften Verweisen auf »die Inquisition« ganz genauso.

Mit seinem »Durcheinander klarer Ideen« war Voltaire alles andere als ein systematischer Denker. Systematisches Denken alter scholastischer Prägung gehörte indes zur bildungsmäßigen Grundausstattung der Inquisitoren. Bereits für die Schlagfertigkeit, die Ironie und die Zweideutigkeiten des *philosophe* schlecht gerüstet, waren sie noch weniger darauf vorbereitet, sich in seinem Durcheinander zurechtzufinden. Wenn sie auf Voltaires Stil mit Misstrauen und auf seine Ideen mit Unbehagen reagierten, so hatten sie allen Grund dazu. Der Hohn und Spott, mit dem er ihre Tradition überschüttete, Strafen wegen Ketzerei, Hexerei oder philosphischer Überzeugungen zu verhängen, rüttelte an den Grundfesten ihrer Autorität. Seine Kritik am Verständnis, das die Lehren der katholischen Kirche von der christlichen Religion, ihrer Moral und ihrer Mission vermittelten, stellte in ihren Augen Ketzerei dar. Dasselbe galt für seine Ablehnung der Erbsünde und der Unsterblichkeit der Seele. Deshalb wurde auch Voltaire – entschiedener und zugleich mit mehr Berechtigung als Montesquieu – von der Römischen Inquisition einem bestimmten Typus zugeschlagen. Als Prototyp des »Atheisten« der Aufklärung hatte sich der *philosophe* vieler Vergehen schuldig gemacht – von denen aus Sicht des Heiligen Offiziums keines schwerer wog als die Angriffe gegen die Inquisitionsbehörde selbst.

Die Römische Inquisition, die Voltaire verdammte, war überzeugt davon, dass er den Bannfluch nicht verstand – und hatte damit nur zu Recht. Geradeso wie seine Zensoren arbeitete auch Voltaire mit Stereotypen, und seine Klischees entstammten einer langen, öden Tradition polemischer Auseinandersetzungen. Pierre Bayle (1647–1706) führte in seinen von Skepsis geprägten Werken die divergierenden Stränge dieser Streitkultur zusammen; in seinen ethischen Schriften polemisierte er gegen die Vergewaltigung des persönlichen Gewissens. Für Bayle war religiöse Verfolgung gleichbedeutend mit »der Inquisition« – ob mit der Spanischen oder Römischen, der mittelalterlichen oder irgendeiner zeitenthobenen, spielte keine Rolle. Gestützt auf Bayle und Montesquieu, ging Voltaire noch weiter, ohne dabei an Tiefe zu gewinnen: Voltaires Satire auf das Heilige Offizium Portugals in *Candide* speist sich ebenso wie seine Invektiven gegen die Inquisition des Mittelalters und die Dominikaner teilweise aus der Fantasie des Autors und teilweise aus einer Hand voll von Sekundärquellen, die er mit parteiischen Augen rezipierte. Von Geschichte, Arbeit und Charakter der Römischen Inquisition hatte Voltaire allerdings nur die allerverschwommenste Vorstellung. Gleichwohl galt ihm das Heilige Offizium als der große Feind, und es zahlte ihm mit gleicher Münze heim.

Sowohl der *philosophe* als auch seine Zensoren arbeiteten mit Klischees. Mit Klischees, die noch nachwirken, denn bis heute beherrschen sie die Debatte über die Römische Inquisition. Und in dieser ebenso lautstarken wie von Taubheit geprägten Debatte hat fast niemand – weder innerhalb noch außerhalb der katholischen Kirche – einmal innegehalten, um der ruhigen, klugen Stimme von Papst Benedikt XIV. zu lauschen.

VIII.
GEFANGEN IM VATIKAN

Am 22. Februar 1902 klopfte Ludwig Pastor, katholischer Historiker des Papsttums und Schützling von Papst Leo XIII., ans Tor der Römischen Inquisition und bat um Einlass in die Archive. Das am 12. März geprüfte Ersuchen Pastors um die Genehmigung, Material für seine historische Arbeit zu sammeln, wurde für zu wenig detailliert befunden. Am 5. April schrieb Pastor darauf einen Brief, in dem er erläuterte, er wolle Ketzereiprozesse aus dem 16. Jahrhundert studieren. Man forderte ihn auf, genauere Angaben über die Quellen zu machen, die er einzusehen wünsche, oder – besser noch – dem Heiligen Offizium Kopien der Dokumente vorzulegen, die er dann im Archiv mit den Originalen vergleichen könne.

In verständlicher Verblüffung schrieb Pastor am 8. Dezember einen weiteren Brief, in dem er erneut seinen dringenden Wunsch bekundete, Archivmaterial im Zusammenhang mit häretischen Bewegungen im 16. Jahrhundert zu studieren. Abermals ohne Erfolg: Mit schneckenhafter Langsamkeit prüfte die Behörde Anfang 1903 erneut sein Gesuch. Es habe keinen Sinn, Pastor die Genehmigung zu erteilen, hieß es sodann, denn die Archive hätten im Blick auf häretische Tendenzen in der Gegenreformation nichts Erhellendes zu bieten!

Die anschließenden Begründungen kennen wir, weil sie seitdem oft angeführt worden sind – nicht nur von der Kirche, sondern auch von nicht geistlichen Gelehrten, die es nicht besser wussten. Viele der Manuskripte aus dem 16. Jahrhundert, die von »Kriminalprozessen« handelten, seien während der

Napoleonischen Zeit und im unmittelbaren Anschluss daran zerstört worden. Die zahlreichen »Dekrete« oder beglaubigten Berichte der vom Heiligen Offizium abgehaltenen Kongregationen hätten oft einen zu formellen Charakter, um von großem Nutzen zu sein, meinten die Beamten; einer von ihnen legte Pastor einen abschriftlichen Auszug bei, um ihm zu beweisen, dass sich damit nichts anfangen lasse. Stolz auf diese »würdige und höchst vernünftige Antwort« waren die Mitglieder der Römischen Inquisition überzeugt davon, »die Unbefangenheit der Kirche unter Beweis gestellt und die maßlos übertriebene Vorstellung von ungehobenen Schätzen in unseren Archiven zurechtgerückt« zu haben. Pastor war weniger zufrieden. Er schrieb eine zornige Polemik gegen die Engstirnigkeit, die der historischen Forschung im Weg stehe.

Von außen erweckte die Haltung des Heiligen Offiziums den Eindruck einer Verhinderungstaktik. Von innen betrachtet, ergibt sich ein anderes Bild. Es ist alles andere als klar, ob die Inquisitoren damals, in den Jahren von 1902 bis 1904 auch nur die leiseste Ahnung von der historischen Bedeutung ihrer Archive hatten. Sie waren keine Historiker. Wenn die Archivarstätigkeit, lange Zeit ein bequemes Ruhepolster, wieder ein anspruchsvolleres Geschäft geworden war, dann deshalb, weil die Beamten das Material ordnen mussten, das Papst Pius IX. (1846–1878) nach seiner Flucht aus Rom im Jahre 1848 und der Besetzung des Heiligen Offiziums durch französische Truppen drei Jahre später in den Apostolischen Palast hatte überführen lassen, um es dort in Sicherheit zu bringen. Obwohl diese Unterlagen 1868 an die Archive zurückgegeben wurden, hatten nur wenige Inquisitoren Zugang zu ihnen, und unter diesen befand sich keiner, der die Geschichte der Reformation studiert hatte. Sie wussten, dass es Verluste gegeben hatte, aber sie waren nicht in der Lage, kritisch zu überprüfen, wie viel erhalten geblieben war und worum es sich dabei handelte. Hinweise darauf, dass es Material über die »häretischen Bewegungen«, wie Pastor sie nannte, gab, lieferte das Heilige Offizium allerdings im Jahre 1902 dem Wissenschaftshistoriker Antonio Favaro, der eine Ausgabe von Galileis Werken vorbereitete. Pastor war weniger glücklich oder vielleicht auch weniger begünstigt als Favaro und erhielt, wie gesagt, keine Genehmigung zur Arbeit an den Quellen im Archiv. In diesen Quellen finden wir eine Fülle von Material aufbewahrt, das sich keineswegs auf die Inquisitionsprozesse beschränkt und einen Zeitraum umfasst, der vom 16. Jahrhundert, das der Historiker untersuchen wollte, bis in die Zeit nach Pastors Tod reicht. Fragen wir uns nun, was Pastor über das Jahrhundert, das damals gerade zu Ende gegangen war, gefunden haben könnte, wäre ihm 1902 Zutritt zu den Archiven gewährt worden.

Pastor hätte Anzeichen von Fortschrittlichkeit entdecken können. Wobei mit Fortschrittlichkeit gemeint ist, dass einige Mitglieder der Römischen Inquisition und der Indexkongregation im 19. Jahrhundert bescheidene fremdsprachliche Kenntnisse erwarben. Zum Beispiel Kenntnisse des Englischen – der Sprache, in der im Jahre 1839 in London Percy Bysshe Shelleys Dichtungen erschienen und in der sie sich der damalige Gutachter der Indexkongregation und spätere Beauftragte des Heiligen Offiziums, der Dominikaner Giacinto de' Ferrari, am 26. Oktober 1852 vornahm.

Freilich waren es nicht sprachliche Gesichtspunkte, die es de' Ferrari erlaubten, mit Shelleys Gedichten kurzen Prozess zu machen, sondern ganz andere Erwägungen: »Dies sind Verse eines Protestanten, oder vielmehr eines Atheisten, und das sollte voll und ganz genügen … [ihr Verbot zu rechtfertigen].« Was der Zensor unter Atheismus verstand, verrät die Stelle, die er auf Englisch, wenn auch orthographisch nicht ganz korrekt, aus *Queen Mab* (1813) anführt: »Da ist kein Gott …! Jedwede Untat hat der Name Gottes mit Heiligkeit umfriedet …« Nach ein paar abschätzigen Bemerkungen über diese Zeilen und den Ruf ihres Autors, kam de' Ferrari zu dem Schluss, *Queen Mab* »verdient, verbrannt zu werden«. »Andernfalls«, fuhr dieser Hüter der Rechtgläubigkeit fort, »müssten wir den Index mit den Namen von Protestanten füllen, wenn wir gezwungen wären, die zahllosen Erzeugnisse nicht katholischer

Verfasser zu untersuchen, die schließlich von Geburt an unter dem Kirchenbann stehen.« Wurden Dichter beim Wort genommen, so folgte daraus, dass protestantische Dichter verdammt werden mussten. Ob das von Fortschrittlichkeit zeugt, mag der Leser selbst entscheiden.

Englischkenntnisse waren keine Garantie für die Fähigkeit beziehungsweise Bereitschaft, Werke, die in dieser Sprache verfasst waren, ohne die Voreingenommenheit und Oberflächlichkeit zu lesen, die Benedikt XIV. gerügt hatte. Dass die Zensoren seit Mitte des 19. Jahrhunderts über größere fremdsprachliche Kompetenz verfügten, nahmen sie selten zum Anlass, sich ernsthaft mit dem Denken oder der Literatur des angelsächsischen Raums auseinander zu setzen. England blieb diese ganze Zeit über für Rom eine Randregion, der man wenig Aufmerksamkeit schenkte; Amerika lag im Allgemeinen sogar außerhalb des römischen Wahrnehmungsbereichs. Selbst innerhalb Europas war der engstirnig eurozentrische Gesichtskreis der Zensoren hochgradig selektiv. Eines der Zentren, auf die sich die römische Aufmerksamkeit konzentrierte, bildete Frankreich, ein anderes stellte Deutschland dar.

Das Interesse an oder die Beschäftigung mit deutscher Philosophie, Theologie und Literatur setzte nicht unbedingt Deutschkenntnisse voraus. Noch im Jahre 1827 benutzte der Zensor von Immanuel Kants *Kritik der reinen Vernunft* eine achtbändige italienische Übersetzung, die zwischen 1820 und 1822 in Pavia herauskam. Dass Rom von dem Buch erst vierzig Jahre nach seinem ersten Erscheinen Notiz nahm, war typisch für die Langsamkeit, mit der die Zensur reagierte; in fast allen Bereichen außer in der Theologie – wo sich die deutschen Bischöfe manchmal (wenn auch nicht immer) einschalteten – zeigte sich die Kirche der Entwicklung nicht gewachsen und blieb zumeist hinter ihr zurück.

Was im Falle dieses Zensors, Albertino Bellenghis, bedeutete, den Spuren Friedrichs des Großen zu folgen: Wenn sogar der König von Preußen ungeachtet seiner Sympathie für den

Philosophen Kant ein Publikationsverbot erteilt habe, dürfe die katholische Kirche erst recht keine Zeit vergeuden. Tatsache ist, dass die Kirche, vertreten durch die Indexkongregation, gar keine Zeit vergeudet hatte. Sie hatte sich schlicht und einfach nicht gerührt. Wenn sie 1827 aktiv wurde, dann nur deshalb, weil eine Übersetzung der *Kritik der reinen Vernunft* in der einzigen modernen Sprache erschienen war, die der Zensor lesen konnte – nämlich Italienisch. Wenn er am Ende seines Berichts von der Absicht spricht, ein »Übel«, das sich von Deutschland und Belgien nach Italien ausbreite, im Keim zu ersticken, so klingt diese selbstzufriedene Feststellung ziemlich hohl.

Hohl und unseriös ist auch Bellenghis Beschäftigung mit der *Kritik der reinen Vernunft*. Er sah in Kant einen Idealisten, der unbedingt nachweisen wolle, dass ein Vernunftbeweis für die Existenz Gottes oder die Unsterblichkeit der Seele unmöglich sei. Kants Philosophie war nach Ansicht des Zensors »dunkel« (*tenebrosa*). Auf Basis des schemenhaften Eindrucks, den er von Kants Gedanken gewann, glaubte er, erkannt zu haben, dass die Kantische Unternehmung an einem grundlegenden Mangel krankte, der sie von vornherein zum Scheitern verurteilte – an Kants Überzeugung von der Möglichkeit einer »freien und öffentlichen« Untersuchung der Glaubenslehren. Jeder Katholik wusste, dass diese Lehren vorbehaltlos geglaubt und als Gesetze befolgt werden mussten, käme es doch andernfalls zu »einer abscheulichen Verwirrung der Überzeugungen und Sitten«. Verfuhr man wie Kant, endete man beim Individualismus der Protestanten. Und sogar sie lehnten das Werk ab.

Der zweite Einwand, den Bellenghi gegen die *Kritik der reinen Vernunft* erhob und wiederholt vorbrachte, war, dass sie dem Skeptizismus Vorschub leiste. Wieso und inwiefern sich diese philosophische Position gleichzeitig als Idealismus bezeichnen ließ, darauf ging der Zensor nicht näher ein. Und er erläuterte auch nicht, welche Art Skeptizismus er Kant vorwarf; stattdessen prangerte er ihn in der Folge gleichermaßen als Epikureer und als einen Erzatheisten an. Aus diesem philosophischen Begriffswirrwarr gewann Bellenghi drei zentrale Thesen:

1. Kant bezeichne die Befriedigung der menschlichen Triebe als das Ziel der Menschheit.
2. Kant behaupte, der religiöse Glaube entstamme den rohen Vorstellungen der ungebildeten Volksmasse. (»Das verweist uns auf das Niveau der gemeinen *plebs* und chinesischer Priester.«)
3. Die Glaubenslehren seien nach Kant schlecht fundiert und fragwürdig. Deshalb handele es sich bei vielen Anhängern Kants um Atheisten, denen man die Lehrbefugnis entzogen habe.

Das hätte von Rechts wegen auch mit dem Autor der *Kritik der reinen Vernunft* geschehen müssen, gab der Zensor damit zu verstehen. Wer war dieser Mann, und wie sah sein Milieu aus?

✦┼✦

Kants Zensor, Albertino Bellenghi, war in der römischen Kurie eine bekannte Persönlichkeit. Als Kirchenrechtler mit besonderem Interesse für Fragen der Ethik wurde er 1824 Präsident des »Philosophischen Kollegs« der Universität Rom. Ein Jahr später übertrug man ihm die Zensur aller philosophischen Werke, die bei der Indexkongregation angezeigt wurden, und 1828 wurde er zum Titularerzbischof von Nikosia geweiht. Als er die *Kritik der reinen Vernunft* auf den Index setzte, näherte er sich gerade dem Gipfel seiner Karriere.

Durchlaufen hatte er diese Karriere in der Kutte eines Kamaldulensermönchs und an der Seite von Bartolomeo Alberto Cappellari. Cappellari, ebenfalls Mitglied des Kamaldulenserordens und Gutachter beim Heiligen Offizium, empfahl Bellenghi als Zensor bei der Indexkongregation. Sie waren Gleichgesinnte. Beide blickten voll Entsetzen auf die Französische Revolution und ihre Folgen; beide verabscheuten sie die moderne Welt. Cappellari tat seine Einstellung in einem 1799 veröffentlichten Werk kund, das den Titel *Triumph des Heiligen Stuhles und der Kirche über die Angriffe der Neuerer* trug. Von diesen Neuerern, die in der Mehrzahl Ausländer waren, hatte

Cappellari (der sich wie Bellenghi niemals außerhalb Italiens aufgehalten hatte) nur eine sehr unbestimmte Vorstellung. Aber er war sich sicher, dass er sie hasste und dass sie es verdienten, verfolgt zu werden – eine unter den Vertretern der römischen Zensur im 19. Jahrhundert verbreitete Haltung. Einer von ihnen – nämlich Cappellari, »der Mönch mit der Geistesverfassung des *ancien régime*« – wurde am 2. Februar 1831, zum Papst gewählt und nahm den Namen Gregor XVI. an.

Schon lange vor diesem Datum hatten Cappellari und seine Verbündeten die gleiche Politik verfolgt. Zum Ende des Jahres 1817 zum Beispiel unterzog Bellenghi Erasmus Darwins *Zoomania* einer Zensurprüfung. Im Unterschied zu den Werken seines Enkels Charles, die nie von der Inquisition oder dem Index geprüft wurden, zollte man Erasmus' Buch den zweifelhaften Tribut, es zu lesen. Natürlich nicht in der englischen Originalsprache, sondern in der sechsbändigen italienischen Übersetzung, die zwischen 1803 und 1805 in Mailand erschien.

Nichts von der Zoologie oder Pathologie, die den eigentlichen Inhalt des Werkes von Erasmus Darwin bildet, findet in Bellenghis Prüfbericht Berücksichtigung. Als das Werk eines »Materialisten«, dessen Ideen im Verdacht standen, die spirituelle Auffassung der Seele und die katholische Moral zu untergraben, interessierte *Zoomania* ausschließlich im Hinblick auf seine metaphysischen und ethischen Implikationen. Die geringste Spur von Skepsis, der leiseste Hauch von Zweifel – in Bezug auf Wunder, die christliche Lebensführung, die Autorität der Kirche – verfielen Bellenghis Verdikt. Indem er *Zoomania* verdammte, verwarf er zugleich den Nutzen des Werkes für die Medizin (von der er keine Ahnung hatte); er, der ansonsten penibel über die Einhaltung von Grenzen wachte, schreckte in diesem Fall nicht vor einem forschen Vorstoß auf ein Gebiet zurück, das ihm völlig unbekannt war.

So traditionell Bellenghis Kritik an Darwins Werk ausfiel, in einem Punkte weist sie eine Eigentümlichkeit auf, durch die sich die römische Zensurtätigkeit erkennbar von den Aktivitäten der vorangegangenen hundert Jahre zu unterscheiden begann. Bei den Hütern der Rechtgläubigkeit wuchs der Widerwille, sich auf naturwissenschaftliche Fragen einzulassen, weshalb sie sich gewöhnlich auf die theologischen und moralischen Aspekte der untersuchten Werke konzentrierten. Dies, so ließe sich einwenden, hatten die Zensoren schon immer getan – nicht, weil sie von Skrupeln geplagt wurden, sondern weil sie auf naturwissenschaftlichem Gebiet Ignoranten waren. Frühere Verdammungen indes waren im Normalfall allgemein gehalten und in ihren Aussagen ebenso vage wie pauschal. Ketzerei war ihr großes Thema, und Ketzerei ließ sich praktisch überall entdecken. Den Zensor von Erasmus Darwin aber interessierte nur ein einziger Punkt – dass derartige Theorien zum Materialismus führten. Materialismus rüttelte an den Grundfesten des Glaubens und der Kirche, die Bellenghi und Gregor XVI. unbedingt in ihrem früheren Primat wiederherstellen wollten. Was dabei herauskam, ließ sich unschwer vorhersehen. Wie sein Kollege und Freund Gregor XVI., ein Papst, der von Eisenbahnen auf seinem Hoheitsgebiet nichts wissen wollte, weil sie »Straßen des Teufels« seien, betrachtete auch Bellenghi die Probleme im Zusammenhang mit Zensur, Religion und Politik als ein großes unauflösliches Ganzes.

Religion und Politik stellte im nachrevolutionären Frankreich auch der Publizist und Priester Félicité Robert de La Mennais (1782–1854), Begründer der Zeitung *L'Avenir (Die Zukunft)*, in einen Zusammenhang: Er trat für die Trennung von Kirche und Staat und für politische Freiheiten ein. La Mennais ging nach Rom, weil er Gregor XVI. überreden wollte, sich zur Demokratie zu bekennen oder sie zumindest zu tolerieren. Den ahnungslosen Reformer, der nicht wusste, dass die Briefe, die er auf seiner Reise schrieb, von Spionen des österreichischen Kanzlers Metternich abgefangen und in Auszügen an Gregor XVI. übermittelt wurden, empfing dieser am 15. März 1832. Der Papst bot La Mennais und seinen Begleitern Schnupftabak an. (Der Oberste Hirt der Christenheit frönte dem Tabakgenuss; seine Gewänder waren häufig von Tabak befleckt. Als ihn einmal ein Freund, dem er den Genuss empfohlen hatte, hochfahrend mit der Bemerkung abfertigte »Ich fröne diesem Laster nicht«, erwiderte der Stellvertreter Christi: »Es ist kein Laster; wenn es eines wäre, hättest du es.«) Man unterhielt sich höflich. Den Reisenden wurden Schaumünzen mit dem Bild des heiligen Gregor überreicht, und dann nahmen sie ihren Abschied – ohne dass der Zweck ihres Besuchs zur Sprache gekommen wäre.

Fünf Monate später, am 15. August 1832, verdammte der Papst in einer Enzyklika (*Mirari vos*) die Gewissensfreiheit, nannte aber La Mennais nicht mit Namen. Frei von persönlichem Groll gegen ihren Verkünder, verurteilte Gregor dessen Ideen – etwa die Gleichheit aller Bürger vor dem Gesetz, unabhängig von ihrer Religionszugehörigkeit, oder das Volk als Quelle der Macht. Korruption, Ausschweifungen und Verirrungen schössen ins Kraut, hieß es in *Mirari vos*; Freiheit und Moral würden durch die moderne Ordnung untergraben. Symptomatisch für diesen beklagenswerten Niedergang in der Gegenwart seien die Angriffe gegen die römische Zensur, die fälschlich als »zu streng und beschwerlich« und als »unvereinbar mit den Prinzipien der Gerechtigkeit« angesehen werde und mit der die Kirche angeblich Missbrauch treibe. Absoluter Quatsch!, erklärte Gregor XVI. in würdigem, gelehrtem Latein.

Die Vertreter der Römischen Zensur nahmen sich die Worte des Papstes zu Herzen. Obwohl La Mennais widerrief und sich unterwarf, verglich er die in *Mirari vos* geäußerten Gedanken privat mit den »Binden, in die ägyptische Mumien eingewickelt sind«. Im Jahre 1834 veröffentlichte er anonym sein Hauptwerk, *Paroles d'un croyant* (*Worte eines Gläubigen*), in dem er sich gegen Tyrannei und erbliches Königtum wandte und für Demokratie eintrat. Von Metternich missbilligt und von Gregor XVI. in einer weiteren Enzyklika (*Singulari vos*) verdammt, wurde das Buch ein Publikumserfolg, eben weil es mit dem Bann belegt worden war. Jedermann wollte wissen, warum dieses Büchlein, »klein an Umfang, aber groß an Verderbtheit«, der Auszeichnung eines päpstlichen Bannfluchs teilhaftig geworden war. Und jedermann begriff, wenn er Gregors XVI. Tiraden gegen »dieses Werk des Satans« las, das für so »irrsinnige Hirngespinste« und »empörende Verirrungen« wie Gewissens- und Meinungsfreiheit eintrat, dass im Streit um die *Worte eines Gläubigen* zwei Weltanschauungen, eine alte und eine neue, zusammenstießen.

Nach Ansicht der Indexkongregation spielte sich dieser Zusammenstoß im Verborgenen ab, wobei sowohl die Anhänger La Mennais' als auch seine Gegner an der Heimlichtuerei mitwirkten. »Ein symbolisches, rätselhaftes und hochgradig dunkles Buch«, war das Erste, was der Zensor, der mit der Prüfung einer in Frankreich erschienenen Antwort auf La Mennais' *Worte eines Gläubigen* beauftragt war, über die Replik äußerte. Rafaele Fornari – Diplomat, Kardinal und Verfasser des Entwurfs für das Dogma von der Unbefleckten Empfängnis – wurde aufgrund einer Anzeige des Erzbischofs von Genua aktiv. Dieses Urteil reichte nach Ansicht Fornaris an sich schon aus, um jede Schrift für oder gegen La Mennais auf den Index zu setzen, aber er wolle sich an die von Benedikt XIV. aufgestellten Regeln halten. Nach dieser Bekundung seines Gehorsams handelte Fornari, wie es ihm passte: Keine zweite Meinung wurde eingeholt, keine Kontrolle eingeschaltet. In krassem Verstoß gegen den Buchstaben und Geist von *Sollicita et provida* wurde den Kardinälen nur ein einziger Prüfbericht vorgelegt – und dies, obwohl Fornari selbst einräumte: »Ich verstehe nicht, was dieses Buch will, und vermag seine Überlegungen nicht nachzuvollziehen.«

Um ein Werk, das als Beitrag zu der von La Mennais entfesselten Diskussion erschien, auf den Index zu setzen, brauchte man seinen Gedankengang auch gar nicht verstanden zu haben. Gregors XVI. eigene Vorgehensweise hatte die Flammen des Streits zu einem Feuer entfacht, das auch der Papst nicht mehr ersticken konnte. In Anweisungen an die Indexkongregation hatte er am 14. Juli 1835 verfügt, man solle kein besonderes Dekret gegen La Mennais erlassen, sondern sein Werk einfach auf den nächsten Index verbotener Bücher setzen. Damit beabsichtigte er, das Verbot herunterzuspielen, erreichte allerdings das genaue Gegenteil – Publizität und öffentliche Empörung. Der Index erwies sich nicht zum ersten Mal als kontraproduktiv. Der Schaden, den die Enzyklika Gregors XVI. anrichtete, war irreparabel; allgemein wurde vermutet, dass die Maßnahme politisch motiviert war. Die Behandlung, die Rom dem deutschen Dichter und politischen Denker Heinrich Heine zuteil werden ließ, konnte diese Vermutung nur bestätigen.

Der Kardinal-Staatssekretär Luigi Lambruschini sorgte sich um den Schutz der schrumpfenden Hoheitsgebiete des Papstes gegen die Ausbreitung liberaler Ideen. Von Metternich angetrieben, veranlasste Lambruschini im Jahre 1836 die Indexkongregation, Heine mit dem Bann zu belegen. Dass seine Schriften über Frankreich, Deutschland und seine Reisen ins Französische übersetzt worden waren, hatte hierzu den Weg geöffnet: Denn seine Zensoren vermochten ihn im Original nicht zu lesen. Heine war also nicht das Opfer eines gezielten Vorgehens, sondern verdankte die Aufmerksamkeit der Kongregation dem Zufall jener Übersetzung ins Französische, die ihn angreifbarer machte als seine Genossen in der Bewegung des *Jungen Deutschland*. Deren Schriften, die nur auf Deutsch existierten, blieben unbehelligt. Ähnliche zufällige Umstände spielten eine wesentliche Rolle, als 1846 Heines *Neue Gedichte* auf den Index gesetzt wurden. Dies geschah nur, weil sich unter den Gutachtern der Kongregation (ausnahmsweise) einer befand, der Deutsch sprach. Auch im 19. Jahrhundert schränkte nach wie vor Provinzialismus den politischen Zugriff der Zensur ein.

❧

Innerhalb der italienischen Kirche kannte dieser politische Zugriff der Zensoren keine Schranken. So erhob die Zensur ihre strafende Hand gegen Antonio Rosmini (1797–1855), den Philosophen, den Pius IX. so sehr bewunderte, dass er ihm die Kardinalswürde verleihen wollte. Kardinal Lambruschini und seine Kollegen in der Indexkongregation waren indes anderer Meinung. Aus ihrem Exil in Neapel, wohin sie geflüchtet waren, nachdem der Papst während der Volksunruhen des Jahres 1848 aus der heiligen Stadt hatte fliehen müssen, verdammten sie Rosminis Schriften als umstürzlerisch.

Der Bann richtete sich gegen einen Autor, der erst kürzlich zum Gutachter beim Heiligen Offizium und bei der Indexkongregation berufen worden war. Hinzu kam, dass sich sich Rosmini zu dem Zeitpunkt, da seine Kollegen seine Werke auf den Index setzten, in Neapel befand, um deren Herausgabe zu überwachen. Entgegen den Vorkehrungen in *Sollicita et provida* wurde der Philosoph nicht davon in Kenntnis gesetzt, dass man gegen seine Schriften Maßnahmen ergriff. Und auch der Papst wurde nicht informiert. Erst nachdem der Bann über sie verhängt worden war, erfuhr Pius IX. von der Indizierung seines Günstlings durch die Indexkongregation, die – nicht zum ersten Mal – auf eigene Faust gehandelt hatte. Die Kongregation für den Index verbotener Bücher, die noch im 19. Jahrhundert so unberechenbar und willkürlich verfuhr und in ihrem Vorgehen gegen angesehene Mitglieder der italienischen Kirche so ungerecht war, gibt es heute nicht mehr. Hingegen wird heute erwogen, Antonio Rosmini selig zu sprechen.

Im Verlauf des 19. Jahrhunderts wurde die Zensurpraxis immer mehr zur leeren Routine, die von ausgedienten Bischöfen erledigt wurde, von Männern, die dadurch Farbe ins Grau ihres Lebensabends brachten, dass sie Werke studierten, von deren Lektüre sie andere abhalten wollten. Weniger als sechs Monate, bevor Pius IX. am 8. Dezember 1864 die Enzyklika *Quanta cura* mit ihrem berühmt-berüchtigten »Syllabus der Irrtümer« (zu denen »Forschritt, Liberalismus oder die moderne Zivilisation« zählten) veröffentlichte, legte ein geistiger Verwandter des Papstes der Indexkongregation eine Generalabrechnung mit der französischen Literatur vor – Jacques Marie-Joseph Baillès, Bischof von Luçon, der seit acht Jahren als Gutachter fungierte.

Hugo, Michelet, Stendhal, Flaubert, Balzac und andere verdankten es den Anstrengungen dieses einen Zensors, dass sie auf dem Index landeten. Am 20. Juni 1864 schickte er einen Bericht über sie, der alles in den Schatten stellte, was selbst in den reaktionärsten Phasen des Pontifikats von Gregor XVI. verfasst worden war. In rasender, unerbittlicher Abfolge verbot Baillès zahlreiche der im Frankreich des 19. Jahrhunderts entstandenen Meisterwerke. Wie und warum er das tat, wirft ein erhellendes Licht auf die geistige Landschaft, aus der ein Werk wie der »Syllabus der Irrtümer« hervorgehen konnte.

Auch hier hatten die Kriterien, auf deren Grundlage Baillès sein umfassendes Verbot aussprach, nichts mit den Regeln gemein, die Benedikt XIV. in *Sollicita et provida* formuliert hatte: Mit den Direktiven dieses Papstes war es im Jahre 1864 bereits aus und vorbei. Lebendig und munter hingegen war die unausrottbare Tradition der Willkürurteile. Dass der Zensor ein Mann alter Schule war, geht nicht nur aus dem Inhalt dessen hervor, was er schrieb, sondern auch aus seiner Ausdrucksweise. In Lateinisch abgefasst – einer Sprache, die etliche seiner Kollegen allmählich zugunsten des Italienischen aufgaben –, legte Baillès seine Prüfberichte »kurz und bündig« vor, »weil sie von schrecklichen Büchern handeln, die Gift für das Gemeinwesen sind«. Er bediente sich der uns bereits vertrauten Technik, die Arbeiten für (oder vielmehr gegen) sich selbst sprechen zu lassen. Victor Hugos *Les Misérables* (dt. *Die Elenden*) zum Beispiel beschrieb er als »dreitausend Seiten voller Pietätlosigkeiten und Blasphemien«, wie etwa »Bon diable!« (»Guter Teufel!«) oder »A quoi bon le Père éternel?« (»Wem nutzt der ewige Vater?«) oder »Le bon Dieu est bon pour le peuple« (»Der liebe Gott ist nur gut fürs Volk«).

Dass diese Äußerungen in *Die Elenden* nicht vom Autor selbst, sondern von seinen Romanfiguren stammen – diesen Umstand ignorierte der Zensor kurzerhand. Jeden lästerlichen Ausdruck und jede Kritik an der Geistlichkeit begriff er als eine persönliche Bekundung Victor Hugos. Wie Giacinto de' Ferrari huldigte deshalb auch Jacques Marie-Joseph Baillès der Überzeugung, der Autor richte sich durch seine eigenen Worte. In seinem Buch über die Hexenverfolgungen, *La Sorcière* (*Die Hexe*), behauptete dieser »haltlose, ungeheure, geborene Lügner«, einschlägige Leitfäden der Inquisition benutzt zu haben. Katholische Quellen gegen die Sache des Katholizismus zu verwenden, stellte in den Augen des Zensors ein abscheuliches Verbrechen dar; seiner Ansicht nach sollte man sich nicht damit begnügen, *Die Hexe* auf den Index zu setzen (denn dies war bereits geschehen), das Verbot sollte überdies noch einmal neu ausgesprochen werden.

Für *Le Rouge et le Noir* (dt. *Rot und Schwarz*) konnte keine Verdammung entschieden genug sein. Mit seiner Darstellung einer Welt, die von unentrinnbarer Schicksalhaftigkeit beherrscht war, kam Stendhals Roman einer Aufforderung zum Ehebruch gleich. Hatte der Autor nicht geschrieben: »À Paris l'amour est fils des romans« (»In Paris entsteht die Liebe aus Romanen«)? Gab nicht der verabscheuungswürdige Held von *Rot und Schwarz* zu, dass er Rousseaus *Confessions* (dt. *Bekenntnisse*) gelesen hatte und dass sie zusammen mit anderen verbotenen Büchern ihn zu seiner feindseligen Haltung gegenüber der Geistlichkeit animiert hatten? Grund genug, um diesen »stinkenden, gestaltlosen Mischmasch« von einem Buch zusammen mit Stendhals anderen »schändlichen Werken« auf den Index zu setzen. Keines von ihnen war allerdings so schändlich wie Flauberts *Madame Bovary*, dem sich der Zensor nunmehr zuwandte.

»Der schlimmste von allen schlechten Romanen, der Religion, Moral und jeglichen Sinn für Gerechtigkeit oder Tugend untergräbt! Von den weltlichen Behörden angezeigt, entging Madame Bovary deren Verdammung, sollte der Ihren aber nicht entrinnen«, schrieb Baillès an seine Vorgesetzten, die sodann aufgefordert wurden, dieses »empörende« Werk aufgrund einer einzigen aus ihm zitierten Passage zu verbieten. Dabei handelte es sich nicht etwa um eine der Szenen, in denen romantische Leidenschaft, sexuelle Anziehung oder Ehebruch eine Rolle spielten. Woran der Zensor vielmehr Anstoß nahm, war einzig und allein die Rede des Apothekers Homais, in der dieser erklärt, er wolle nichts mit Priestern zu tun haben, denn: »Mein Gott ist der Gott von Sokrates, Franklin, Voltaire ...« Sokrates und Franklin mochten verdächtig sein, Voltaire aber war es auf jeden Fall! Völlig ausreichend, um ein Verbot zu rechtfertigen, dachte der Zensor und schloss gleich auch noch *Salammbô* in sein Verdikt mit ein – ein seiner Ansicht nach ebenso langweiliges wie schmutziges Buch.

Nachdem über Flaubert nunmehr Gericht gehalten worden

war, blieb noch der Erzschuft Balzac. Dieser »Fürst der Finsternis« oder Oberste der französischen Umstürzler war ein
Pantheist, Sensualist und Zyniker, der »ewigen Frieden unter
den Menschen zu schaffen begehrte«. Heuchlerisch bekannte
er sich zwar als gläubiger Christ, hing in Wahrheit aber einer
Kombination aus Atheismus und Materialismus an. Wie Balzac
das bauchrednerische Kunststück fertig brachte, als »getreuer
Fürsprecher des Lasters« aufzutreten, darüber schwieg sich der
Zensor aus. Stattdessen legte er eine Liste von Zitaten vor wie
etwa »Ehrlichkeit ist nutzlos« und »Prinzipien gibt es nicht«
(*Père Goriot*; dt. *Vater Goriot*) oder »eine Kurtisane im Paradies« (*Splendeurs et misères des courtisanes*; dt. *Glanz und
Elend der Kurtisanen*), ehe er schließlich die ehebrecherischen
Vorgänge geißelte, die in *La cousine Bette* (dt. *Tante Lisbeth*)
geschildert werden.

In seiner geistigen Unbedarftheit und Ärmlichkeit gibt all
dies zu denken. Statt uns über solche Zensurberichte lustig zu
machen, tun wir besser daran, uns das kulturelle Niveau zu
vergegenwärtigen, das sie widerspiegeln. Eindrucksvoll ist hier
weniger die Engstirnigkeit des Zensors als die Art und Weise,
wie seine Lektüre am Buchstaben klebt. Von der Romangattung, ihren Funktionen und Formen hatte Jacques Marie-
Joseph Baillès keine Ahnung. Während seiner gesamten emsigen und irregeleiteten Tätigkeit kam dem Zensor nie in den
Sinn, dass ein Romanschriftsteller nicht immer wörtlich
genommen werden durfte. Und doch war es dieser ausgediente Bischof, dem die Indexkongregation kurz vor Erscheinen des
»Syllabus der Irrtümer« die Meisterwerke der französischen
Literatur des 19. Jahrhunderts anvertraute.

Die Mentalität und die Arbeitsweise, die in solchen Zensurberichten zum Ausdruck kommen, spielten auch eine Rolle bei
der Abfassung jenes Schriftstücks, das manchen als das grässlichste Dokument in der modernen Geschichte des Papsttums
gilt. Der »Syllabus der Irrtümer«, ein Anhang zur Enzyklika
Quanta cura von 1864, hatte eine lange, qualvolle Vorge-

schichte, die sich zum Teil im Heiligen Offizium abspielte. Die Kardinal-Inquisitoren standen den Entwürfen, die ihnen der Papst zukommen ließ, kritisch gegenüber, waren aber unschlüssig, welche Veränderungen sie von sich aus vorschlagen sollten. Im September 1864 unterbreiteten sie Pius IX. einen Bericht, den (neben anderen) der Barnabit und Gutachter beim Heiligen Offizium Luigi Bilio (1826–1884) ausgearbeitet hatte.

Bilio, ein ebenso schwacher Theologe wie fähiger Schriftführer, war es auch, der drei Monate später dem »Syllabus der Irrtümer« seine endgültige, berühmt-berüchtigte Form verlieh, indem er in der Nacht vor der Veröffentlichung die Lehren herausnahm, die seinem Gefühl nach nicht verdammenswert waren. Die Eigenmächtigkeit, mit der Bilio handelte, war, wie wir haben sehen können, nichts Neues in der Geschichte der Römischen Inquisition; dass er quasi einer Eingebung des Augenblicks folgte, wird verständlich, wenn man in Rechnung stellt, wie unentschieden noch drei Monate vor Erscheinen des »Syllabus« Bilios Vorgesetzte und Kollegen waren.

Im Hochsommer des Jahres 1864 erwog das Heilige Offizium die Verdammung von dreiundfünfzig Lehrmeinungen, die Bilio in Gruppen unterteilte. Die verabscheuungswürdigsten Irrtümer, denen die Römische Inquisition in der damaligen modernen Gesellschaft zu begegnen glaubte, fasste Bilio unter den Titeln »Politischer Naturalismus« – oder Trennung von Kirche und Staat – und »Königsprimat« – oder Unterordnung der Kirche unter den Staat – zusammen. Aus diesen beiden Irrtümern folgten eine Vielzahl weiterer, wie etwa die Säkularisierung der Gesellschaft und die Enteignung von Kirchenbesitz. Die Frage war, ob der Oberste Kirchenfürst nun die Verdammung alter Irrtümer bekräftigen und eine Verurteilung neuer Irrlehren hinzufügen sollte, und wenn ja, wie. Jede für sich? In Gruppen? In einer Enzyklika? In einer Konstitution?

Am 15. September 1867 verlieh Bilio seiner Überzeugung Ausdruck, dass es entscheidend darauf ankam, die Quelle der jeweiligen Irrlehre ausfindig zu machen. Die Idee des Anspruchs auf Privateigentum zum Beispiel gründete im bürgerlichen Recht. Dies bildete in seinen Augen den »Kern des Sozialismus«. Verdammte man solch einen »verderblichen Irrtum«, so traf man damit zugleich die nicht minder irrige politische Lehre. Genauso verhielt es sich mit dem Kommunismus, der »für die Emanzipation der Frauen eintritt«. Bestritt die Kirche die Gültigkeit der zivilen Eheschließung und bestand auf der Notwendigkeit einer kirchlichen Trauung, so sicherte sie die Unterordnung der Ehefrau unter den Ehemann und versetzte dem Kommunismus einen schweren Schlag. Man beachte die Schlichtheit des Verfahrens, die Einfachheit der Sprache. Beides täuscht. Hinter der Verurteilung der einzelnen Ketzereien in Bilios Entwurf verbarg sich die Absicht, mehrere zugleich zu verdammen. Das Problem war nur, dass niemand mit der Form und den Einzelheiten seiner Analyse übereinstimmte. Ein Komitee – selbst wenn (oder vielmehr gerade wenn) es vom Heiligen Offizium eingesetzt wurde – war kein ideales Gremium, um eine vollständige Liste der Irrtümer aufzustellen, deren sich die moderne Welt schuldig machte.

Von innen betrachtet – das heißt im Kontext der für Verbote vorgesehenen Mechanismen, die dem Heiligen Offizium und der Indexkongregation gemeinsam waren –, ist uns dieses Vorgehen mittlerweile vertraut. Lange Debatten und der Ruf nach Strenge verbanden sich mit Entscheidungen des Augenblicks und Willkürhandlungen zu einem einzigen großen Durcheinander. Ein ewiges Hin und Her, denn jederzeit hatte ein entschlossener Mensch wie Bilio die Möglichkeit, einzugreifen und mit einem Federstrich ein Dokument zu verändern, das Ergebnis zahlloser Entwürfe und eines langen Entwicklungsprozesses war. Die Arbeitsweise des Heiligen Offiziums zeichnete sich ihrem Wesen nach durch Unberechenbarkeit aus.

Von außen betrachtet – nämlich aus der Perspektive der »modernen Zivilisation« Europas und Amerikas, die Pius IX. in seinem »Syllabus der Irrtümer« so unverblümt verdammte –, schien Rom jeden Kontakt mit der Realität verloren zu haben. Tatsache ist, dass viele der Hüter der Rechtgläubigkeit hinter den Mauern ihrer römischen Bastion nie viel Kontakt zu den Realitäten des 19. Jahrhunderts unterhalten hatten. Die zutreffend als »Tenor der Verzweiflung« charakterisierte Art und Weise, wie der Papst zu Beginn seiner Enzyklika *Quanta cura* die Korruption, die Unmoral und das Ränkespiel der Moderne beklagte und in so gefährlichen Ideen wie der Presse- und der Gewissensfreiheit einen teuflischen Plan zur Zerstörung des Glaubens entdeckte, kündet von der autoritären Haltung früherer Zeiten. Diese Inquisitoren blickten mit Wehmut auf längst vergangene Tage zurück, abgeschnitten von Entwicklungen, die sie nicht begreifen, sondern nur verdammen konnten.

Ob sie einen pauschalen Bann verhängen oder individualisierte Verdammungsurteile aussprechen sollten, stellte für sie hauptsächlich ein Verfahrensproblem dar. Für den lebendigen Inhalt und die intellektuellen Konsequenzen dessen, worüber sie urteilten, hatten nur wenige von ihnen Verständnis. Gefangen in dem geistigen Kerker, den ihre Vorgänger errichtet und den sie weiter befestigt hatten, blickten sie auf die katholische Kirche und die gesamte Christenheit mit den Augen von Bürgern, die der kürzliche Verlust der Kirchenstaaten hatte heimatlos werden lassen.

Diese Heimatlosigkeit ließ die im Vatikan Eingekerkerten voller Missgunst auf die Katholiken draußen blicken. Einer von diesen war John Henry Newman (1801–1890), der im Oratorium von Birmingham eine Predigt zum Thema *Der Papst und die Revolution* hielt, die 1866 veröffentlicht und im Dezember desselben Jahres von Henry Formby, einem früheren Mitglied des Oratoriums, in Rom zur Anzeige gebracht wurde. Formby, dem Newman in Sachen gregorianischer Gesang mit dem Vorwurf des »Snobismus« in die Quere gekommen war, entdeckte in dem Vorbehalt des späteren Kardinals gegenüber der weltlichen Macht des Papsttums den Geist des Umsturzes.

Die Anzeige wurde an den englischen Gutachter weitergereicht, der Newman ebenfalls für verdächtig hielt. Britische Bischöfe hatten nach Rom geschrieben und sich über die Haltung beklagt, die Newman gegenüber dem Heiligen Stuhl einnahm; alle seine Schriften enthielten ein glaubensfeindliches Element, bei ihm verbänden sich beißende Kritik und obskure Ansichten. Selbst wenn dieser zweideutige Mensch in *Der Papst und die Revolution* dem Papsttum die weltliche Macht nicht offen abspreche, lasse sich doch erkennen, dass er deren Verlust nicht für eine Tragödie halte. Der Gutachter empfahl deshalb, die Veröffentlichung auf den Index zu setzen.

Diese Aktion wurde nur durch einen entschiedenen Brief von Kardinal Paul Cullen – mit ihm hatte sich Newman während seiner Zeit in Dublin nicht sonderlich gut verstanden – gestoppt: Er gab zu bedenken, es sei besser, in Bezug auf eventuelle Mängel der Newman'schen Schrift ein Auge zuzudrücken, als bei einem so allgemein geachteten Mann einen Skandal zu riskieren. »Er redet, als wären alle Italiener und Römer Revolutionäre und Feinde des Papstes. Dies waren zweifellos Übertreibungen, die in einer Predigt fehl am Platze waren«, schloss der Kardinal in einem ungewöhnlichen Anflug von gesundem Menschenverstand. »Sie zu verdammen, wäre aber keine gute Idee.«

War es eine gute Idee, als am 23. September 1872 ein Banndekret gegen eine Reihe von Schriften veröffentlicht wurde, die sich mit dem Dogma der päpstlichen Unfehlbarkeit in Fragen des Glaubens und der Moral beschäftigten, das man auf dem Ersten Vatikanischen Konzil (1869–70) beschlossen hatte? Bei den meisten der von dem Dekret betroffenen Autoren handelte es sich um Katholiken, zu denen auch der liberale Lord John Acton (1834–1902) zählte. Sein *Letter to a German Bishop at the Vatican Council (Brief an einen deutschen Bischof auf dem Vatikanischen Konzil)* von 1870 und sein Bericht über dieses Konzil, die beide 1871 zusammen mit Stellungnahmen anderer Autoren erschienen, kamen auf den Index. Und doch findet sich in den Archiven kein Hinweis darauf, dass sie von irgendeinem Mitglied der Indexkongregation überhaupt geprüft worden waren. Den Grund, warum Acton so umstandslos dem Bann verfiel, enthüllte der regierende Papst höchstpersönlich: Als Pius IX. am 12. April 1870 August Theiner – den deutschen Präfekten des Geheimarchivs des Vatikans – entließ, machte er ihm zum Vorwurf, er habe dem »Schuft (*briccone*) Acton«, der »nicht zu uns gehörte«, heimlich Dokumente zukommen lassen. Diejenigen, die »zu uns« gehörten und das Dogma von der päpstlichen Unfehlbarkeit unterstützten, wussten, dass der »Schuft« die Opposition gegen das Dogma angeheizt und angeführt hatte. Unter solchen Umständen genügte schon eine bloße Anzeige.

Ohne Prüfung verdammt – entgegen den Regeln, die Papst Benedikt XIV. für die römische Zensurbehörde festgelegt hatte: Die Schriften katholischer Intellektueller, die an der päpstlichen Politik Kritik übten oder ihr Widerstand leisteten, wurden in den letzten Jahrzehnten des 19. Jahrhunderts wie die Werke von Häretikern im 16. Jahrhundert behandelt. Für Acton wie für andere war die Folge eine durch Selbstzensur bewirkte Lähmung. Es wurde unmöglich, vorauszusagen, wie Rom reagieren würde, wenn Leute, die keineswegs mit der Kirche brechen wollten, etwas veröffentlichten. Im Zweifelsfall konnte man getrost davon ausgehen, dass der Index winkte. Sogar den bloßen Anschein eines fairen Verfahrens ließ man in den späten Jahren der langen Regierungszeit Pius' IX. fallen, und Willkür verband sich mit Chaos, wenn etwa am 24. August 1872 Federico Melandri, der Leiter der Druckerei, die für die Kongregation zur Verbreitung des Glaubens arbeitete, Vincenzo Galli, den Sekretär der Kongregation für den Index verbotener Bücher, davon in Kenntnis setzte, das Dokument, mit dem dieser und seine Vorgesetzten die moderne Welt an die Kandare zu legen und zu überwachen planten, sei nunmehr vergriffen.

Nicht mehr im Druck erhältlich und von der Realität überholt, war der Index reformbedürftig. Galli machte ein paar zögerliche Vorschläge, die alle nicht der Rede wert waren. Erst im Jahre 1897 – damals regierte schon seit langem Leo XIII. (1878–1903), jener Papst, der 1881 die Archive des Vatikans für Wissenschaftler jeder Konfession und Glaubensrichtung öffnete und der 1879 Newman zum Kardinal ernannte – wurde ein Versuch unternommen, den Wunsch der Kirche nach Überwachung der Autoren mit deren Anspruch auf Gedankenfreiheit zu versöhnen. Der Papst, der sowohl das Privateigentum als auch die Arbeiterrechte verteidigte, behielt in seiner Konstitution *Officiorum et munerum* die jahrhundertealte ambivalente Einstellung der Kirche gegenüber Schrifttum und

Druckwesen bei und verlieh ihr abermals Ausdruck. Einerseits waren das Schreiben und Drucken von Büchern bewundernswerte Künste, andererseits waren sie gefährlich. »Maßlosigkeit beim Schreiben und bei der Verbreitung von Büchern im einfachen Volk« konnte Schaden anrichten.

Weder das »einfache Volk« noch die gebildete Welt außerhalb der römischen Kurie wusste oder ahnte, dass die Grundlage für den neuen Index verbotener Bücher ein Werk darstellte, dessen Verbot von der Kongregation erwogen worden war. In Rom angezeigt, wurden die beiden Bände der Untersuchung von Heinrich Reusch unter die Lupe genommen, die zwischen 1883 und 1885 erschienen waren und die Kaprizen der römischen Zensur beschrieben; geprüft wurden sie von einem Gutachter, der das Werk so eindrucksvoll fand, dass er sich nicht nur weigerte, es zu verdammen, sondern sich mehr noch seine Kritik zu eigen machte und empfahl, es dem nächsten Index zugrunde zu legen! Man folgte der Empfehlung, und fünfzehn Jahre lang arbeiteten deutsche Gelehrte in der Kurie an dem neuen Index – mit dem Ergebnis, dass zwar der bibliografische Apparat verbessert wurde, ein grundlegender Wandel der Politik aber ausblieb.

Unter Hinweis auf ihre mangelnde Fachkenntnis auf den Gebieten der klassischen Philologie, der Naturwissenschaften und der Medizin schlugen die Bearbeiter vor, den Index auf Werke zu beschränken, die sich mit Fragen der Glaubenslehre und der Ethik beschäftigten. Die wissenschaftliche Sorgfalt und Gewissenhaftigkeit, die sich Rom im ausgehenden 19. Jahrhundert aus Deutschland holte, konnte indes die römische Tradition der Willkürentscheidungen weder beenden noch verändern. Obwohl Leo XIII. in der Zensur weniger ein Instrument der Unterdrückung als eine Instanz zur Disziplinierung sah, blieb auch er auf eine Welt fixiert, die unwiderruflich der Vergangenheit angehörte. Ärger ließ sich vermeiden, erklärte dieser wohlmeinende Papst, wenn die katholischen Autoren ihre Werke vor deren Veröffentlichung den kirchlichen Behörden zur Prüfung vorlegten.

Durch jahrhundertealte Gewohnheit verknöchert, blieben diese Behörden ebenso unnachgiebig wie unbeweglich; die

Bemühungen Leos XIII. um eine gemäßigte Liberalisierung wurden von seinem Nachfolger Pius X. (1903–1914) wieder verworfen. Dieser Papst, der eine Restauration im Sinne seines Namensgebers, Pius IX., anstrebte, sah in der modernistischen Bewegung die »Summe aller Ketzereien« und suchte sie durch eine Reihe von Dekreten und Enzykliken vom Erdboden zu vertilgen. Der Index verbotener Bücher gehörte zu den Instrumenten, mit denen Pius X. alles unterbinden wollte, was er als abweichlerisch ansah; seine Vorgehensweise brachte die Kirche dabei auf Konfrontationskurs mit den Intellektuellen. In Frankreich, zu dem der Vatikan 1904 die diplomatischen Beziehungen abgebrochen hatte, war die Situation besonders brisant. Das 1867 abgeschlossene Konkordat wurde aufgehoben. Der Staat konfiszierte Kirchenbesitz. Die Beziehungen zwischen dem Heiligen Stuhl und Frankreich waren zur Mitte des ersten Jahrzehnts des 20. Jahrhunderts gespannt; dennoch glaubte Pius X., während der Erste Weltkrieg heranrückte, in Frankreich Zeichen einer hoffnungsvollen Entwicklung zu erkennen.

Seine Hoffnungen richteten sich auf die reaktionär-monarchistische Bewegung Action Française unter ihrem Führer Charles Maurras; auf diese Organisation lenkte der Beisitzer des Heiligen Offiziums am 30. April 1909 die Aufmerksamkeit der Indexkongregation. Nichts geschah, obwohl ein französisches Mitglied der römischen Kurie die Action Française und ihre Publikationen angezeigt hatte, weil er in ihr »die herrschende Form [des] Modernismus« am Werk sah, die erst kürzlich von Pius X. verdammt worden war. Eine weitere Anzeige folgte im Juli 1912. Priester und Mönche in der Action Française machten mit Atheisten gemeinsame Sache und »kokettierten« mit Protestanten. Müsse die Inquisition nicht einschreiten? Dürfe der Index tatenlos zusehen?, fragte ein Pariser Priester, der sie mit Titeln bombardierte, die verboten werden müssten, und mit den Namen von Autoren, über die er den Bann verhängt sehen wollte.

Die Indexkongregation bewegte sich nur schleppend, weil ihr deutscher Sekretär Thomas Esser (der einzige Nichtitaliener, der je dieses Amt innehatte) nach eigener Aussage krank gewesen war. Am 4. April 1913 war die Kongregation endlich so weit, sämtliche Werke von Maurras zu verdammen. Der Priester, der sie angezeigt hatte, wurde vom Sekretär gefragt, ob er noch weitere Titel auf dem Index sehen wolle oder ob es nach seiner Ansicht irgendwelche gebe, die nicht dort hingehörten. So wurde ein Amateur in Sachen Zensur von den Amtsgewaltigen hinzugezogen, um an dem Bannspruch mitzuarbeiten. Die Front der Befürworter eines Verbotes wuchs. Der Bischof von Nizza schloss sich ihr an, und die Zweimonatszeitschrift der Action Française wurde einer Prüfung durch die Zensur unterzogen. Dennoch zögerte Rom.

Obwohl sie die Gefahren erkannten, denen sich Katholiken in dieser Bewegung durch ihre Verbindung mit Angehörigen anderer Konfessionen aussetzten, und obwohl sie »die widerliche Erbitterung« beklagten, mit der die Zeitschrift ihre Kämpfe führe, sahen die Gutachter dennoch keinen Grund, sie auf den Index zu setzen. Den Nationalismus, dem die Bewegung frönte, musste die Kirche ihrer Ansicht nach in Kauf nehmen; und wenn es auch in Fragen der Glaubenslehre einiges in den Veröffentlichungen gebe, worüber man die Stirn runzeln könne, gebe es doch noch mehr, das Bewunderung verdiene. Die Linie der Zeitschrift sei mit der Haltung des regierenden Papstes vereinbar, und die Atheisten, die man in den Reihen der Bewegung antreffe, seien klug genug, sich zurückzuhalten. Eine Verdammung von Maurras werde man in Frankreich als päpstliche Ablehnung des Monarchismus und Zustimmung zur Republik verstehen. Besser sei es, Nachsicht zu üben, meinte die Mehrzahl der Zensoren, und in der Tat wurde solche Nachsicht auch bis zum 12. April 1915 geübt. Dann allerdings verdammte man, erneut auf Initiative des Heiligen Offiziums, fünf Bücher von Maurras zusammen mit der Zeitschrift der Action Française, wobei man sich auf die vorbereiteten, aber nie erlassenen Dekrete stützte. Die Entscheidung, gegen die Bewegung vorzugehen, traf ein Papst namens Benedikt.

Benedikt XV. (1914–1922) war ein erfahrener Diplomat und führte die Kirche durch die Krisensituation des Ersten Weltkriegs. Mit seiner ersten Enzyklika (*Ad beatissmi*) vom 1. November 1914 versuchte er, den Konflikt zwischen Traditionalisten und Modernisten beizulegen; 1917 führte er ein neues kirchliches Gesetzbuch ein. Zwischen diesen beiden Ereignissen lag noch ein drittes, das zwar weniger bekannt, aber kaum weniger bedeutsam ist: Am 25. März 1917 schaffte der Papst die Indexkongregation ab.

Die Kongregation war auf ihr jähes Ende nicht gefasst (obwohl Pius X. im Jahre 1907 die Schließung schon einmal erwogen hatte). Den größten Teil des Krieges hindurch führte sie ihren Betrieb wie gewohnt fort. Am 29. März 1915 zum Beispiel setzten ihre Mitglieder unbeeindruckt durch die Verheerungen, die der Krieg in Europa anrichtete, Bücher auf den Index, weil sie »durchdrungen von der Ketzerei des Modernismus« seien; allerdings beschloss man, von einer Veröffentlichung des Dekrets abzusehen. Der Fall des Charles Maurras und seiner Action Française hatte wieder einmal einen Kompetenzstreit zwischen Inquisition und Index heraufbeschworen, mit dem sich Benedikt XV. zu Beginn seiner Regierungszeit befassen musste. Ein Barnabitenmönch, dessen Buch gerade auf den Index gesetzt werden sollte, schrieb an den Papst, erklärte seine Unterwerfung und teilte mit, er habe nicht mehr die Urheberrechte an dem Buch, das Rom missbilligte. Benedikt, dem das Hin und Her auf die Nerven ging, veranlasste die Zurücknahme des von der Kongregation ausgearbeiteten Dekrets.

In der Zeit von 1915 bis 1916 intervenierte der Papst wiederholt, um zur Zurückhaltung zu mahnen beziehungsweise Ordnung in das Chaos zu bringen. Ehemalige und gegenwärtige hochrangige Angehörige der Indexkongregation starben – am 19. August 1915 Kardinal Serafino Vannutelli, Dekan des Kardinalskollegiums, und am 15. September desselben Jahres Kardinal Benedetto Lorenzelli. Den schwersten Schlag erlitt die bereits in ihren Grundfesten wankende Einrichtung, als ihr Präfekt, Kardinal Francesco della Volpe, am 5. November 1916 starb. Danach blieb seine Stelle unbesetzt.

Monat für Monat beklagte sich der Sekretär der Kongregation in seinen Audienzen beim Papst darüber, dass es zu keiner Neubesetzung des Präfektenamts kam. Benedikt XV. schwieg dazu. Der Betrieb kam langsam zum Stillstand. Am 8. März 1917 erkrankte Thomas Esser, der einer Audienz entgegensah, deren Haupttagesordnungspunkt die Ernennung eines neuen Kardinal-Präfekten sein sollte, an Bronchitis. Zwei Wochen später erfuhr Esser zu seiner Verblüffung, dass Benedikt XV. auf einer geheimen Versammlung der Kardinäle am 22. März im Vatikan angekündigt hatte, die Indexkongregation werde »ab sofort aufhören zu existieren«.

Unter Berufung auf Äußerungen, mit denen Pius X. in seiner Konstitution von 1908 die Notwendigkeit einer Neuordnung der römischen Kurie begründet hatte, erklärte er, die Gerichtsbarkeit und Zuständigkeit der Kongregationen seien »niemals eindeutig oder klar bestimmt« gewesen. Der Tatbestand, den diese gewaltige Untertreibung benannte, hatte dreieinhalb Jahrhunderte gegolten, aber nur der Namensvetter des damaligen Papstes, Benedikt XIV., zog daraus die nötigen Konsequenzen. Der Papst schaffte also das überflüssige Zensurorgan, dem Thomas Esser vorstand, ab und übertrug seine Aufgaben der Römischen Inquisition.

Am 25. März 1917 wurde die Entscheidung offiziell bekannt gemacht. Zwei Tage später konstatierte Esser »mit Betrübnis« das traurige Ende seiner siebzehnjährigen Arbeit. Da er seinen Posten verloren hatte, bot man ihm zum Trost ein Titularbistum an. Esser widmete seine restlichen Lebensjahre der Abfassung einer Geschichte der Rosenkreuzer, die ihn während seiner Bronchitis gepflegt hatten. Wenn ihm die letzte Demütigung erspart blieb, sein Buch vom Heiligen Offizium auf den Index gesetzt zu sehen, dann vielleicht nur deshalb, weil er es nicht mehr beenden konnte.

IX.

DIE KRAFT UND DIE HERRLICHKEIT

»Einer Ihrer Korrespondenten hat den Römischen Index mit
den Strafverfolgungen verglichen, die an britischen Gerichten
wegen Unsittlichkeit stattfanden«, schrieb Graham Greene
(1904–1991) am 16. Juni 1954 in einem Leserbrief an die
Times. »Er findet, dass ich als Katholik das eine nicht gutheißen könne, ohne auch das andere zu bejahen. Im Einklang
mit vielen anderen Katholiken hege ich wenig Achtung für den
Index, soweit es die seltenen Fälle betrifft, in denen er sich
mit Dichtwerken beschäftigt. Der Römische Index ist kein
unfehlbares Dokument und begeht manchmal Irrtümer, die
ebenso absurd und bedauerlich sind wie die Fehlurteile briti-
scher Richter, Schöffen und Verwaltungsbeamter. Der Index
ist aber in der Hauptsache nicht mit Fragen der Sittlichkeit,
sondern mit theologischen und philosophischen Problemen
befasst: er dient dem Studierenden als Leitfaden, indem er
aus dessen Lernstoff alle ungenauen Formulierungen der
katholischen Glaubenslehre entfernt. Was die Dichtkunst
betrifft (man munkelt, sowohl Tolstoi als auch Lewis Carroll
seien mit dem Bann belegt worden), folgen die meisten katholischen Laien lieber ihrem eigenen Gewissen – sie wissen nicht
einmal, welche Bücher auf dem Index stehen, und niemand
erlegt ihnen eine Geldbuße auf oder wirft sie ins Gefängnis,
wenn sie ein Werk schreiben oder veröffentlichen, das dem
Bann des Heiligen Offiziums verfällt …« Greene stellt die
Sache gut dar. Wie gut, war ihm selbst nicht klar, denn er
wusste nicht, warum sein eigenes Werk ein paar Monate zu-

vor »vom Heiligen Offizium mit dem Bann belegt« worden war.

Nachdem Benedikt XV. die Indexkongregation 1917 abgeschafft hatte, wurde im restlichen 20. Jahrhundert die Zensur vom Heiligen Offizium ausgeübt. Wie verfuhr diese Behörde in so turbulenten und angespannten Phasen der jüngeren Geschichte wie etwa der Zeit des Kalten Krieges? Welche Politik verfolgte sie gegenüber katholischen Autoren? Wie weit blieb das in den vorangegangenen Kapiteln geschilderte Modell einer intern gespaltenen und für Pressionen empfänglichen Organisation gültig? In welchem Maße war das Heilige Offizium über neue Entwicklungen in Wissenschaft und Literatur informiert? Mit diesen Fragen haben sich Autoren des 20. Jahrhunderts befasst, unter ihnen auch solche, die zur römisch-katholischen Kirche übergetreten waren. Zu ihnen gehörte Graham Greene, der im Vorwort zur 1971 erschienenen Ausgabe seines berühmten Romans *The Power and the Glory* (Erstausgabe 1940; dt. *Die Kraft und die Herrlichkeit*) die folgende füchsische Betrachtung anstellte:

»… der Kardinal und Erzbischof von Westminster las mir einen Brief des Heiligen Offiziums vor, in dem mein Roman verdammt wurde, weil er ›paradox‹ sei und von ›außergewöhnlichen Situationen‹ handele. Selbst in einer Kirche ist ständige Wachsamkeit der Preis der Freiheit, aber ich frage mich, ob irgendeiner der totalitären Staaten so sanft mit mir umgesprungen wäre, wie die Kirche das tat, als ich mich weigerte, das Buch zu überarbeiten, unter dem Vorwand, das Copyright liege beim Verlag. Es kam zu keiner öffentlichen Verdammung, und man breitete über die ganze Angelegenheit jenen Mantel des Vergessens, den die Kirche in ihrer Weisheit für Bagatellen bereithält.«

Sechs Jahre zuvor, im Juli 1965, war Greene von Paul VI. in einer Audienz empfangen worden. Der Romancier erzählte dem Papst, *Die Kraft und die Herrlichkeit* sei vom Heiligen Offizium mit dem Bann belegt worden:

> »›Wer hat die Verdammung ausgesprochen?‹, fragte Paul VI.
> ›Kardinal Pizzardo.‹
> Er wiederholte den Namen mit einem ironischen Lächeln und sagte: ›Mr. Greene, manche Teile Ihres Buches erregen bei manchen Katholiken gewiss Anstoß, aber dem sollten Sie keine Bedeutung beimessen.‹«

Seit ich sie zum ersten Mal las, haben mich diese Sätze nicht mehr losgelassen. Da Zensurprüfungen, die vom Heiligen Offizium nach dem Tode von Leo XIII. im Jahre 1903 durchgeführt wurden, in den Archiven der Kongregation für die Glaubenslehre ohne Sondergenehmigung nicht eingesehen werden dürfen, suchte ich um eine Audienz mit dem Präfekten der Kongregation nach, die ich im Februar 2000 auch erhielt. Kardinal Joseph Ratzinger ließ mich nicht abblitzen wie seine Vorgänger Ludwig Pastor. Meine in einem Satz geäußerte Bitte, eine Ausnahme von den Regeln zu machen, verstand er auf Anhieb und beantwortete sie, ohne zu zögern, mit »Ja!«. Nun können wir also über die chronologische Schranke hinaus auf bislang verbotenes Terrain vorstoßen, um uns anzusehen, wie *Die Kraft und die Herrlichkeit* geprüft wurde, und zu würdigen, warum Paul VI. im Juli 1965 ironisch lächelte.

Der Roman *Die Kraft und die Herrlichkeit* geht auf eine Reise nach Mexiko zurück, die Graham Greene im Jahre 1938 unternahm. Den Schauplatz bildet der im Süden Mexikos gelegene Staat Tabasco, der nicht lange zuvor von dem rücksichtslosen Katholikenverfolger Tomas Garrido Canabal beherrscht worden war. Der Atheist und Puritaner Canabal hasste die institutionalisierte Religion und den Alkohol. Nicht von ungefähr ist der Held des Greene'schen Buches ein Whisky-Priester, der am Schluss des Buches von Canabals Polizei hingerichtet wird. Diese Hinrichtung antizipiert das Opfer, dessen vorzüglichste

Eigenschaft Selbstreflexion ist. Die härteste Kritik, die in dem Buch an ihm geübt wird, stammt aus seinem eigenen Mund. Wohl wissend, dass er in eine Falle geht, entscheidet er sich trotzdem dafür, das zu tun, was er für seine Pflicht hält, und versucht, einem tödlich verwundeten Verbrecher die Letzte Ölung zu geben. Obwohl er weiß, dass man ihn verhaften wird, räumt der Whisky-Priester der Chance, die Seele eines anderen zu retten, Vorrang vor seinem eigenen Überleben ein. Haben wir es mit einem Märtyrer zu tun? Oder will der Held nur seine eigenen moralischen Verfehlungen sühnen?

Die moralischen und theologischen Motive in *Die Kraft und die Herrlichkeit* sind ambivalent. Und zwar so ambivalent, dass selbst ernannte Zensoren in Greenes Buch Anzeichen von Ketzerei gewittert haben. Für ihre Zensurtätigkeit konnten sie sich nicht einmal auf einen Auftrag des Heiligen Offiziums berufen. Sie waren Laien, die unbewusst die Traditionen fortsetzten, die bis 1917 die Indexkongregation wahrgenommen hatte. Einer von ihnen, der sich in der gern von Literaturkritikern übernommenen Rolle des Richters gefiel, verdächtigte Graham Greene eines gnostizistischen Einschlags. »Das ganze Schema seines Buches wird kompliziert durch eine alte und – so dachte man – entkräftete Häresie«, verkündete dieser späte Inquisitor von eigenen Gnaden. Ein anderer, weniger pompöser, aber einnehmenderer Kritiker entdeckte bei diesem »katholischen Romancier« Spuren von Jansenismus. Es ließen sich noch jede Menge Stellungnahmen anführen, die nicht alle von Nebenfiguren stammten. Bei dem letztgenannten Kritiker zum Beispiel handelte es sich um niemand Geringeren als Anthony Burgess, über dessen Ansichten Greene in einem Brief vom 12. April 1975 an die Zeitschrift *Tablet* scharfsinnig bemerkte: »Ich sollte mich nicht darüber beklagen, dass mich der liebenswürdige Mr. Burgess als Jansenisten bezeichnet, da nicht einmal als sicher gilt, ob Jansenius selbst Jansenist war.«

Nachdem wir diese Amateure in Sachen Zensur kurz gestreift haben, wenden wir uns den professionellen Zensoren zu. Wie professionell war im 20. Jahrhundert das Heilige Offizium? Im Bereich der Literatur hielt sich, wie wir leider feststellen müssen, seine Professionalität in Grenzen. Die Kongregation, die nunmehr die alleinige Verantwortung für den Index verbotener Bücher trug, unternahm, als *Die Kraft und die Herrlichkeit* im Jahre 1940 erschien, nichts: nicht nur, weil im Zweiten Weltkrieg die Inquisitoren andere Sorgen hatten, sondern auch, weil sich offenbar nur wenige von ihnen für englischsprachige Literatur interessierten – und das schon deshalb, weil die Mitglieder der römischen Kurie nach wie vor des Englischen nur begrenzt mächtig waren. Die Behörde war deshalb auf Anzeigen angewiesen.

Anzeigen oder Anfragen waren der normale Weg, über den Rom Kenntnis von einem Buch erhielt, das eine Überprüfung verdiente. Im Falle von *Die Kraft und die Herrlichkeit* verlief dieser Weg über einen Umweg. Den Ausgangspunkt bildete Einsiedeln in der Schweiz. Dort plante der katholische Verleger Benziger, eine deutsche Übersetzung des Romans herauszubringen. Ein Priester am Ort, dem die »heftige Kritik« Sorgen machte, die nach seinen Informationen Greenes Buch in Frankreich hervorrief, ersuchte 1949 das Heilige Offizium um eine Stellungnahme.

Die Antwort war ablehnend. »Solche Dinge gehen uns nichts an«, hieß es in einem internen Memorandum. Man schrieb einen Brief an den Bischof von Chur und riet ihm, sich mit Kardinal Bernard Griffin, dem Erzbischof von Westminster, in Verbindung zu setzen, zu dessen Diözese Greene gehörte. Unterdes legte man eine Akte über den Schriftsteller an, die deutlich macht, wie wenig man in Rom von ihm wusste. So hielt man zum Beispiel für möglich, dass es sich bei *Die Kraft und die Herrlichkeit* und *The Heart of the Matter* (dt. *Das Herz aller Dinge*) um ein und dasselbe Buch handelte, »weil die Amerikaner häufig die Titel ändern«; der anonyme Verfasser des erwähnten Memorandums merkte auch an, Grahem (sic) Green (sic) sei zum Katholizismus konvertiert.

»In jedem seiner Romane«, hieß es sodann in diesem von Geist sprühenden Exposé, »möchte er eine katholische Wahrheit bekräftigen«. Er habe indes »etwas von einem Realisten [*un po' verista*]« an sich. »Er nennt das Kind beim Namen.« Er schreibe außerdem für Geld und habe, weil von einem Buch eine halbe Million Exemplare verkauft worden seien, in letzter Zeit ziemlich viel verdient. Er verstehe sich darauf, »das Leben der Willensschwachen und zu kurz Gekommenen dramatisch darzustellen«, und mache »vor den Widersprüchen und Gemeinheiten des wirklichen Lebens kein Hehl aus seinen religiösen Überzeugungen«. *Das Herz aller Dinge* hatte unter Katholiken ein geteiltes Echo gefunden und war von der irischen Regierung verboten worden. Bei einem Besuch in Rom, bei dem es um eine Verfilmung dieses Buches ging, erklärte Greene, die irischen und englischen Jesuiten sprächen sich dafür aus. In einem kurz zuvor erschienenen Artikel hatte er seine Loyalität gegenüber dem Katholizismus betont und das Recht in Anspruch genommen, »dessen schwarze und weiße Seiten darzustellen«. Das Memorandum, das den 16. März 1949 als Datum trug und weder schwarz noch weiß, sondern in hellem Grauton gehalten war, kam zu den Akten. An den Rand gekritzelt findet man den hilflosen Kommentar: »Die deutsche Übersetzung ist erschienen, und sofort hagelt es Proteste. Was tun?«

Ja, was tun? Das Heilige Offizium, das wenig Lust hatte, aktiv zu werden, und den schwarzen Peter nur zu gerne losgeworden wäre, sah sich weiterhin mit Anzeigen bombardiert. Am 25. September 1945 kam ein besorgtes Schreiben aus Solingen in Deutschland. Der Rowohlt Verlag in Hamburg habe *Die Kraft und die Herrlichkeit* in einer Auflage von 100 000 Exemplaren herausgebracht. Der Schreiber zog einen Vergleich zwischen Greenes Roman und *Quo vadis?* von Henryk Sienkiewiez, der zuungunsten des Ersteren ausfiel: Greene habe »ein Zerrbild von der Kirche im Untergrund« entworfen. In seinem Buch gebe es keinen Märtyrer, nur einen »Aufzug verkrüppelter Christen«, die weit weniger liebenswert seien als der Leutnant, der den Antiklerikalismus vertrete. Der Gedanke, dass Greene vielleicht gar nicht die Absicht gehabt hatte, *Die Kraft*

und die Herrlichkeit in einem Märtyrertod gipfeln zu lassen, lag diesem Schreiber offenbar fern. Stattdessen hatte er zur Erbauung des Heiligen Offiziums ein Textstück verfasst, das den Tod des Whisky-Priesters so schilderte, wie das nach seiner Meinung am Platze war. Greene hatte keine Ahnung davon, dass man ihm vor dem Obersten Tribunal eine Lektion in orthodoxem Romanschreiben erteilte.

Im Laufe der Jahre verstärkte sich der Druck auch aus anderen Teilen Europas. In Toulouse verfasste am 21. März 1951 ein im Ruhestand lebender Militär eine Anzeige gegen *Die Kraft und die Herrlichkeit*, in der er erklärte, der Bestseller habe die Gläubigen »zutiefst empört«. Auffällig ist bei diesem Dokument aus Frankreich die Ähnlichkeit mit dem deutschen, obwohl doch beide unabhängig voneinander verfasst wurden. Beide gingen von der Annahme aus, Graham Greene habe mit seinem Whisky-Priester einen Märtyrer darstellen wollen. Und nach Ansicht beider war dem Romancier das nicht gelungen. Der Franzose lieferte eine lange Liste mit Beispielen, die immer dem gleichen Muster gehorchten. Der katholische Roman war in seinen Augen dazu da, »das Dogma zu vermitteln«. Wie konnte ein Whisky-Priester den katholischen Glauben lehren? Für den Geschmack des Kritikers standen sich hier Tugend und Laster zu häufig gegenüber. Greene beschreibe seinen gefallenen Helden als »Ebenbild Gottes«, während dieser in einer von Ratten verseuchten Hütte Unzucht treibe. Schändliche Zweideutigkeit im Verein mit unnötiger Gemeinheit verunstalte eine ansonsten gelungene Darstellung: »Es gibt jede Menge Ungläubige, die so etwas schreiben können, ohne dass dabei auch noch Katholiken mitmischen müssen.«

Rom nahm sich der Angelegenheit im April 1953 an: Graham Greenes Fall wurde zusammen mit den Fällen Evelyn Waugh und Bruce Marshall untersucht. Das Heilige Offizium ließ *Die Kraft und die Herrlichkeit* von zwei Gutachtern prüfen; der erste der beiden schrieb auf Italienisch. Die Barriere der fremden Sprache schwerlich überspringend, zeigte er sich verblüfft über die Unterschiede in Kultur und Geistesverfassung. Greenes Mentalität, schrieb er, sei »seltsam und widersprüchlich, ein echtes Produkt der Aufgeregtheit, Verwirrung und Unverfrorenheit der heutigen Zivilisation. Auf mich wirkt das Buch traurig.« Trauer und Bekümmerung, nicht Zorn und Empörung, prägten die Haltung des Gutachters. Seinem Titel nach wolle das Buch Gottes Macht und Größe verherrlichen, doch worauf man darin stoße, so der Zensor, sei nichts als Trostlosigkeit und Verzweiflung. »Unmoralische«, verheiratete Priester, die Zweideutigkeit, mit der die Hauptfigur über Gott und die Glaubenslehren rede, die Prinzipienfestigkeit oder Tugend, die Protestanten und Atheisten zugebilligt werde – all dies mache es ihm unmöglich einzusehen, warum das Buch als große Literatur gelte, erklärte dieser erste Leser aus dem Heiligen Offizium. *Die Kraft und die Herrlichkeit* störe »die Gemütsruhe, die sich für einen Christenmenschen ziemt« und hätte deshalb nach seinem Dafürhalten nie geschrieben werden dürfen.

Da es nun aber einmal geschehen und der Roman erschienen und mittlerweile weit verbreitet sei, bleibe nur zu hoffen, dass der Ruhm, den er geerntet habe, bereits wieder im Schwinden sei. Eine Verdammung sei nicht ratsam, da der Autor mit seiner »paradoxen Art zu denken« das Urteil wahrscheinlich nicht akzeptieren würde und die Auswirkungen angesichts seines Ruhmes fatal sein könnten. Besser sei es, empfahl dieser Zensor, Graham Greene durch seinen Bischof »ermahnen« und auffordern zu lassen, »weitere Bücher in einem veränderten Ton zu schreiben und sich um eine Behebung der Mängel des vorliegenden zu bemühen«. Das zweite Gutachten, das auf Lateinisch verfasst war, stützte das erste. Greene sei, so gaben beide zu bedenken, nicht nur der führende katholische Romancier in England, sondern außerdem vom Protestantismus zum katholischen Glauben konvertiert. Trotz seiner vielen Schwächen, dem Trost, den er den Feinden der Kirche biete, und seinen »abnormen Neigungen ... zu sexuellem Zwangsverhalten« gehe es nicht an, ihn auf den Index zu setzen, weil sein Buch ein Bestseller sei. Der zweite Zensor konnte deshalb nur empfehlen, Greene mitzuteilen, dass »Literatur dieser Art dem

Anliegen der wahren Religion Schaden zufügt« und dass »er in Zukunft beim Schreiben mehr Behutsamkeit zeigen« solle.

Wie Mitte des 16. Jahrhunderts versuchten auch noch Mitte des 20. die Gutachter des Heiligen Offiziums, katholischen Autoren Vorschriften darüber zu machen, wie sie *nicht* schreiben sollten. Wie die Autoren *stattdessen* schreiben sollten, darüber gaben die Kirchenbehörden keine Auskunft – was vielleicht nur gut war, denkt man etwa an den plumpen Versuch des Denunzianten aus Einsiedeln, einen aus seiner Sicht angemessenen Schluss für *Die Kraft und Herrlichkeit* zu liefern. Wie vor ihm Flaubert, Balzac, Stendhal, Hugo und eine Vielzahl anderer Schriftsteller wurde auch Graham Greene von Zensoren gelesen und verdammt, die nicht einmal einen Hauch von Sensibilität für Literatur besaßen. Zu der Äußerung eines areligiösen Lehrers in *Die Kraft und die Herrlichkeit*, es sei gut, einen Priester mit Gewissen zu sehen, und dies sei ein Schritt voran in der Evolution, weiß der Gutachter bei seiner Paraphrase der Passage nur zu bemerken: »Das ist alles sehr irritierend.« Gegen Ende des Romans, bevor der Whisky-Priester erschossen wird, erkennt er, »*dass es nur eines gab, was zählte – ein Heiliger zu sein*«. Das Pathos dieser Feststellung wendet der Gutachter ins Triviale: »Wie gesagt, dies ist ein trauriges Buch.« Zur vielleicht anrührendsten Szene des ganzen Romans, worin der Priester Gott bittet, ihn selbst der Verdammnis zu überantworten, aber seinem illegitimen Kind das ewige Leben zu schenken, bemerkt der zweite Gutachter: »Ein höchst merkwürdiges Gebet im Munde eines Priesters! Er selbst gibt zu, dass er viele Jahre in Todsünde gelebt, in diesem Zustand die Messe zelebriert und die Sakramente ausgeteilt hat!«

Dass solch ein Gebet dazu diente, Greenes bedeutungsschweres Motiv von der Frömmigkeit des Sünders herauszuarbeiten, kam seinen Zensoren nicht in den Sinn. Was eine der Figuren des Autors sagte oder tat, wurde stets als direkter und verdammenswerter Ausdruck seiner eigenen Einstellungen genommen. Kollidierten diese Einstellungen miteinander oder mit den moralischen Normen der Zensoren, verwarfen diese sie entweder als »widersprüchlich« oder bekundeten ihren Abscheu. Die mexikanische Fantasiewelt Greenes zum Tummelplatz ihrer Buchstäblichkeit machend, stapften sie mit zugehaltener Nase und schweren Stiefeln durch das Gelände.

Allerdings strömte *Die Kraft und die Herrlichkeit* nicht nur den Pesthauch der Ketzerei für die Zensoren aus. Sie gestanden dem Buch vielmehr auch das Verdienst zu, die Probleme von Sünde und Buße thematisiert zu haben. Sie waren sogar bereit einzuräumen, dass für gebildete und theologisch versierte Leser Greenes Roman keine Gefahr darstellte; Sorgen machten ihnen »die einfachen Leute« und die Jugend sowie die Feinde der Kirche, die vielleicht durch *Die Kraft und die Herrlichkeit* irregeleitet wurden oder das Buch zu polemischen Zwecken missbrauchen konnten. Vierhundert Jahre Zensur bewirkten, dass diese Hüter des Glaubens eben dieselbe Gesinnung an den Tag legten wie ihre Vorgänger. Wie die Inquisitoren der Gegenreformation unterschieden sie zwischen Elite und einfachem Volk – gebildetem und ungebildetem Publikum – und hegten nicht den geringsten Zweifel daran, dass es ihre Aufgabe war, die Unbedarften vor Leuten wie Graham Greene zu schützen. Der Gedanke, dass die Schäfchen in der Herde der katholischen Kirche imstande sein könnten, sich selbstständig ein Urteil über ein belletristisches Werk zu bilden, kam ihnen nicht. Und das war noch gar nicht das Schlimmste. Schlimmer war, dass diese Männer annahmen, andere Leser würden ebenso wie sie auf *Die Kraft und die Herrlichkeit* reagieren – ohne Ironie, ohne Sinn für Humor, ohne Mitgefühl für das moralische Dilemma des Priesters. Wenn sie von der Empfehlung, Greenes Buch auf den Index zu setzen, absahen, dann nur, weil sie wussten, dass sich eine derartige Maßnahme nicht bezahlt machen würde. Da sie von einer solchen Vorgehensweise eine schlechte Presse befürchteten, beließen sie es bei einer Ermahnung des Autors hinter den Kulissen.

Hinter den Kulissen im Heiligen Offizium des Jahres 1953 agierten Zensoren, die eher geistig beengt als übel wollend waren. Einerseits um ihre Autorität besorgt, die sie bekräftigen wollten, deren Durchsetzungskraft sie aber misstrauten, und andererseits unfähig, die Verständnisprobleme zu bewältigen, mit denen sie Graham Greenes Buch konfrontierte, waren sie nur durch eine Intervention von oben zu bremsen. Diese traf am 1. Oktober 1953 in Form eines vertraulichen Briefes ein, den einer ihrer hochrangigen Kollegen im Staatssekretariat des Vatikans verfasst hatte. Der Brief hatte die Form eines Protests, dessen Adressat Kardinal Giuseppe Pizzardo, der Sekretär des Heiligen Offiziums, war:

»... Vor Jahren hatte ich Gelegenheit [*Die Kraft und die Herrlichkeit*] zu lesen; ein Priester hatte mich darauf aufmerksam gemacht und es mir als ein höchst bedeutendes Werk der zeitgenössischen romantischen [*sic*] Literatur empfohlen. Es handelt sich in der Tat um ein Buch von einzigartigem literarischem Wert.

Wie ich sehe, wird es als trauriges Buch beurteilt. Gegen zutreffende Beobachtungen im [Zensurbericht] über dieses Werk habe ich nichts einzuwenden. Aber mir scheint, dass solch einem Urteil das Gefühl für die beachtlichen Verdienste des Buches abgeht. Sie liegen im Wesentlichen in seiner großen Rechtfertigungsleistung: es wird gezeigt, welch heldenhafte Treue gegenüber seinem Amt in der innersten Seele eines Priesters wohnt, der in vielerlei Hinsicht tadelnswert ist; der Leser wird dadurch dazu gebracht, den Priesterstand hoch zu schätzen, selbst wenn seine Repräsentanten erbärmlich sind.

... Ich erlaube mir, diese Ansicht zu äußern, weil ich es für gut hielte, wenn das Buch von einem weiteren Gutachter (Monsignor De Luca?) geprüft würde, ehe ein negatives Urteil über es gefällt wird – nicht zuletzt deshalb, weil Autor und Buch weltweit bekannt sind ...«

Takt, Feingefühl, Einsicht: dieser Brief ist das Erzeugnis einer anderen Art von Intelligenz, als in den Zensurberichten zum

Ausdruck kommt, zu denen er Stellung nimmt. Die Person, die 1953 diesen Brief schrieb, war einer der zwei stellvertretenden Staatssekretäre. Er hieß Giovanni Battista Montini und war einer der engsten Mitarbeiter von Pius XII. (1938–1958). Es war ebendieser Montini, der 1963 als Paul VI. den päpstlichen Stuhl bestieg.

◆━┼━◆

Kardinal Giuseppe Pizzardo, an den der Brief vom 1. Oktober 1953 gerichtet war, hatte Montinis Karriereweg unterstützt und ihn ins Staatssekretariat geholt. Später allerdings entzweiten sich die beiden politisch, weil Pizzardo, ein anglophiler Konservativer, in Montini einen gefährlichen Liberalen sah. In dieser Ansicht fand sich der Kardinal durch Alfredo Ottaviani, den damaligen stellvertretenden Sekretär des Heiligen Offiziums bestärkt, dessen Einstellung die folgende vollmundige Äußerung deutlich macht: »Ihr könnt über die göttliche Natur Christi sagen, was ihr wollt, aber wenn ihr kommunistisch wählt, und seis im abgelegensten Dörfchen Siziliens, so habt ihr am nächsten Tag die Exkommunikation auf dem Tisch.« Diese Haltung führte Pizzardo dazu, im Sommer nach Montinis Brief Kardinal Griffin von Westminster warnend mitzuteilen, der Kirche drohe große Gefahr durch »einen einzelnen, extrem mächtigen Mann«.

Dieser mächtige Mann im Vatikan machte sich ein gutes Jahr, ehe er auf den Posten eines Erzbischofs von Mailand »abgeschoben« wurde, für Graham Greene stark. Warum tat Montini das? Der Intellektuelle, den Johannes XXIII. angeblich mit Hamlet verglich, hatte Sinn für das Problem moralischer Ambivalenz. Als ein Mann, der fähig war, Zusammenhänge zwischen scheinbar Gegensätzlichem zu erkennen, für die andere, weniger Feinfühlige blind waren, besaß er nicht nur einen erlesenen literarischen Geschmack, sondern sammelte auch Manuskripte. Zu seinen Schätzen zählte das handgeschriebene Original eines Büchleins über den heiligen Dominikus von Georges Bernanos, das mit dem Satz endet: »*mit Trauer erfüllt nur eines – kein Heiliger zu sein.*« Montini lieb-

320

te dieses Büchlein, dessen Widerhall in *Die Kraft und die Herrlichkeit* ihm nicht entgangen sein kann. »*Er wusste, dass es nur eines gab, was zählte – ein Heiliger zu sein* ...« lautet der letzte Satz im vorletzten Kapitel von Greenes Roman, den die Zensoren des Heiligen Offiziums prompt aufgespießt hatten. Als er die Beurteilung der Zensoren las und nur zu gut begriff, welche Auswirkungen sie haben würde, griff der künftige Papst ein.

Der sich da einmischte, war ein Freund von Mario Rossi, dem Vorsitzenden des katholischen Studentenverbands in Italien, den die »rechtsextreme katholische Aktion« so empörte, dass er in einem Brief an Pius XII. seinen Rücktritt erklärte; diesen Brief hielt Montini unter Verschluss, was ihm den Vorwurf eintrug, er habe »dem Heiligen Vater Dinge vorenthalten«. Rossi war es, der 1975 über den Montini der frühen fünfziger Jahre die folgenden hellsichtigen Zeilen schrieb:

> »Damals fing ich an, sein Drama zu verstehen ... Es gab in ihm einen Widerstreit zwischen der Rolle und dem Menschen, zwischen dem Priester, der ein verborgenes Leben führen wollte, und der öffentlichen Persönlichkeit, die in einem Herrschaftsapparat mit absoluter Machtbefugnis arbeitete. Er war ein treuer Diener des Apparats, während er gleichzeitig wusste, wie nötig es war, sich dagegen aufzulehnen.«

Wenn auch »Auflehnung« ein zu starkes Wort ist, um die Intervention zu beschreiben, die er von innerhalb des Establishments im Heiligen Offizium gegen dessen eigene Zensoren unternahm, mag sich doch in Montinis Einsatz zugunsten von *Die Kraft und die Herrlichkeit* etwas von jenem Widerstreit wiederfinden lassen. Graham Greenes Roman schildert einen Priester, dessen Vielschichtigkeit der sensible Leser von Bernanos zu ergründen vermochte. Mitleid war eine dem Geist Pauls VI. zugängliche Empfindung. Nicht so bei den Gutachtern des Heiligen Offiziums, die Greenes Buch nur traurig machte oder abstieß. Literarisches Feingefühl gehörte noch nie zu den Stärken der Römischen Inquisition, und deshalb sah sich Montini auf der Suche nach einer gutachterlichen Meinung, die seine Ansicht stützen konnte, außerhalb der Behörde um. Dabei verfiel er auf Don Giuseppe De Luca.

Dieser »Priester, Gelehrte, Schriftsteller, Journalist, Privatkorrespondent, Leiter asketischer Studien, Verwaltungsdirektor, Haushaltsvorstand, Freund, Diplomat, Herr und Sklave, Inbegriff eines Nervenbündels und Berater *ab intimis*« (so De Luca über sich selbst) hatte es fertig gebracht, sowohl Artikel für eine kommunistische Zeitung als auch Reden für den Kommunistengegner Kardinal Alfredo Ottaviani zu verfassen. Der Kirche von Rom treu ergeben, ohne dass ihn dies hinderte, sie öffentlich und offen zu kritisieren, war De Luca bei Papst Pius XII. nicht wohl angesehen. Ein katholischer Autor, der sich angegriffen sah, konnte damit rechnen, dass ihm dieser Einzelgänger in der römischen Kurie Sympathie entgegenbrachte (auch wenn es 1952 De Luca war, der das Banndekret gegen André Gides Werke entwarf). Wenn ein Autor auf den Index verbotener Bücher kam, war das nicht unbedingt so »ernst und schrecklich, schmerzhaft und tragisch«, wie De Luca im Jahre 1934 meinte, als er einer der führenden Persönlichkeiten der italienischen Kultur, Benedetto Croce, sein Bedauern bekundete, weil dessen Gesamtwerk dem Kirchenbann verfiel. »Außerhalb der kirchlichen Sphäre«, hatte Croce geantwortet, nehme man das nicht so tragisch. »Die Verdummungsmethoden, die die Kirche offenbar für nötig erachtet, um die Gläubigen im Zaum zu halten, haben etwas mit der Kirche zu tun, nicht mit mir ... Ich habe Priester oder ihre Einrichtungen nie verfolgt, aber bin auch nie nur ein Jota von meinen Überzeugungen abgewichen ...«

Obwohl die Überzeugungen eines Benedetto Croce nicht die gleichen waren wie die Giuseppe De Lucas, trennte die beiden eine weniger tiefe Kluft als den einzelgängerischen Monsignore von anderen Mitgliedern des Heiligen Offiziums. »In dieser erstickenden Atmosphäre salbungsvollen und anmaßenden Schwachsinns«, schrieb De Luca an Montini am 30. Juni 1953,

»wäre ein Aufschrei – wild, aber christlich – vielleicht von einigem Nutzen.« Am 7. September erklärte er, ebenfalls in einem Brief an Montini, den er aus seiner Ferienwohnung in Ortisei (Bozen) schickte, er wolle nach Rom zurückkehren und sich »zur Schlacht stellen«. In dieser kämpferischen Stimmung, die dem stellvertretenden Staatssekretär dank seiner langen Bekanntschaft und seines jüngsten Briefwechsels mit De Luca wohl vertraut war, richtete Letzterer am 30. November 1953 das folgende wütende Memorandum an das Heilige Offizium:

> »Nach Ansicht von Experten können Graham Greene und Evelyn Waugh als die beiden führenden Romanschriftsteller im gegenwärtigen England gelten: als Katholiken machen sie dem Glauben der römisch-katholischen Kirche Ehre, und zwar in einem Land mit einer protestantischen Zivilisation und Kultur. Wie kann Rom da schroff und unbarmherzig sein? Sie sind Nachfolger von Chesterton und Belloc und bemühen sich wie diese nicht so sehr darum, die kleinen Leute zu bekehren, sondern streben danach, einen dem Katholizismus förderlichen Einfluss auf die klugen Köpfe und den Geist der Epoche zu nehmen. Anders als Bruce Marshall bewegen sie sich nicht auf dem Niveau eines durchschnittlichen Intelligenzquotienten und sprechen nicht die ungebildeten Gruppen unter den Lesern oder reine Akademiker an, wie das normalerweise die Geistlichkeit tut. Ihr Niveau ist das der zeitgenössischen gehobenen Intelligenz, die sie beeinflussen und in Richtung Rom lenken wollen.
> In Frankreich gab es zu Ende des letzten und zu Beginn des gegenwärtigen Jahrhunderts Menschen, die sich ohne kirchlichen Auftrag oder kirchliches Amt für die Sache des Katholizismus stark machten und dabei außerordentlich einflussreich waren. Die Kirche konnte dies nicht billigen, noch konnte sie die Betreffenden verurteilen, ohne sich zu kompromittieren. Sie schwieg still und ließ sich nichts anmerken – womit sie recht tat.
> Hier geht es nicht um Ketzerei oder gar einen Skandal, und wir haben es auch nicht mit Theologen oder moralisch verderbten Personen zu tun. Vielmehr geht es um große Schrift-

steller, die häufig naiv und starrsinnig wie Kinder sind und gelegentlich weniger zur Begeisterung als zur Schwermut, weniger zum Überschwang als zur Penetranz neigen – zu Gemütszuständen, die wir alle sehr wohl kennen. Sie mit solcher Unverblümtheit ausgedrückt zu sehen, mag überraschen und sogar irritieren; letztlich aber ist das Erlebnis ein Genuss.

Sie zu verdammen oder auch nur anzuklagen, würde in England auf Unverständnis stoßen und unserem Ansehen einen schweren Schlag zufügen: Es würde nicht nur beweisen, dass wir der Zeit hinterherhinken, sondern auch, dass wir leichtfertig urteilen; es würde die Autorität der Geistlichkeit untergraben, *der – zu Recht – Ungebildetheit und Verfallenheit an eine kindische, geschmacklose Literatur vorgeworfen wird.* Man sollte nicht Mannschaft und Steuermann miteinander verwechseln: *heute sind große Schriftsteller für einen Großteil der Menschheit die wirklichen Steuerleute, und wenn der Herr in seiner Barmherzigkeit uns einen sendet, so dürfen wir, selbst wenn er uns ein Ärgernis ist, keinen Jona aus ihm machen; wir dürfen ihn nicht den Fischen zum Fraß vorwerfen.* Im rechten Augenblick werden sie (weil sie keine schlechten Menschen sind) *den wahren Steuerleuten – das heißt, den Priestern – den Platz räumen.*

Was Graham Greene betrifft, so rührt seine herbe, ätzende Kunst an die Herzen der am wenigsten Empfänglichen und erinnert sie, so verfinstert ihr Gemüt auch sein mag, an die Ehrfurcht gebietende Gegenwart Gottes und den giftigen Biss der Sünde. *Er spricht diejenigen an, die am weitesten weg und am feindseligsten sind und die wir niemals erreichen werden.*

Schließlich gibt es viele unter uns, die mit Greene reden oder ihm schreiben können: ein väterliches und brüderliches Wort ist wirksamer als hunderttausend Zurechtweisungen, besonders wenn sie öffentlich ausgesprochen werden.

Kein Lob wird jemals Menschen katholischen Glaubens gezollt, wenn sie sich angemessen betragen; Aufmerksamkeit erregen sie nur, wenn sie sich falsch benehmen oder vom rechten Weg abirren. Der Schaden, den Greene vielleicht stiftet, lässt sich nicht mit dem Guten vergleichen, das er bewirkt. Die sich gegen ihn verwahren, heucheln Empörung, ohne sie wirklich zu empfinden.«

Das bemerkenswerte Schriftstück, das die Ankläger als berechnende Reaktionäre anprangert, die Zensoren als klerikale Ignoranten geißelt und das gesamte Verfahren gegen Greene als rückschrittlich und sinnlos verurteilt, lässt zugleich deutlich werden, warum Don Giuseppe De Luca ungeachtet all seiner offenen Kritik am vatikanischen Establishment ein treu ergebener Gefolgsmann Roms blieb.

Dieser Kritiker kirchlicher »Rückständigkeit« hing seinerseits vielen der Überzeugungen an, die er Greenes Zensoren zum Vorwurf machte. Auch wenn er sie der Unfähigkeit in Ausübung ihres Amtes beschuldigte, behielt er doch die »Wir«-Form bei. Seine Solidarität mit Rom, die bis zur persönlichen Identifizierung mit der römischen Sache ging, bewog Giuseppe De Luca dazu, im besten (oder schlimmsten) Stile eines Apologeten der Gegenreformation zwischen »den *tatsächlichen* Steuerleuten der Menschheit« – den Schriftstellern – und ihren »*wahren* Steuerleuten« – den Priestern – zu unterscheiden.

Der Priester De Luca, der auf der Höhe der zeitgenössischen Kultur war, wetterte gegen die Mitglieder des Heiligen Offiziums, die dies nicht waren. Das Niveau der Intellektuellen hob er von dem Niveau der »Einfachen« und »Ungebildeten« ab, an das seine Kollegen gewöhnt waren. In De Lucas Memorandum lässt sich ein Hauch von *Hochfahrenheit* entdecken, das durch die umwerfende Unverblümtheit des Textes noch verstärkt wird: »[dies ist die Ebene] die *wir* niemals erreichen werden.« Er bleibt aber beim »wir«.

Die Kirche hatte nach De Lucas Ansicht gut daran getan, die Mätzchen eines Maurras und seiner Spießgesellen mit Stillschweigen zu übergehen (siehe Kapitel VIII). Auch wenn De Luca die katholischen Romanciers um die Mitte des 20. Jahrhunderts hoch schätzte, verglich er sie doch mit störrischen, schwierigen Kindern, die väterlicher Leitung bedurften.

Dass sie solcher Lenkung bedurften, daran bestand für De Luca kein Zweifel. Die Frage war nur, wie die Einflussnahme auszusehen hatte. Sein glänzend gewähltes Bild von Greene als Jona, der den Fischen zum Fraß vorgeworfen wird, sollte das Heilige Offizium von einer Verurteilung abbringen und dazu veranlassen, nur hinter den Kulissen aktiv zu werden. Indes stellte dieser Gegenspieler der Zensoren deren Recht auf Ausübung ihres Amtes nie in Frage. Er empfahl nur, weniger grobschlächtig und unmittelbar davon Gebrauch zu machen und meldete Zweifel an ihrer Kompetenz an.

Immerhin kompetent genug, um seine eigene Ohnmacht in einer Welt zur erkennen, die seinen Bannsprüchen keine Beachtung schenkte, hatte das Heilige Offizium indes bereits am 17. November 1953 an Kardinal Griffin in Westminster geschrieben, um ihm mitzuteilen, dass nach Ansicht der Inquisition *Die Kraft und die Herrlichkeit* misslungen war. Misslungen sei dem Autor die Absicht, »die Kraft und die Herrlichkeit des Herrn, allem menschlichen Elend zum Trotz, herauszustellen, da Letzteres eindeutig und zum Schaden der Priesterschaft und des Priesters selbst überwiegt. Der Roman schildert außerdem Situationen, die so widersinnig, absurd und falsch sind, dass weniger erleuchtete Leser, die das Gros bilden, in Verwirrung gestürzt werden.« Kardinal Griffin wurde angewiesen, Graham Greene vom »negativen Urteil« des Heiligen Offiziums in Kenntnis zu setzen, ihn »zu ermahnen, er möge seinen Büchern einen aus katholischer Sicht konstruktiveren Tenor verleihen«, und ihm zu raten, »keine Neuauflagen oder Übersetzungen von *Die Kraft und die Herrlichkeit* zuzulassen, ehe nicht »angemessene Berichtigungen ... nach Maßgabe der voranstehenden Bemerkungen« vorgenommen worden seien.

Griffin ließ sich nicht lange bitten. Er verfasste zum Advent 1953 einen Hirtenbrief, in dem er »gewisse Tendenzen in der zeitgenössischen Literatur« beklagte. Ohne Greenes Namen zu erwähnen, fuhr er fort:

> »Es ist leider wahr, dass eine Reihe von katholischen Schriftstellern offenbar diesem Irrtum verfallen sind. Tatsächlich

enthalten Romane, die beanspruchen, Vehikel für die Verbreitung der katholischen Lehre zu sein, Passagen, die sich durch ihre ungezügelte Darstellung unmoralischen Verhaltens für viele ihrer Leser als Quelle der Versuchung erweisen. Auch wenn es durchaus sein mag, dass solche Literatur von einer ausgesuchten Minderheit getrost gelesen werden kann, wird doch die Moral der Mehrheit so sehr durch sie gefährdet, dass ihre uneingeschränkte Veröffentlichung ganz und gar nicht wünschenswert ist. Die Darstellung der katholischen Lebensweise im Rahmen eines Romans mag ein bewunderungswürdiges Unterfangen sein; dies kann aber niemals rechtfertigen, dass zum Zwecke solcher Darstellung unmoralisches und schädliches Material Verwendung findet. In letzter Zeit ist aus Unserer Gemeinde häufig die Bitte um amtliche Weisung in dieser Sache an Uns herangetragen worden. Zwar widerstrebt es Uns zutiefst, ein pauschales Urteil zu fällen, Wir meinen indes, dass es Uns als Hütern des Glaubens und der Moral obliegt, diese warnenden Worten auszusprechen. Wir ersuchen die betreffenden katholischen Schriftsteller, deren literarische Verdienste außer Frage stehen, inständig, darüber nachzudenken, ob sich ihr Talent nicht besser einsetzen lässt, mehr im Einklang mit den erhabenen Traditionen der katholischen Literatur und weniger in Gefahr, sich als schädlich für die Moral ihrer Leser zu erweisen.«

Wir können sicher sein, dass dies auch der Grundtenor der Ausführungen Griffins gegenüber Greene war, als er den Autor am 9. April 1954 in Audienz empfing. Wir wissen, wie Graham Greene in der Öffentlichkeit auf diese Ermahnung reagierte und dass er stolz darauf war, wie er sich aus der Schlinge gezogen hatte. Niemand konnte allerdings ahnen oder seinem Triumphton entnehmen, dass das »arme Opfer« am 6. Mai 1954 auf Französisch einen ganz anders gearteten Brief an Kardinal Pizzardo im Heiligen Offizium geschrieben hatte:

»Wenn auch mit Zögern möchte ich mir erlauben, mich an Eure Eminenz zu wenden: angesichts der gegenwärtigen heiklen Situation habe ich, wie mir scheint, Grund, Euch mit den Tatsachen vertraut zu machen.

Am 9. April übergab mir Seine Eminenz Kardinal Griffin, Erzbischof von Westminster, während einer Audienz, die er mir gewährte, die Kopie eines Briefes, den Eure Eminenz ihm am 16. November schrieb. Dass ich die Botschaft mit solcher Verspätung erhielt, hat seinen Grund in meiner Abwesenheit von London: Ich hielt mich in Indochina auf, wo ich mein Äußerstes tat, *der Weltöffentlichkeit, für die meine Beiträge bestimmt sind,* die Schwierigkeiten nahe zu bringen, mit denen sich die heldenhaften Katholiken Indochinas angesichts *der kommunistischen Bedrohung* konfrontiert sehen.

Ich möchte betonen, dass ich in meinem gesamten Leben als Katholik nie aufgehört habe, mich dem Stellvertreter Christi aufs Innigste verbunden zu fühlen, wobei diese persönliche Bindung noch durch die Bewunderung verstärkt wird, die ich für die Weisheit empfinde, mit der unser Heiliger Vater Gottes Kirche fortwährend lenkt. Die erhabene Spiritualität, durch die sich das Regiment Pius' XII. auszeichnet, hat mich stets tief beeindruckt. Eurer Eminenz ist bekannt, dass mir im heiligen Jahr 1950 die Ehre einer Privataudienz widerfuhr. Die Erinnerung daran werde ich bis zum letzten Atemzug bewahren. Eure Eminenz wird deshalb verstehen, wie untröstlich ich war, erfahren zu müssen, dass mein Buch *Die Kraft und die Herrlichkeit* im Heiligen Offizium auf Kritik gestoßen war. Absicht des Buches war es, die Macht der Sakramente und die Unzerstörbarkeit der Kirche der bloß vergänglichen Macht eines im Grunde kommunistischen Staates gegenüberzustellen.

Darf ich Eure Eminenz daran erinnern, dass dieses Buch 1938/39 geschrieben wurde, bevor die Bedrohung, von der ich in Mexiko Zeuge wurde, nach Westeuropa übergriff? Schließlich bitte ich Eure Eminenz zu bedenken, dass jenes Buch vor sechzehn Jahren erschienen ist und folglich die Rechte von mir auf die Verleger in verschiedenen Ländern übergegangen sind. Hinzu kommt noch, dass die Übersetzungen, auf die der Brief Eurer Eminenz Bezug nimmt, zumeist vor etlichen Jahren erschienen sind und keine neue Übersetzung ansteht.

Ich werde Seiner Eminenz, dem Kardinalerzbischof von Westminster die Namen der betreffenden Verleger senden. Sie allein haben das Recht zu einer Neuauflage des Buches. Ich darf Eure Eminenz der tiefen Achtung versichern, die ich jeder Mitteilung der Heiligen Indexkongregation entgegenbringe ...

Euer demütigster und ergebenster Diener

Graham Greene«

~~I.O.~~ 111/49~

Graham Green

R. 4 — VI — 54.

C.6 Albany.
London. W. I. *Ulciatus* **21**

Il Card. Griffin de
parlato alla cosa con il Card. Pro-segretario.
dicendo che bisogna comprendere e pensare
l'autori dato la sua situazione e la necessità
convessione.

I.O. 31 Maggio 1954

Le 6 mai 1954

Eminentissime et Révérendissime Seigneur,

Ce n'est pas sans hésitation que j'ose m'adresser à Votre
Eminence: mais, dans la situation délicate qui s'est produite, je suis
fondé, me semble-t-il, à présenter un exposé des faits.

Le 9 avril, au cours d'une audience qu'il m'avait accordée, Son
Eminence le Cardinal Griffin, Archevêque de Westminster, m'a remis la
copie d'une lettre que Votre Eminence Lui avait adressée le 16 novembre.
Le retard apporté à la communication de ce document s'explique par mon
absence de Londres; j'étais en effet en Indochine où je m'employais de
mon mieux à faire comprendre à l'opinion mondiale, à laquelle sont desti-
nés mes articles, les difficultés que connaissent les héroïques catholiques d'Indochine devant la menace communiste.

Je tiens à souligner que tout au long de ma vie catholique, je
n'ai jamais cessé d'éprouver à l'égard du Vicaire du Christ les plus vifs

Son Eminence Révérendissime   . . . . . .
le Cardinal Pizzardo,
Cité du Vatican,
Rome

C.6 Albany,
London. W. I.

. . . .

sentiments d'attachement personnel, nourris en particulier d'admiration
pour la sagesse avec laquelle le Saint Père a constamment guidé l'Eglise
de Dieu. J'ai toujours été vivement impressionné par la haute spiritua-
lité qui caractérise le Gouvernement de Pie XII Votre Eminence sait
que j'ai eu l'honneur d'une audience particulière pendant l'année sainte
1950. J'en ai conservé une impression qui durera jusqu'à mon dernier
souffle. Votre Eminence comprendra donc à quel point je suis navré
d'apprendre que mon livre "The Power and the Glory" a fait l'objet des
critiques du Saint-Office. Le but de ce livre était d'opposer la force
des sacrements et l'indestructibilité de l'Eglise d'une part, et, d'autre
part, le pouvoir purement temporel d'un état essentiellement communiste.

Puis-je rappeler à Votre Eminence que ce livre a été écrit en
1938-39, avant que la menace dont j'avais été personnellement le témoin
au Mexique ne se répandit en Europe occidentale ?

Que Votre Eminence daigne enfin considérer que ce livre a été
publié il y a 14 ans et qu'en conséquence les droits de publication
sont passés de mes mains entre celles de nombreux éditeurs de différents
pays. De plus, les traductions auxquelles la lettre de Votre Eminence
fait allusion ont paru dans la plupart des cas depuis plusieurs années

. . . . . .

C.6 Albany,
London, W. I.

. . . .

déjà et aucune nouvelle traduction n'est envisagée

Je remets à Son Eminence le Cardinal-Archevêque de Westminster
les noms des éditeurs interessés qui seuls possedent les droits de ré-
impression.

Je tiens à assurer Votre Eminence du profond respect que m'ins-
pire toute communication émanant de la Sacrée Congrégation de l'Index.

Que Votre Eminence daigne agréer l'expression des sentiments de
profond et filial respect avec lesquels

j'ai l'honneur d'être

Son très humble et très dévoué serviteur.

Graham Greene.

Lassen wir einmal beiseite, dass Greene im Jahre 1954 »tiefe Achtung« für die Indexkongregation bekundete, das heißt, für eine Organisation, die siebenunddreißig Jahre zuvor abgeschafft worden war. Und sehen wir auch darüber hinweg, dass er, indem er sich als ein Meinungsmacher im weltweiten Rahmen darstellte, mit ebender Publizität winkte, deren Drohung Rom nur zu deutlich vor Augen stand. Dann bleibt die Tatsache, dass dieses Schriftstück als Unterwerfungsgeste gemeint war. Es war an Kardinal Pizzardo adressiert, der wenige Monate später Kardinal Griffin vor der Gefahr warnen sollte, die der Kirche durch Greenes Verteidiger, den späteren Papst Paul VI., drohe. In seiner geheuchelten Demut spielte der Romancier eine Karte aus, die sich sofort als Trumpfkarte erwies. Drei Wochen nachdem Greene seinen Brief geschrieben hatte, kritzelte Kardinal Alfredo Ottaviano – derselbe, der frohgemut seine Bereitschaft erklärt hatte, jeden Katholiken, der den Kommunisten seine Stimme gab, zu exkommunizieren – die Bemerkung darauf, Kardinal Griffin habe durch ihn das Heilige Offizium ersucht, diesen rechtdenkenden Konvertiten »zu verstehen und Nachsicht mit ihm zu haben« – was selbstredend auch geschah.

Nach Schließung der Akte blieb nur eine der in diesem Streit involvierten Parteien ohne nähere Kenntnis des Vorgangs. Als Paul VI. Greene elf Jahre später, im Jahre 1965, zur Audienz empfing, hatte er keine Ahnung, wer im Heiligen Offizium *Die Kraft und die Herrlichkeit* »verdammt« hatte, und musste seinen Besucher deshalb danach fragen. Als er den Namen Kardinal Pizzardos, seines zum Widersacher gewordenen einstigen Gönners, hörte, lächelte der Papst ironisch. »Mr. Greene, manche Teile Ihres Buches erregen bei manchen Katholiken gewiss Anstoß«, bemerkte er, »aber dem sollten Sie keine Bedeutung beimessen.« Wenig Kraft, mag der gebildetste Papst seit Benedikt XIV. bei sich gedacht haben, und noch weniger Herrlichkeit.

X.
DER PAPST BITTET UM VERGEBUNG

Das dunkle Geheimnis der Römischen Inquisition war, dass sie gar keines hatte. Kein finsterer Plan zur Machtergreifung, kein gewaltiges Repressionsprogramm trieb die Führer und Vertreter des Heiligen Offiziums an. Diese Bastion der Rechtgläubigkeit in der katholischen Kirche darf mit totalitären politischen Systemen nicht verglichen werden. Das alltägliche Tun und Treiben der Inquisitoren und Zensoren war zugleich einfacher und komplexer als das Funktionieren eines totalitären Apparats. Es gab auch mehr Überraschungsmomente, als uns die viel bemühten polemischen Klischees und sensationslüsternen Ammenmärchen glauben machen wollen.

Wir haben uns mit Auszügen aus den Akten der Geheimarchive beschäftigt. Das Material in Rom ist so vielfältig und so facettenreich, dass wir nicht beanspruchen können, all die ungeklärten Fragen beantwortet zu haben, mit denen uns die mehr als viereinhalb Jahrhunderte währende Geschichte der Römischen Inquisition konfrontiert. Viele Unterlagen bleiben noch zu sichten. Wir stehen deshalb am Anfang, nicht etwa am Ende des Versuchs, ein von Propaganda und Vorurteil überkrustetes altes Thema neu in Augenschein zu nehmen. Beginnen wir mit einer Reihe von Tatsachen, und vergessen wir dabei zweierlei nicht:

Zum einen dass, wie ein großer Religionsgeschichtler so schön formuliert hat, »eine Tatsache etwas Heiliges ist, dessen Lebendigkeit nie auf dem Altar der Verallgemeinerung zum Opfer gebracht werden darf«. Und zweitens dass uns eine lange Tradition, die mit der Reformation beginnt und sich in der Aufklärung verstärkt, dazu veranlasst, über das Heilige Offizium ein Verdammungsurteil zu sprechen. Die billige Befriedigung, die das Moralisieren gewährt, ist für viele unwiderstehlich. Hier lauert ein gefährlicher Widerspruch, dessen sich diejenigen, die ihm verfallen, offenbar nicht bewusst sind. Ohne Rücksicht auf Tatsachen zu verurteilen, stellt eben die Ungerechtigkeit dar, deren die Inquisition beschuldigt worden ist. Ehe wir all das nachplappern, was über die angebliche Mentalität der Inquisitoren geäußert worden ist, betrachten wir lieber, was der Fall ist – und zwar nicht vom bequemen Richterstuhl herab, sondern aus der weniger angenehmen Position derer, die andere verstehen wollen und sich dabei bewusst bleiben, dass diese ebenso unvollkommen und fehlbar sind wie sie selbst.

Für wen hielten sich die Inquisitoren? Was waren ihre eigenen Ziele? Welche Unterschiede zwischen ihren Idealen und ihrer Praxis lassen die bislang geheimen Quellen sichtbar werden? Dies sind Fragen, denen wir uns nunmehr stellen können. Die Ansprüche der Hüter des Glaubens zielten auf Universalität. Die Heilige Römische *und Universale* Inquisition strebte danach, unter Führung des Papstes in Fragen des Glaubens und der Ethik eine allumfassende Autorität über die gesamte katholische Kirche auszuüben. In der Praxis indes war das Heilige Offizium in Rom weit entfernt von der Verwirklichung solchen Anspruchs. Spanien ging eigene Wege und setzte sich unbekümmert über die Anweisungen hinweg, die es aus der Hauptstadt der Christenheit erreichten; es scheute sich nicht, sogar die Werke von Kardinälen auf seinen Index zu setzen. Andernorts im katholischen Europa und später auch außerhalb stießen die Dekrete der Römischen Inquisition häufig auf Widerstand. Versuche, Bewegungen zu unterdrücken, die man in Rom als abweichlerisch betrachtete – wie etwa im 17. und 18. Jahrhundert eine Reihe von Initiativen gegen den Jansenismus –, wurden nicht nur durch die Unterstützung durchkreuzt, die Jansen mit seinen Ideen bei der Geistlichkeit Frankreichs und den französischen Laien fand, sondern scheiterten auch an den Sympathien, die Mitglieder des Heiligen Offiziums – wie etwa Giovanni Bottari (siehe Kapitel VI), der eng mit dem Papst kooperierte –, für die Bewegung hegten, die sie unterdrücken sollten.

Jeder (oder fast jeder), der über dieses Thema geschrieben hat, ist von der Annahme ausgegangen, dass die Gräben zwischen den Verfechtern der Rechtgläubigkeit und ihren Feinden tief und unüberbrückbar waren. Die rhetorische Beschwörung der Einheit, in der sich die Kirche der Gegenreformation gefiel, scheint diese Annahme zu stützen. Die Kirche bestand auf Uniformität in Lehrfragen, auf der Forderung nach Disziplin, auf der Notwendigkeit zum Schulterschluss. Und sie tat das nicht nur, weil sie darin die herausragenden Charakteristika des Katholizismus im Gegensatz zu den einander bekämpfenden protestantischen Sekten sah, sondern auch, weil sie die Risse übertünchen wollte, die aus Streitigkeiten im eigenen Hause resultierten.

Interner Streit war in der Atmosphäre des Misstrauens, die in Rom herrschte, gang und gäbe. Innerhalb der katholischen Kirche gehörten der Inquisitor und der Ketzer zusammen wie die zwei Seiten einer Medaille. In der Verfolgung der Verdächtigen, die bei ihnen angezeigt wurden, setzten sich die Vertreter des Heiligen Offiziums ähnlichem Verdacht aus. Die römische Karriere des Großinquisitors Santori begann mit einem Prozess wegen Ketzerei, der gegen ihn selbst angestrengt wurde. Während sie die Werke anderer der Zensurprüfung unterzogen, wussten die Gutachter des Index nur zu genau, dass auch ihre eigenen Bücher dem Bann verfallen konnten. In einem Zirkel von Verdächtigungen gefangen, dachten sie in dialektischen Begriffen.

Die Methode des *sic et non* – Ja und Nein, Pro und Kontra – wurde ihnen durch ihre Ausbildung in den Schulen und Priesterseminaren eingepaukt. Aber Dialektik war für die Inquisitoren und Zensoren mehr als bloß eine Denkform. Auch ihr Erfahrungsmuster war dialektisch. Sie wussten, wie leicht es geschehen konnte, dass sie ihren Sitz im Obersten Tribunal mit der Rolle des Beschuldigten vertauschten. Die Behandlung, die sie anderen zuteil werden ließen, konnte auch ihnen selbst widerfahren – was tatsächlich auch oft genug geschah. Vor diesem Hintergrund ist das auffällige Eiferertum der Inquisitoren und Zensoren wie auch ihr wild entschlossenes Vorgehen zu sehen. Misstrauen und Unsicherheit zeichnen den Menschen, wenn sie ihn täglich begleiten. Die strikten Verdammungsurteile, die sie über die Ketzer verhängten, dienten den Repräsentanten des Heiligen Offiziums dazu, zwischen ihnen und denen, die sie verfolgten, eine Scheidewand aufzurichten, die unüberwindlicher wirkte, als sie in Wahrheit war. Tatsächlich gab es ein ebenso unermessliches wie undurchschaubares Niemandsland, in dem selbst der beharrlichste Hüter der Rechtgläubigkeit zu Fall kommen und der Ketzerei erliegen konnte.

Ebendies ist der Grund, warum die herkömmliche Vorstellung einer bornierten Unterdrückungspolitik nicht genügt, um das Phänomen Inquisition zu verstehen. Es ist leicht einzusehen, warum die Macht, die vom Heiligen Offizium ausgeübt wurde (und zwar nicht nur während der Gegenreformation), gelegentlich Formen autoritärer Willkür annahm. »Macht korrumpiert, und absolute Macht korrumpiert absolut«, ist eine bekannte Sentenz Lord Actons. Die Macht der Römischen Inquisition war indes niemals absolut, sondern stets relativ. Sie war eingeschränkt durch das Verhältnis zur Macht des Papstes und anderer Kongregationen in der Kurie und konnte vom Obersten Tribunal auch gegen sich selbst gerichtet werden.

Hierin liegt eine Ironie, die der so beliebte Mythos einer monolithischen Organisation verdeckt. Das Heilige Offizium war imstande, seine Macht und seinen Einfluss gegen hochrangige Rivalen und eigene Mitglieder geltend zu machen. Die Inquisitoren und Zensoren, die einander immer wieder in den Haaren oder im Streit mit dem Papst lagen, waren keine Vorkämpfer in einer gut geplanten Repressionskampagne. Sie waren Parteigänger in einer Art von Bürgerkrieg. In der Hochburg der Rechtgläubigkeit fochten deren Hüter interne Kämpfe aus. Zu ihren schärfsten, weil am wenigsten kontrollierbaren Waffen zählte die Zensur, aber die Beteiligten an diesen internen Auseinandersetzungen vergaßen häufig, dass diese

Waffe zweischneidig war. Wie zweischneidig, lassen die Archive nun, da sie der Öffentlichkeit zugänglich sind, deutlich werden! Nachdem der Schleier der Anonymität gelüftet ist, können wir hinter die Kulissen schauen und erkennen, wer die Inquisitoren und Zensoren waren, können ihre Kämpfe nachvollziehen und ihr Denken verstehen.

Der Frage, wie die Inquisitoren und Zensoren dachten, gilt das Hauptinteresse des vorliegenden Buches. Im Unterschied zu anderen Darstellungen, die sich mit dem Thema beschäftigen, beschränkt es sich nicht auf die Prozesse. Wenn das Material, das auf diesen Seiten am ausführlichsten ausgebreitet wird, dem Bereich der Zensurtätigkeit entstammt, dann deshalb, weil wir in dieser vormals dunkelsten Sphäre der Aktivitäten der Römischen Inquisition nun imstande sind, ein anschauliches Bild von den Methoden und Einstellungen der Akteure zu entwerfen.

In der Absicht, die gesamte Welt der Literatur und Bildung zu korrigieren, zurechtzuweisen oder zu säubern, verwirklichten diese Männer ihre Vorstellung von universaler Macht. In den Urteilen, die sie fällten, ihren »Verbesserungs«- oder Überarbeitungsvorschlägen und vor allem in den Kriterien, Argumenten, Taktiken oder Strategien, mit denen sie operierten, um ihre Ziele zu erreichen, spiegelt sich das Bild wider, das sie von den Autoren, die sie an die Kandare nahmen, und von sich selbst hatten.

Wenige von ihnen machten sich die Mühe, über das, was sie taten, lange und ernsthaft nachzudenken. Irritierende Reflexionen auf die eigene Tätigkeit blendeten sie verständlicherweise lieber aus. Verständlicherweise – denn unter den vergessenen Opfern der Macht, die das Heilige Offizium übte, befanden sich auch mehrere seiner eigenen Mitglieder. Der Index verbotener Bücher war ein Ungeheuer, das seine eigenen Kinder verschlang. Unfreiwillige Gefangene des Systems, dem sie dienten, stellten die meisten von ihnen keine Fragen und hüteten sich davor, Sand in das Getriebe der Römischen Zensur zu streuen. Allerdings war dieses Getriebe eher anfällig denn effizient; und da es tatsächlich irreparable Mängel aufwies, wurde es im Laufe der Zeit auch nicht besser.

Nahezu irreparabel war der geistige Schaden, den der Index verbotener Bücher der römischen Kurie zufügte. Unsere Gedanken gelten im Normalfall den verurteilten Autoren und ihren vom Bann getroffenen Büchern. Denken wir einen Augenblick aber auch einmal an die Zensoren, von denen wir nun etliche kennen gelernt haben. Gewöhnlich hielten sie sich an ihre eigenen Vorschriften – egal, wie diese aussahen. Das hatte zur Folge, dass sie normalerweise nichts mit den Gefühlen anfangen konnten, die ein Johann Wolfgang von Goethe bekundet, wenn er in *Dichtung und Wahrheit* (IV) die folgende Szene schildert:

> »... es ist wohl wert zu gedenken, daß ich auch bei Verbrennung eines Buchs gegenwärtig gewesen bin. Es war der Verlag eines französischen komischen Romans, der zwar den Staat, aber nicht Religion und Sitten schonte. Es hatte wirklich etwas Fürchterliches, eine Strafe an einem leblosen Wesen ausgeübt zu sehen. Die Ballen platzten im Feuer und wurden durch Ofengabeln auseinander geschürt und mit den Flammen mehr in Berührung gebracht. Es dauerte nicht lange, so flogen die angebrannten Blätter in der Luft herum, und die Menge haschte begierig darnach. Auch ruhten wir nicht, bis wir ein Exemplar auftrieben, und es waren nicht wenige, die sich das verbotne Vergnügen gleichfalls zu verschaffen wußten. Ja, wenn es dem Autor um Publizität zu tun war, so hätte er selbst nicht besser dafür sorgen können.«

Und ebenso unwahrscheinlich ist, dass viele der Zensoren und Inquisitoren über einen Sinn für Humor verfügten, wie ihn im 18. Jahrhundert Goethe oder im 20. Jahrhundert ein Mann wie Kardinal Pietro Ciriaci besaß. Während der Diskussionen, die in Vorbereitung des Zweiten Vatikanischen Konzils geführt wurden, machte Ciriaci als Mitglied des Heiligen Offiziums am 5. Mai 1962 in einer auf Lateinisch gehaltenen Rede folgende kluge Bemerkung:

»Es hat Verleger gegeben, die ihre Bücher mit dem Satz ›Verboten durch das Heilige Offizium‹ versahen. Das hat es gegeben. Stellen Sie sich vor, wie viel Geld die Betreffenden damit verdient haben, ohne dem Heiligen Offizium einen Anteil zu zahlen! Das Heilige Offizium hatte ihnen schließlich einen großen Dienst erwiesen.«

Nein, nein, so durfte man nicht argumentieren. Kardinal Ciriaci war wie Kardinal Montini (der spätere Paul VI.) bei weitem zu scharfsinnig, um nicht suspekt zu wirken. In den Augen von Eminenzen wie Kardinal Ottaviani waren Montini und Ciriaci anscheinend Verdächtige, die ihre Vorgänger in Leuten wie dem heilig gesprochenen Robert Bellarmin und Papst Benedikt XIV. hatten.

All diese Männer wurden aus politischen Gründen kritisiert, abgelehnt oder bekämpft. Politische Rücksichten, innerkirchliche ebenso wie außerkirchliche, beeinflussten die Handlungen und Haltungen des Heiligen Offiziums. Diese Organisation, die jahrhundertelang als *La Suprema* innerhalb der römischen Kurie galt, war verantwortlich für die Aufrechterhaltung der Reinheit des Glaubens und der Moral. Weil sie dazu tendierte, Ketzerei (ihr Kapitalverbrechen schlechthin) als allumfassendes Phänomen zu begreifen, war unvermeidlich, dass sie mit den politischen Verhältnissen der jeweiligen Generation, mit der sie zu tun hatte, in Berührung kam und von ihnen beeinflusst wurde. Keine Frage, dass politische Faktoren auf die Verurteilung Giordano Brunos und Galileo Galileis einwirkten. Dennoch sind diese berühmten »Leidtragenden« der Römischen Inquisition nicht die Einzigen, mit denen wir uns beschäftigt haben. Wir haben auch von weniger bekannten »Märtyrern« berichtet – von Kardinälen, Päpsten und Heiligen.

Haben wir es demnach mit einem Phänomen zu tun, das noch weit schlimmer war, als sogar die schrecklichsten Schauergeschichten über die Inquisition uns vermuten lassen? Wir haben gesehen, unter welchen Umständen und auf welche Weise

Paul VI. überstimmt, die Absicht Benedikts XIV. durchkreuzt, Bellarmin zensiert und seine Politik revidiert wurde. Und wir haben eine erbarmungslose Dynamik beobachten können, die wir bereits in der Zensur am Werk sahen, der Francisco Peña Pius II. unterwarf (siehe Kapitel II). Während der Gegenreformation, im Jahre 1584, konnte ein untergeordneter Beamter der Kurie über das Werk eines Papstes befinden: Indem er Pius' autobiografische Kommentare umschrieb und säuberte, brachte Peña nachdrücklich seine eigenen Ansichten darüber zum Ausdruck, was sich für einen Oberhirten schickte und (vor allem) was nicht. Es ging um Macht, und die Machtausübung der Zensoren zeigt, dass sie sich immer wieder zu Richtern über Kirchenfürsten und Kirchengelehrte aufwarfen.

Der heilige Augustinus wurde während der Auseinandersetzung Roms mit dem Jansenismus zwar nicht auf den Index gesetzt, aber immerhin erklärte Kardinal-Inquisitor Albizzi, er sei bereit, das zu tun, wenn die Rechtgläubigkeit nur dadurch aufrechterhalten werden könne. Hinter dieser extremen Äußerung steckte eine anerkennenswerte Haltung – nämlich die Überzeugung, dass sich Dogmen entwickeln und nicht einmal ein Heiliger ein Monopol auf die katholische Wahrheit besitzt. In der hitzköpfigen Äußerung dieses theologischen Halbgebildeten lässt sich jene Wahrheit allerdings schwer ausmachen. Albizzi war Jurist. In jeder Periode der Römischen Inquisition gab es viele Juristen seiner Art. Intellektuelle mit der breiten Bildung und dem humanistischen Verständnis eines Robert Bellarmin, eines Benedikt XIV. und eines Paul VI. gab es nur wenige. Wir müssen uns fragen, warum.

Keine Einrichtung vermag sicherzustellen, dass in ihr talentierte Leute zum Zuge kommen. Die scheinbar Qualifiziertesten erweisen sich möglicherweise als die Unfähigsten. Männer mit großen Gaben, unter ihnen etliche der oben erwähnten, dienten der Römischen Inquisition. Eine ganze Reihe von ihnen waren auch in der Indexkongregation tätig. Aber sie bemühten sich oft vergeblich, weil sie in der Minderzahl waren.

Daraus folgt nicht, dass im Heiligen Offizium die Bornierten die Übermacht besaßen, auch wenn die anhaltende Tradition von Geistlosigkeit in der Indexkongregation einen solchen Eindruck nahe legt. Nicht funktionierende Kontrollorgane mögen für Leute mit Elan und Ehrgeiz, die auf der Karriereleiter weiterkommen wollen, oder auch für fromme, pflichtbewusste Menschen, die sich der Verteidigung der Glaubenslehren widmen möchten, ihre Anziehungskraft behalten; Reformer hingegen, die imstande sind, sich über den Durchschnitt zu erheben und selbstständig zu denken, werden sie schwerlich anlocken. Ein Denker wie Benedikt XIV. mit seiner Offenheit für die Ideen der Aufklärung, seiner Fähigkeit, diese Ideen in seine Überlegungen einzubeziehen, und seiner Einsicht in die tendenzielle Willkür und Schädlichkeit der römischen Zensurpraxis war in der Römischen Inquisition ebenso wie in der Indexkongregation eine Ausnahme. Häufiger ließ sich in diesen Organisationen ein Mann wie Benedikts Nachfolger Clemens XIV. antreffen, der seine Aufgabe darin sah, die Reformvorhaben seines Vorgängers zu durchkreuzen.

Wie die Kardinäle Albizzi, Ottaviani und Pizzardo war auch Clemens XIV. ein vielseitig begabter Mann – allerdings weder ein selbstständiger Denker noch ein Intellektueller. Leute wie er aber waren typische Vertreter einer bestimmten Inquisitionskultur. Beschränkt auf die Literatur, die ihnen der Index verbotener Bücher zu lesen erlaubte, verfügten sie nur über einen engen Horizont, der im Übrigen nicht weit über Italien hinausreichte. Und selbst innerhalb Italiens blieben sie auf die kleine, klaustrophobische Welt der römischen Kurie, in der sie ihre Karriere machten, fixiert.

So sah die gemeinsame Geistesverfassung vieler der Zensoren aus, die es mehr als viereinhalb Jahrhunderte lang als ihre Aufgabe betrachteten, die gesamte Literatur und Bildung zu überwachen. Verwundern muss nicht, dass sie der Aufgabe nicht gewachsen waren, sondern dass es unter ihnen überhaupt so imponierende Gestalten wie Bellarmin, Benedikt XIV. und Paul VI. geben konnte. Das Blickfeld dieser intellektuellen Riesen war größer als das der dogmatischen Kleingeister um sie herum. Alle drei weigerten sich, von den Zinnen der Hochburg der Rechtgläubigkeit mit dem misstrauischen Blick einer unter Belagerung stehenden Besatzung auf die Welt laizistischer Bildung und Wissenschaft hinabzuschauen. Ohne deshalb von ihrem Glauben an die Wahrheit der katholischen Lehre abzurücken, bemühten sie sich, den Strom zeitgenössischer Ideen zu überblicken und in sich aufzunehmen.

Diese Bemühungen Bellarmins und Benedikts XIV. waren den meisten ihrer Kollegen oder Nachfolger fremd. Den Blick fest auf eine von der Gegenreformation beherrschte Vergangenheit gerichtet, verfügten Letztere weder über die nötige geistige Nahrung noch über die erforderliche intellektuelle Kraft. Entkräftet durch die Zensurtätigkeit, die sie ausübten, waren sie kulturelle Eunuchen, die von der Hungerkost lebten, die ihnen der Index verbotener Bücher gestattete. Auf die Tatsache, dass ihnen reichere geistige Nahrung versagt blieb, reagierten diese ausgezehrten Opfer des eigenen Systems mit der Forderung an andere, dieselbe Enthaltsamkeit zu üben.

Die Kargheit der Kultur katholischer Orthodoxie, für die diese Hüter des Glaubens Sorge trugen, hatte im Laufe der Jahrhunderte zerstörerische Auswirkungen auf sie selbst. Während sich das Denken Europas und der Welt erweiterte, schrumpfte ihr geistiger Horizont. Sie nahmen den Charakter an, den Pius IX. nach dem Verlust der Kirchenstaaten sich selbst attestierte, und wurden zu Gefangenen im Vatikan (siehe Kapitel VIII). Und wenn diese Gefangenen im 18. und 19. Jahrhundert auf moderne oder des Modernismus verdächtige Ideen mit einer Härte reagierten, die an frühere Zeiten erinnerte, dann taten sie das nicht nur, weil sie der Kirche ihre eigenen Normen aufoktroyieren, sondern auch, weil sie sich mittels Selbstzensur zur Ordnung rufen und in ihrem Urteil disziplinieren wollten.

Denken wir an Papst Paul VI., wie er als frommer junger Mann im katholischen Brescia darüber nachgrübelt, ob er eine Ausnahme machen und *La Vie de Jésus* (dt. *Das Leben Jesu*) von Ernest Renan lesen dürfe, das ohne Prüfung auf den Index gesetzt worden war. Der junge Montini wusste damals vermutlich nicht, dass dieses Verbot des Renan'schen Buches Ergebnis des Scheiterns der grundlegenden Reform des Zensurwesens war, die Benedikt XIV. angestrebt hatte. Aber wie jener Intellektuelle, den Voltaire als den »rundlichsten Heiligen Vater« des 18. Jahrhunderts bezeichnet hatte, sollte auch Montini nach vielen Jahren, die er in der römischen Kurie verbrachte, die einschüchternde Geistesverfassung kennen lernen, der man im Heiligen Offizium begegnete. Sie schüchterte ein, weil sie mit ihrem Verzicht auf Vernunftgründe irrational wirkte – und dies in vielen Fällen auch war!

Erst in den vierziger Jahren des 20. Jahrhunderts – vier Jahrhunderte nach Gründung der Römischen Inquisition – begannen die Zensoren, ihre Kommentare zu den Büchern, die sie verboten, zu veröffentlichen. Diese Kommentare erschienen – zumeist anonym – im *Osservatore Romano* oder in römischen Zeitungen. Nicht nur, dass sie selten außerhalb Italiens gelesen wurden, sie warfen sogar noch seltener ein Licht auf die Gründe für eine Verurteilung. Während des Zweiten Vatikanischen Konzils (1962–65) weigerte sich Kardinal Alfredo Ottaviani offen zu legen, auf welcher Grundlage das Heilige Offizium Bücher verbot, weil er offensichtlich fürchtete, weiteren Streit zu entfachen und die Autorität der Zensoren zu untergraben.

Diese Befürchtungen waren nur allzu berechtigt. Auf dem besagten Konzil wurde wiederholt die Frage aufgeworfen, welche Kriterien darüber entschieden, dass ein Werk auf den Index gesetzt wurde. Dazu hatte Ottaviani lediglich zu bemerken, die Beweggründe für ein Verbot seien stets »von maßgebender Bedeutung«; gegen ihre Veröffentlichung in theologischen Zeitschriften hatte er nichts einzuwenden. Bis zum 7. Dezember 1965 – dem letzten Tag vor Beendigung des Konzils – tat sich wenig; an diesem letzten Tag aber schaffte Paul VI. den traditionellen Titel von *La Suprema* ab und gab dem Heiligen Offizium den neuen Namen Glaubenskongregation.

Ein bedauerlicher Schritt, klagte der erste Kardinal-Präfekt des einstigen Obersten Tribunals, in dessen Augen die Umbenennung einer Degradierung gleichkam, weil die Organisation damit auf die Ebene der übrigen Kongregationen in der römischen Kurie zurückgestuft wurde. Über den Abstieg, den das Heilige Offizium aus seiner Sicht erlebte, konnte Kardinal

Ottaviani kaum hinwegtrösten, dass er selbst in einen Rang befördert wurde, der zuvor dem Papst vorbehalten war. Dass die Politik über die Theologie triumphiert habe, war der Hauptvorwurf, den der Kardinal gegen die Reformen von Paul VI. erhob. Der Vorwurf hatte allerdings einen hohlen Klang, da ja in der Geschichte der von Ottaviani geleiteten Organisation die Politik regelmäßig den Sieg über die Theologie davongetragen hatte. Der Kardinal kam der Wahrheit näher, als er in einem Interview, das am 13. April 1966 in der Wochenzeitschrift *La Gente* erschien, erklärte:

»Das Verfahren hat sich geändert ... Der Beschuldigte hat mehr Gelegenheit, sich zu verteidigen, seine Ansicht zu äußern und sie zur Diskussion zu stellen. Wir sind zu den Verfahrensweisen zurückgekehrt, wie sie Benedikt XIV. im Auge hatte. Wir müssen zugeben, dass im Laufe der Jahrhunderte das Heilige Offizium von dieser Verfahrensweise abgewichen ist und sie durch ein autoritäres Vorgehen ersetzt hat. Dass dies geschah, war bedauerlich.«

Wie bedauerlich, darüber ersparte sich Alfredo Kardinal Ottaviani nähere Ausführungen.

Nicht Ottaviani, sondern Paul VI. vollendete 1965/66 die Umwälzung, die Benedikt XIV. 1753 in die Wege geleitet hatte. Dass für den Vollzug dieser lange erwarteten Veränderung ein Zeitraum von zwei Jahren angegeben wird, hat seinen Grund in der Undeutlichkeit, mit der dieses Vorhaben in die Tat umgesetzt wurde. In *Integrae servandae*, seiner *proprio motu* vom 7. Dezember 1965, durch die er das Heilige Offizium umbenannte und dessen Kompetenzen neu bestimmte, hielt Paul VI. lediglich fest, dass zu den von der Glaubenskongregation wahrzunehmenden Funktionen auch die Prüfung von Schriften gehöre, die sie gegebenenfalls missbillige (*reprobat*). Was der Papst in diesem Satz nicht erwähnte, war wichtiger als alles, was in ihm stand. Die Aufgaben, die nunmehr von der Kongregation wahrzunehmen waren, schlossen nämlich nach dem stillschweigenden Verständnis des Papstes nicht mehr das Verbot von Büchern ein.

Diese unausgesprochene Abschaffung des Index bemerkten nur wenige. Sie wurde indes jedem deutlich, der zwischen den Zeilen von *Integrae servandae* zu lesen vermochte, wenn Paul VI. unter Berufung auf das Diktum des Apostels, »die völlige Liebe treibt die Furcht aus« (1. Joh. 4,18), anspielungsreich bemerkte: »... heute lässt sich der Glaube besser durch die Beförderung guter Theologie verteidigen.« Das Richtige befördern, statt Falsches zu verbieten – darauf hatte sich die Römische Inquisition nie gut verstanden. Wir erinnern uns, dass einer ihrer unerbittlichsten Vertreter, Sixtus V., versucht hatte, die während der Gegenreformation entstandene große *summa* der katholischen Theologie auf den Index zu setzen, weil er der Ansicht war, die *Disputationes de controversiis* des heiligen Robert Bellarmin seien der päpstlichen Autorität abträglich (siehe Kapitel III). Nur die Tatsache, dass Sixtus im August 1590 starb, verhinderte die Realisierung dieses Vorhabens. Als Alfredo Ottaviani erklärte, man sei von den Verfahrensweisen, wie sie Benedikt XIV. ins Auge gefasst habe, »abgewichen«, wusste er vielleicht nicht (oder wollte nicht zugeben), dass der autoritäre Duktus, auf den er anspielte, schon lange vor dem 18. Jahrhundert und auch danach charakteristisch für das Heilige Offizium war.

Paul VI., ein Bewunderer Benedikts XIV. und Verteidiger Graham Greenes, wusste es besser. Als das Rätselraten um den Sinn der päpstlichen Äußerungen nicht aufhören wollte, ließ dieser am 14. Juni 1966 die Glaubenskongregation eine »amtliche Mitteilung« veröffentlichen, die besagte, dem Index komme keine Rechtskraft, sondern nur moralisches Gewicht zu. Die Bücher seien »angemessen« zu beurteilen, nicht zu verbieten. Und als auch diese »Mitteilung« die Unklarheiten nicht zu beseitigen vermochte, wurden durch ein Dekret, das die Kongregation im November herausbrachte, die einschlägigen Vorschriften des Kirchengesetzes von 1917 aufgehoben und die Gläubigen von den darin enthaltenen Strafandrohungen befreit. Durch eine Prozedur, die Spiegelbild seiner eigenen, verworrenen Geschichte war, fand der Index verbotener Bücher sein Ende.

✦✝✦

Nach der Abschaffung des Index begann eine Neuorientierung, die Johannes Paul II. einleitete. Im Jahre 1980 erklärte er:

> »Zwischen der Vernunft, die gemäß der ihr von Gott verliehenen Natur auf Wahrheit zielt und zum Wissen taugt, sowie dem Glauben, der aus derselben göttlichen Quelle aller Wahrheit stammt, kann es keinen unüberbrückbaren Konflikt geben. Wir fürchten nicht, sondern halten vielmehr für ausgeschlossen, dass die Wissenschaft, die auf rationalen Beweggründen aufbaut und mit methodischer Ernsthaftigkeit verfährt, ein Wissen hervorbringt, das den Glaubenswahrheiten widerstreitet. Das kann nur geschehen, wenn der Unterschied zwischen den Wissenssphären vernachlässigt oder in Abrede gestellt wird.«

Und auf einer Tagung der Päpstlichen Akademie der Wissenschaften im Oktober 1992 stellte derselbe Papst fest:

> »Die Affäre um Galilei lehrt uns eine Lektion, die auch im Blick auf ähnliche heutige und eventuelle künftige Situationen Geltung behält ... Es gibt zwei Wissensbereiche, von denen der eine seine Quelle in der Offenbarung hat, während den anderen die Vernunft aus eigener Kraft erschließen kann. Zum Letzteren zählen die experimentellen Wissenschaften und die Philosophie. Die Unterscheidung der beiden Wissensbereiche soll nicht bedeuten, dass sie im Gegensatz zueinander stehen. Die beiden Sphären sind einander nicht durchweg fremd; sie haben Berührungspunkte. Die ihnen jeweils angemessenen Methoden erlauben es, unterschiedliche Aspekte der Wirklichkeit herauszuarbeiten.«

Johannes Paul II. stellt sich also zwei einander ergänzende Wissensbereiche mit unterschiedlichen Erkenntnismethoden vor –

348

zwei Sphären des forschenden Fragens, die nicht im Gegensatz zueinander stehen, sondern ein harmonisches Ganzes bilden. Gleichgültig, ob man diese Sicht gutheißt oder zurückweist, fest steht jedenfalls, dass sie einen radikalen Wandel auf Seiten der römischen Glaubenshüter darstellt. Denn es lässt sich schwerlich bezweifeln, dass das Heilige Offizium während des größten Teils seiner Geschichte Äußerungen dieser Art als »irrig, misstönend, anstößig für fromme Ohren, skandalös, an Ketzerei grenzend« beziehungsweise als ketzerisch im strikten Sinn beurteilt haben würde.

Ein des Abweichlertums verdächtiger Papst bildete in den Annalen des Heiligen Offiziums kein neues oder auch nur seltenes Phänomen. Die Institution war oft der Ansicht, dass sie es besser wusste als der Stellvertreter Christi. Deshalb hatten sich die Inquisitoren ja auch immer wieder der Politik des regierenden Oberhirten widersetzt. Sie waren von ihrer unbeschränkten Kompentenz überzeugt und verhielten sich entsprechend. Und deshalb hätten auch viele von ihnen in der Vergangenheit die Unterscheidung, die Johannes Paul II. traf, verworfen. Denken wir an die Verdammung des Heliozentrismus im Jahre 1616, der als »töricht und philosophisch sinnlos und im strikten Sinn ketzerisch« gebrandmarkt wurde. Im strikten Sinn ketzerisch, weil behauptet wurde, die Erde kreise um die Sonne und weil diese als Hypothese des Kopernikus bekannte Ansicht dem wortwörtlichen Verständnis der Bibel widersprach, an die sich das Heilige Offizium klammerte (siehe Kapitel IV). Sich an dieses Verständnis klammernd, verteidigte das Heilige Offizium seine Autorität. War nicht auf der Vierten Sitzung (April 1546) des Konzils von Trient beschlossen worden, dass nur »die Heilige Mutter Kirche … den wahren Sinn und Gehalt [der Heiligen Schrift] zu beurteilen vermag«? Und wer war ermächtigt, für die Heilige Mutter Kirche diese Urteilsfunktion auszuüben? Die Römische Inquisition. Im frühen 17. Jahrhundert dachten ihre Mitglieder nicht daran, von der Existenz zweier, einander ergänzender Wissenssphären mit jeweils eigener Methodik auszugehen. Sie glaubten an den Primat theologischer Kriterien, die ihrer eigenen Sicht entsprachen.

Erinnern wir uns an den Fall Montesquieus Mitte des 18. Jahrhunderts (siehe Kapitel VI). Er verteidigte sich mit dem Argument, er sei politischer Denker, kein Theologe. Obwohl er gar nicht vorhatte, sich mit der Theologie anzulegen, wurde er dennoch verurteilt – nicht nur weil er es versäumte, der Kirche den Gehorsam zu bezeugen, den ein »katholischer Autor« ihr nach den nicht sonderlich klaren Vorstellungen der Römischen Inquisition schuldete, sondern auch weil seine dubiosen Ideen dank anonymer Übersetzungen in Italien verbreitet wurden.

In Italien, dem ureigensten Terrain der Römischen Inquisition, dem ihre Hauptsorge galt, hätte ihr Provinzialismus die Inquisitoren und Zensoren im Zweifelsfall daran gehindert, eine Unterscheidung wie die von Johannes Paul II. zu begreifen. Mit ihrer geringen philosophischen, historischen oder literarischen Bildung und ihren spärlichen Fremdsprachenkenntnissen verfügten sie nicht über die nötige Kompetenz, um ihrem umfassenden Anspruch gerecht zu werden. Wenn es im 18. und 19. Jahrhundert den Anschein hat, als hätten sie den Rückzug angetreten oder beschlossen, Zurückhaltung zu üben – denken wir an Fälle wie Isaac Newton oder Charles Darwin, die von ihrer Prüfung verschont blieben –, dann liegt der Grund dafür wohl weniger darin, dass sie von ihrem Anspruch abgerückt waren, sondern in der Tatsache, dass sie oft keine Ahnung von den neuen Entwicklungen auf wissenschaftlichem oder literarischem Gebiet hatten.

In zunehmendem Maße auf Anzeigen angewiesen, verlor die Römische Inquisition immer mehr die Initiative in Fragen der Zensur. Unbegründete Verdammungsurteile waren schwerlich Ausweis einer stabilen Strategie. Planlosigkeit war ein typisches Merkmal der Arbeitsweise im Heiligen Offizium. Manchmal wird behauptet, solche Verdammungsurteile hätten das Ziel verfolgt oder jedenfalls die Wirkung gezeigt, die Gläubigen von der Beschäftigung mit bestimmten Gedankengängen oder Forschungsrichtungen abzuschrecken; aber die simplere und weniger schmeichelhafte Wahrheit ist, dass die Römische Inquisition wie auch die Indexkongregation in Situationen, in die sie durch andere gebracht worden waren, häufig nur improvisierten.

Wenn von anderer Seite Anzeige erstattet wurde, dann im Zweifelsfall in der Erwartung, dass ein Verdammungsurteil folgte. Deshalb konnte 1947 der Theologe (und spätere Kardinal) Yves Congar, der einst selber unter Verdacht gestanden hatte, äußern:

>Ist erst etwas beim Heiligen Offizium gelandet, lässt sich nichts mehr machen. Das H[eilige] O[ffizium] kontrolliert alles, selbst das Staatssekretariat und den Papst. Das ist der Grund, warum jedermann in Rom Angst hat, sobald das Heilige Offizium eingeschaltet ist.<

Diese Angst, die noch 1947 spürbar war, grassierte seit der Gegenreformation – und nicht nur in Rom. Ihr Ursprung waren die Geheimniskrämerei, mit der das Heilige Offizium operierte, sowie, damit verbunden, seine (zu Recht so genannten) undurchschaubaren Verfahrensweisen. Bei aller Undurchschaubarkeit, Geheimniskrämerei und Willkür wiesen die Inquisitoren und Zensoren doch aber den Vorwurf der Bösartigkeit von sich. Sie, die in diesem geschlossenen System arbeiteten, versicherten sich gegenseitig ihrer guten Absichten. Sie zielten nicht auf Unterdrückung, sondern auf Berichtigung, und wenn sie ein Buch verboten, dann nicht unbedingt deshalb, weil sie seinen Autor für nichtsnutzig oder tadelnswert hielten, sondern vielmehr, weil er den Maßstäben einer >theologischen Zensur< nicht genügte.

>Theologische Zensur< hatte in der Tradition der katholischen Kirche einen eindeutigen Sinn. Spätestens seit dem 16. Jahrhundert stand dieser Begriff für eine nachprüfbare Methode zur Beurteilung der dogmatischen und erzieherischen Konsequenzen eines Werkes. Doch aus Gründen, die einfach erscheinen mögen, tatsächlich aber unendlich kompliziert sind, ging den Methoden des Heiligen Offiziums jegliche Nachprüfbarkeit ab. Wenn die Inquisitoren einen >theologischen

Zensurbericht« verfassten, geschah dies in einem politischen Kontext. Beeinflusst wurden sie aber nicht nur von der Politik der römischen Kurie, sondern auch von dem Bewusstsein, dass es jeweils um ihre eigene Position ging. Weil in ihren Augen der sicherste Weg darin bestand, Strenge zu zeigen, gewann der Drang, Verdammungsurteile auszusprechen, eine eigene Dynamik. Ohne die mindeste Rücksicht auf methodische Grenzen zu nehmen, waren die Gutachter des Heiligen Offiziums und der Indexkongregation imstande, schlechterdings alles auf den Index zu setzen. Theoretisch hätte der Begriff »theologische Zensur« bedeuten können, dass sie sich nur mit den moralischen, ethischen und religiösen Aspekten eines Buches beschäftigten. Die traurige Wahrheit aber war, dass in der Praxis viele Mitarbeiter der Römischen Inquisition und die meisten Zensoren der Indexkongregation nur diese Aspekte kannten.

Obwohl sie nichts von Romanen verstanden, glaubten sie, einen Romancier wie Graham Greene darüber belehren zu müssen, wie er zu schreiben hatte und wie nicht (Kapitel IX). Trotz ihrer nur flüchtigen Bekanntschaft mit der Philosophie verurteilten sie Denker wie Hume oder Kant (siehe Kapitel V und VIII) als »Idealisten«, »Skeptiker«, »Atheisten« und »Epikureer« – oft als alles zugleich. Sie, die nicht einmal mit der katholischen Geschichtsschreibung vertraut waren, fertigten Baluze und Gibbon ab (siehe Kapitel V). Zusammen mit der beharrlichen Weigerung, die Gründe für Verurteilungen offen zu legen, trugen solche Verhaltensweisen dazu bei, die Vertreter der römischen Zensur in Misskredit zu bringen. Und das Ergebnis war, dass diejenigen, für die der Index zusammengestellt wurde, ihm weithin mit Verachtung begegneten. Auf den Index gesetzt zu werden war verkaufsfördernd. Viele Katholiken entschieden selbst darüber, was sie lesen wollten. Durch ihre Verkapselung in sich und die Abkopplung von der Realität legte diese Bürokratie den Grund für ihren eigenen Niedergang. Die Forderung Benedikts XIV. nach Kompetenz und Sinn für die Rechte des Autors hatte sie zurückgewiesen oder unbeachtet gelassen. Unter Paul VI. erlebte die bereits altersschwache Organisation einen weiteren Substanzverlust. »Die völlige Liebe treibt die Furcht aus«, zitierte dieser scharfsinnige Papst den Apostel, als er den Namen »Heiliges Offizium« abschaffte.

Das Heilige Offizium stand mit seiner mängelbehafteten Zensurpraxis keineswegs allein. Wie die Katholiken hatten in der frühen Neuzeit auch die Protestanten ihre Indizes verbotener Bücher. Im elisabethanischen England wie in den Vereinigten Niederlanden und andernorts wurde gleichermaßen vom Staat und von den kirchlichen Behörden ein umfassendes Überwachungsnetz gesponnen. Die Überzeugung, dass die Leser nicht sich selbst überlassen bleiben durften, teilte Rom mit denen, die es als Feinde betrachtete. Die Behauptung, bei der Zensur handele es sich um ein Unterdrückungsinstrument, von dem ausschließlich die katholische Kirche Gebrauch gemacht habe, trifft nicht zu; und ebenso wenig haben die Römische Inquisition und die Indexkongregation ein Monopol auf das Scheitern ihrer Überwachungsbemühungen.

Nehmen wir zum Beispiel das System, das im Frankreich der Aufklärung praktiziert wurde. In seinem *Philosophischen Wörterbuch* schrieb Voltaire: »Das Schlimmste für den Literaten ist nicht, wenn seine Kollegen eifersüchtig auf ihn sind, wenn Intrigen gegen ihn gesponnen werden oder wenn die herrschenden Mächte ihn verachten, sondern wenn Dummköpfe über ihn Gericht halten. Dummköpfe gehen oft sehr weit, besonders wenn Fanatismus sich mit Unfähigkeit paart und Unfähigkeit mit Rachsucht.« Die Dummköpfe, von denen Voltaire sprach, waren die Zensoren des *ancien régime*, die er mit »Buchhaltern in der Registratur des Geistes« verglich (ähnlich wie Johann Baptist Scherer, der deutsche Industrielle und Gegner Roms, der das Heilige Offizium zu Ottavianis Empörung 1957 als einen »Friedhof des Geistes« bezeichnete.

Voltaire zielte auf das Chaos der von staatlicher Seite geübten französischen Zensur. Die Erlaubnis, ein Buch zu veröffentlichen, wurde von einer Organisation erteilt, die unter dem Namen *Librairie* bekannt war, einer königlichen Behörde, deren offizieller Leiter den Rang eines Staatsministers hatte. Der renommierteste Leiter der *Librairie* in der Zeit der Aufklärung war Chrétien Guillaume de Lamoignon de Malesherbes (1721–1794), der das Amt 1750, noch vor seinem dreißigsten Lebensjahr, übernahm. Malesherbes, ein Freund der *philosophes*, denen das *régime* das Leben schwer machte, wollte durch größere Flexibilität in der Beurteilung die Hürden herabsetzen. Werken, die sie nicht offiziell genehmigte, konnte die *Librairie* »stillschweigende Druckerlaubnis« erteilen. Solche Ausnahmen waren gesetzwidrig, aber von der Polizei ließ sich erwarten, dass sie ein Auge zudrückte. Das tat sie indes nicht immer, weil manchmal der politische Druck zu stark war, der zugunsten eines Verbot ausgeübt wurde; was dabei herauskam, war eine einzige große Farce.

Im Jahre 1752 zum Beispiel setzte Malesherbes Diderot davon in Kenntnis, dass er im Begriff stehe, das Material zu konfiszieren, das zur Vorbereitung von *L'Encyclopédie* diente. Dem leitenden Herausgeber von *L'Encyclopédie* bot der Leiter der *Librairie* an, das Material in seinem – Malesherbes' – Haus in Sicherheit zu bringen! Nach einigen unmutigen Äußerungen wegen des damit verbundenen Aufwands willigte Diderot ein. Auf diese Art und Weise also praktizierte der Oberzensor Frankreichs, was er beschönigend »stillschweigende Duldung« nannte. Im Bemühen, unterschiedlichen Interessen gerecht zu werden, tolerierte die Behörde Gesetzesverstöße, untergrub dabei ihre Kontrollfunktion durch komplizenhaftes Verhalten und bewies Nachsicht statt Strenge.

Alles andere als Nachsicht übte Malesherbes gegenüber den Zensoren, die für ihn arbeiteten. Dieser scharfe Beobachter der Ungereimtheiten des Zensurwesens legte den Finger auf eine Wunde, die uns bereits bei Rom aufgefallen ist:

»Es gibt ebenso viele verschiedene Prinzipien [der Zensurpraxis] wie Zensoren. Ein Zensor, der sich seiner Sache nicht sicher ist, neigt entweder zur Nachsicht oder zur Unerbittlichkeit. Unter den vielen Ansichten, die mir in dieser Sache vorgetragen worden sind, finde ich kaum zwei, die im Einklang miteinander stehen.«

Für Zensoren theologischer Themen machte Malesherbes allerdings eine Ausnahme. Alle anderen Gegenstände konnten nur
Anspruch auf relative Wahrheit erheben; der Wahrheitsan-
spruch der Theologen hingegen war absolut. Und warum war
das so? Weil …

»… sie das Glück haben, eine Wissenschaft zu betreiben,
die keinen Zweifel kennt … in der Fortschritt nicht möglich ist. Die Hauptmerkmale [der Theologie] sind Einheit,
Einfachheit, Beständigkeit. Jede neue Ansicht ist gefährlich
und stets unnütz. Niemand braucht sich zu sorgen, dass die
Strenge der Zensur der Vollendung der theologischen Wissenschaft im Wege stehen könnte. Die Wissenschaft der Religion fand ihre uneingeschränkte Vollendung in ebendem
Augenblick, in dem sie uns gegeben wurde …«

Diese Sätze wurden von einem Bewunderer Voltaires geschrieben, einem Autor, den wiederholt der Blitzstrahl der »theologischen Zensur« Roms getroffen hatte. Malesherbes wusste
Bescheid über die Einvernehmlichkeiten und Rivalitäten zwischen französischer Krone und Römischer Inquisition beim
Verbot der Schriften Descartes' und der Verfolgung des Jansе-
nismus (siehe Kapitel IV). Dank der Erfahrungen der mit ihm
befreundeten *philosophes* wusste der Leiter der *Librairie* auch,
wie politisch die »theologische Zensur« des Heiligen Offiziums und der Indexkongregation sein konnte.

Im Lichte des ersten Zitats von Malesherbes lässt sich deshalb die Ironie seiner zweiten Äußerung würdigen. In der römischen Zensurpraxis gab es nichts, was als vollendet oder aus
einem Guss, als einfach oder beständig hätte bezeichnet werden können. So sehr sie sich im Einzelnen von der französischen Zensurtätigkeit unter dem *ancien régime* unterscheiden
mochte, in ihrer Willkür glich sie der Aktivität der Voltaire'-
schen »Buchhalter in der Registratur des Geistes«. Das entsprach natürlich nicht der Selbstsicht der römischen Inquisitoren und Zensoren. Sie erhoben vielmehr ohne eine Spur von
Ironie Anspruch auf den Status, den ihnen Malesherbes im
zweiten Zitat zuspricht. Hätte man Mitte des 18. Jahrhunderts

einen Vertreter der römischen Indexkongregation nach seinen Kriterien gefragt und hätte er sich zu einer Antwort herabgelassen, so hätte er wahrscheinlich auf die Dekrete des Konzils von Trient und die durch zahlreiche frühere Indizes festgelegten Regeln verwiesen. Tatsache aber war, dass sich das Heilige Offizium und die Indexkongregation nie auf eine verbindliche Interpretation jener Dekrete oder Regeln geeinigt hatten. Und sie hatten es auch nie geschafft, eine Sammlung beispielhafter Zensurberichte herauszubringen, um zumindest eine gewisse Normierung ihrer Tätigkeit zu erreichen. Rom besaß keine einheitlichen und unwandelbaren Kriterien, trotz aller Bemühungen Benedikts XIV. Und auch Malesherbes in Frankreich konnte sich nicht durchsetzen.

Solange es an rationalen Maßstäben fehlt, die konsequent angewandt werden, kann kein Zensursystem funktionieren beziehungsweise sein Ziel erreichen, einen verbindlichen Konsens herzustellen und ihm den allgemeinen Gehorsam zu sichern. Mehr noch: in ihrem Handeln wird durch den dunklen Spiegel des Geheimnisses die Ausübung von Autorität sichtbar – und diese Autorität schwächt, ja zerstört letztlich sich selbst, sobald sie darin versagt, ihre eigenen Richtlinien in einer Weise umzusetzen, die von denen für vernünftig und gerecht gehalten wird, für die sie bestimmt sind. Weil es der römischen Kirche nicht gelang, für solche Maßstäbe zu sorgen, untergrub sie eines der Fundamente, auf dem seit der Gegenreformation ihre Autorität ruhte – allerdings nicht in einer so dramatischen Form wie beim *ancien régime* in Frankreich.

Weniger Unterdrückung als Willkür, weniger Grausamkeit als selbst auferlegte Beschränkungen, Desorganisation, Unordnung und Wirrwarr: Wie passt das alles zu dem Bild von der Inquisition, das uns einst so vertraut schien? Wir wussten oder glaubten zu wissen, was es mit der Römischen Inquisition auf sich hatte. Noch heute sieht das gängige Bild so aus:

»Die Inquisition wurde von einer brutalen, gefühllosen und unwissenden Welt geschaffen. Es kann daher nicht überraschen, dass sie selbst brutal, gefühllos und unwissend war ...«; »Es folgte *eine Säuberungsaktion, die in ihrem Ausmaß jene Kampagnen vorwegnahm, die im 20. Jahrhundert von Hitler, Stalin und anderen, weniger bedeutenden Tyrannen dieses Schlages in Szene gesetzt wurden ...*« »Schließlich entfremdet sich die Theologie so weit von ihrem Ursprung, dass der Kontakt völlig abreißt und der intellektuelle Überbau nun auf eigenen Füßen steht, sich selbst rechtfertigt und sich selbst genügt. *Die Religion*, die auf einer solchen Theologie basiert, hat nicht mehr das Geringste mit Spiritualität zu tun. *Sie ist einfach in ein Instrument zur Konditionierung und Steuerung ihrer Anhänger verwandelt worden.* Sie ist nun nicht mehr und nicht weniger als eine soziale, kulturelle und politische Einrichtung, die der Wahrung der Moral und der Aufrechterhaltung, in Ausnahmesituationen jedoch auch dem Umsturz, der gesellschaftlichen Ordnung dient. Und für die hierarchisch strukturierte Herrschaftselite, die an der Spitze dieser Institution steht, stellt Gnosis eine Bedrohung dar, denn sie lässt dieses ganze Machtkonstrukt schlagartig überflüssig erscheinen. *Um das Herrschaftsgebäude zu schützen, müssen seine Torwächter die Rolle des Dostojewski'schen Großinquisitors übernehmen.*«

Vorgetäuschter Moralismus und echte Unwissenheit vereinen sich in diesen Passagen, um ein verkaufsträchtiges Produkt hervorzubringen. Von der Wiederholung gängiger Klischees verführt, erleben die Leser das erfreuliche Schauspiel, ihre Vorurteile bestätigt zu finden. So etwas war schon immer und ist bis heute unterhaltsam, einträglich und leicht ins Werk zu setzen. Wissen ist dazu nicht erforderlich, Nachforschungen erübrigen sich. Es genügt, zum x-ten Mal Verdammungen auszusprechen, die auf dem wackligen Fundament von Pseudofakten basieren.

Pseudofakten lassen sich leichter beschaffen als Daten aus Archivquellen. Letztere wurden, was die Römische Inquisition betrifft, in lateinischer, griechischer und italienischer Sprache geschrieben, manchmal in schwer lesbarer oder von innerer Erregung gezeichneter Handschrift. Sie zu entziffern und ihre Botschaft dem Grab des Archivs zu entreißen, ist nicht leicht. Aber diese Quellen sind unsere einzige wirkliche Verbindung zu den tatsächlichen Gegebenheiten einer Organisation, die ebenso wenig verstanden wird, wie sie verrufen ist. Versuchen wir nun, die Römische Inquisition zu verstehen, indem wir ihre Aktivitäten im Kontext der Vorgänge im übrigen Europa betrachten.

Im Europa der Reformationszeit – jener Zeit, die gewöhnlich als die blutigste Phase des Kampfes zwischen Katholiken und Protestanten betrachtet wird – wurden in Spanien zwischen 1520 und 1565 schätzungsweise an die hundertfünfzig »Lutheraner« wegen Ketzerei hingerichtet. Rund tausend Wiedertäufer brachte man in Deutschland und der Schweiz um und noch einmal so viele in den Niederlanden, wo dreihundert weitere Ketzer das Leben verloren, ehe das »Blutgericht« des Herzogs von Alba zwischen 1567 und 1574 etliche Tausend Opfer zu dieser schrecklichen Summe hinzufügte. In Frankreich starben fast fünfhundert, im England der Tudorzeit über dreihundert. Und in Italien hatte die Einrichtung mit dem irreführenden Namen Heiliges Offizium, die eigens zum Zwecke der Ausrottung protestantischer Ketzer geschaffen worden war, bis 1570 weniger als fünfzig von ihnen zu Tode gebracht. Das also war das Ergebnis der »stalinistischen« und »hitlerischen« Kampagnen dieser »Dostojewski'schen Großinquisitoren«.

Knapp zwei Prozent der Gesamtsumme derer, die in ganz Europa wegen Ketzerei das Leben verloren, ist keine Bagatelle. Papst Paul IV., der geistige Vater der Römischen Inquisition, stand hinter dem scharfen Vorgehen gegen Protestanten, zu dem es in England während der katholischen Restauration unter Maria Stuart kam; er war es auch, der dem Heiligen Offizium in Spanien Sondervollmachten gewährte, die ebenso wie die Restaurationspolitik in England die Zahl der Toten anschwellen ließen. Wie man diese Vorgänge zu beurteilen hat, darüber lässt sich streiten. Man kann es sehr wohl als abscheuliches Verbrechen ansehen, dass Menschen von einem Tribunal, dessen Mitglieder sich zur christlichen Religion der Liebe bekennen, als Ketzer verurteilt und hingerichtet werden. Gegen Einschätzungen dieser Art gibt es nichts einzuwenden. Aber wir sollten Klarheit über unsere Kriterien schaffen und darüber, welche Vergleiche wir anstellen. Keine schlecht informierte Rhetorik kann rechtfertigen, dass wir zwischen den »Kampagnen« Hitlers oder Stalins und denen der Römischen Inquisition eine Parallele ziehen. Quantitativ gesehen weit weniger mörderisch gegenüber protestantischen Ketzern als die weltlichen und kirchlichen Behörden andernorts in Europa, verfuhr das Heilige Offizium in seiner unmittelbaren Einflusssphäre weit milder als die weltlichen Mächte des Heiligen Römischen Reiches bei ihren Hexenverfolgungen während des 16. und 17. Jahrhunderts.

Zu den Hexenverfolgungen in Deutschland und den Niederlanden, denen Zehntausende zum Opfer fielen, gibt es in dem von dieser »brutalen, gefühllosen und unwissenden« Organisation beherrschten Italien nichts Vergleichbares. Hexerei wurde auch in Italien argwöhnisch beobachtet und verfolgt, besonders auf dem Land, aber die angeblich von Allmachtsfantasien besessenen »Dostojewski'schen Großinquisitoren« legten erkennbare Zurückhaltung an den Tag, soweit es darum ging, irregeleitete Frauen auf die Scheiterhaufen zu schicken. Skepsis im Blick auf die Übeltaten, an die man im Norden Europas so felsenfest glaubte, zeichnete die im Kern rationale Haltung des Heiligen Offiziums aus. Auf diese Weise blieb Italien der Hexenwahn erspart, der während der Reformationszeit die Gebiete des Heiligen Römischen Reiches und später auch Schweden, Polen, Böhmen und Ungarn heimsuchte. Bedeutet dies, dass die katholische Kirche trotz aller Verleumdungen durch ihre Kritiker humaner war als die Obrigkeiten weiter nördlich? Oder bedeutet es nur, dass sich das Interesse des Heiligen Offiziums auf anderes richtete?

Tatsächlich unterschied sich die Orientierung der Inquisition in den Provinzen Italiens in gewisser Hinsicht von der in anderen Teilen Europas, was, wenn man so will, bürokratische Ursachen hatte. Im Laufe des 16. Jahrhunderts nahmen bestimmte Aspekte der Inquisitorentätigkeit Routinecharakter an. Der Inquisitor stand weniger unter Druck, die Initiative zu ergreifen, weil er sich auf ein System stützen konnte. Dieses System hatten die beiden führenden Figuren in der Frühgeschichte des Heiligen Offiziums, Paul IV. und Pius V. geschaffen. In seiner Zeit als Großinquisitor hatte Pius verfügt, dass kein Arzt Patienten behandeln durfte, die nicht die Beichte abgelegt hatten. Wer keine Absolution erlangt hatte, sollte auf dem Krankenbett auch nicht medizinisch versorgt werden. Paul IV. sorgte sich vor allem um die Verarztung der Seele. Am 5. Januar 1559 ordnete er an, dass die Beichtväter bei Strafe der Exkommunikation alle Beichtenden nach verbotenen Büchern in ihrem Besitz befragen mussten. Den Missetätern durfte keine Absolution erteilt werden. Sie musste beim Heiligen Offizium gesucht werden. Und eine Bitte um Vergebung von Seiten des Inquisitors vor Ort konnte die Folgen haben, die in Kapitel I geschildert wurden.

Durch diese ebenso unerbittliche wie simple Prozedur wurden Beichte und Inquisition miteinander verknüpft. Indem das Kontrollnetz ausgedehnt wurde, verwandelte sich die Arbeit des Inquisitors in eine Schreibtischtätigkeit. Als Bürokraten des Gewissens führten sie Buch über die zuerst in der Beichte enthüllten Geheimnisse. Hier, auf der lokalen Ebene, wo wir sehen können, wie die Machtausübung durch das Heilige Offizium bis ins Alltagsleben hineinwirkte, wird uns auch wieder klar, welch zentrale Rolle Bücher spielten. Leichter zu überwachen als das gesprochene Wort, stand das geschriebene und gedruckte Wort im Zentrum der Aufmerksamkeit des Inquisitors. Die Zensur war für die Durchführung seiner Mission von grundlegender Bedeutung. Sie war so wichtig, dass sie sogar über das geheiligte Beichtgeheimnis triumphierte. Ob solche Vorgehensweisen das Bußsakrament verletzen, müssen Theologen entscheiden. Über diesen Aspekt des Themas schweigen sie sich aus – nicht hingegen über andere.

Für Theologen und andere sind Buße und Reue zu Beginn des dritten Jahrtausends zu einem aktuellen Thema geworden. Am Morgen des 12. März 2000 – des ersten Sonntags in der Fastenzeit des heiligen Jahres – bat der Papst vor der versammelten Menge, die sich im Petersdom drängte, um Vergebung für die Fehler und Versäumnisse der Kirche. Vergebung muss nach dem katholischen Glauben von Gott erbeten werden, was nicht heißt, dass man nicht vor den Mitmenschen ein Bekenntnis seiner Sünden ablegen kann. Vor den Augen der Weltpresse und Tausender von Teilnehmern an dieser Eucharistiefeier unternahm es der altersschwache, kränkelnde Papst, zusammen mit einer Reihe von Kardinälen und Prälaten »die christlichen Irrtümer aller Zeiten öffentlich einzugestehen und sich zu ihnen zu bekennen«.

Die Akteure (und besonders Johannes Paul II. selbst) legten dabei so viel Würde, Aufrichtigkeit und Mut an den Tag, dass viele der Anwesenden zutiefst gerührt waren. Der Katholizismus suchte sich seiner Geschichte zu stellen und sein Gewissen zu reinigen. Als biblische Vorbilder für diese Bitte um Vergebung wurde »das Volk Gottes im Alten Testament« angeführt, »das die Sünde des Goldenen Kalbes gestand und im Gedächtnis bewahrte«; außerdem berief man sich auf »die frühchristliche Kirche des Neuen Testaments, die Petrus' Verleugnung überlieferte, ohne sie zu verleugnen oder zu beschönigen«. Und auffällig war, dass am 12. März 2000 der Papst und die Vertreter der römischen Kurie in ihrem Schuldbekenntnis, das die Einführung in die Liturgie als »einigermaßen knappen Hinweis auf Irrtümer und Sünden« beschreibt, die Römische Inquisition mit keinem Wort erwähnten.

Eine Erwähnung fand sich indes beim Präfekten der Glaubenskongregation, Kardinal Joseph Ratzinger, der davon sprach, dass »auch Menschen der Kirche im Namen des Glaubens und der Moral in ihrem notwendigen Einsatz zum Schutz der *Wahrheit* mitunter auf Methoden zurückgegriffen haben, die dem Evangelium nicht entsprechen«. Nach stillem Gebet fügte der Papst hinzu: »In manchen Zeiten der Geschichte haben die Christen bisweilen Methoden der Intoleranz zugelassen. Indem sie dem großen Gebot der Liebe nicht folgten, haben sie das Antlitz der Kirche, Deiner Braut, entstellt. Erbarme Dich Deiner sündigen Kinder und nimm unseren Vorsatz an, der *Wahrheit* in der Milde der Liebe zu dienen und sich dabei bewusst zu bleiben, dass sich die *Wahrheit* nur mit der Kraft der *Wahrheit* selbst durchsetzt ...«

Das Schlüsselwort, das in diesen feierlichen Erklärungen der höchsten Amtsinhaber der katholischen Kirche viermal auftaucht, lautet Wahrheit. Wahrheit war nach Überzeugung der Römischen Inquisition ein Ziel, das sich auf dem Wege der Dialektik erreichen ließ. Ein Hauch von inquisitorischer Dialektik lässt sich in der These entdecken, wenn in der Vergangenheit »Methoden« verwendet worden seien, »die nicht im Einklang mit den Evangelien standen«, so sei das in der Absicht geschehen, einem »notwendigen Einsatz« nachzukommen. Mehr vom Gedanken der Toleranz bestimmt, wiewohl nicht weniger geheimnisvoll mutet die päpstliche Erklärung an, Wahrheit könne sich nur »kraft der Wahrheit selbst durchsetzen«. Die Frage drängt sich auf: »Welche Art von Wahrheit?« Die Wahrheit der Theologie? Oder die Wahrheit der Geschichte? Stehen diese »Wissensbereiche« (wie Johannes Paul II. es nennt) in einem »Ergänzungsverhältnis« oder bilden sie einen »Gegensatz«?

Dergleichen Fragen werden in zwei offiziellen Publikationen angesprochen, die anlässlich des heiligen Jahres erschienen sind. Keine schenkt der Geschichte sonderliche Aufmerksamkeit. Die eine, die von der Internationalen Theologischen Kommission der Kirche herausgegeben wurde, unterscheidet zwischen historischen und theologischen Urteilen und kommt zu dem Ergebnis, Erstere legten den Grund für Letztere. Die andere Veröffentlichung, bei der es sich um eine ansprechende Meditation zum Thema Gedenken und Buße handelt, die der Theologe des Päpstlichen Hauses, Pater Georges Cottier verfasst hat, kommt auf Geschichte gar nicht zu sprechen. Der Präsident des kirchlichen Festkomitees, Kardinal Roger Etchegaray, greift allerdings das Thema in seinem Vorwort zu Pater Cottiers Buch auf.

Anders als die Mitglieder der Internationalen Theologischen Kommission, die sich um eine Würdigung der hermeneutischen

Probleme bemüht haben, die mit der Bildung historischer und theologischer Urteile verknüpft sind, kennt der Kardinal keine Probleme oder Zweifel. Er weiß zum Beispiel, dass nur »jene, die von tiefer Liebe zur Kirche erfüllt sind, sie mit Klarsicht und Mut prüfen können«, und gelangt ohne viel Umstände zu dem Schluss, dass »der wahre Richter über ihre Geschichte Christus« sei.

Auf der theologischen Ebene ewiger Wahrheiten mag sich das so verhalten, aber das Argument taugt schwerlich, um historische Untersuchungen von Forschern abzuschmettern, deren Liebe zur römischen Kirche nicht so tief geht wie die eines Kirchenoberen. Was hat Liebe zum Katholizismus oder Hass gegen ihn mit der ganzen Diskussion überhaupt zu tun? Steht dergleichen nicht im Widerspruch zur Lehre von Johannes Paul II., der am 31. Oktober 1998 vor einem internationalen Symposium über die Geschichte der Inquisition zu Recht die »leidenschaftliche Emotionalität« tadelte, »die eine ernsthafte und objektive Diagnose verhindert«? Der Papst sprach damals vor Historikern, ohne sich auf das Urteil Christi zu berufen. Von Kardinal Etchegaray hätte sich größeres Verständnis für die Unterscheidung erwarten lassen, denn schließlich war er es, der als Vorsitzender des Symposiums die Teilnehmer dem Papst im unmittelbaren Anschluss an seine Rede vorstellte.

Ist es möglich, die gesamte Problematik neu ins Auge zu fassen, ohne in eine defensive Haltung zu verfallen oder feindselige Aggressivität hervorzukehren? Wenn Geschichte und Theologie einander ergänzen, dann folgt daraus, dass Historiker und Theologen eine gemeinsame Zielsetzung haben. Sie besteht darin, die Römische Inquisition zu verstehen, nicht über sie zu richten. Das Verstehen muss sich (zumindest teilweise) auf die Quellen in den Archiven stützen. Solange diese nicht vollständig ausgewertet sind, darf die Kirche zu keinem abschließenden Urteil kommen, wenn sie im Einklang mit dem Verfahren bleiben will, das der Internationalen Theologischen

Kommission vorschwebt. So sinnvoll es war, die am 12. März 2000 formulierte vorläufige Stellungnahme allgemein zu halten, so sicher bedarf das Urteil in Zukunft der Konkretisierung, wenn die damalige »Bitte um Vergebung« mehr gewesen sein soll als ein Lippenbekenntnis.

Die Öffnung der Archive der Römischen Inquisition darf sich nicht in der Veröffentlichung von bis dahin geheimen Quellen erschöpfen. Zu hoffen bleibt, dass mehr aus ihr folgt. Die Hoffnung richtet sich auf die Möglichkeit eines Dialogs zwischen Geschichtswissenschaft und Kirche, den keine der beteiligten Parteien bislang sehr ernsthaft angestrebt hat. Zum Dialog gehört eine wechselseitige Anerkennung der Unterschiede, und zwar nicht nur, was die Methoden betrifft; zu ihm gehört auch ein Gesprächsklima, in dem nicht mehr diejenigen tonangebend sind, für die Kompetenz gleichbedeutend mit dem Durchblick und Mut ist, den angeblich nur tiefe Liebe zur römischen Kirche verleiht. Wer Äußerungen dieser Art als ausschließlich typisch für einen in die Defensive gedrängten Klerikalismus betrachtet, der irrt. Sie sind keineswegs auf den Klerus beschränkt, wie Ludwig Pastor beweist, der am 20. Januar 1903, nachdem man ihm den Zutritt zu den Archiven des Heiligen Offiziums verweigert hatte, in seinem Tagebuch folgenden heftigen Klagegesang anstimmte:

> »Wie soll ich aber Akten genau bezeichnen, wenn ich nicht weiß, was im Archiv der Inquisition enthalten ist? Ich sehe, hier ist alles vergebens. Ich werde kein hartes oder gar unehrerbietiges Wort gegen die Inquisition in meiner Papstgeschichte sagen, kann sie aber auch nicht verteidigen, denn mir fehlen die Akten zu einem Urteil. Wenn nur nicht eines Tages die Feinde der Kirche das Inquisitionsarchiv einfach mit Beschlag belegen! Dann werden die Akten, statt von einem treuen Katholiken erläutert, zum Schaden der Kirche herausgegeben und verwertet werden.«

Diese Haltung spricht für sich selbst, und zwar in einer Sprache, die wir nun die Chance haben, hinter uns zu lassen. Die »leidenschaftliche Emotionalität« die in Pastors sehnlichem

Wunsch zum Ausdruck kommt, für die Päpste der Vergangenheit in die Bresche zu springen, hat nichts mit dem »wahren Licht« der Geschichte zu tun. Weder Klerikalismus noch Antiklerikalismus, weder katholische Apologeten noch antikatholische Polemik bringen beim Versuch, das komplexe Phänomen der Römischen Inquisition auszuloten, den geringsten Nutzen. Nützlicher ist da vielleicht die Erkenntnis, dass wir gut daran tun, in den Vertretern dieser Einrichtung nicht mehr bloß Buhmänner zu sehen, sondern einen Teil unserer Vergangenheit – und mithin ein Stück von uns selbst.

Ausgewählte Bibliografie und Quellenangaben

Die folgenden Seiten sind nur dazu gedacht, den Leser auf besonders hilfreiche Sekundärliteratur hinzuweisen und die wichtigsten Quellen zu nennen, auf die das vorliegende Buch sich stützt. (Eine Spezialbibliografie zu den in Kapitel I–III behandelten Themen findet sich in meinem Buch *The Saint as Censor. Robert Bellarmine between Inquisition and Index* [Leiden 2000].)

Abkürzungen

ACDF Archiv der Kongregation für die Glaubenslehre
BAV Vatikanische Bibliothek
DBI Dizionario biografico degli italiani
Indice Index = Archiv der Kongregation für den Index verbotener Bücher
S. U. Sant'Uffizio = Archiv der Römischen Inquisition
St. St. Stanza Storica = Historische Sammlung handschriftlicher Quellen

Motti

Der Auszug aus *Areopagitica* von John Milton entstammt der deutschen Übersetzung in *Politische Hauptschriften*, Berlin 1874–79, Bd. 1, S. 41.
Der Auszug aus *Des Teufels Wörterbuch* von Ambrose Bierce ist der Ausgabe *Sämtliche Werke*, dt. von Gisbert Haefs © 1986, Haffmans Verlag AG, Zürich, entnommen.

(11) Zunächst zwei neuere und nützliche Studien über die Römische Inquisition: J. Tedeschi, *The Prosecution of Heresy. Studies on the Inquisition in Early Modern Italy* (Binghampton, New York, 1991), und A. Prosperi, *Tribunali della coscienza. Inquisitori, confessori, missionari* (Turin 1996). Siehe auch F. Bethencourt, *L'Inquisition à l'époque moderne. Espagne, Portugal, Italie XVe–XIXe siècles* (Paris 1995); H. Kamen, *Inquisition and Society in Spain in the Sixteenth and Seventeenth Centuries* (Bloomington 1985); und H. Maisonneuve, *Etudes sur les origines de l'Inquisition*, 2. Aufl. (Paris 1985).

(14) Zu den Zitaten über die Folter im Londoner Tower und aus Menendez y Pelayo siehe E. Peters, *Inquisition* (London 1988), S. 141 und 284.

(17) Zu den Archiven der Inquisition und des Index siehe A. Cifres, »L'Archivio storico della Congregazione per la Dottrina della Fede«, in *L'Apertura degli archivi del Sant'Uffizio Romano*, Atti dei Convegni Lincei 142 (Rom 1998), S. 73–84 (ins Deutsche übersetzt von P. Schmitt, »Das historische Archiv der Kongregation der Glaubenslehre in Rom«, *Historische Zeitschrift* 268 [1999], S. 97–106). Vgl. Tedeschi, *Prosecution of Heresy*, S. 23–46, mit Bibliografie.

(24) Ein grundlegendes Werk zur Frühgeschichte der Indizes verbotener Bücher ist *Index des livres interdits*, 10 Bde., hrsg. von J. De Bujanda (Sherbrooke und Genf 1985–1996).

(24) Zum Thema Buch und Zensur in der Reformation siehe *La réforme et le livre: L'Europe de l'imprimé (1517–v. 1570)*, hrsg. von J.-F. Gilmont (Paris 1990), und *Censura libraria nell'Europa del secolo xvi*, hrsg. von U. Rozzo (Udine 1997).

(25) Weiteres in meinem demnächst erscheinenden Buch *Weltliteratur auf dem Index* (2001).

Vorspiel auf dem Scheiterhaufen

(27ff.) Zu Brunos Prozess siehe L. Firpo, *Il Processo di Giordano Bruno*, hrsg. von D. Quaglioni (Rom 1993); ferner S. Ricci, *Giordano Bruno nell'Europa del Cinquecento* (Rom 2000) und ders., *Giordano Bruno, 1548–1600*, Mostra storico-documentaria, Rom, Biblioteca Casanatense (Florenz 2000). Die Auszüge aus Schoppes Brief sind abgedruckt in Firpo, *Processo*, S. 348–352. Einen nützlichen Kommentar findet man bei L. Firpo, A.-P. Segonds, *Giordano Bruno. Documents I. Le procès* (Paris 2000), S. 634ff.

KAPITEL I

(35) Eine zusammenfassende Darstellung von Brunos Prozess enthält A. Mercati, *Il sommario del processo di Giordano Bruno* (Vatikanstadt 1942).

(35) Zu Peña und Eymerichs *Handbuch für Inquisitoren (Directorium Inquisitorum)* siehe die schöne Studie von A. Borromeo, »A proposito del Directorium Inquisitorum di Nicolás Eymerich e delle sue edizioni cinquecentesche«, *Critica Storica* I (1983), S. 499–547.

(35) Zur Inquisition als »einem blutigen Hohne« auf die »Verwaltung der Strafjustiz« siehe H.-C. Lea, *A History of the Inquisition in the Middle Ages* (New York 1888), Bd. 3, S. 650; dt. *Geschichte der Inquisition im Mittelalter* (Bochum 1905–13, Repr. Nördlingen 1987), Bd. 3, S. 729.

(36) Zu Peñas Jugendwerk über die Ketzerei siehe *BAV*, Vat. lat. 6982, fol. 1–331.

(38) Zur Rolle des Lateinischen siehe F. Waquet, *Le latin ou l'empire d'un signe, XVIe–XXe siècles* (Paris 1998).

(39) Zu Bellarmin siehe mein Buch *The Saint as Censor. Robert Bellarmine between Inquisition and Index* (Leiden 2000).

(40) Zu Inquisitionsverfahren und Hexerei siehe Tedeschi, *Prosecution of Heresy*, S. 89–259, sowie Prosperi, *Tribunali della coscienza*, S. 154ff. und 386ff.

(42) Zu Giulio Antonio Santori siehe mein Buch *The Grand Inquisitor* (2002).

(45) Zu Ketzerei und Verrat siehe O. Hageneder, »Der Häresiebegriff bei den Juristen des 12. und 13. Jahrhunderts«, in *The Concept of Heresy in the Middle Ages (11th–13th Centuries)*, hrsg. von W. Lourdaux (Löwen 1976), S. 42–103; und ders., »Die Häresie des Ungehorsams und die Entstehung des hierokratischen Papsttums«, *Römische Historische Mitteilungen* 20 (1978), S. 29–47.

(46) Zur Ansicht von Augustinus und anderen über den Glaubenszwang siehe G. Constable, »*Love And Do What You Will.*« *The Medieval History of an Augustinian Precept*, The Morton W. Bloomfield Lectures IV (Kalamazoo 1999).

(47) Zur Literatur der Inquisition finden sich wertvolle Anmerkungen bei Tedeschi, *Prosecution of Heresy*, S. 52ff., sowie prachtvolle Illustrationen in dem Katalog *Inquisizione e Indice nei secoli xvi–xviii. Controversie teologiche delle raccolte casanatensi*, hrsg. von A. Cavarra (Vigevano 1998).

(47) Zu Farinacci siehe N. Del Re, »Prospero Farinacci giureconsulto romano (1554–1618)«, *Archivio della Società Romana di Storia Patria* 48 (1975), S. 135–220.

(47) Zu Francisco Peñas Buch *Praktischer Leitfaden für Inquisitoren* siehe Cesare Carena, *Tractatus de Officio Sanctissimae Inquisitionis*

et modo procedendi in causis fidei (Bologna 1668), S. 348–434;
aus diesem Werk stammen die Zitate.

(52)   Zu »Sündenbäumen« und Bußhandbüchern siehe C. Chiffoleau,
»La religion flamboyante«, in *Histoire de la France religieuse*, Bd.
2, hrsg. von J. Le Goff und R. Rémond (Paris 1988), S. 11–84,
besonders S. 103ff.; und P. von Moos, »›Herzensgeheimnisse‹
(*occulta cordis*). Selbstbewahrung und Selbstentblößung im Mittelalter«, in *Geheimnis und Öffentlichkeit*, hrsg. von A. und J.
Assman (München 1997), S. 89ff.

(53)   Zur Kasuistik siehe P. Michel-Quantin, *Sommes de casuistique de
manuels de confession au Moyen Age (XIIe–XVIe siècles)* (Mon-
treal 1962; und J.-P. Somerville, »The ›new art of lying‹: equivo-
cation, mental reservation, and casuistry«, in *Conscience and
Casuistry in Early Modern Europe*, hrsg. von E. Leites (Cambridge 1988), S. 159–184.

(65)   Zur Rolle der Berater (Konsultoren) in der Inquisition siehe mein
Buch *The Saint as Censor*, passim.

(69)   Zur Korrespondenz zwischen Zentralbehörden und örtlichen Inquisitoren siehe *BAV*, Barb. lat. 6334–6336. Von größter Bedeutung
für dieses Thema ist das Archiv der Inquisition in Siena, das in
ACDF, Fondo Siena untergebracht ist. Zur Zeit wird es katalogi-
siert und studiert von Oscar di Simplicio (Florenz).

(76)   Morones Prozessakten liegen in einer ausgezeichneten Edition von
M. Firpo und D. Marcatto vor: *Il processo inquisitoriale del Cardinal Giovanni Morone*, 6 Bde. (Rom 1981–1995).

KAPITEL II

(79)   Zu Druckerpresse und Inquisition vgl. P. Grendler, *The Roman
Inquisition and the Venetian Press 1540–1665* (Princeton 1997).

(80)   Zu den Indizes vor 1559 siehe Bujanda (Hrsg.), *Index* i–viii.

(81)   Zur Zensur des Erasmus siehe S. Seidel Menchi in *Censura libraria*, hrsg. von Rossi, S. 177–206.

(86)   Zur Zensur Machiavellis siehe mein Buch *From Poliziano to
Machiavelli. Florentine Humanism in the High Renaissance* (Princeton 1998), S. 303–333.

(87)   Zur Zensur des Johannes Wild siehe *ACDF, Indice, Protocolli* F,
fol. 105^v–111^v.

(88)   Zur Zensur der Kirchenväter siehe *ACDF, Indice, Protocolli* D, fol.
258^{r}ff. und F, fol. 45^{r}ff.

(89)   Zu den Katalogen der Frankfurter Messe siehe mein Buch *The Saint
as Censor*, Kapitel IV.

(99)   Die Originalpassage aus den *Kommentaren* Pius' II. stammt aus
*Pii II Commentarii rerum memorabilium, quae temporibus suis
contigerunt* 1, hrsg. von A. van Heck, Studi e testi 312 (Vatikanstadt 1984), S. 100–101.

(100) Der lateinische Text von Peñas Zensurbericht findet sich in meinem Buch *The Saint as Censor*, III, 56.

Kapitel III

(106) Zu *rocchetto* und *mozzetta* siehe J.-C. Noonan, *The Church Visible. The Ceremonial Life and Protocol of the Roman Catholic Church* (New York 1996), S. 309ff. und 319ff.

(109) Zu Santoris Autobiografie siehe G. Cugnoni (Hrsg.), *Archivio della Società Romana di Storia Patria* XII (1889), S. 329–72; XIII (1890), S. 151–205.

(112) Commendones Abhandlung wurde herausgegeben von C. Mozzarelli: Giovanni Francesco Commendone, *Discorso sopra la Corte di Roma* (Rom 1996). Zu Commendone siehe D. Caccamoca in *DBI* (27), S. 606–613.

(113) Zum Nepotismus siehe die exzellente Studie von C. Weber, *Senatus divinus. Verborgene Strukturen im Kardinalskollegium der frühen Neuzeit. Beiträge zur Kirchen- und Kulturgeschichte 2* (Frankfurt/M. 1996). Zu den Statistiken siehe ebd., S. 140.

(115) Zu Bellarmin und dem Sixtinischen Index siehe mein Buch *The Saint as Censor*, Kapitel III.

(127) Der Text des Zensurberichts über Montaigne findet sich in *The Saint as Censor*, III, 32.

(129) Zu den Anschuldigungen gegen die Liebesdichtung und zu Bellarmins Urteil über Madrigale siehe meinen Beitrag »Monteverdi zwischen Humanismus und Inquisition«, in *Amor vincit omnia. Karajan, Monteverdi und die Entwicklung der neuen Medien*, Herbert von Karajan Centrum, Symposium 1999 (Wien 2000), S. 60–87 (mit Quelle).

(129) Zur Gotteslästerung siehe *ACDF, St. St.* D–6–e und *S. U., Decreta* 14.X.1654 und 28.X.1701.

(132) Zu *Zensurberichte über verschiedene Thesen* siehe *ACDF, St. St.* o–1a.

(137) Zur Zensur des Talmud siehe *ACDF, Indice* I, fol. 90^r–153^r. Zur Verbrennung des Talmud im Mittelalter und der Haltung zu den Juden siehe G. Dahan, *Le brûlement du Talmud à Paris 1242–1244* (Paris 1999); und ders., *Les intellectuels chrétiens et les juifs au Moyen-Age* (Paris 1999).

(137) Zu Kirche und Talmud siehe F. Parente in *Storia d'Italia Annali* II: *Gli Ebrei in Italia*, hrsg. von C. Vivanti, I: *Dall'alto medioevo all'età dei ghetti* (Turin 1996), S. 524ff., besonders 589ff. Zur Stellung der Juden vgl. A. Toaff, ebd., S. 123ff.; A. Prosperi, ebd., S. 497ff.; und R. Segre, ebd., S. 709ff.

(140) Zur Zensur jüdischer Inschriften siehe *ACDF, S. U., Censura librorum* (1696–1697) (fasz. 5).

Kapitel IV

(143) Zu Valverdes Brief siehe *BAV*, Vat. lat. 6195 (I), fol. 417ʳ. Eine (fehlerhafte) Übersetzung findet sich bei C. Dejob, *De l'influence du Concile de Trente sur la littérature et les beaux-arts chez les peuples catholiques* (Paris 1884), S. 76–78.

(144) Zu Mirandas Urteil über die Mahlzeiten siehe *ACDF, Indice, Protocolli* P, fol. 144ʳ–146ʳ.

(147) Zur Literatur über Bruno siehe oben, »Vorspiel auf dem Scheiterhaufen«.

(150) Es gibt eine gigantische Sekundärliteratur über Galileis Prozess. Die Quellen sind ediert unter dem Titel *I documenti del processo di Galileo Galilei*, hrsg. von S. Pagano, Collectanea Archivi Vaticani 21 (Vatikanstadt 1984). Die beste Kurzbiografie stammt von U. Baldini, *DBI* 59, S. 473–485. Grundlegend auch Baldinis Darstellung der wissenschaftlichen und philosophischen Themen, um die es 1616 ging. Siehe ders., *Legem imponere subactis. Studi su filosofia e scienza dei Gesuiti in Italia 1540–1632* (Rom 1992). Das überzogene, aber einfallsreiche Buch von P. Redondi, *Galileo Heretic* (Princeton 1987), sollte man zusammen mit der Kritik von R. Westfall, *Essays on the Trial of Galileo* (Vatikanstadt 1989), S. 84ff., lesen. Einige von Westfalls Gedanken zur Günstlingswirtschaft werden weiterentwickelt bei M. Biagioli, *Galileo, Courtier. The Practice of Science in the Culture of Absolutism* (Chicago 1993). Weitere Literatur wird erörtert von P.-N. Mayaud, S.J., *La condemnation des livres coperniciens et sa révocation à la lumière de documents inédits des Congrégations de l'Index et de l'Inquisition*, Miscellanea Historiae Pontificiae 64 (Rom 1997). Siehe auch F. Beretta, *Galileo devant le Tribunal de l'Inquisition. Une relecture des sources* (Fribourg 1998). Meine Darstellung der Ereignisse von 1616 und 1633 schließt an das fünfte Kapitel von *The Saint as Censor* an.

(165) Zu Albizzi siehe die kritische Biografie von L. Ceyssens, OFM, *Le Cardinal Francesco Albizzi (1593–1684). Un cas important dans l'histoire du jansénisme* (Rom 1977). Einen klaren Überblick über die neuere Jansenismus-Forschung bietet B. Neveu, *Erudition et religion aux XVIIe et XVIIIe siècles* (Paris 1994), S. 385ff. Siehe auch P. Blet, »Louis XIV et les papes aux prises avec le jansénisme«, *Archivum Historiae Pontificiae* 31 (1993), S. 109ff., und 32 (1994), S. 65ff.

(166) Zu Descartes und den Jesuiten siehe besonders S. Gaukroger, *Descartes. An Intellectual Biography* (Oxford 1995); zur Eucharistie siehe J. R. Armogathe, *Theologia cartesiana. L'explication physique de l'Eucharistie chez Descartes et dom Desgabets* (Den Haag 1977). Zur Zensur des Cartesianismus siehe als Grundlagentext T. McClaughlin, »Censorship and Defenders of the Cartesian Faith

in Mid-Seventeenth Century France«, *Journal of the History of Ideas* 40 (1979), S. 563–581. Vgl. auch N. Jolley, »The Reception of Descartes' Philosophy«, in *The Cambridge Companion to Descartes*, hrsg. von J. Cottingham (Cambridge 1992), S. 393ff.

(167) Zu den Zensurberichten über Descartes und den Cartesianismus siehe *ACDF, St. St.* 0–3 f (5) 1671, sowie *ACDF, Indice, Protocolli* (1707), (1713–1715), (1715–1721), (1721–1723).

(175) Zur Frage der Toleranz im späten 17. Jahrhundert siehe H. Guggisberg, *Religiöse Toleranz. Dokumente zur Geschichte einer Forderung* (Stuttgart–Bad Cannstatt 1984), S. 188ff.; vgl. *Tolerance and Intolerance in the European Reformation*, hrsg. von O. Grell und B. Scribner (Cambridge 1996).

(175) Zu Leibniz' Korrespondenz mit Bossuet und seinen ökumenischen Idealen siehe P. Eisenkopf, *Leibniz und die Einigung der Christenheit. Überlegungen zur Reunion der evangelischen und katholischen Kirche*, Beiträge zur ökumenischen Theologie 11 (München 1975); und J. Le Brun, »Le concept d'hérésie à la fin du XVIIe siècle: La controverse Leibniz–Bossuet«, in *Akten des II. Internationalen Leibniz-Kongresses ... III* (Wiesbaden 1975), S. 91ff.

(175) Zu *Des méthodes de la réunion* siehe L. Winterswyl (Hrsg.), *Über die Reunion der Kirchen* (Freiburg/Br. 1939).

(176) Zum Zensurbericht über Leibniz siehe *ACDF, S. U., Censura librorum* (1696–1697), fasz. 14. Vgl. *ACDF, Indice* (1726), fol. 6, 120, 270, 669ff.

(178) Zur Toleranz vgl. R. Tuck, »Scepticism und Toleration in the Seventeenth Century«, in *Justifying Toleration. Conceptual and Historical Perspectives*, hrsg. von S. Mendus (Cambridge 1988), S. 21–36.

KAPITEL V

(185) Zu Limborchs und Marsolliers Geschichtswerken über die Inquisition siehe E. van der Vekene, *Bibliotheca bibliographica historiae Sanctae Inquisitionis. Bibliographisches Verzeichnis des gedruckten Schrifftums zur Geschichte und Literatur der Inquisition* I (Vaduz, 1982), S. 474ff.

(185) Zur Zensurprüfung der Geschichte Marsolliers siehe *ACDF, S. U., Censura librorum* (1693–1695), fasz. 20.

(188) Zum Zensurbericht über Hobbes siehe *ACDF, Indice, Protocolli* (1700–1701), fol. 376; (1701–7102), fol. 62, 75^{r-v}, 268, $367^{r}-370^{r}$; (1703), fol. 137, 219, 282.

(192) Zur Zensurprüfung von Richardsons *Pamela* siehe *ACDF, S. U., Censura librorum* (1744–45), fasz. 2.

(193) Zu Sarpi siehe *ACDF, S. U., Censura librorum* (1639–1641), fasz. 3; (1642–1643), fasz. 1; (1663–1664), fasz. 1.

(194) Zum »historisierten Teufel« siehe *ACDF, S. U., Censura librorum* (1744–1745), fasz. 1.

(196) Zu Bellarmins Beurteilung der Papstgeschichte siehe mein *The Saint as Censor*, Kapitel III.

(196) Zu Leo XIII. und der Öffnung der Geheimarchive des Vatikans siehe O. Chadwick, *Catholicism and History. The Opening of the Vatican Archives* (Cambridge 1978).

(197) Zu Gabriellis Zensurbericht über Baluze siehe ACDF, *Indice, Protocolli* (1694–1695), fol. 327ff; (1697), fol. 201ff; (1697–1698), fol. 333ff; (1698–1699), fol. 380ff; (1700–1701), fol. 129, 137.

(204) Zu Ponsarts Zensurbericht über Gibbon siehe ACDF, *Indice, Protocolli* (1781–1784), fol. 475^v–477^v.

(211) Zu Gibbon und zur protestantischen Geschichtsschreibung siehe O. Chadwick, »Gibbon and the Church Historians«, in *Edward Gibbon and the Decline and Fall of the Roman Empire*, hrsg. von G. Bowersock u. a. (Cambridge 1977), S. 219–231; zu den Kapiteln 15 und 16 von Gibbons Werk siehe D. Wootton, »Narrative, Irony and Faith in Gibbon's *Decline and Fall*«, in *Edward Gibbon: Bicentenary Essays*, hrsg. von D. Womersley (Oxford 1977), S. 203–234. Die Zitate entstammen der deutschen Ausgabe (Ausz.) *Verfall und Untergang des Römischen Reiches*, hrsg. von D. A. Saunders, übers. von J. Sporschil, © Eichborn AG 1987, zuerst erschienen bei Franz Greno, Nördlingen 1987, S. 237–238.

(213) Zu Gibbons Autobiografie siehe *Memoirs of My Life*, hrsg. von G. Bonnard (London 1966), S. 58f.

(212) Zu Fabroni und Spedalieri siehe A. Momigliano, »Gibbon from an Italian Point of View«, in *Gibbon and the Decline and Fall*, hrsg. von Bowersock, S. 30–31.

(213) Zu Gibbon, Hume und der Frage der Wunder siehe D. Wootton, »Hume's ›Of Miracles‹: Probability and Irreligion«, in *Studies in the Philosophy of the Scottish Enlightenment* I, hrsg. von M. Stewart (Oxford 1990), und S. Foster, *Melancholy Duty. The Hume–Gibbon Attack on Christianity* (Dordrecht 1997), S. 93ff.

(213) Zur Zensurprüfung von Humes *Untersuchung über den menschlichen Verstand* siehe ACDF, *Indice, Protocolli* (1759–1762), fol. 179^r, 199^r–203^v.

(216) Lambertinis *De Servorum Dei beatificatione et beatorum canonizatione* kam 1734–1738 in Bologna heraus und erlebte zahlreiche Neudrucke: Padua 1743, Rom 1747 und 1749, Venedig 1751–1752, Rom 1757, Venedig 1764 und 1765, Neapel 1773, Venedig 1778, Rom 1783. Man findet die Schrift in allen sieben Ausgaben seiner *Opera omnia*, die zwischen 1747–1751 und 1904 erschienen.

(216) Lambertinis *Annotazioni sopra le feste di Nostro Signore e della Beatissima Virgine secondo l'ordine del calendario romano* (Bologna 1740) wurde zwischen 1740 und 1792 fünfmal neu aufgelegt.

KAPITEL VI

(219) Die besten Untersuchungen zu Benedikt XIV. bieten M. Rosa in *DBI* 8, S. 339–408, und ders., *Riformatori e rebelli nel '700 religioso italiano* (Bari 1969), S. 49–85, sowie T. Bertone, *Il Governo della Chiesa nel pensiero di Benedetto XIV* (Rom 1977). Für den Hintergrund empfiehlt sich O. Chadwick, *The Popes and European Revolution* (Oxford 1981), S. 295ff.

(219) Zu den Briefen zwischen Benedikt XIV. und Muratori siehe *BAV*, Vat. Lat. 10368, fol. 399–404, 365–367, 377.

(220 Zur Zensur Muratoris, siehe *ACDF, S. U., Censura librorum* (1720–1732), fasz. 28.

(221) Zu dem Zitat aus der Enzyklika *Magno cum animo* vom 2. 6. 1751 und dem Vergleich mit Johannes XXIII. siehe Bertone, *Il Governo della Chiesa*, S. 36 und Anm. 13.

(222) Zu Benedikt XIV. über »gelehrsame Kirchenmänner« siehe F. Kraus, *Briefe Benedikts XIV an den Canonicus Francesco Piggi ...* (Freiburg 1884), S. 27–28, und E. Rosa in *Civiltà cattolica* 69 (1918), II, S. 336–346; III, S. 55–56; IV, S. 48–55.

(223) Zu Benedikts XIV. Korrespondenz mit Kardinal de Tencin siehe *Le lettere di Benedetto XIV al Card. De Tencin* I, hrsg. von E. Morelli (Rom 1955), S. 372; II (Rom 1965), S. 187–188, 208–209, und *Le Correspondance de Benoît XIV* (1750–1756), hrsg. von E. Heckenen, S. 281–282.

(223) Zu den vorbereitenden Dokumenten für *Sollicita et provida* siehe Archivio Segreto Vaticano, *Benedictus XIV, Bullae* 22, fol. 51^r–97^v, 102^{r-v}, 122^r, 125^{r}ff, 136^r–138^r, 151^{r}ff, 175^r, 183.

(226) Über Kardinal Neri Corsini siehe M. Caffiero in *DBI* 29, S. 651–657.

(226) Über Bottari siehe G. Pignatelli und A. Petrucci in *DBI* 13, S. 409–418.

(228) Zu *Sollicita et provida* siehe *Benedicti XIV Bullarium* III,2 (Prato 1847), S. 109–116.

(228) Über Querini siehe G. Benzoni und M. Pegrari (Hrsg.), *Cultura, religione et politica nell'età di A. M. Querini* (Brescia 1982), und *Miscellanea Queriana*, Studi Queriniani I (Brescia 1961).

(229) Siehe Morelli (Hrsg.), *Le Lettere di Benedetto XIV* I, S. 412.

(229) Über den Humor Benedikts XIV. siehe T. Valenti, *Papa Lambertini umoristico* (Bologna 1938).

(229) Zu Querinis Brief an Benedikt XIV. siehe *ACDF, Indice, Protocolli* (1753–1754), fol. 490^r–494^r.

(236) Zur Korrespondenz Benedikts XIV. mit Daniel Stadler siehe *ACDF, Indice, Protocolli* (1753–1754), fol. 152^r–154^r.

(238) Siehe Morelli (Hrsg.), *Le Lettere di Benedetto XIV* I, S. 73–74.

(239) Über Passionei siehe H. Schwedt in *Bibliographisches Kirchenlexikon* VII (Herzberg 1993), Kol. 1582–1588.

(239) Zur Zensurprüfung von Montesquieus *L'Esprit des lois* siehe die hervorragende Untersuchung von M. Rosa in ders., *Riformatori e ribelli nel '700 religioso italiano* (Bari 1969), S. 87–118. Vgl. R. Shackleton, *Montesquieu. A Critical Biography* (Oxford 1961), S. 370ff, und A. Lynch, »Montesquieu and the Ecclesiastical Critics of L'Esprit des lois«, *Journal of the History of Ideas* XXXVIII (1977), S. 487–500.

(240) Die Primärquellen zur Zensurprüfung von *L'Esprit des lois* findet man in *ACDF, Indice, Protocolli* (1749–1752), fol. 179^r, 210^r, 322^r, 324^r–338^v, 349^r.

(241) Über Emaldi siehe M. Ceresa, *DBI* 42, S. 537–538.

(245) Zur Zensurprüfung von *Lettres persanes* siehe *ACDF, Indice, Protocolli* (1756–1762), fol. 318^r, 372$^{r-v.}$

KAPITEL VII

(247) Zu Montesquieus Brief vom 8. Oktober 1750 siehe *Œuvres complètes de Montesquieu* III, hrsg. von A. Masson (Paris 1955), S. 1331 und 1333.

(249) Zu Ricchinis Vorschlägen für einen neuen Index und den einschlägigen Dokumenten siehe *ACDF, Indice, Protocolli* (1755–1757), fol. 366^r–377^v.

(250) Zur Publikationsgeschichte von *L'Encyclopédie* siehe R. Darnton, *The Business of Enlightenment. A Publishing History of the Encyclopédie 1775–1830* (Cambridge/Mass. 1979).

(251) Zu Lazzaris Memorandum siehe *ACDF, Indice, Protocolli* (1755–1757), fol. 486^r–497^v. Dieses wichtige Dokument (diskutiert findet man es weder in W. Brandmüller und E. Greipl, *Copernico, Galileo, e la Chiesa. Fine della controversia (1820). Gli atti del Sant'Uffizio* [Florenz 1992], noch in P. N. Mayaud, S. J., *La condamnation des livres coperniciens et sa révocation à la lumière des documents inédits des Congrégations de l'Index et de l'Inquisition*, Miscellana Historiae Pontificiae 64 [Rom 1997]) hat U. Baldini, *Saggi sulla cultura della Compagnia di Gesù (secoli XVI–XVIII)* (Padua 2000), S. 281–348, vorbildlich ediert.

(256) Zu Amaduzzis Brief an Fontana siehe *BAV*, Patetta 1836, fol. 3$^{r-v.}$ Über Amaduzzi siehe A. Fabri *DBI* 2, S. 613–616; über Fontana siehe U. Baldini, ebd. 48, S. 681–689.

(258) Zum Zensurbericht der Indexkongregation über *L'Encyclopédie* siehe *ACDF, Indice, Protocolli* (1757–1759), fol. 175^r–212^v.

(260) Zu der in Lucca erschienenen Ausgabe von *L'Encyclopédie* siehe S. Bongi, »L'Enciclopedia in Lucca«, *Archivio Storico Italiano* XVIII (1873), S. 64–90.

(260) Zum Zensurbericht der Inquisition über *L'Encyclopédie* siehe *ACDF, S. U., Censura librorum* (1759 [II], fasz. 1.

(262) Siehe P. Martino, »L'interdiction du *Mahomet* de Voltaire et la dédi-

cace au pape (1742–1746)«, in *Mémorial Henri Basset, Nouvelles Études nord-africaines et orientales* (Paris 1928), S. 89–103. Zum Kontext des Folgenden siehe S. Rotta, »Voltaire in Italia. Note sulle traduzioni settecentesche delle opere voltairiane«, *Annali della Scuola Normale Superiore di Pisa. Lettere, storia, e filosofia* XXXI (1970). S. 387–444.

(264) Zu Voltaires *La voix du sage et du peuple* siehe ACDF, S. U., *Censura librorum* (1751), fasz. 1. Vgl. auch W. Hanley, »The Provenance of the Royal Condemnation of Voltaires *La voix du sage et du peuple*«, *Studi francesci* 29 (1985), S. 509–511.

(265) Über Clemens XIV. siehe M. Rosa in *DBI* 26, S. 343–362.

(265) Zu Ganganellis Zensurbericht über Voltaire siehe SU *Censura librorum* (1752), fasz. 10.

(271) Zu Emaldis Zensurbericht über Voltaires *Le siècle de Louis XIV* siehe ACDF, *Indice, Protocolli* (1753–1754), fol. 194–200^r.

(273) Über die Pariser Zensurprüfung des *Précis* siehe W. Hanley, »The Censure of Voltaires Biblical Verse«, *Australian Journal of French Studies* XXI (1984), S. 26–421.

(275) Über Bianchi siehe G. Ricuperati in *DBI* 10, S. 114–117.

(276) Zur Zensurprüfung von *Candide* siehe ACDF, *Indice, Protocolli* (1759–1762), fol. 331^r–334^r. Zu Voltaires Satire auf den Leibniz'-schen Optimismus vgl. F. W. Barker, *Leibniz in France from Arnauld to Voltaire. A Study in French Reactions to Leibnizianism, 1670–1760* (Oxford 1955), S. 231ff.

(278) Zu Ganganellis Äußerungen über Sarpi siehe BAV, Vat. lat. 8379, fol. 38^r–39^v.

(280) Über Ganganelli und die polnischen Juden, siehe C. Roth (Hrsg.), *The Ritual Murder Libel and the Jews. The Report by Cardinal Lorenzo Ganganelli (Pope Clement XIV)* (London 1934).

(280) Zum italienischen »Atheismus« siehe N. Davidson, »Unbelief and Atheism in Italy, 1500–1700«, in *Atheism from the Reformation to the Enlightenment* (Oxford 1992), S. 55–86. Vgl. G. Minois, *Histoire de l'athéisme. Les Incroyants dans le monde occidental des origines à nos jours* (Paris 1998), S. 285ff. Die beste Behandlung des Phänomens und seiner Bedeutung findet man in A. C. Kor, *Atheism in France, 1650–1729* I. *The Orthodox Sources of Disbelief* (Princeton 1990).

(280) Zu Voltaires »Durcheinander klarer Ideen« vgl. E. Wade, *The Intellectual Development of Voltaire* (Princeton 1969), S. 758ff.

(281) Zum Bild der Aufklärung von der Inquisition siehe E. Peters, *Inquisition*, S. 155ff.

KAPITEL VIII

(284) Zu Pastor und Favaro siehe ACDF, S. U., *Administratio Tabularii* I, 2.

(285) Zum Zensurbericht über Shelleys *Queen Mab*, siehe ACDF, *Indice, Protocolli* (1852–1853), fol. 317ʳ⁻ᵛ.

(286) Zur Zensurprüfung Kants siehe ACDF, *Indice, Protocolli* (1827), fol. 128ʳ–133ʳ.

(286) Über Bellenghi siehe G. Pignatelli in *DBI* 7, S. 629–631.

(289) Über Gregor XVI. siehe am besten O. Chadwick, *A History of the Popes 1830–1914* (Oxford 1998), Kapitel I.

(289) Zu Bellenghis Zensurbericht über Darwin siehe ACDF, *Indice, Protocolli* (1808–1819), fol. 401ʳ–405ʳ.

(290) Über La Mennais siehe Chadwick, *History*, S. 14ff; über spätere Entwicklungen vgl. A. Gough, *Paris and Rome. The Gallica Church and the Ultramontane Campaign 1848–1853* (Oxford 1996).

(291) Zu *Mirari vos* siehe *Acta Gregorii Papae XVI* I (Rom 1901), S. 169–174; zu *Singulari vos* siehe ebd., S. 433–434.

(292) Über Fornari siehe G. Monsagrati in *DBI* 49, S. 76–80.

(292) Zur Zensurprüfung La Mennais' siehe ACDF, *Indice, Protocolli* (1830–1835), fol. 612ff, 627; und ebd. (1836–1838), fol. 309, 407.

(292) Zu den Anweisungen Gregors XVI. an die Indexkongregation siehe ACDF, *Indice, Protocolli* (1830–1835), fol. 627.

(293) Über Heine siehe H. Wolf und W. Schopf, *Die Macht der Zensur. Heinrich Heine auf dem Index* (Düsseldorf 1998). Vgl. R. Colapietra, *La Chiesa tra Lamennais e Metternich* (Brescia 1963).

(293) Über Rosmini siehe L. Malusa (Hrsg.), *Antonio Rosmini e la Congregazione dell'Indice. Il decreto del 30 Maggio 1849, la sua genesi ed i suoi echi* (Stresa 1999).

(294) Zu den Zensurprüfungen französischer Literatur durch Jacques Marie-Joseph Baillès siehe ACDF, *Indice, Protocolli* (1862–1864) (20. VI. 1864).

(297) Zur Entstehung des »Syllabus der Irrtümer« siehe G. Martina, »Nuovi documenti sulla genesi del Sillabo«, *Archivum Historiae Pontificiae* VI (1968), S. 319–370, und Chadwick, *History*, S. 168ff. Über Bilio siehe Martina in *DBI* 10, S. 461–463.

(297) Zu den Diskussionen über den »Syllabus der Irrtümer« in der Inquisition siehe ACDF, *St. St.* L. 2a I–II.

(300) Zum Zensurbericht über Newman siehe ACDF, *Indice, Protocolli* (1863–1869), fasz. 99. Über Formby, Cullen und Newman siehe am besten I. Ker, *John Henry Newman. A Biography* (Oxford 1988), S. 341, 458ff, 595ff.

(301) Zum Fall Lord Actons siehe ACDF, *Indice, Protocolli* (1870–1872), fasz. 94. Über Acton, Theiner und Pius IX. siehe O. Chadwick, *Catholicism and History. The Opening of the Vatican Archives* (Cambridge 1978), S. 64–65, sowie R. Hill, *Lord Acton* (London 2000) und G. Himmelfarb, *Lord Acton. A Study in Conscience and Politics* (London 1952), S. 110ff.

(302) Zu Actons Selbstzensur siehe C. Weber, *Kirchengeschichte, Zensur*

und Selbstzensur, Kölner Veröffentlichungen zur Religionsgeschichte 4 (Köln 1984), S. 16–25.

(302) Zu Gallis und Melandris Briefwechsel siehe *ACDF, Indice, Protocolli* (1870–1872), fasz. 102.

(302) Zu *Officiorum et munerum* siehe *Leonis XIII. P. M. Acta* XVII (Rom 1898), S. 17–36.

(303) H. Reusch, *Der Index der verbotenen Bücher. Ein Beitrag zur Kirchen- und Literaturgeschichte*, 2 Bde. (Bonn 1883–1885 [Nachdruck Aachen 1967]).

(303) Zum Index unter Leo XIII. siehe H. Wolf, in *Historische Zeitschrift* (in Vorbereitung, erscheint 2001).

(304) Zur Zensurprüfung der Action Française siehe *ACDF, Indice, Protocolli* (1908–1909), fasz. 195–197; (1912), fasz. 195, 200; (1913), fasz. 66, 123, 155, 202; (1914–1917) fasz. 1, 9, 204. Vgl. H. Petit, *L'Église et le Sillon de l'Action Française* (Paris 1998), und O. Arnal, *Ambivalent Alliance. The Catholic Church and the Action Française 1899–1939* (Pittsburgh 1985).

(304) Über Thomas Esser siehe A. Walz in *Neue Deutsche Biographie* IV (Berlin 1959), S. 658.

(305) Über Benedikt XV. siehe G. De Rosa in *DBI* 8, S. 408–417.

(306) Zu den Akten der Kongregation 1911–1915 siehe die *Protocolli* dieser Jahre und die von Esser verfassten *Acta* (*ACDF, Indice* I, 24).

(307) Zur Ansprache Benedikts XV. im Konsistorium am 22. März 1917 siehe *Acta Apostolicae Sedis* IX, 9 (26. März 1917), S. 161–163.

KAPITEL IX

(308) Greenes Brief findet man abgedruckt in ders., *Yours etc. Letters to the Press*, ausgew. und eingel. von C. Hawtree (London 1989), S. 39.

(310) Siehe Greene, *The Power and the Glory* (London 1971), S. IX, und *The Ways of Escape* (London 1980), S. 86–87.

(311) Zu den Unterlagen der Zensursprüfung Greenes siehe *ACDF, S. U., Protocolli* III/49.

(311) Über Greenes Reise nach Mexiko siehe N. Sherry, *The Life of Graham Greene* I: 1904–1939 (London 1989), S. 677ff.

(313) Zu Greenes Zensoren aus dem Laienstand siehe D. Hesla, »Theological Ambiguity in the ›Catholic Novels‹«, in *Graham Greene. Some Critical Considerations*, hrsg. von R. Evans (Lexington 1963), S. 96–111, sowie A. Burgess, »Politics in the Novels of Graham Greene«, *The Journal of Contemporary History* 2 (1967), S. 93–102.

(319f.) Über Ottaviani siehe S. Magister, *La Politica vaticana e l'Italia 1943–1978* (Rom 1979). Über Pizzardo siehe P. Hebbelthwaite, *Paul VI. The First Modern Pope* (London 1993), S. 255. Alle Zitate von Ottaviani stammen aus P. Hebbelthwaite.

(321) Mario Rossis *I Giorni della omnipotenza. Memorie di un esperienza cattolica* (Rom 1975) wird in Hebbelthwaite, *Paul VI*, S. 14, zitiert.

(322) Über De Luca siehe L. Mangoni, *In partibus infidelium. Don Giuseppe De Luca: il mondo cattolico e la cultura italiana del Novecento* (Turin 1989). Zum Croce–Zitat siehe ebd., S. 210.

(322) Zum Briefwechsel zwischen De Luca und Montini siehe *Giuseppe De Luca – Giovanni Battista Montini. Carteggio 1930–1962*, hrsg. von P. Vian (Brescia 1992), S. 168–175.

(333) Siehe des weiteren F. Lanza, *Paolo VI e gli scrittori*, Istituto Paolo VI Saggi 4 (Brescia 1984).

KAPITEL X

(335) Zur Heiligkeit der Fakten siehe A. D. Nock, *Essays on Religion and the Ancient World*, hrsg. von J. Stewart (Oxford 1972), S. 333.

(340) Johann Wolfgang von Goethe, *Dichtung und Wahrheit*, hrsg. von P. Sprengel (München 1985), S. 164.

(341) Kardinal Ciriacis Äußerungen findet man in *Acta et Documenta Concilio Oecumenico Vaticano II Apparando* II,2 (Vatikanstadt 1968), S. 845. Siehe H. Schwedts hervorragende Untersuchung »Papst Paul VI. und die Aufhebung des römischen Index der verbotenen Bücher in den Jahren 1965–1966«, in *Papst Paul VI. Zur 100. Wiederkehr seines Geburtstages 1897–1997. Geschichte im Bistum Aachen* 1 (Neustadt a. d. Aisch 1999), S. 45–111, auf die sich dieses Kapitel stützt. Vgl. G. May, »Die Aufhebung der kirchlichen Bücherverbote«, in *Ecclesia et ius. Festgabe ... A. Scheuermann ...*, hrsg. von K. Siepen et al. (München 1968), S. 547–571.

(346) Zu *Integrae servandae* siehe *Acta Apostolica Sedis. Commentarium Officiale* LVII (1965), S. 954–955.

(348) Beide Passagen aus Reden von Johannes Paul II. findet man zitiert in R. Blackwell und M. Pera in *The Cambridge Companion to Galileo*, hrsg. von P. Machamer (Cambridge 1998), S. 349–350 und 377.

(351) Yves Congars zitiert bei Hebbelthwaite, PAUL VI., S. 219.

(353) Zur Zensur im Frankreich der Aufklärungszeit siehe G. Minois, *Censure et culture sous l'Ancien Régime* (Paris 1995), und W. Hanley, »The Policing of Thought: Censorship in Eighteenth Century France«, *Studies in Voltaire and the Eighteenth Century* 183 (1980), S. 265–295.

(354) Über Malesherbes und die *Librairie* siehe Malesherbes, *Mémoires sur la librairie. Mémoire sur la liberté de la presse*, hrsg. von R. Chartier (Paris 1994), besonders S. 112–113.

(357) M. Baigent und R. Leigh, *The Inquisition* (London 1999), S. XV, 131, 147; dt.: *Als die Kirche Gott verriet. Die Schreckensherrschaft der Inquisition* (Regensburg 2000), S. 14, 177, 195.

(358) Über Protestanten und das Heilige Offizium siehe W. Monter, »Heresy Executions in Reformation Europe, 1520–1565«, in *Tolerance and Intolerance in the European Reformation* (Cambridge 1996), S. 48–64 (mit Bibliografie).

(360) Über die lokalen Auswirkungen der Maßnahmen von Paul VI. und Pius V. siehe die wertvolle Fallstudie von A. Prosperi, »Anime in trappola. Confessione e censura ecclesiastica all'università di Pisa fra '500 e '600«, *Belfagor* 321 (31. März 1999), S. 257–287.

(361) Die Zitate sind dem Text der Eucharistiefeier entnommen, der am 12. März 2000 im Petersdom verteilt wurde.

(362) Zur Publikation der Internationalen Theologischen Kommission siehe *Memoria e riconciliazione: La Chiesa e le colpe del passato* (Vatikanstadt 2000).

(362) G. Cottier, *Memoria e pentimento. I rapporto fra Chiesa santa e cristiani peccatori, la purificazione della memoria, l'importanza della richiesta di perdono per l'ecumenismo*, Vorwort von Kardinal R. Etchegaray (Turin 2000).

(364) Ludwig Freiherr von Pastor, *Tagebücher – Briefe – Erinnerungen*, hrsg. von W. Wühr (Heidelberg 1950), S. 401.

Für die freundliche Abdruckgenehmigung des Briefes von Graham Greene (© Verdant SA, 2001) auf S. 330–332 danken wir David Higham Associates, London.

Trotz aufwändiger Recherche konnten möglicherweise nicht alle Rechteinhaber ermittelt werden. Berechtigte Ansprüche werden selbstverständlich vom Verlag abgegolten.

Danksagung

Im Frühjahr 1999 kehrte ich aus Rom, wo ich in den Archiven des Heiligen Offiziums ein glückliches Jahr mit Forschungen verbracht hatte, nach Tübingen zurück. Da ich meine Forschungsergebnisse einer breiteren Öffentlichkeit zugänglich machen wollte, bot ich eine Vorlesungsreihe im Rahmen des Studium Generale der Tübinger Universität an, das Studenten aller Fachrichtungen wie auch Bürgern der Stadt Gelegenheit gibt, sich über eine Vielzahl verschiedener Themen zu informieren.

Eines Nachmittags las ich in einem Buch, während ich an der Bushaltestelle wartete. Neben mir saß eine Dame, deren Namen ich nicht kannte (und bis heute nicht kenne). »Ist das ein Buch über die Römische Inquisition?«, fragte sie. »Ja«, antwortete ich. »Woher wissen Sie das?« »Mein Mann und ich besuchen Ihre Vorlesung«, sagte sie, »und finden das Thema faszinierend.« Einen solchen Satz hatte ich in meinem – einsamen Studien geweihten – Leben noch nie zu hören bekommen, und er ermutigte mich dazu, für eine breitere Leserschaft dieses Buch über die Römische Inquisition zu schreiben. Müsste ich nicht andere, alte Dankesschulden begleichen, ich hätte das Buch ihr, meiner unbekannten Muse, gewidmet.

Musen, die mir namentlich bekannt sind, gibt es zahlreiche, und ihnen gilt mein von Herzen kommender Dank. Ich danke Roman Hocke, meinem Literaturagenten und Freund, Doris Janhsen und Susanne Then vom List Verlag sowie Michele Schons, der mir als Lektor wertvolle Hilfe und Unterstützung leistete. Das Interesse Klaus Mais, der eine Fernsehserie über die Inquisition auf der Grundlage dieses Buches produzieren wird, spornte mich in meinem Vorhaben zusätzlich an. Glenn Patten hat das gesamte Manuskript nicht nur abgetippt, sondern auch inhaltlich durchgearbeitet; die unbestechliche Klarsicht, die er dabei bewies, geht seinem Landsmann, dem Autor, leider ab.

Die Großzügigkeit der Fritz Thyssen Stiftung, die mir ein Reisestipendium verschaffte, ermöglichte mir die Fortsetzung meiner Forschungen in Rom. Dort erteilte mir der Präfekt der Glaubenskongregation, Seine Eminenz Joseph Kardinal Ratzinger, die Genehmigung, Einsicht in die Akten der Auseinandersetzung des Heiligen Offiziums mit Graham Greene zu nehmen. Ugo Baldini, dessen Forschungen über den Umgang der römischen Zensur mit den Naturwissenschaften grundlegend sind, war so großzügig, mir Sonderabdrucke zukommen zu lassen, und half mir dadurch, dass er mir als Gesprächspartner zur Verfügung stand. Herman Schwedt, Claus Arnold und Jens Brandt versorgten mich mit biografischem Material und boten mir Ermutigung und Anregungen. Ihnen allen bin ich dankbar.

Der größte Teil dieses Buches wurde in den Archiven der Römischen Inquisition und der Indexkongregation geschrieben, Aug in Aug mit den Quellen. Neben mir, in einem benachbarten Raum, arbeitete Alejandro Cifres, mit dem ich täglich das Jagdfieber und die Entdeckerfreuden teilte. Ihm ist das Buch gewidmet, in Freundschaft und in Dankbarkeit für eine Vielzahl von Gefälligkeiten und eine Unzahl von Scherzen.

GLOSSAR

Arianismus: Ketzerlehre des Arius von Alexandria (gest. 336), der zufolge Christus zwar ein von Gott geschaffenes göttliches Wesen ist, aber weder an Seiner Substanz teilhat noch zur Dreifaltigkeit gehört.

Assessor: Prälat, der bei den Sitzungen der Römischen Inquisition (*siehe dort*) die zu behandelnden Themen vorlegt und die Beschlüsse des Gremiums notiert. Er erstattet Bericht über die in den Provinzen durchgeführten Ketzerprozesse, stellt die Verhandlungen dar und ist zuständig für sämtliche Rechtsangelegenheiten der Mitglieder des Heiligen Offiziums (*siehe dort*), ihrer Familien und der von ihnen abhängigen Personen.

Atomismus: Eine auf die Vorsokratiker Leukipp und Demokrit zurückgehende Theorie, nach der alle Erscheinungen sich aus der unaufhörlichen Bewegung winzigster, unteilbarer Teilchen erklären lassen, die sich nur durch Gestalt, Ordnung und Lage unterscheiden.

Bulle: Ein vom Papst erlassenes Edikt, dessen Name sich von dem auf das Dokument gesetzten Siegel (lateinisch: *bulla*) herleitet.

Calvinismus: Die christliche Lehre in der Auslegung des französischen protestantischen Reformators Johann Calvin (1509–1564); übernommen wird sie von der reformierten und der presbyterianischen Kirche.

Dekrete: Umfangreiche Sammlung von Dokumenten, in denen Notare die Geschäfte des Heiligen Offiziums (*siehe dort*) protokolliert haben.

Dreißigjähriger Krieg: Brach 1618 in Böhmen aus und fand am 24. Oktober 1648 mit dem Westfälischen Frieden sein Ende. Durch Rivalitäten zwischen Protestanten und Katholiken und konstitutionelle Konflikte des deutschen Kaiserreichs gespeist, ging die hauptsächlich in Deutschland ausgetragene lange Folge von Kämpfen allmählich in einen Krieg über, an dem ganz Europa beteiligt war.

Enzyklika: Päpstliches Rundschreiben für einen großen Empfängerkreis.

Erstes Vatikanisches Konzil: Zwanzigstes allgemeines Kirchenkonzil, einberufen von Papst Pius IX. von 1869 bis 1870; verkündet zwei Glaubenskonstitutionen: *Dei Filius*, in der es um das Verhältnis von Glauben und Vernunft geht, und *Pastor Aeternus*, in der die Unfehlbarkeit des Papstes in Fragen der Glaubens- und Sittenlehre bekräftigt wird.

Gallikanismus: Kirchliche und politische Bestrebungen in Frankreich zur Eingrenzung der Macht des Papstes.

Gegenpapst: Ein gegen den rechtmäßig gewählten Papst als Usurpator oder Rivale antretender Pontifex, also einer der Päpste, die während des Großen Schismas (*siehe dort*) im 14. und 15. Jahrhundert in Avignon residieren.

Gegenreformation: Reformbewegung in der römisch-katholischen Kirche (vom Konzil von Trient [*siehe dort*], 1545–1563, bis zum Ende des Dreißigjährigen Krieges [*siehe dort*], 1648), vor allem angestoßen durch die Reformation (*siehe dort*). Die Gegenreformation ergreift Maßnahmen, um die Ausbreitung des Protestantismus einzudämmen und Gebiete, die die Kirche an ihn verloren hat, zurückzugewinnen.

Gnosis: Denken und Praxis einiger frühchristlicher Sekten, von der Kirche als Ketzerlehre behandelt; zeichnet sich durch drei Hauptmerkmale aus: Sie reklamiert mystische und esoterische religiöse Einsichten, bewertet Erkenntnis höher als den Glauben und setzt die Materie mit dem Bösen gleich.

Großes Schisma: Spaltung der römisch-katholischen Kirche nach der Verlegung des Papstsitzes von Rom nach Avignon (seit 1309), wo die päpstliche Politik unter den Einfluss französischer Interessen gerät. Ein Versuch, das Papsttum nach Rom zurückzuholen, führt zur Kirchenspaltung. Im Jahre

1378 wählen die Kardinäle zwei rivalisierende Päpste: Urban VI. für die römische und Clemens VII. für die französische Fraktion. Diese Zeit der Päpste und Gegenpäpste (*siehe dort*) dauert bis zum Konzil von Konstanz (*siehe dort*), das 1417 den von der Rom-Fraktion aufgestellten Papst Martin VI. wählt und den französischen Gegenpapst absetzt.

Großinquisitor: Ranghöchster Inquisitor am Obersten Tribunal (*siehe dort*).

Heiliger Stuhl: Im strengen Sinn der römisch-katholische Bischofssitz in Rom. Darüber hinaus bezeichnet der Begriff das Amt, die Amtsgewalt und die Gerichtsbarkeit des Papstes.

Heiliges Kardinalskollegium: Die Versammlung sämtlicher in Rom ansässiger und nicht ansässiger Kardinäle. Seit 1179 besitzt sie das alleinige Recht, den Papst zu wählen. In einem Dekret von 1970 sprach Papst Paul VI. (1963–1978) für Kardinäle über achtzig Jahre das Verbot aus, an Papstwahlen oder anderen Geschäften der Kurie teilzunehmen.

Heiliges Offizium: Synonym für die Römische Inquisition (*siehe dort*).

Humanismus: Die Bildung oder kulturelle Bewegung, die während der Renaissance ihre Blüte erlebte und deren charakteristische Merkmale die Wiederentdeckung der Literatur der klassischen Antike, die Entstehung eines kritischen Bewusstseins und eine Verlagerung des Akzents von religiösen auf säkulare Belange waren.

Index verbotener Bücher (*Index Librorum Prohibitorum*): Eine Liste von Büchern, die zwischen 1559 und 1966 erschienen und deren Lektüre von der römisch-katholischen Kirche mit der Begründung verboten wurde, sie könnten dem Glauben Schaden zufügen oder die Moral der römisch-katholischen Gläubigen untergraben.

Inquisitor: Ein Mitglied des Obersten Tribunals (*siehe dort*), dessen Tätigkeit darin bestand, Menschen, die der Ketzerei verdächtig waren, aufzuspüren und gerichtlich zu verfolgen.

Jansenismus: Eine theologische Lehre, die im 17. und 18. Jahrhundert vor allem in Frankreich verbreitet war; sie wurde von der römisch-katholischen Kirche als häretisch verdammt. Ausgehend von den Schriften des heiligen Augustinus vertrat der Begründer des Jansenismus, Cornelius Jansen (1585–16838), Bischof von Ypern, die Lehrmeinung, es gebe keine Willensfreiheit und der Erlösung durch Christi Tod werde nur ein Teil der Menschheit teilhaftig, während die anderen durch den Willen Gottes unwiderruflich zur Hölle verdammt seien.

Kasuistik: Sophistisches, zweideutiges oder haarspalterisches Argumentieren, mit dem die Inquisitoren des Heiligen Offiziums (*siehe dort*) arbeiten, um bei den Verhören zur »Wahrheit« – oder zur gewünschten Antwort – zu gelangen.

Kommissar: Beamter, der zur Durchführung von Ketzerprozessen befugt ist, aber nicht als Richter agieren darf. Zu seinem Aufgabenbereich gehören Zeugenverhör, Auswahl der zur Zensur vorgelegten Sätze, Gefängnisaufsicht, Ausbildung der Inquisitionsvertreter in den Kirchenprovinzen sowie Verwaltung des Eigentums und des Stiftungsvermögens der Römischen Inquisition (*siehe dort*).

Kongregation für den Index verbotener Bücher: Zensurorgan innerhalb der römischen Kurie (*siehe dort*), das für die Reinigung oder Verbannung ketzerischer Schriften zuständig ist. Sie wurde 1571 gegründet und 1917 aufgelöst.

Kongregation für die Glaubenslehre: Der Name, den Paul VI. dem Heiligen Offizium (*siehe dort*) 1965 bei seiner Reorganisation gab.

Kongregation für die Verbreitung des Glaubens: Dieses Organ des Papsttums, gegründet 1622 von Gregor XV., ist zuständig für Organisation und Leitung der Kirchenmissionen sowie für Verwaltungsaufgaben in Regionen ohne kirchliche Hierarchie. Dank ihrer Arbeit konnte die römisch-katholische Kirche viele Gebiete, die sie an die Reformation verloren hatte, zurückgewinnen.

Konklave: Kardinalsversammlung zur Wahl eines neuen Papstes und der streng abgeschlossene Versammlungsort.

Konkordat: Vereinbarung zwischen dem Heiligen Stuhl (*siehe dort*) und einer weltlichen Regierung über beiderseitige Angelegenheiten.

Konsistorium: Kardinalsversammlung unter Vorsitz des Papstes.

Konzil von Basel: Allgemeines Kirchenkonzil, 1431 einberufen von Papst Martin V., zu einer Zeit, als das Papsttum durch das Große Schisma (*siehe dort*) erheblich geschwächt ist. Zu behandeln hat das Konzil zwei große Fragenkomplexe: das Problem des päpstlichen Supremats und die Ketzerlehre der Hussiten, der Anhänger des Reformators Jan Hus. Das Konzil geht 1449 zu Ende.

Konzil von Konstanz: Sechzehntes allgemeines Kirchenkonzil, einberufen von Johannes XXIII.; tritt von 1414 bis 1417 zusammen und hat in erster Linie die Aufgabe, das Christentum nach dem Großen Schisma (*siehe dort*) wieder zu einigen; weitere Themen sind die Prüfung der Lehren von John Wyclif und Jan Hus sowie die Kirchenreform.

Konzil von Nicäa: Erstes allgemeines Konzil der christlichen Kirche, das auf Einladung und unter Vorsitz Kaiser Konstantins I. 325 im antiken Nicäa stattfindet.

Konzil von Trient (auch Tridentiner Konzil oder Tridentinum): Neunzehntes allgemeines Konzil, das die römisch-katholische Kirche reformieren, ihre Dogmen definieren und ihre Autorität stärken soll; tritt mit Unterbrechungen zwischen 1545 und 1563 zusammen.

Luthertum: Im 16. Jahrhundert von der römisch-katholischen Kirche als Synonym für Protestantismus verwendet. Heute gebraucht man den Begriff hauptsächlich zur Bezeichnung der spezifischen Lehrmeinungen des deutschen Reformators Martin Luther (1483–1546) und der Kirchen, die sich auf das Augsburger Bekenntnis berufen.

Meister des Heiligen Palastes: Im Mittelalter und in der Renaissance standen die Inhaber dieses Amtes dem Papst mit theologischem Rat zur Seite, waren in der Lehre tätig, übernahmen diplomatische Aufgaben und beaufsichtigten die Gottesdienste, die in der päpstlichen Kapelle abgehalten wurden. In der Gegenreformation (*siehe dort*) waren sie verantwortlich für die Zensurtätigkeit in der heiligen Stadt. Der Titel ist zwar abgeschafft, aber das Amt gibt es noch immer; es wird seit dem 13. Jahrhundert von Angehörigen des Dominikanerordens bekleidet.

Monsignore: Titel für die Prälaten und Würdenträger der römischen Kurie.

Nicäisches Glaubensbekenntnis: Das einzige ökumenische Glaubensbekenntnis, das von der römisch-katholischen Kirche, den orthodoxen Kirchen des Ostens, den Anglikanern und den wichtigsten protestantischen Kirchen akzeptiert wird; es geht auf das erste Konzil von Nicäa (325 n. Chr.) zurück.

Nuntius: Ein Geistlicher, der als persönlicher Abgesandter des Papstes Länder besucht, die diplomatische Beziehungen zum Heiligen Stuhl (*siehe dort*) unterhalten, um dem Papst über den Zustand der dortigen Kirchen Bericht zu erstatten.

Oberstes Tribunal (*La Suprema*): Ein anderer Name für die Römische Inquisition (*siehe dort*).

Pelagianismus: Die Lehren des Pelagius, der im Jahre 432 n. Chr. als Ketzer verdammt wurde; sie bestehen in der Leugnung der Erbsünde, der Behauptung, dass jedes Individuum die Freiheit hat, keine Sünde zu begehen, und der Überzeugung, dass die Willensfreiheit des einzelnen Menschen das Vermögen einschließt, das Heil zu erlangen und sich der dafür nötigen göttlichen Gnade zu versichern.

Procurator fiscalis (öffentlicher Ankläger): Ein Beamter, der im Namen des Heiligen Offiziums (*siehe dort*) in Prozessen wegen Ketzerei die Anklage gegen den Beschuldigten vertrat, nachdem der Inquisitor seine Untersuchung abgeschlossen hatte. Er hatte die Zeugen vorzuladen und die Anklagepunkte zu formulieren.

Pyrrhonismus: Die Lehren einer durch Pyrrhon von Elis (3. Jahrhundert v. Chr.) gegründeten Schulrichtung der Skepsis, denen zufolge alle Sinneswahrnehmungen von zweifelhafter Geltung sind und der Weise deshalb den äußeren Lebensumständen keine Bedeutung beimisst und stets danach strebt, seine Seelenruhe zu bewahren.

Reformation: Religiöse Bewegung des 16. Jahrhunderts, die das Ziel verfolgte, die Missstände in der römisch-katholischen Kirche zu beseitigen und Letztere zu reformieren. Da sie zur Schaffung der »reformierten« oder protestantischen Kirchen führte, zerstörte sie die kirchliche Einheit Westeuropas.

Römische Inquisition: Das Oberste Tribunal (*siehe dort*), das 1542 eingerichtet wurde, um die Ketzerei zu bekämpfen und die Herrschaft der katholischen Kirche über Europa aufrechtzuerhalten.

Römische Kurie (*Curia Romana*): Die Kongregationen, Tribunale und Offizien, die dem Papst bei der Verwaltung und Regierung der römisch-katholischen Kirche zur Hand gehen.

Römische Rota (*Rota Sacra Romana*): Eines der drei Tribunale des Gerichtswesens der römischen Kurie (*siehe dort*). Dieser Gerichtshof dient als höhere Instanz und Appellationsgericht für Fälle, die vor untergeordneten kirchlichen Gerichten verhandelt wurden.

Sozinianismus: Von Laelius und Faustus Socinus (Sozzini), zwei italienischen Theologen des 16. Jahrhunderts, gegründete Sekte, die Jesus die Göttlichkeit absprach.

Sponte comparens: Ein der Ketzerei Verdächtiger oder Geständiger, der aus eigenem Antrieb den Inquisitor aufsuchte, um seine Verfehlungen zu beichten und um Gnade zu bitten.

Synode: Kirchliche Ratsversammlung.

Viertes Laterankonzil: Dieses so genannte »Große Konzil«, einberufen 1215 von Papst Innozenz III., verdammt die Ketzerlehre der Albigenser und formuliert die kirchliche Lehre zu Dreifaltigkeit, Menschwerdung Gottes und Transsubstantiation.

Zweites Vatikanisches Konzil. Das einundzwanzigste ökumenische Konzil (1962–1965) wurde von Papst Johannes XXIII. einberufen; es diente dem Versuch, die Kirche spirituell zu erneuern und sie so für eine Erfüllung ihrer innerweltlichen Mission tauglich zu machen.

REGISTER

394

396